DASH:

Woningbouw wereldwijd

**Betaalbare woningen
voor groeiende steden**

/

Global Housing

Affordable Dwellings
for Growing Cities

**Delft Architectural
Studies on Housing**

Editorial

Last year, during a *DASH* seminar held in Delft in the summer of 2014, Charles Correa held an ardent plea for an architecture of affordable housing that starts from space and openness, rather than bulk and density.

In his mind, models for large-scale and affordable housing were all too often based on the maximization of numbers, while the need to make space for an everyday life in which living and working can be combined, and growth and development remains possible, was forgotten.

The opposites he articulated highlight the dilemma of affordable housing: despite the often massive economic and spatial pressure in the cities, how can city dwellers that have no or a limited income be protected from having to live in a minimal provision in which there is no room for the creation of businesses and social networks?

Cities in the Global South are expanding fast due to rapid population growth and unprecedented immigration from rural areas. At the same time, the demand for affordable housing is also increasingly difficult to meet in the developed West. The major cities in this part of the world are so successful and attractive that housing is likely to become unaffordable. The current influx of immigrants and refugees make the shortage of affordable housing even more pressing.

This edition of *DASH* focuses on the issue of affordable housing design as an architectural challenge. *DASH* traces the global search for models for large-scale and affordable housing. Articles and plan documentations give an apparently kaleidoscopic and fragmented picture of this development, but on closer inspection there are a number of continuous lines to be discerned in the ways the issue is dealt with. The essays and projects span 150 years and five continents and show the strong international dimension that the issue, characterized by confrontations between concepts developed elsewhere and specific local conditions, has had for decades.

The results of these exchanges have been highly diverse, ranging from minimal sites-and-services approaches to grand and detailed megastructures. The success of projects has also varied widely. The Victorian Peabody Estates built to replace the London slums remain virtually unchanged 100 years later; other projects disintegrated mere years after their completion, some stand vacant and some are to be demolished.

The results of models based on growth and change over time are also as diverse as they are unpredictable.

This issue, a concise *DASH* world atlas of affordable housing, is the beginning of a large, long-term research and educational project at the department of Architecture of the Faculty of Architecture and The Built Environment at Delft University of Technology in which analyses of models and realized projects from the past and the present are connected to an exploration of the possibilities of the future.

While working on this publication, we received the sad news that Charles Correa died on 16 June 2015. His manifesto for the city and a conversation with him held shortly before his death form the heart of this *DASH*. We dedicate this edition to Correa and to his enduring significance as a source of inspiration and advocate for what is still the world's biggest spatial design challenge: the creation of cities that are accessible to everybody and in which there is place for everyone to live and work.

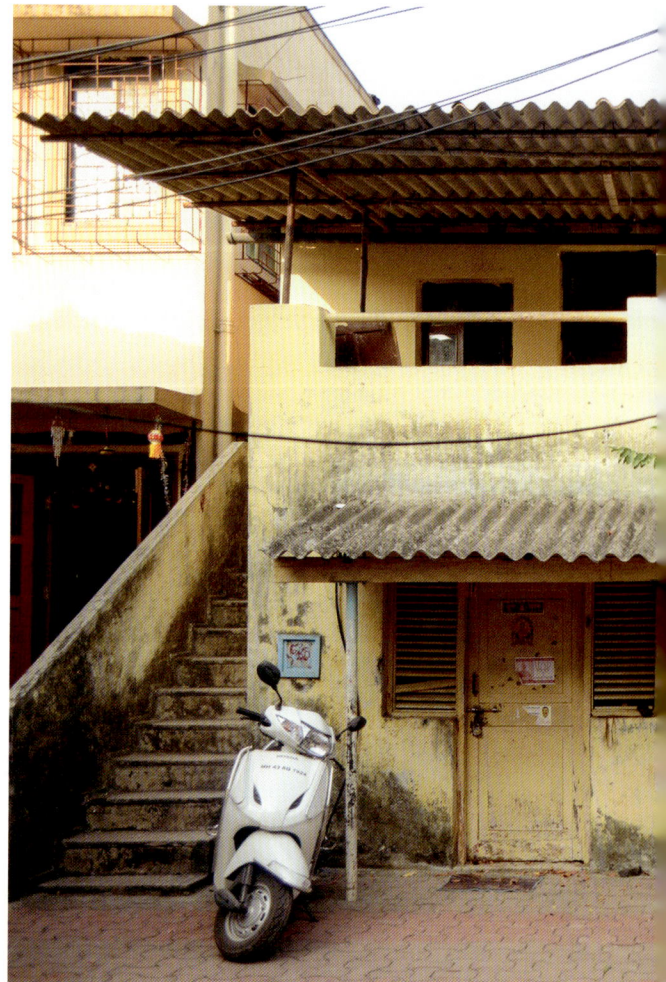

Het Belapur woningbouwproject in Navi Mumbai (India), ontworpen door Charles Correa, foto: 2015
The Belapur Housing Project in Navi Mumbai (India), designed by Charles Correa, photo: 2015

Redactioneel

Vorig jaar, zomer 2014, hield Charles Correa tijdens een door *DASH* georganiseerd seminar in Delft een vurig pleidooi voor een architectuur voor betaalbare woningbouw die niet uitgaat van massa en van dichtheid, maar van ruimte en openheid.

Modellen voor grootschalige en betaalbare woningbouw baseren zich in zijn ogen te veel op een maximalisering van aantallen; ze vergeten de noodzaak ruimte te scheppen voor het dagelijks leven, waar wonen en werken samengaan, en groei en ontwikkeling mogelijk blijven.

De door hem benoemde tegenstellingen markeren op scherpe wijze het dilemma van betaalbare woningbouw: hoe kan ondanks de vaak enorme economische en ruimtelijke druk in steden voorkomen worden dat woningen voor stadsbewoners zonder of met een beperkt inkomen tot een minimale voorziening gereduceerd worden, die geen ruimte biedt aan het creëren van werk en sociale netwerken?

Door de snelle bevolkingsgroei en de ongekende immigratie vanuit rurale gebieden groeien de steden van de *Global South* in ongekende tempi. Maar ook in het ontwikkelde Westen wordt het steeds moeilijker te voorzien in de vraag naar betaalbare woningen. De grote steden in dit deel van de wereld zijn zo succesvol en aantrekkelijk dat woningen onbetaalbaar dreigen te worden. De huidige toestroom van immigranten en vluchtelingen maakt de schaarste van betaalbare huisvesting tot een nog urgenter probleem.

Deze *DASH* richt zich op het vraagstuk van betaalbare woningbouw als een architectonische opgave. *DASH* traceert de wereldwijde zoektocht naar modellen voor grootschalige en betaalbare woningen. Artikelen en plandocumentaties geven een ogenschijnlijk caleidoscopisch en fragmentarisch beeld van deze ontwikkeling, maar laten bij nadere beschouwing een aantal continue lijnen zien in de benadering van het vraagstuk. De essays en projecten omspannen 150 jaar en vijf continenten, en tonen hoe het onderwerp van betaalbare woningbouw al vele decennia lang een sterke internationale dimensie kent, gekenmerkt door de confrontatie van elders ontwikkelde, algemene concepten met specifieke lokale condities.

De resultaten van deze uitwisselingen zijn zeer divers, variërend tussen een minimale *sites & services*-opzet, tot grootse en in detail uitgewerkte megastructuren. Het succes van projecten loopt eveneens sterk uiteen. De Victoriaanse Peabody Estates die de slums van Londen moesten vervangen, zijn na ruim 100 jaar nog vrijwel ongewijzigd. Andere projecten raakten al enkele jaren na oplevering in verval, staan soms leeg of worden gesloopt. Ook de uitkomst van modellen die uitgaan van groei en verandering in de tijd, zijn even divers als onvoorspelbaar.

Deze uitgave, een beknopte *DASH*-wereldatlas van betaalbare woningbouw, is het begin van een groter en langlopend onderzoek- en onderwijsproject binnen de afdeling Architectuur van de faculteit Bouwkunde in Delft waarbij analyse van modellen en gerealiseerde projecten uit het verleden en het heden worden verbonden met onderzoek naar de mogelijkheden van de toekomst.

Tijdens het werken aan deze publicatie bereikte ons het trieste bericht van het overlijden van Charles Correa op 16 juni 2015. Zijn manifest voor de stad en een vlak voor zijn overlijden met hem gehouden gesprek vormen het middelpunt van deze *DASH*. Wij dragen deze uitgave op aan Correa en zijn blijvende betekenis als inspirator en pleitbezorger voor wat wereldwijd de belangrijkste ruimtelijke ontwerpopgave blijft: het maken van steden die voor iedereen toegankelijk zijn en waar voor iedereen plaats is om te wonen en te werken.

De juiste maat
Shifting Scales

Dick van Gameren
& Rohan Varma

Betaalbare woningbouw in India
Affordable Housing in India

Luchtfoto Mumbai, 2014
Aerial view of Mumbai, 2014

Nooit eerder was het zo urgent nieuwe modellen voor betaalbare woningen te ontwikkelen voor de wereldwijd alsmaar uitdijende steden. Goede, betaalbare woningen zijn nodig, zowel om mensen die over weinig tot geen middelen beschikken, in staat te stellen in steden te gaan wonen die voor hen de belofte van een betere toekomst in zich dragen, als om de dreiging van stedelijke segregatie het hoofd te bieden. India houdt zich al sinds het land in 1947 onafhankelijk werd met deze kwestie bezig. Dat heeft geresulteerd in een reeks experimentele woningontwerpen die nog steeds inspireren, maar ook duidelijk tonen dat het bijna onmogelijk is succesvolle en blijvende oplossingen te vinden.

Ondanks Indiaas recente economische successen is de staat onmachtig gebleken, actief en effectief om te gaan met de snelle verstedelijking van het land. Dit heeft geleid tot het ontstaan van megasteden als Mumbai en New Delhi, die dreigen te bezwijken onder de niet aflatende druk van de migratie vanuit het arme platteland. Tegelijkertijd neemt het aantal kleine steden, dat nog sneller groeit dan de metropolen, exponentieel toe. India is nog steeds een overwegend landelijke samenleving, waar ongeveer 30 procent van de totale bevolking (circa 410 miljoen mensen) in stedelijke gebieden woont.[1] Naar verwachting zal dat aantal tegen het jaar 2050 echter zijn toegenomen met 500 miljoen mensen.[2] Hoewel de vooruitgang in India accelereert, zijn bouw en planning niet in staat gebleken gelijke tred te houden met de vraag. Het gevolg is dat de snelle groei onvermijdelijk tot het ontstaan van grote sloppenwijken heeft geleid. In het huidige India is de opgave huisvesting te verschaffen aan nieuwe migranten en de woonomstandigheden van de stedelingen in de al bestaande, zelfgebouwde informele nederzettingen te verbeteren, dringender dan ooit.

Het ontwerpen van grote aantallen goedkope woningen is een proces dat voortdurend afwegingen vereist. De manier waarop mensen in de stad kunnen wonen, speelt een belangrijke rol bij de transformatie van een landelijke naar een moderne, verstedelijkte samenleving. Moet betaalbare huisvesting worden ontworpen om een traditionele, landelijke manier van leven te accommoderen, of moet er direct worden gestreefd naar een toekomstige stedelijke levensstijl?

De tegenpolen landelijk versus stedelijk, traditioneel versus modern en lokaal versus mondiaal hebben een belangrijke rol gespeeld bij de stichting van een nieuw en onafhankelijk India. Mahatma Gandhi heeft altijd de oorsprong van de Indiase samenleving benadrukt. 'Je vindt India niet in die paar steden die het land telt, maar in de 700.000 dorpen'[3] is een gevleugelde uitspraak van hem uit 1936. Anderzijds was de eerste premier van India, Jawaharlal Nehru, een groot voorstander van de modernisering en verstedelijking van het platteland. Hij nam het initiatief tot de bouw van een nieuwe provinciehoofdstad, Chandigarh, die symbool stond voor het nieuwe, vrije en moderne India.

Een nieuw India

Chandigarh is vooral bekend vanwege de radicale stedenbouwkundige opzet en het beroemde, door Le Corbusier ontworpen Capitool, het administratieve hart van de stad. Het blijvende belang van de stad heeft echter meer te maken met het ontwerp van de woonwijken dan met het ontwerp van de regeringsgebouwen van het Capitool. De stad is door middel van een rechthoekig grid van autowegen in grote sectoren verdeeld die elk op zich een dorp of kleine stad vormen. In de afzonderlijke sectoren gaan de gebouwen, die bijna nergens meer dan drie verdiepingen tellen, schuil achter de bomen die de brede wegen van het wegengrid omzomen. Het zijn verborgen dorpen met een opvallende combinatie van uiteenlopende woningtypen voor verschillende inkomensklassen, scholen, winkels en andere voorzieningen. Het idee een stad op te bouwen uit dorpen is misschien wel het meest

The search for new models for affordable housing in the world's growing cities has never been more urgent. Good, inexpensive housing is needed to confront the challenges of urban segregation, and to make it possible for those with little or no means to access and inhabit the cities that have the promise of providing a better future. India has been addressing these issues since its independence in 1947, resulting in a series of housing design experiments that can still inspire, but also clearly demonstrate the near impossibility of finding successful and lasting solutions.

Despite India's recent economic success, the state's inability to actively and effectively deal with the country's rapid urbanization have led to megacities such as Mumbai and New Delhi that threaten to succumb to the unrelenting pressures of distress migration. At the same time, there has been an exponential rise in the number of smaller cities growing at an even faster rate than the large metropolises. Still a predominantly rural society with only about 30 per cent of its entire population living in urban areas (about 410 million people),[1] India is expected to add an additional 500 million people to its cities by the year 2050.[2] As urban India surges forward, construction and planning have been unable to keep up with demand, leading to a situation where large informal settlements or slums have become an inevitable consequence of this rapid growth. Today, in India, the enormous task of providing housing for new migrants as well as improving the conditions of those living in the already existing self-built informal settlements has never been more acute.

Designing affordable housing in large numbers is a constant process of balancing opposites. The way people can live in the city is a key factor in the transformation of traditional rural society into a modern urbanized economy. Should affordable dwellings be designed to accommodate a traditional rural way of life, or should they immediately aim for a future urban lifestyle?

The opposites of rural versus urban, of tradition versus modern, and local versus global played a key role in the formation of a new and independent India. Mahatma Gandhi, for example, always stressed the origins of Indian society. 'India is to be found not in its few cities, but in the 700,000 villages'[3] is a famous quote of his from 1936. On the other hand, India's first Prime Minister, Jawaharlal Nehru, was a firm advocate of the modernization and urbanization of the country, and initiated the construction of a new state capital, Chandigarh, as a symbol of the new, free and modern India.

A New India

Chandigarh, mostly known for its radical urban configuration and famous Capitol buildings designed by Le Corbusier, did indeed have a great impact. Its lasting importance is, however, more related to the design of the housing neighbourhoods than to the design of the major governmental buildings of the Capitol. An orthogonal grid of motorways divides the city into large sectors that each form a village or small town in itself. The wide roads of the grid pattern, lined with trees, make the sectors' buildings, on average not higher than three floors, almost invisible; hidden villages with a characteristic combination of varied housing types for all classes, along with schools, shops and other amenities. This notion of creating a city out of villages is perhaps the most successful aspect of Chandigarh's design. It managed to combine the idea of the rural and the urban, reconciling tradition and modernization in a new and unexpected way.

One of the first sectors to be designed and built (1951-1954) was Sector 22. The sector was based on a master plan by Jane Drew, who with her partner Maxwell Fry and Le Corbusier and his cousin Pierre

succesvolle aspect van het ontwerp van Chandigarh. Daardoor slaagt Chandigarh erin stad en dorp met elkaar te verbinden, en traditie op een nieuwe en onverwachte manier te verzoenen met moderniteit.

Een van de eerste sectoren die tussen 1951 en 1954 werden gebouwd, is sector 22. Deze sector is gebaseerd op een masterplan van Jane Drew, die samen met haar partner Maxwell Fry, Le Corbusier en zijn neef Pierre Jeanneret verantwoordelijk was voor het ontwerp van de eerste fasen van Chandigarh. De sector bestaat uit een groot aantal verschillende woningtypen, afkomstig uit een eerste 'woningtype catalogus' die het team had samengesteld. Het klimaat van Chandigarh was heel geschikt om hun ambitie – werken in een modernistisch idioom – te realiseren: platte daken met dakterrassen waarop geslapen kon worden en een veelvoud aan oplossingen voor zonwering en natuurlijke ventilatie dat leidde tot gevarieerde en sculpturale gevels.[4]

Met behulp van hun nieuw bedachte taal, een intelligente combinatie van lokale en internationale invloeden, maakte Drew zelf het ontwerp voor type 13. Dit type was ontwikkeld als een goedkope woning voor mensen in dienst van de midden- en hogere klassen, zogenaamde 'daglonerhuizen'. Rijen kleine, smalle huizen werden gegroepeerd in parallelle clusters die binnen de sector een miniatuurdorpje vormden. Tijdens de planning van Chandigarh gaf Nehru als volgt zijn visie op de huisvesting van armen: 'Bij goedkope huisvesting moeten we vooral denken aan het verschaffen van sanitair, licht en water (…) wat kan worden uitgebreid wanneer de gelegenheid zich voordoet en indien er middelen beschikbaar zijn.'[5]

Deze Sites & Services-benadering was Drews uitgangspunt. Omdat ze echter op een buitengewoon economische manier plande – door de huizen in lange parallelle rijen neer te zetten – konden daglonerhuizen gebouwd worden die van het begin af aan waren voorzien van niet alleen sanitair, licht en water, maar ook over twee kamers beschikten. De natte ruimten (keuken, badkamer en wc) bevonden zich in een open opstelling rond het ommuurde erf achter het huis. De clusters rijwoningen in sector 22 werden omgeven door hoge muren met daarin parabolische openingen die toegang gaven tot de straatjes tussen de huizen. Een bijna archaïsch spel met vormen, dat de nadruk legt op het kleinschalige, landelijke karakter van de huizen, midden in een stad die het toppunt is van moderniteit. Toen het project van Drew was opgeleverd, zei Nehru dat hij voor het eerst van zijn leven goedkope woningen zag die er niet goedkoop uitzagen.[6]

Nehru wilde dat de individuele huizen geleidelijk uitgebreid zouden kunnen worden, in overeenstemming met de levensstijl en de traditionele, geleidelijke bouw die overal in India op het platteland plaatsvond. Dit idee zou nog in veel projecten terugkeren; ontwerpers hebben keer op keer geprobeerd strategieën voor de geleidelijke ontwikkeling van laagbouw te bedenken en doen dat nog steeds.

De woningontwerpen die Drew en Fry voor Chandigarh maakten, waren niet uniek. Hun eerdere Afrikaanse projecten werkten door in die voor Chandigarh, net als een aantal eerder door Indiase architecten uitgevoerde experimenten.[7] Vanwege de combinatie van modernistische esthetiek met traditioneel materiaalgebruik en het feit dat ze rekening hielden met het klimaat, werd hun werk invloedrijk. Het werd een voorbeeld voor een groot aantal experimentele woningontwerpen, niet alleen in de context van de voortdurende productie van door Indiase architecten ontworpen woningen in Chandigarh, maar ook wat betreft de daaropvolgende 60 jaar woningbouw in heel India.

De ruggengraat van de buurt
De Indiase architect Charles Correa (1930-2015) was een belangrijk pionier op dit terrein. Correa was opgeleid in Michigan en aan MIT

Jeanneret formed the core design team for the first phases of Chandigarh. The sector contains a large variation of housing types, taken form the first 'catalogue of types' designed by the team. The Chandigarh climate was well suited to their ambition to work in a modernist idiom; flat roofs with roof terraces on which to sleep, and sun shading elements to make varied, sculptural façades.[4]

Within their newly invented language, an intelligent combination of local and international influences, Drew herself made a design for type 13. This type was developed as affordable housing for the people serving the middle and higher classes, the so-called 'peon housing'. Terraces of small and narrow houses were clustered in parallel formations, forming miniature villages within the sector. When planning Chandigarh, Nehru expressed his view on housing the poor: 'Our cheap housing schemes should be thought of chiefly in terms of providing sanitation, lighting and water supply . . . we can add to this as occasion offers and resources are available.'[5]

This 'sites and services' approach was the point of departure for Drew. However, by means of a very economical way of planning the houses in long parallel rows, she was able to build peon housing that provided both the services and two modest rooms right from the start. The service spaces: kitchen, shower area and WC, were placed in an open configuration in the walled backyard of each house. In Sector 22, the rows of housing were tied together by high walls on the outside boundary, with arched openings giving access to the small streets between the houses. It is an almost archaic play of shapes that emphasizes the houses' small-scale rural character, in the middle of a new city that is the epitome of modernity. Upon its completion, Nehru commented on Drew's project that it was the only cheap housing he had seen that did not look cheap.[6]

Nehru's wish for the possibility of a gradual growth of the individual house was in keeping with the lifestyle and traditional way of slowly building and extending found in rural areas across India. This idea would come back in many projects; strategies for incremental growth of low-rise housing that were attempted by designers again and again and continue to this day.

Drew and Fry's housing designs in Chandigarh were not a unique invention. Their earlier projects in Africa informed their projects for Chandigarh, as did some earlier experiments by Indian architects.[7] However, their combination of a modernist aesthetic with their use of traditional materials and their responses to climate made their work quite influential, guiding many experiments of housing design, not only in the continuing housing production of Chandigarh designed by local Indian architects, but also in the following 60 years of housing design in India as a whole.

A Community Spine
A pioneer in this development was Indian architect Charles Correa (1930-2015). Educated in Michigan and at MIT, Correa started his own practice in Mumbai (then Bombay) in 1958.[8] Like his contemporaries, he was from the very beginning of his career interested in issues of affordable housing and planning suited to India's climate and traditions. In 1961, he participated in a national competition for ideas for low-income housing, organized by the Gujarat Housing Board. The jury, consisting of Jane Drew and Indian architect Achyut Kanvinde, who had studied under Walter Gropius at Harvard, awarded the first prize to Correa's inventive Tube House design. Inspired by the wind-catcher houses found in Sind in Pakistan, Correa managed to achieve the densities required with long and narrow terraced houses, with the section as the main figure of the design. An exploration of the possibility of

en begon in 1958 een eigen praktijk in Mumbai, het toenmalige Bombay.[8] Net als veel van zijn tijdgenoten was hij vanaf het begin van zijn loopbaan geïnteresseerd in onderwerpen gerelateerd aan betaalbare huisvesting en planning, in overeenstemming met het Indiase klimaat en de Indiase traditionele manier van leven. In 1961 deed hij mee aan een internationale prijsvraag, georganiseerd door de Gujarat Housing Board, om ideeën over huisvesting voor mensen met een laag inkomen op te doen. De jury bestond uit Jane Drew en de Indiase architect Achyut Kanvinde, die onder Walter Gropius aan Harvard had gestudeerd. Zij bekroonden Correa's inventieve ontwerp Tube House met de eerste prijs. Correa, die zich had laten inspireren door de *wind-catcher* woningen in het Pakistaanse Sind, slaagde erin de vereiste dichtheid te realiseren door middel van diepe, smalle rijtjeshuizen, met de doorsnede als de belangrijkste ontwerpfiguur. Onderzoek naar de mogelijkheden van dwarsventilatie en een beperking van het materiaalgebruik leidde tot een ontwerp voor een huis dat naar buiten toe gesloten was, maar zich binnenin opende naar een centrale patio en naar de hemel – een thema dat regelmatig terugkeert in het werk van Correa. Kleine hoogteverschillen in de vloeren van de begane grond en de mezzanine markeerden waar gegeten, gekookt, geslapen en gezeten kon worden. Interne scheidingswanden waren overbodig, resulterend in goede dwarsventilatie en reductie van bouwkosten.

Het Tube House is een vroeg voorbeeld van Correa's overtuiging dat 'vorm het klimaat volgt'.[9] De thema's uit dit project bleken van blijvende invloed op het werk van de architect, wat leidde tot een rijke en consistente reeks ontwerpen voor goedkope woningen – hoewel veel van deze ontwerpen helaas nooit werden gerealiseerd. Correa heeft de functionaliteit van het smalle rijtjeshuis als typologie nader verkend in zijn bijdrage aan het beroemde experimentele huisvestingsproject PREVI in Lima (Peru). Deze besloten prijsvraag werd in 1969 georganiseerd, met deelname van 13 Peruaanse architecten en 13 internationale architecten, onder wie grote namen als Aldo van Eyck, James Stirling en Christopher Alexander. Het centrale thema van de prijsvraag was het ontwerp van betaalbare laagbouw in een dichte configuratie, die geleidelijk zou kunnen groeien.[10]

Correa ontwikkelde voor deze ontwerpopdracht een diep smal patioplan, duidelijk geïnspireerd op het onderzoek naar de ideale woning voor de Amerikaanse suburbs dat Christopher Alexander en Serge Chermayeff in 1963 hadden gepubliceerd in *Community and Privacy*.[11] Toen Correa zich echter naar aanleiding van eerdere projecten, zoals het Tube House en de Cablenagar Township in Kota, Rajasthan (niet uitgevoerd, 1967), realiseerde dat er nadelen kleefden aan het wonen in een eenduidige smalle ruimte, gaf hij de voorkeur aan een ontwerp voor een huis dat gedeeltelijk dubbelbreed was. Door het dubbelbrede gedeelte in verschillende posities te plaatsen haakten de woningen in elkaar, wat meer variatie in de plattegrond, individuele articulatie in het exterieur en een stabielere structuur voor de dragende metselwerkwanden opleverde. Op een hoger schaalniveau was er een duidelijke scheiding tussen paden voor voetgangers en wegen voor overig verkeer. Achter de woningen was plaats voor een auto, terwijl de voordeuren gericht waren op een autovrije openbare ruimte die Correa 'de ruggengraat van de buurt' noemde, wat deed denken aan een andere Amerikaanse uitvinding, het Radburn-principe.

Hoewel het PREVI-project niet helemaal volgens plan werd gerealiseerd, zou de collectieve tussenruimte die ontstond door de clustering van eenheden een belangrijke rol gaan spelen in Correa's latere werk. Daaronder bevindt zich ook een ontwerp uit 1973 voor het project Squatter Housing in Bombay; ook dit werd niet gerealiseerd.

cross ventilation and of a minimization of materials led to the design of a house, closed to its surroundings, but opening up internally to a central patio and to the sky (a recurring feature in Correa's work). Small differences in floor levels of the ground floor and mezzanine marked places for eating, cooking, sleeping and sitting without the use of internal partition walls, thus enabling efficient cross ventilation and a reduction of costs.

The Tube House is an early example of Correa's belief that 'form follows climate'.[9] In fact, the project's themes continued to inform Correa's work, and led to a rich and consistent series of designs for affordable housing, although regrettably, many of these remained unbuilt. Correa further explored the efficiency of the narrow terraced house as a typology in his contribution to the famous PREVI experimental housing project in Lima, Peru. The central theme of this limited invited competition, organized in 1969 for 13 architects from Peru, and 13 international architects (including the likes of Aldo van Eyck, James Stirling and Christopher Alexander) was to develop designs for affordable dwellings in low-rise, high-density configurations that would allow for incremental growth.[10]

Correa's response to the design brief was to develop a long and narrow patio plan, clearly inspired by Christopher Alexander's and Serge Chermayeff's studies for the ideal American suburban home as published in their 1963 book *Community and Privacy*.[11] However, realizing the drawbacks of living in a very strict narrow space from his earlier projects such as the Tube House and the Cablenagar Township (unbuilt, 1967) in Kota, Rajasthan, Correa instead favoured a design where, for a part of the house's length, the width is doubled to create more variety. By placing the double-width part of the houses in different positions, the houses start to interlock, creating both variety in plan, an individual articulation expressed in the exterior, and a more stable structure for the loadbearing masonry walls. At the larger scale there is a clear separation between pedestrian and vehicular access. The units have access at the rear for cars, while the front doors are oriented towards a pedestrian space that Correa named the community spine, bringing into mind another American invention; the Radburn principle.

Although the PREVI project was not built entirely as planned, the collective space, created between the units by means of its pattern of clustering, became an important element in Correa's later work. One of these is the design for Squatter Housing in Bombay of 1973, again unbuilt. It is the simplest of all his designs, but has a strong promise in creating a collective space through its possibilities of clustering. Very simple square, one-room units, each of only 9 m², are connected in groups of four under one pyramidal roof. Each unit has a walled courtyard, also of 9 m², that serves as an outdoor living space, mediating between the private and collective spaces. The courtyard walls that encircle these outdoor spaces make it possible to connect the groupings of four units in larger clusters, creating fractal patterns, an element further developed into very complex structures in later projects. As compared to the more regular, urban rows of the Tube House or PREVI project, this method of clustering is more reminiscent of the layout found in Indian villages with their shared open spaces, and marks a key shift in the work and thinking of Correa.

However, Correa's best-known plan for affordable housing remains the Incremental Housing project located at Belapur in New Bombay. Designed in 1983, this project brings together all the themes that were explored in his earlier work. The project is characterized by a variety of types and sizes of individual units, ranging from single-room units to urban townhouses. Each of these are free-standing units that have the possibility to grow and change over time, made possible by the use of

Charles Correa, prototype van het
Tube House, inmiddels afgebroken
Charles Correa, prototype of the
Tube House, now demolished

Jane Drew, woningtype 13 in
sector 22, Chandigarh, foto: 2013
Jane Drew, housing type 13 in
sector 22, Chandigarh, photo: 2013

Charles Correa, PREVI-project,
Lima, direct na de bouw
Charles Correa, PREVI project, Lima,
immediately after construction

PREVI-project, Lima, huidige staat,
2015
PREVI project, Lima, as it stands
today, 2015

Interieur van het Tube House
Interior of the Tube House prototype

Doorsneden van het Tube House
Sections of the Tube House

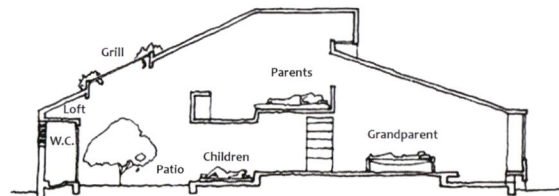

Section (at night)

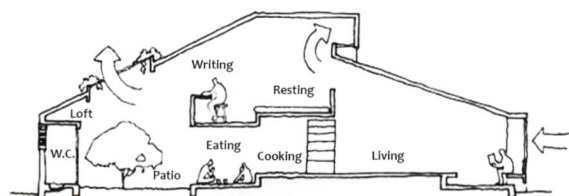

Section (during day)

Charles Correa, Incremental Housing, Belapur, Navi Mumbai, 1986
Charles Correa, Incremental Housing at Belapur, Navi Mumbai, 1986

Woningbouw Belapur, Navi Mumbai, huidige situatie, foto: 2015
Belapur housing as it stands today, Navi Mumbai, photo: 2015

Balkrishna Doshi, LIC Housing, Ahmedabad, foto: 2015
Balkrishna Doshi, LIC Housing, Ahmedabad, photo: 2015

Balkrishna Doshi, ATIRA Housing, Ahmedabad, recente foto
Balkrishna Doshi, ATIRA housing project, Ahmedabad, recent photo

Balkrishna Doshi, Aranya Low-Cost Housing, Indore, recente foto
Balkrishna Doshi, Aranya Low-Cost Housing, Indore, recent photo

Het was het simpelste ontwerp dat hij ooit heeft gemaakt maar de vorming van een collectieve ruimte door middel van clustering is veel-belovend. Zeer eenvoudige vierkante eenkamereenheden van slechts 9 m² werden in groepen van vier gerangschikt onder één piramidaal dak. Elke eenheid had een ommuurde binnenplaats, ook 9 m², die dienst deed als woonruimte buitenshuis en een overgang vormde tussen privé en openbaar. Met de muren om deze binnenplaatsen konden groepjes van vier eenheden gecombineerd worden tot grotere clusters. De hierdoor ontstane fractale patronen zou hij in latere projecten verder ontwikkelen tot zeer complexe structuren. Deze manier om woningen te groeperen doet vergeleken met de regelmatige, stedelijke rijtjes van het Tube House en het PREVI-project sterker denken aan de opzet van Indiase dorpen, met hun gezamenlijke openbare ruimten, en markeert een duidelijke verschuiving in het werk en de filosofie van Correa.

Correa's bekendste plan voor betaalbare huisvesting blijft echter het Incremental Housing-project in Belapur, New Bombay. Dit in 1983 ontworpen plan combineerde alle thema's die hij in eerder werk had verkend. Het Belapur-plan wordt gekenmerkt door een verscheiden-heid aan typen en afmetingen, van eenkamereenheden tot ruime stadswoningen. Het zijn allemaal vrijstaande huizen, die in de loop van de tijd kunnen worden uitgebreid en veranderd. Dit werd met name mogelijk gemaakt door de toepassing van eenvoudige, traditionele bouwtechnieken en een aantal bouwregels om onderlinge hinder te voorkomen. Ook de eenvoudigste, kleine basiseenheden zijn in de loop der tijd geleidelijk uitgegroeid tot grote tweelaagse huizen. Het geheel bestaat uit herhalingen van clusters op verschillende schaal-niveaus, wat resulteert in ingewikkelde fractale patronen die samen een wijk voor 600 families vormen met een duidelijke hiërarchie van private en collectieve ruimten.

Een groeiend dorp

Correa's collega Balkrishna Doshi (1927) doorliep bij het ontwikkelen van woningen in relatie tot vraagstukken van dichtheid en uitbreid-baarheid een parallel proces.[12] Doshi werkte bijna zeven jaar voor Le Corbusier, eerst in diens Parijse atelier en later als zijn assistent in Chandigarh en Ahmedabad. Daarnaast werkte hij, samen met Louis Kahn, aan ontwerp en bouw van het Indian Institute of Management, ook in Ahmedabad. Doshi heeft een invloedrijke rol gespeeld in de ontwikkeling van de moderne Indiase architectuur. Vanwege zijn nabijheid tot Le Corbusier vertonen Doshi's eerste ontwerpen nog meer dan die van Correa een sterke Corbusiaanse invloed, bijvoor-beeld in het patroon van zijn parallelle en verspringende rijtjeshuizen voor het ATIRA-woningbouwproject in Ahmedabad uit 1957. De Life Insurance Corporation (LIC) Colony, die in 1973 in Ahmedabad werd gebouwd, deed bij oplevering denken aan ontwerpen uit de heroïsche periode van het modernisme, zoals J.J.P. Ouds ontwerp voor terraswoningen. Het ontwerp heeft een getrapte doorsnede over drie verdiepingen, zodat er terrassen ontstaan die ruimte bieden voor latere uitbreidingen.

Doshi's opvattingen over betaalbare en uitbreidbare woningbouw worden waarschijnlijk het duidelijkste geïllustreerd in zijn project voor Aranya, in Indore. Het is ontworpen in de jaren 1980, rond dezelfde tijd als Correa's Belapur-project, en combineert het thema geleidelijke groei met een menging van bewonersklassen en woningtypen. Het project, dat gefinancierd werd door de Wereldbank, stemde zowel overeen met Nehru's visie op betaalbare huisvesting als met het idee van Sites & Services dat in de vroege jaren 1960 door de Britse architect John Turner in een Peruaanse context werd uitgewerkt.

simple traditional building techniques and by a set of rules that allow for incremental growth. Thus, over time, even the most basic small one-room units have gradually grown into substantial two-storey houses. At the larger scale, the entire scheme is formed by the repetition of clusters at different scales that results in complex fractal patterns that together form a neighbourhood for 600 families with a clear hierarchy of private and community spaces.

A Growing Village

Correa's colleague Balkrishna Doshi (b. 1927) followed a parallel process in developing models for affordable housing that address issues of density and incrementality.[12] Doshi, who worked for Le Corbusier for close to seven years, first at his atelier in Paris and later as his assistant in Chandigarh and Ahmedabad, as well as with Louis Kahn for the Indian Institute of Management, also in Ahmedabad, has played a seminal role in the development of modern architecture in India. Due to his close proximity to Le Corbusier, Doshi's first designs show, even more than Correa's, a strong Corbusian influence, as found in the pattern of parallel and staggered terraced houses for the ATIRA houses project in Ahmedabad of 1957. The Life Insurance Corporation (LIC) Colony, built in 1973, also in Ahmedabad, showed when finished a pristine modernist appearance, bringing back images of the heroic period of the Modern Movement, such as J.J.P. Oud's design for terraced housing. The design has a stepped profile across three floors, where each upper level has a smaller footprint creating terraces that allow for incremental growth over time.

Doshi's ideas of low-income housing and incrementalism are probably best described in his project in Aranya, Indore. Designed in the 1980s, around the same time as Correa's Belapur project, it combines the themes of incremental growth and the mixing of classes and unit types. Funded and promoted by the World Bank, the project resonated with both Nehru's vision for affordable housing, as well as with the much-publicized research on the idea of 'sites and services' popularized by British architect John Turner in the context of Peru in the early 1960s.

Designed to eventually house a population of 60,000 people in some 6,500 dwellings across 85 ha, Doshi's master plan included a network of roads, pathways and open spaces. At the scale of the houses themselves there was a great variety in the type and size of plots available to different income groups. The poor, for example, were given just a plinth and service core that could be expanded by them into larger houses at a later time. However, apart from providing a detailed master plan, Doshi's office was also responsible for designing and building 80 demonstration houses, with the intention that future residents of this site could learn and educate themselves about the possibilities of each of their individual plots. Local materials, such as brick and stone, but also concrete, were made easily available and residents were allowed to use any material to build. Today, Aranya has grown to resemble a typical Indian town where narrow streets are shaded by a variety of houses, ranging from ground-floor dwellings to three-storey-high urban townhouses.

A Vertical Village

The idea of stacking clusters of housing units in village-like configurations to create even higher densities has been thoroughly explored since the 1960s by another Indian architect: Raj Rewal (b. 1934).[13] Educated in Delhi and London, Rewal worked in the office of Michel Écochard in Paris, before setting up his own practice in New Delhi. Over the last three decades, Rewal has managed to develop a

Het masterplan van Doshi voor Aranya was ontworpen om uiteindelijk een bevolking van 60.000 zielen te huisvesten in circa 6.500 woningen op een terrein van 85 ha en bevatte een netwerk van wegen, paden en open ruimten. Voor wat betreft de huizen was er een groot aantal verschillende typen en formaten kavels beschikbaar voor verschillende inkomensgroepen. Zo kregen de armen alleen maar een begane-grondvloer en een servicekern ter beschikking, die ze geleidelijk konden uitbouwen tot een woning. Doshi's bureau was daarnaast verantwoordelijk voor het ontwerp en de bouw van 80 modelwoningen die bedoeld waren om de toekomstige bewoners van de locatie de gelegenheid te geven zich te laten informeren over de mogelijkheden van hun percelen. Lokale materialen, baksteen en natuursteen, maar ook beton, waren ter plaatse verkrijgbaar en de bewoners mochten zelf weten welke materialen ze voor de bouw gebruikten. Vandaag de dag is Aranya uitgegroeid tot een typische Indiase stad met smalle straatjes, beschaduwd door een verscheidenheid aan huizen, van een-laagse woningen tot stadshuizen van drie verdiepingen.

Het verticale dorp

Het idee om 'dorpse' clusters wooneenheden te stapelen en zodoende een nog grotere dichtheid te bereiken, is sinds de jaren 1960 uitgebreid verkend door weer een andere Indiase architect: Raj Rewal (1934).[13] Na zijn opleiding in Delhi en Londen werkte Rewal enige tijd op het Parijse kantoor van Michel Écochard voordat hij zijn eigen bureau in New Delhi opende. Rewal is er de afgelopen 30 jaar in geslaagd een consistent oeuvre van woningbouwprojecten te ontwikkelen, allemaal gebaseerd op het idee om gestapelde en verspringende eenheden te groeperen rond binnenplaatsen, geïnspireerd door lokale, traditionele Indiase architectuur. Dit levert zeer complexe en gevarieerde ensembles op die duidelijk verwijzen naar het weefsel en silhouet van historische Indiase steden zoals Jaisalmer in Rajasthan en Leh in Ladakh.

Rewal paste deze principes toe op alle woningcategorieën, zowel op goedkope woningbouw als op woningen voor de midden- en hogere inkomensgroepen. Zijn ontwerpprincipes worden duidelijk gedemonstreerd in een vroeg woningbouwproject, Sheikh Sarai uit 1970, dat bestaat uit appartementen voor alle lagen van de bevolking. Een dicht patroon van lage bouwblokken met een hoge dichtheid ligt om en over een door beschaduwde voetgangerspaden verbonden netwerk van collectieve open ruimten. De bouwblokken kennen twee verschillende groeperingen van de eenheden. Elke eenheid heeft een terras, beschermd door een hoge, geperforeerde betonnen borstwering. De constructie van de blokken bestaat uit een betonskelet met invulling van baksteen. Het gehele exterieur is afgewerkt met een laag grof pleisterwerk. Het resultaat is een gecompliceerd, maar consistent stelsel van vormen, ruimten en beweging, een abstracte herinnering aan het typische Indiase dorp met zijn beschaduwde straten, gezamenlijke binnenhoven en open terrassen.

Variaties op dit stelsel van clustering en stapeling met terrassen werden toegepast in het indrukwekkende dorp voor de Aziatische Spelen (New Delhi, 1980-1982) en in vele andere projecten. Het opmerkelijkste daarvan is een project voor goedkope huisvesting voor de City and Industrial Development Corporation (CIDCO) dat in 1988 werd gebouwd in New Bombay (Navi Mumbai). Het was in zijn geheel ontworpen om te voorzien in betaalbare woningen voor de groepen met de laagste inkomens, gesitueerd op een moeilijk bebouw-bare heuvel in de nabijheid van het financiële centrum van de stad. Ook hier zien we een megastructuur van verbonden binnenplaatsen en doorgangen, opgebouwd uit gebouwen van twee tot vier verdiepin-gen met terraswoningen die rondom collectieve ruimten en trappen

consistent oeuvre of housing projects all based on the idea of stacking and staggering units clustered around courtyards inspired by the vernacular architecture of India. This results in very complex and varied ensembles that clearly refer to the fabric and silhouettes of the historical Indian towns, such as Jaisalmer in Rajasthan and Leh in Ladakh.

Rewal applied these principles to all categories of housing; in affordable housing and in housing for middle and upper-middle income groups. A clear example of his design principles can be found in the early Sheikh Sarai Housing project of 1970, which contains apartments for different sections of society. A dense pattern of low-rise, high-density blocks are situated around a network of collective open spaces linked by shaded pedestrian pathways. The units are organized in two basic cluster forms. Each unit has an outside terrace with a protective, high and perforated parapet wall. The concrete frame structure with brick infill has a continuous white pebbledash finish. The result is both a consistent and complex system of shapes, spaces and movement, an abstract afterimage of a typical Indian village with shaded streets, communal courtyards and open terraces.

Variations on this system of clustering and stacking with terraces were used for the design of the impressive Asian Games village (New Delhi, 1980-1982) and many other projects. Most remarkable is the low-income housing project for the City and Industrial Development Corporation (CIDCO) built in 1988 in New Bombay (Navi Mumbai). It was conceived entirely to provide affordable housing for the lowest income groups on a challenging hillside site near the city's financial district. We find here again a megastructure of interlinked courtyards and passageways defined by buildings two to four storeys tall that are clustered around collective spaces and staircases. The units' sizes range from 18 to 105 m^2, with more than 75 per cent of them being smaller than 42 m^2 in area, all choreographed ingeniously to create neighbour-hoods at different scales, with clearly defined private and collective areas.

From Low- to High-Rise

Rewal's designs are clearly a part of a utopian vision of the stacked village, obsessively pursued by the post-war modernists of Team 10, the Dutch Structuralists and the Japanese Metabolists. However, despite the ingenious clustering and stacking of Rewal's projects, the achieved densities remain relatively low, about 100 to 200 units per hectare. To translate successful low-rise affordable housing concepts into vertically organized housing projects in high densities that can meet the incredible pressures of urbanization in India seems an impossible ambition.

For his well-known Kanchanjunga Tower project in Mumbai (1970-1983), Correa again picked up the idea of the complex section of the Tube House, but this time for the design of a high-rise luxury tower. The building methods needed to achieve a complex section, quite simple in low-rise houses, become incredibly complex and expensive when translated into a high-rise building. In the Kanchanjunga Tower, the intelligent stacking of different sections, the insertion of double-height corner patios that respond to climate, the layout of two apartments per floor around one access, have all worked together to create an exceptional and sculptural project, but certainly not one that can be used as a recipe for affordable housing.

Correa's only high-rise project that deals with higher densities for low-income groups is his project for the Maharashtra Housing and Development Authority (MHADA), which called for the building of transit camps for Mumbai's displaced urban poor. Designed in 1999, the concept is based on the clustering of four small units, each with a corner position that allows for cross ventilation, as in the Squatter

12

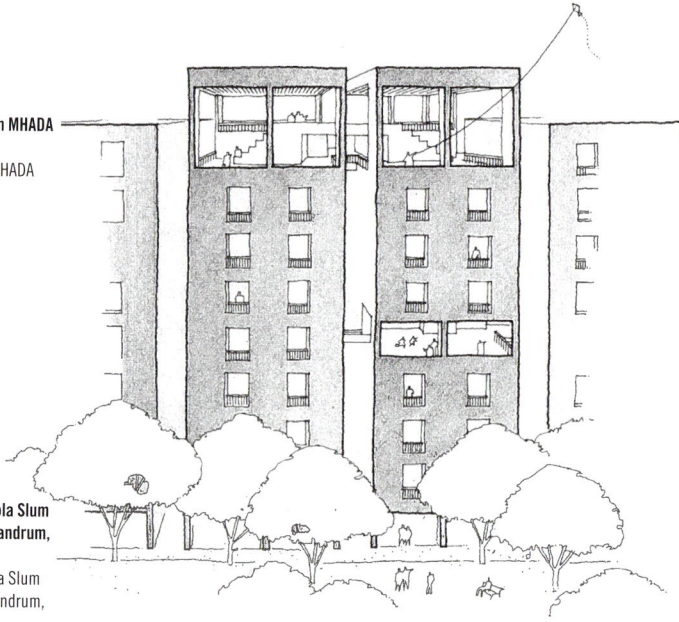

Charles Correa, schets van MHADA Housing, Mumbai
Charles Correa, sketch of MHADA Housing, Mumbai

Laurie Baker, Chengalchoola Slum Development Housing, Trivandrum, foto: 2015
Laurie Baker, Chengalchoola Slum Development Housing, Trivandrum, photo: 2015

Raj Rewal, CIDCO Housing, Navi Mumbai, foto: 2015
Raj Rewal, CIDCO Housing, Navi Mumbai, photo: 2015

P.K. Das, Sangharsh Nagar Housing, Mumbai, foto: 2015
P.K. Das, Sangharsh Nagar Housing, Mumbai, photo: 2015

zijn gegroepeerd. De eenheden variëren van 18 tot 105 m^2; in meer dan 76 procent van de woningen is het vloeroppervlak kleiner dan 42 m^2. De ingenieus ontworpen structuur resulteert in een wijk, bestaande uit woonbuurten van wisselende maat met helder gedefinieerde privé- en collectieve ruimten.

Van laag- naar hoogbouw

De ontwerpen van Rewal zijn duidelijke exponenten van de utopische visie op het gestapelde dorp die bijna obsessief werd nagestreefd door de naoorlogse modernisten, zoals de leden van Team 10, de Nederlandse Structuralisten en de Japanse Metabolisten. Maar ondanks de ingenieuze clusteringen en stapelingen bleef de dichtheid in Rewal's projecten relatief laag, ongeveer 100 tot 200 eenheden per ha. Om met succes goedkope laagbouw-woningconcepten te vertalen in verticaal georganiseerde woningbouw met een hoge dichtheid, die de ongelofelijke druk van de Indiase verstedelijking kunnen opvangen, lijkt een bijna onmogelijke ambitie.

Charles Correa pakte het idee van de complexe doorsnede van het Tube House op in zijn ontwerp voor het bekende Kanchanjunga Tower-project in Mumbai (1970-1983). Het betreft hier echter een luxe appartementengebouw. Een complexe doorsnede is relatief eenvoudig uit te voeren bij laagbouwwoningen, maar wordt zeer complex en kostbaar wanneer toegepast in een ontwerp voor hoogbouw. In de Kanchanjunga Tower werkten de intelligent gestapelde en gevarieerde doorsneden, de toepassing van dubbelhoge hoekpatio's en het per etage groeperen van slechts twee woningen rondom een centraal stijgpunt allemaal samen om een uitzonderlijk en sculpturaal project te doen verrijzen, maar het project resulteerde niet in een voorbeeld voor betaalbare woningbouw.

Het enige hoogbouwproject van Correa dat wel gericht was op hogere dichtheden voor lagere inkomensgroepen, is zijn project voor de Maharashtra Housing and Development Authority (MHADA), bedoeld als tijdelijke woningen voor dakloze arme stedelingen in Mumbai. Het ontwerp is uit 1999 en het concept is gebaseerd op de groepering van telkens vier kleine hoekeenheden met dwarsventilatie, net als in het Squatter Housing-project uit 1973. Door de toegangskernen slim tussen de gestapelde clusters te plaatsen en op verschillende niveaus een aantal eenheden weg te laten, kon Correa het aantal liften reduceren en ruimte creëren voor collectieve activiteiten. Het project werd echter nooit gerealiseerd, zodat de kans het succes van een dergelijk ontwerp te evalueren verloren ging.

Een buitenstaander

Wanneer we het werk van Correa, Doshi en Rewal analyseren, zien we een zorgvuldige en consistente benadering waarbij gepoogd wordt lokale manieren van wonen, bouwmethoden en cultuur te verbinden met de mogelijkheden van nieuwe bouwtechnieken en de esthetiek van het twintigste-eeuwse modernisme. Een heel ander soort continuïteit en benadering treffen we aan in het werk van buitenstaander Laurie Baker. Deze buiten India vrijwel onbekende Engelse architect (1917-2007) leefde en werkte meer dan 50 jaar in India en bouwde een grote reputatie op als autoriteit op het gebied van betaalbaar bouwen.[14] In tegenstelling tot Correa, Doshi en Rewal werd het werk van Baker nauwelijks of niet beïnvloed door de gedachten en dogma's van de moderne beweging. Uitgangspunt voor zijn ontwerpen is het traditionele ambachtelijke metselwerk van Kerala, de zuidelijkste staat van India waar hij het merendeel van zijn werk, vooral particuliere woningen en kleine institutionele gebouwen, realiseerde. Aan het eind van zijn werkzame leven ontwierp hij een project voor betaalbare woningbouw in

Housing project of 1970. Through a clever arrangement of access cores placed between the stacked clusters, and by taking out a number of units at different levels, Correa was able to reduce the number of elevators and create collective places for community activities. The project, however, remained unbuilt and the opportunity to measure the success of such a design was lost.

An Outsider

When we analyse the work of Correa, Doshi and Rewal, we find a careful and consistent approach that seeks to integrate local ways of living, building methods and culture with the new techniques and aesthetics of twentieth century modernism. A very different continuity can be found in the work of an outsider, Laurie Baker. This English architect (1917-2007) lived and worked for more than 50 years in India and is widely acknowledged as an authority on low-cost design in the country, although he remains relatively unknown.[14] Unlike Correa, Doshi and Rewal, the work of Baker was not overly influenced by the teachings of the Modern Movement. He instead based his architecture on the traditional masonry crafts of Kerala, the most southern Indian state, where he built most of his work. His use of traditional techniques, the responsiveness towards climate and culture, and the emphasis on low-cost design led to a series of remarkable projects for private houses and small institutional buildings.

Late in his working life, he built a project for affordable housing in Kerala's capital city, Trivandrum. The Chengalchoola Slum Development housing project was designed as the replacement of an existing informal settlement. Since 2003, a series of housing blocks were built, each block consisting of ten units; five on the ground floor, three on the first and two on the second floor. This allows for a stepped section with terraces for all upper units. The block appears as a village house, built in brick with a sloping roof, enlarged to a more urban scale. At the same time, each building can be seen as a miniature village, reduced to the scale of a single building, as if the ten units were built on a slope with a staircase as a connecting pathway.

As in all of his work, Baker made careful use of materials. The use of concrete has been minimized, and there is instead an emphasis on bamboo reinforcement, bamboo piles and brick loadbearing walls. This sensitivity towards the possibilities of the specific and local techniques is quite extraordinary, and probably needed the eye of an outsider like Baker.

Lost Ideals

But again, Baker's project cannot address the scale of growth in Indian cities and the densities required to rehabilitate the existing informal settlements that are a part of these cities. The brutal reality is that impatient growth and growing segregation are inextricably linked. Chandigarh, for example, was designed as an expression of the ideals of a newly independent India that could accommodate both the rich and the poor. Today Chandigarh is a far cry from what it was once imagined to be. While it is certainly one of the wealthiest cities in India, its social ideals are severely threatened by increasing urban segregation, which can be seen both in the early sectors as well as in the most recent developments. And this isn't a new trend. Even as far back as the 1980s, it was becoming increasingly clear that the speed of urbanization taking place in India far outpaced the ability of the authorities to keep up with demand. Across India, and the world, slum upgrading projects and self-help projects were failing to reach the scale of demand needed, which prompted international agencies such as the World Bank and the International Monetary Fund (IMF) to champion a greater role of the

de hoofdstad van Kerala, Trivandrum. Het Chengalchoola Slum Development-project werd ontworpen ter vervanging van een bestaande informele nederzetting. Vanaf 2003 werd een reeks woongebouwen gebouwd die elk bestonden uit tien eenheden: vijf op de begane grond, drie op de eerste verdieping en twee op de tweede verdieping. Zodoende ontstond er een getrapte doorsnede met terrassen voor de boven-woningen. De blokken zien eruit als een dorpswoning, opgetrokken uit baksteen en met een schuin dak, uitvergroot naar een meer stede-lijke maat. Tegelijkertijd kan elk blok ook worden opgevat als een dorp op zich, maar dan verkleind tot de maat van een enkel gebouw, met tien huisjes gebouwd op een helling, een trap als verbindingsweg.

Baker's materiaalgebruik is hier even zorgvuldig als in zijn andere projecten. Hij maakte zo min mogelijk gebruik van beton; in plaats daarvan paste Baker bamboe wapening, bamboe palen en bakstenen draagmuren toe voor de constructie van de woongebouwen. Juist als buitenstaander ontwikkelde Baker een scherp oog voor de mogelijk-heden van specifieke, lokale technieken.

Verloren idealen

Toch is een project als dat van Baker ook niet in staat een oplossing te bieden voor de grootschalige groei zoals die in de Indiase steden plaatsvindt, of om de dichtheden te bereiken die nodig zijn om de bestaande informele nederzettingen te vernieuwen. De harde werke-lijkheid is dat de alsmaar voortdenderende groei en de toenemende segregatie onlosmakelijk met elkaar zijn verbonden. Chandigarh is opgezet om de idealen van het nieuwe, onafhankelijke India dat gelijke kansen bood aan zowel de armen als de rijken, tot uitdrukking te brengen. Maar het Chandigarh van vandaag toont een heel ander beeld. Terwijl het zeker een van de rijkste steden van India is, worden de oorspronkelijke sociale idealen ernstig bedreigd door een toe-nemende stedelijke segregatie, zowel in de oudere sectoren als in de recent ontwikkelde delen van de stad. Dit is geen nieuw verschijnsel. Al in de jaren 1980 werd steeds duidelijker dat het tempo van de verstedelijking in India veel hoger lag dan het tempo waarin de autoriteiten aan de vraag naar betaalbare woningen konden voldoen. In heel India slagen pogingen de sloppenwijken op te knappen en zelf-hulpprogramma's op te zetten, er niet in te voorzien in de behoefte. Dit heeft internationale organisaties zoals de Wereldbank en het Internationaal Monetair Fonds (IMF) ertoe aangezet te pleiten voor een grotere bijdrage van de particuliere sector door tegelijkertijd de rol van de staat terug te dringen. Zo'n faciliterende strategie paste perfect bij de neoliberale agenda van die tijd, ook in India, en leidde tot een politiek van decentralisatie – waarbij in feite de reikwijdte van de macht en de verantwoordelijkheid van de overheid werden gereduceerd, terwijl de rol van de markt werd vergroot. In termen van huisvesting betekende dit een toenemende privatisering van de woningvoorraad.

Deze nieuwe trend is goed waarneembaar in steden als Mumbai, waar de particuliere sector tegenwoordig steeds vaker het merendeel van de goedkope huisvesting produceert, terwijl de overheid het proces alleen nog faciliteert. Het controversiële, in 1995 ten uitvoer gelegde Slum Rehabilitation Scheme (SRS) was bedoeld om in aan-merking komende gezinnen die in erkende sloppenwijken woonden, te huisvesten in middelhoge en hoge woontorens in een hogere dicht-heid op bestaande percelen. Dit werd volledig gefinancierd door particuliere ontwikkelaars, in ruil voor een groot deel van de grond die vervolgens werd gebruikt voor nieuwe marktconforme woningen of andere, commerciële ontwikkelingen. Betaalbare huisvesting blijkt dus in toenemende mate te worden gezien als een kwestie van grondbezit; de nadruk ligt daarbij op maximalisatie van de winst door

private sector by reducing the role of the state. Such an 'enabling' strategy perfectly fit the neoliberal agenda of the time, including that of India, and led to a policy of decentralization – essentially reducing the dispersal of power and responsibility of the government while increasing the role of the market. In terms of housing, this meant an increased privatization of the delivery of housing stock.

This new trend is evident in cities like Mumbai, where the private sector is now increasingly producing the bulk of affordable housing, with the state acting merely as a facilitator in the process. Under the controversial Slum Rehabilitation Scheme (SRS), implemented in 1995, eligible families living in recognized slums are rehoused on existing plots at a higher density in medium- to high-rise tenements. This is entirely cross-subsidized by the private developer in exchange for a large portion of that land, which can then be used for new market housing. Thus, affordable housing is increasingly being treated solely as a landcentric problem where the emphasis is on maximizing profits by adding densities at the cost of the average slum dweller, while ignoring their existing living patterns and their need for essential social amenities such as schools, hospitals and open spaces.

It is perhaps this shift in India, from a socialist nation right from the time of its independence to its transition into a capitalist economy today that has played the biggest role in the production of housing in the country. In this new context (unlike in the era when Correa, Doshi and Rewal built their best-known affordable housing projects), architects practising in India today have lost, for the most part, the government as a client. With the private sector uninterested in issues of equality and social inclusiveness, the situation is getting worse in urban areas every day. This has led to the emergence of a number of different models of architectural practices, ranging from 'architect-activists' to 'not-for-profit' firms that challenge the government and their approach towards affordable housing.

Opposite Scales and Numbers

P.K. Das, an architect based in Mumbai, is one such example.[15] Realizing the reality of the current situation, Das has been collaborating with an organization called the Nivara Hakk Welfare Centre to build a few projects as alternatives to the standard slum rehabilitation projects being built all over the city. Sangharsh Nagar, a large colony built in 2005 in Mumbai, is perhaps their best-known project. Here, Das has been compelled to work within the rules of the SRS to provide housing for almost 18,000 families that were forcibly evicted from their homes as part of the city's Slum Clearance policy in 1995. Faced with the enormous task of providing housing at a very high density of almost 500 dwellings per hectare, Das based his design on the clustering of eight-storey apartment buildings arranged around communal court-yards. Although he was able to avoid the typical rubber stamping that characterizes most such projects, the densities required have proven too much to be able to incorporate local and traditional ways of living into this medium- to high-rise configuration. Thus, rather than the staggered profiles of projects by Doshi or Rewal, with open terraces at different levels and narrow shaded streets in between, here one finds a far more simple arrangement of five to six apartments placed around a central circulation core.

While P.K. Das is concerned with the necessity of building for the masses at a large scale, at the other end of the spectrum another type of practice has emerged that is more inclined towards bottom-up approaches and small-scale interventions. Rather than attempt whole-scale redevelop-ment, organizations such as URBZ believe in the power of grassroots movements and ground-up strategies to improve the quality of life in

het realiseren van een grotere dichtheid ten koste van de gemiddelde bewoner van de sloppenwijk, terwijl bestaande leefpatronen en de behoefte aan sociale voorzieningen zoals scholen, ziekenhuizen en open ruimten worden genegeerd.

Misschien heeft deze verschuiving, van India als een socialistische staat tijdens de oprichting naar een India als kapitalistische economie, wel de grootste rol gespeeld in de nationale woningproductie. Tegen deze nieuwe achtergrond (zo anders als het tijdperk waarin Correa, Doshi en Rewal hun bekendste betaalbare woningbouwprojecten realiseerden) zijn hedendaagse architecten in India nog maar nauwelijks bekend met de overheid als opdrachtgever. De particuliere sector heeft geen belangstelling voor zaken als gelijkheid en sociale integratie, waardoor de situatie in stedelijke gebieden dagelijks slechter wordt. Dit heeft geleid tot de opkomst van een aantal varianten op de architectenpraktijk, van 'architect-activisten' tot 'nonprofit bureaus' die de houding van de overheid ten opzichte van betaalbare huisvesting aan de orde stellen.

Contrasterende schaalniveaus en aantallen.
Een van deze bureaus is dat van P.K. Das, een in Mumbai gevestigde architect.[15] Toen Das zich de ernst van de huidige situatie realiseerde, ging hij een samenwerkingsverband aan met het Nivara Hakk Welfare Centre om een aantal projecten te realiseren als alternatief voor de standaard sloppensanering die overal in de stad werd uitgevoerd. Sangharsh Nagar, een grote in 2005 gebouwde kolonie in Mumbai, is waarschijnlijk hun bekendste project. Hier zag Das zich genoodzaakt binnen de regels van de SRS te werken om te voorzien in woningen voor bijna 18.000 gezinnen die in 1995 als onderdeel van de woningsaneringsstrategie met geweld uit hun huizen waren gezet. Das, die zich geconfronteerd zag met de gigantische opgave woningen te realiseren in een dichtheid van bijna 500 woningen per ha, baseerde zijn ontwerp op een clustering van appartementengebouwen, acht verdiepingen hoog en gesitueerd rondom gemeenschappelijke binnenplaatsen. Hoewel hij het ladenplan-aspect dat dit soort projecten meestal karakteriseert wist te voorkomen, bleek de vereiste dichtheid te hoog om in deze middelhoge tot hoge setting ruimte vrij te maken voor lokale of traditionele leefwijzen. Dus is hier geen sprake van de verspringende opbouw zoals in de projecten van Doshi of Rewal, met terrassen op verschillende niveaus en nauwe straten tussen de gebouwen, maar van een veel eenvoudiger organisatie van vijf tot zes appartementen rondom een centrale kern.

Terwijl P.K. Das zich bezighoudt met grootschalige massawoningbouw, heeft er zich aan het andere eind van het spectrum een praktijk ontwikkeld die meer op bottom-up benaderingen en kleinschalige interventies is gericht. Organisaties als URBZ wagen zich liever niet aan grootschalige herontwikkeling, maar geloven in de kracht van uit de grond voortkomende bewegingen en niet-hiërarchische strategieën voor de verbetering van levenskwaliteit in steden als Mumbai.[16] URBZ is feitelijk gevestigd in Dharavi, de grootste sloppenwijk van Mumbai en Azië. URBZ wordt geleid door het duo Rahul Srivastava, een antropoloog, en Matias Echonave, een stedenbouwkundige. URBZ organiseert regelmatig workshops en werkt samen met lokale gemeenschappen, particuliere instellingen en opleidingsinstituten om veldwerk en bureauonderzoek te doen, en om alternatieven voor standaard ontwikkelingsmodellen te bedenken.

Een van de projecten waar zij al langere tijd bij betrokken zijn, heeft betrekking op het verzet tegen (en het suggereren van alternatieven voor) het Dharavi Redevelopment Plan (DRP) van de overheid. In het voorgestelde plan is winst duidelijk belangrijker dan de huidige

settlements in cities such as Mumbai.[16] In fact, URBZ is located within Dharavi – Mumbai's and Asia's largest slum. Run primarily by the duo Rahul Srivastava, an anthropologist, and Matias Echonave, an urban planner, URBZ regularly organizes workshops and collaborates with communities and other private and educational institutions to carry out surveys and document research and to speculate on possible alternatives to standard models of development.

One of the projects they have been involved in for a very long time is opposing and suggesting alternatives to the government's controversial Dharavi Redevelopment Plan (DRP). Poles apart from the proposed plan, which is a clear case of profit over people, URBZ instead advocates a John Turner-inspired approach that would allow the residents themselves to decide the future of their own neighbourhoods. Apart from playing the role of activist, the URBZ team works with local masons and contractors to provide design and technical advice to residents who wish to undertake improvements of their homes. Over the years, they have been able to assist in upgrading a few such houses that were once nothing more than temporary shacks into two- or three-storey stable structures.

A similar approach involving *in situ* upgrading has been adopted by a New Delhi-based organization called microHome Solutions (mHS).[17] Set up in 2009 and run by the husband-wife team of Marco Ferrario, an architect, and Rakhi Mehra, an economist, mHS has, like URBZ, been strongly advocating an approach that catalyses the self-building capacities of people in informal settlements. Over the past six years since the start of the organization, mHS has been working on a variety of projects, ranging from temporary shelter for the homeless to the proposed redevelopment of an entire slum in New Delhi. But what sets mHS apart is that it looks to provide not only spatial and technical advice, but also financial assistance as in the case of Mangolpuri, a resettlement colony in Delhi. Here, in collaboration with a microfinancing organization, mHS was able to assist 15 families with the construction of two-storey structures that were more stable and better ventilated than the temporary structures they had been living in.

An Indian Future
The work of organizations like URBZ, mHS, but also of P.K. Das for that matter, represent a new breed of architects working in India operating at different scale levels. Through collaborations and activism, they are actively using the democratic setup of India to resist market forces and are in reality doing pioneering work to improve the living conditions of informal settlements through self-organization, self-help and small-scale upgrading. But again, looking at the scale of growth that lies ahead, such models hardly seem able to provide all the answers to India's urbanization, which will perhaps be one of humanity's biggest challenges in the coming 50 years. By the year 2025, India is expected to surpass China as the world's most populous country.[18] And by the middle of this century it will be home to more than 1.6 billion people – of which more than 50 per cent (about 875 million people) will be living in urban centers.[19] As stated in the introduction, this means that between now and 2050, India will be registering the largest increase in urban population of any country by adding almost 500 million people to its cities.

As dumbfounding as these numbers are, they should not distract from the key questions related to the design and construction of affordable housing. India has a unique and rich architectural legacy of affordable housing projects that bring together tradition and modernity; at the scale of the material, the dwelling, the neighbourhood and the city. Small as they may seem today in numbers, the significance of the Indian

1950　　　　　　　　　　　　1960　　　　　　　　　　　　1970

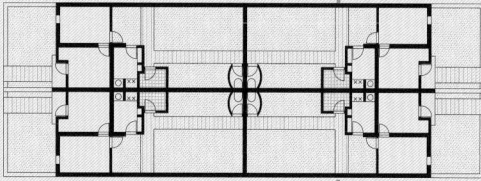

Type 13: 1951-54

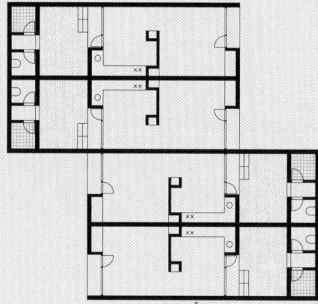

ATIRA: 1957

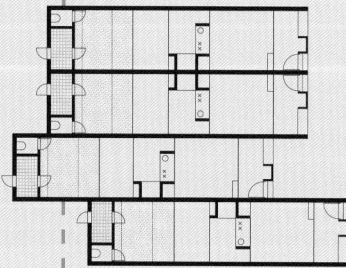

Tube House: 1961-62

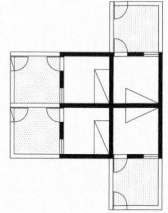

Squatter Housing: 1973

INCREMENTALITY

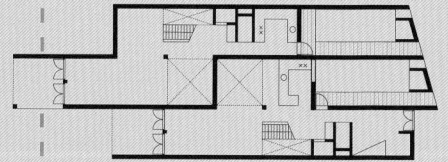

PREVI: 1969-73

LINEAR
STRUCTURES

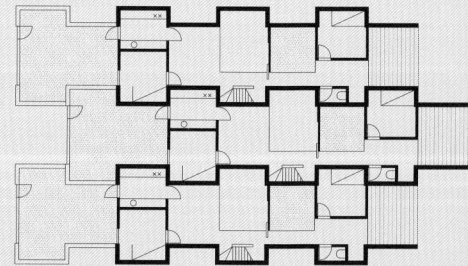

PREVI: 1969-73

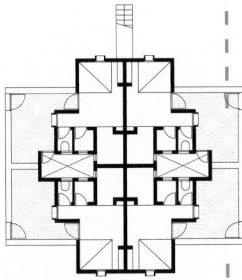

1980

1990

2000

CIDCO: 1988

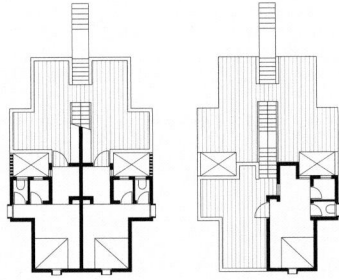

CLUSTERING
AND STACKING

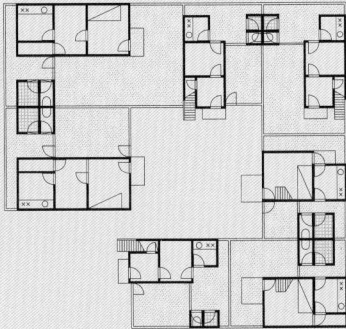

Belapur: 1983-86

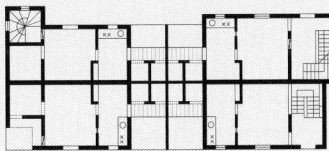

Aranya: 1983-86

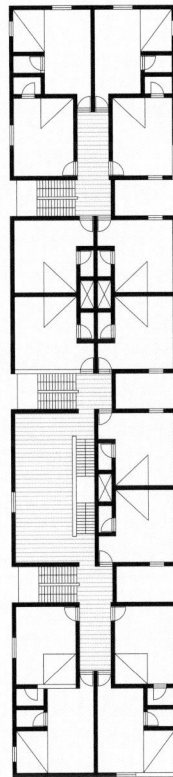

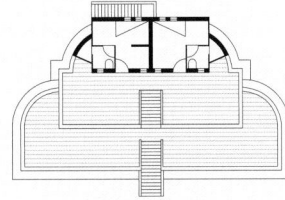

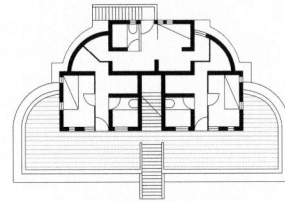

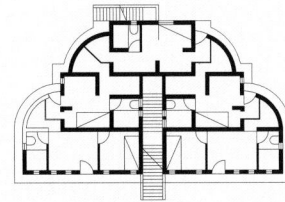

Chengalchoola: 2003

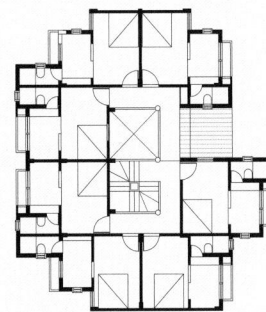

MHADA: 1999

Sangharsh Nagar: 2005

bewoners. URBZ stelt daar een totaal andere aanpak tegenover, die geïnspireerd is op John Turner en die de bewoners zelf laat beslissen over de toekomst van hun wijk. De teamleden van URBZ spelen een activistische rol en daarnaast werken zij samen met lokale metselaars en aannemers om ontwerpen en technisch advies te verstrekken aan bewoners, die hun eigen huis willen verbeteren. In de loop der jaren zijn ze erin geslaagd te helpen bij de verbetering van een paar van zulke huizen, die ooit niet meer waren dan tijdelijke optrekjes, maar nu stevige gebouwen van twee of drie verdiepingen.

Een in New Delhi gevestigde organisatie, microHome Solutions (mHS), hanteert een soortgelijke aanpak van verbetering in situ.[17] mHS, opgericht in 2009 en geleid door de echtgenoten Marco Ferrario, een architect, en Rakhi Mehra, een econoom, heeft net als URBZ sterk gepleit voor een aanpak die het potentieel van de bewoners van informele nederzettingen om zelf hun woning te bouwen, in goede banen kan leiden. In de nu zes jaar dat de organisatie bestaat, heeft mHS aan verschillende projecten gewerkt, van tijdelijk onderdak voor daklozen tot de voorgenomen herontwikkeling van een hele sloppenwijk in New Delhi. Maar wat mHS onderscheidt is dat de organisatie niet alleen ruimtelijk en technisch advies wil geven, maar ook financiële hulp. Voorbeeld hiervan is hun aanpak in Mangolpuri, een herhuisvestingskolonie in Delhi. Hier was mHS in samenwerking met een microfinancieringsorganisatie in staat 15 gezinnen te helpen gebouwen van twee verdiepingen op te trekken die stabieler waren en beter geventileerd dan de tijdelijke bouwsels waarin ze daarvoor woonden.

Een Indiase toekomst

Het werk van organisaties zoals URBZ, mHS maar in feite ook dat van P.K. Das vertegenwoordigt een nieuw slag architecten dat in India op verschillende niveaus actief is. Door samenwerkingsverbanden en activisme benutten zij proactief de Indiase democratie om marktwerking te pareren en doen ze werkelijk baanbrekend werk in de strijd om de woonomstandigheden in informele nederzettingen te verbeteren door middel van zelforganisatie, zelfhulp en kleinschalige woningverbetering.

Echter, gezien de schaal waarop in de toekomst de groei van de steden zal gaan plaatsvinden, lijken dergelijke modellen nauwelijks in staat om oplossingen te bieden voor het probleem van de Indiase verstedelijking. Tegen het jaar 2025 zal India China naar verwachting voorbijstreven als het land met de meeste inwoners ter wereld.[18] En tegen het jaar 2050 zullen er meer dan 1,6 miljard mensen wonen, waarvan meer dan de helft (ongeveer 875 miljoen mensen) in stedelijke centra.[19] Zoals al gesteld in de inleiding betekent dit, dat er tussen nu en 2050 nergens zo'n grote toename van de stedelijke bevolking zal plaatsvinden als in India, een groei van de stadsbevolking met 500 miljoen mensen.

Ook al zijn deze getallen nog zo verbijsterend, ze moeten de aandacht niet afleiden van de belangrijkste vraag met betrekking tot het ontwerp en de bouw van betaalbare woningen. India heeft een unieke en rijke architectonische erfenis van betaalbare huisvestingsprojecten die traditie en moderniteit samenbrengen – op de schaal van het materiaal, de woning, de buurt en de stad. Ook al lijken de aantallen vandaag klein, de betekenis van de Indiase experimenten in goedkope woningbouw is duidelijk. Ze proberen allemaal niet alleen elementair onderdak te bieden, maar ruimten te scheppen die bewoners in staat stellen deel van een gemeenschap en van de stad te worden. Het bouwen van woningen die zulke ruimten creëren, is en blijft een architectonische opgave, en een voorwaarde om leefbare en voor iedereen toegankelijke steden te maken.

experiments in affordable housing is clear; they all attempt not only to provide basic shelter, but to create spaces that enable inhabitants to become a part of a community and the city. Building housing that create those spaces is still the essence of architecture, and the only way to make cities that are livable and accessible for everyone.

URBZ, Pilot House, Shivaji Nagar in Govandi, Mumbai, foto: 2015
URBZ, Pilot House, Shivaji Nagar in Govandi, Mumbai, photo: 2015

Noten

1 http://www.worldometers.info/world-population/india-population/ (geraadpleegd 16 augustus 2015).
2 A. Dhar (2012), *India Will See Highest Urban Population Rise in Next 40 Years*, zie: http://www.thehindu.com/news/india-will-see-highest-urban-population-rise-in-next-40-years/article3286896.ece (geraadpleegd 16 augustus 2015).
3 Toespraak van Mahatma Gandhi tijdens de 50ste zitting van het Indiase Nationale Congres, Faizpur, Bangalore, in: A.K. Thakur, *Economics of Mahatma Gandhi: Challenges and Development* (Delhi: Deep and Deep Publications, 2009).
4 Zie voor Drews bijdrage aan het ontwerp van Chandigarh: Kiran Joshi, *Documenting Chandigarh, the Indian Architecture of Pierre Jeanneret, Edwin Maxwell Fry, Jane Beerly Drew* (Ahmedabad: Mapin Publishing, 1999); Tom Avermaete en Maristella Casciato, *Casablanca Chandigarh, A Report on Modernization* (Zürich: CCA en Park Books, 2014); Iain Jackson en Jessica Holland, *The Architecture of Edwin Maxwell Fry and Jane Drew, Twentieth Century Architecture, Pioneer Modernism and the Tropics* (Farnham: Ashgate Publishing, 2014).
5 Jackson en Holland, *The Architecture of Edwin Maxwell Fry and Jane Drew*, op. cit. (noot 4), 233.
6 Ibid., 235.
7 Drew en Fry hebben verschillende boeken gepubliceerd over hun ervaringen met het ontwerp van huisvesting in een tropisch klimaat: (met Harry L. Ford) *Village Housing in the Tropics: With Special Reference to West Africa* (Londen: Lund Humphries, 1947); *Tropical Architecture in the Humid Zone* (Londen: Batsford, 1956); *Tropical Architecture in the Dry and Humid Zones* (Londen: Batsford, 1964).
8 Zie voor Correa's woningontwerpen: Charles Correa, *Housing & Urbanization* (Bombay: Urban Design Research Institute, 1999); Charles Correa en Kenneth Frampton, *Charles Correa* (Londen: Thames & Hudson, 1996).
9 Vincent B. Canizaro (red.), *Architectural Regionalism: Collected Writings on Place, Identity, Modernity and Tradition* (New York: Princeton Architectural Press, 2007).
10 Zie voor een recent onderzoek over het PREVI-project en de manier waarop het zich in de loop der tijd heeft ontwikkeld: Fernando García-Huidobro, Diego Torres Torriti en Nicolas Tugas, *Time Builds!* (Barcelona: Gustavo Gili, 2008).
11 Christopher Alexander en Serge Chermayeff, *Community and Privacy: Toward a New Architecture of Humanism* (Garden City, NY: Doubleday, 1963).
12 Zie voor Doshi's woningontwerpen: James Steele, *The Complete Architecture of Balkrishna Doshi: Rethinking Modernism for the Developing World* (Londen: Thames & Hudson, 1998); William J.R. Curtiss, *Balkrishna Doshi, An Architecture for India* (Ahmedabad: Mapin Publishing, 2014).
13 Zie voor Rewals werk: Suparna Rajguru en Raj Rewal, *Innovative Architecture and Tradition* (New Delhi: OM Books International, 2013).
14 Zie voor Bakers werk: Gautam Bhatia, *Laurie Baker, Life, Work & Writings* (Gurgaon: Penguin Books India, 1991).
15 Zie voor Das' werk: http://www.pkdas.com
16 Zie voor URBZ: http://www.urbz.net
17 Zie voor een overzicht van Micro Home Solutions: http://microhomesolutions.org
18 S. Roberts (2009), *In 2025, India to Pass China in Population.* Online beschikbaar via: http://www.nytimes.com/2009/12/16/world/asia/16census.html?_r=0 (geraadpleegd 3 maart 2013).
19 Dhar, *India Will See*, op. cit. (noot 2).

Notes

1 http://www.worldometers.info/world-population/india-population/. Accessed 16 August 2015.
2 A. Dhar (2012), *India Will See Highest Urban Population Rise in Next 40 Years*, available online at: http://www.thehindu.com/news/india-will-see-highest-urban-population-rise-in-next-40-years/article3286896.ece. Accessed 16 August 2015.
3 Speech by Mahatma Gandhi at the 50th session of the Indian National Congress, Faizpur, Bangalore, in: A.K. Thakur, *Economics of Mahatma Gandhi: Challenges and Development* (Delhi: Deep and Deep Publications, 2009).
4 For documentation of Drew's contributions to the design of Chandigarh: Kiran Joshi, *Documenting Chandigarh, the Indian Architecture of Pierre Jeanneret, Edwin Maxwell Fry, Jane Beerly Drew* (Ahmedabad: Mapin Publishing, 1999); Tom Avermaete and Maristella Casciato, *Casablanca Chandigarh, A Report on Modernization* (Zurich: CCA and Park Books, 2014); Iain Jackson and Jessica Holland, *The Architecture of Edwin Maxwell Fry and Jane Drew, Twentieth Century Architecture, Pioneer Modernism and the Tropics* (Farnham: Ashgate Publishing, 2014).
5 Jackson and Holland, *The Architecture of Edwin Maxwell Fry and Jane Drew*, op. cit. (note 4), 233.
6 Ibid., 235.
7 Drew and Fry published several books on their experience of designing housing in tropical climates: (with Harry L. Ford) *Village Housing in the Tropics: With Special Reference to West Africa* (London: Lund Humphries, 1947); *Tropical Architecture in the Humid Zone* (London: Batsford, 1956); *Tropical Architecture in the Dry and Humid Zones* (London: Batsford, 1964).
8 For an overview of Correa's housing designs, see: Charles Correa, *Housing & Urbanization* (Bombay: Urban Design Research Institute, 1999); Charles Correa and Kenneth Frampton, *Charles Correa* (London: Thames & Hudson, 1996).
9 Vincent B. Canizaro (ed.), *Architectural Regionalism: Collected Writings on Place, Identity, Modernity, and Tradition* (New York: Princeton Architectural Press, 2007).
10 For a recent study on the PREVI project and its development over time, see: Fernando García-Huidobro, Diego Torres Torriti and Nicolas Tugas, *Time Builds!* (Barcelona: Gustavo Gili, 2008).
11 Christopher Alexander and Serge Chermayeff, *Community and Privacy: Toward a New Architecture of Humanism* (Garden City, NY: Doubleday, 1963).
12 For an overview of Doshi's housing designs, see: James Steele, *The Complete Architecture of Balkrishna Doshi: Rethinking Modernism for the Developing World* (London: Thames & Hudson, 1998); William J.R. Curtiss, *Balkrishna Doshi, An Architecture for India* (Ahmedabad: Mapin Publishing, 2014).
13 For an overview of Rewal's work, see: Suparna Rajguru and Raj Rewal, *Innovative Architecture and Tradition* (New Delhi: OM Books International, 2013).
14 For an overview of Baker's work, see: Gautam Bhatia, *Laurie Baker, Life, Work & Writings* (Gurgaon: Penguin Books India, 1991).
15 For an overview of Das's work, see: http://www.pkdas.com.
16 For an overview of the work of URBZ, see: http://www.urbz.net.
17 For an overview of the work of Micro Home Solutions, see: http://microhomesolutions.org.
18 S. Roberts (2009), *In 2025, India to Pass China in Population.* Available online at: http://www.nytimes.com/2009/12/16/world/asia/16census.html?_r=0. Accessed 3 March 2013.
19 Dhar, *India Will See*, op. cit. (note 2).

Tom Avermaete &
Charlotte Robinson

Betaalbaar wonen als ontwikkelingshulp
Affordable Housing as Development Aid

Michel Écochard: nieuwe rollen en benaderingen van de transnationale architect
Michel Écochard: New Roles, Methods and Tools of the Transnational Architect

Omslagen van het VN-bulletin *Housing and Town and Country Planning*, dat expertise met betrekking tot betaalbare huisvesting en ontwikkelingshulp verzamelde
Various covers of the UN periodical *Housing and Town and Country Planning*, which gathered existing expertise on affordable housing and development aid

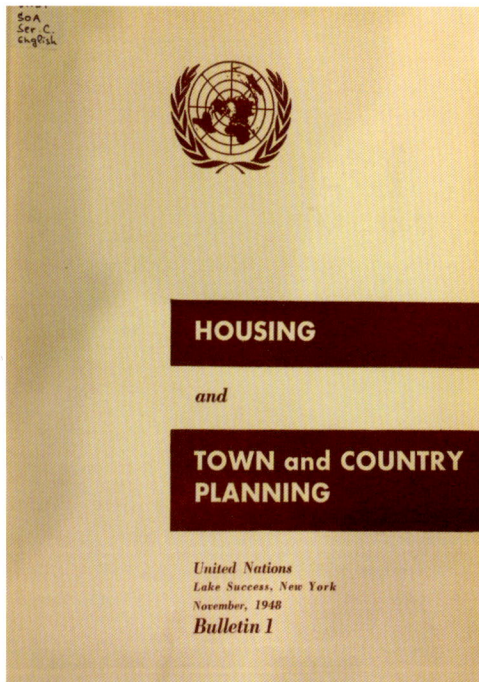

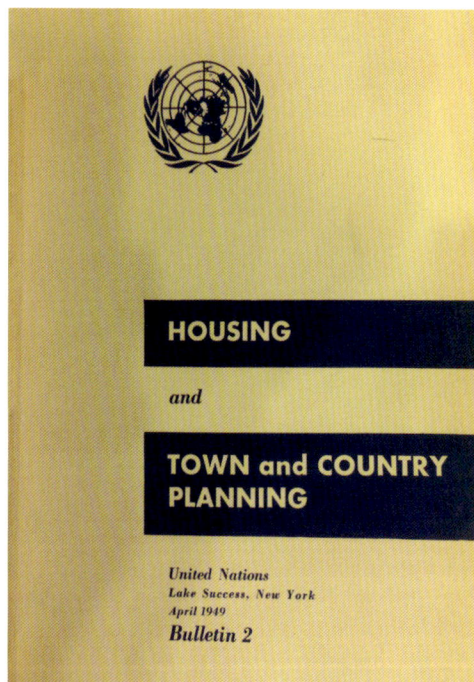

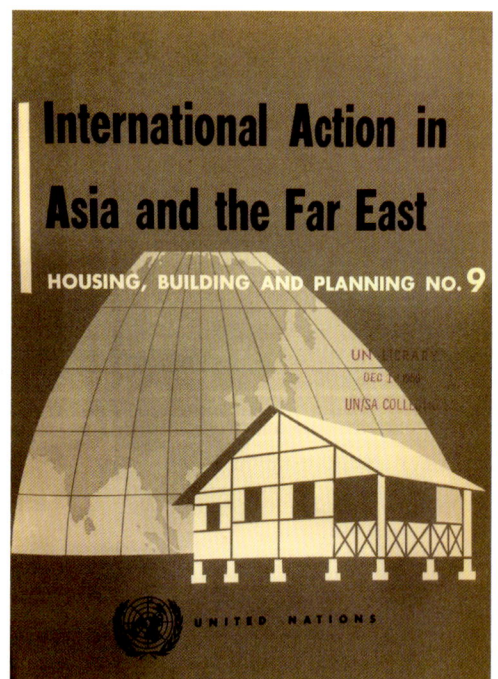

HOUSING
and
TOWN and COUNTRY PLANNING

United Nations
Lake Success, New York
November, 1948
Bulletin 1

HOUSING
and
TOWN and COUNTRY PLANNING

United Nations
Lake Success, New York
April 1949
Bulletin 2

community facilities and services

united nations

housing and town and country planning

bulletin 5

Housing in the tropics

united nations

housing and town and country planning

bulletin 6

UNITED NATIONS
15 JUL 1952
LIBRARY

Urban Land PROBLEMS AND POLICIES

HOUSING AND TOWN AND COUNTRY PLANNING

bulletin 7

UNITED NATIONS, New York

International Action in Asia and the Far East

HOUSING, BUILDING AND PLANNING NO. 9

UNITED NATIONS

Het was geen toeval dat de Economische en Sociale Raad van de Verenigde Naties (ECOSOC) in 1948, enkele jaren na de oprichting van de Verenigde Naties als organisatie, besloot een afdeling *Housing and Town and Country Planning* op te zetten.[1] Deze afdeling was een centraal onderdeel van het grotere zogenaamde 'programma voor technische ondersteuning' dat de Verenigde Naties had ontwikkeld om landen in nood te helpen – uiteenlopend van Europese landen in de nasleep van de Tweede Wereldoorlog tot nieuwe, onafhankelijke natiestaten in Afrika en Azië. De leden van de Raad waren het erover eens dat betaalbare huisvesting zowel tot de universele rechten van de mens behoorde als een van de belangrijkste punten van zorg was van de nieuwe organisatie. Interventies op dit terrein zouden tot haar fundamentele taken gaan behoren.[2]

De stedenbouw van de Verenigde Naties

De afdeling *Housing and Town and Country Planning* (HTCP) werd vanaf haar oprichting tot 1966 geleid door een voormalig lid van de Congrès Internationaux d'Architecture Moderne (CIAM), de Joego-slaaf Ernest Weismann.[3] De nieuwe afdeling werd in de eerste plaats gedefinieerd als een expertiseplatform: overal ter wereld zouden de diverse lidstaten kennis over betaalbare huisvesting verzamelen. Op basis van dit perspectief wist HTCP uiteenlopende professionele kampen van architecten en stedenbouwkundigen te verenigen, en bracht ze overheidsdiensten en avant-gardistische groepen bij elkaar. Ook organisaties die elkaar eerder op ideologische gronden maar al te graag op afstand hadden gehouden, zoals de CIAM en de International Union of Architects (IUA).[4]

De verzamelde kennis werd op verschillende manieren beschikbaar gesteld aan de lidstaten: via de publicatie van handboeken en een bulletin, door het openen van een bibliotheek en het beheren van een mediatheek met films over verschillende vormen van huisvesting wereldwijd.[5] Naast haar functie als expertiseplatform richtte HTCP zich ook op concrete interventies. Zij stuurde stedenbouwkundigen, architecten, ingenieurs en technici erop uit om regio's, landen of steden die in nood zaten te hulp te schieten. In de decennia na 1948 zou de afdeling HTCP honderden missies initiëren, trainingen organiseren, plannen opstellen voor regio's en steden, en zelfs gebouwen ontwerpen voor allerlei contexten en locaties. De talrijke stedenbouwkundige plannen, wijken en gebouwen die uit deze 'ontwikkelingshulp' resulteerden, waren binnen de architectuurkritiek en architectuur-geschiedenis lange tijd onbespreekbaar.[6] Men vond de plannen en projecten vaak te instrumenteel en te technisch om van enig cultureel belang te zijn.

In dit artikel wordt gesuggereerd dat de nieuwe 'architectuur als ontwikkelingshulp', die niet alleen werd uitgeoefend door de Verenigde Naties maar ook door veel andere, particuliere instellingen en over-heidsorganisaties, een reeks cruciale veranderingen teweegbracht. Ten eerste moesten architecten en stedenbouwkundigen hun benadering, instrumentarium en rol aanpassen om in verschillende landen en culturen te kunnen werken. Ze moesten analyse- en interventiemethoden ontwikkelen die onmiddellijk overal ter wereld onder verschillende culturele, maatschappelijke en politieke omstandigheden konden worden ingezet. Ten tweede leidde het gegeven dat architecten en stedenbouwkundigen onder de vlag van de ontwikkelingshulp werkten – dit werd ook wel 'ondersteunde zelfhulp' of 'technische onder-steuning' genoemd – ertoe dat ze moesten reflecteren op de aard van hun eigen interventies in relatie tot die van anderen. Juist vanwege de notie 'hulp' konden er vraagtekens worden gezet bij de rol van de architect-expert en zijn functionele deskundigheid, in vergelijking met

It was not by coincidence that the UN Economical and Social Council decided in 1948, only a few years after the actual foundation of the United Nations as an organization, to start a division on Housing and Town and Country Planning.[1] This division was a central component in the larger so-called technical assistance programme that the United Nations developed to help countries that were in need – ranging from war-affected countries in Europe to newly independent nation-states in African and Asia. Among the members of the council, there was a clear understanding that affordable housing was a universal human right, as well as a main matter of concern and a prime field of intervention for the new international organization.[2]

United Nations Urbanism

The Housing and Town and Country Planning (HTCP) division was from its inception until 1966 headed by a former member of the Congress Internationaux d'Architecture Moderne (CIAM), the Yugoslavian Ernest Weismann.[3] The new division was defined first and foremost as a base of expertise: it was meant to gather worldwide knowledge on the matter of affordable housing that was generated in the different member countries. With this in mind, the HTCP managed to unite different professional camps of architects and urban planners, gathering public administrations and avant-garde groups, but also organizations that had previously been keen to establish an ideological distance such as the CIAM and the International Union of Architects (IUA).[4]

The knowledge that was gathered was made available to the member countries in different ways: through the publication of manuals and a bulletin, through the installation of a library and by curating a mediatheque with movies on different forms of housing worldwide.[5] Besides this function as a base of expertise, the HTCP section also focussed on more concrete sorts of intervention. It would commission urban and regional planners, architects, engineers and technicians to go on missions to regions, countries or cities that were in need. In the decades after 1948 the HTCP would initiate hundreds of missions, organize trainings, make regional and urban plans and even design buildings for a variety of contexts and places. The numerous urban plans, neighbourhoods and buildings that resulted from these 'develop-ment aid' initiatives have for a long time been the no-go zones of architectural criticism and historiography.[6] Plans and projects have often been considered as too instrumental and too technical in character to carry any cultural significance.

This article suggests that the new condition of 'architecture as development aid', driven by the United Nations but also by many other private and governmental organizations, engendered a series of crucial changes. First, it required that architects and urban planners adjust their approaches, tools and roles for working across nations and across cultures. They had to develop methods of analysis and intervention that could be rapidly spread across the world and different cultural, social and political conditions. Second, the fact that architects and urban planners were working under the regimes of 'development aid', some-times also coined as 'aided self-help' or 'technical assistance', required that they had to reflect on the character of their own agency in relation to that of others. The very notion of 'aid' put into question the role of the expert-architect, as well as the function of his expertise, vis-à-vis other actors and other knowledge of the built environment. Third, within the urban and architectural projects of architects and urban planners working as development aid experts, new notions of 'affordable housing' emerged. While in the official discourses of development aid affordability was mainly understood as economic accessibility, in the proposals of architects and urban planners other perspectives of affordability emerged.

die van andere partijen, met andere opvattingen over de gebouwde omgeving. Ten derde ontstonden er bij de architecten en stedenbouwkundigen die met hun projecten actief waren als ontwikkelingshulpexperts, nieuwe ideeën over 'betaalbaar wonen'. Volgens het officiële discours van de ontwikkelingshulp moest betaalbaarheid vooral worden opgevat als economische bereikbaarheid, maar uit de voorstellen van architecten en stedenbouwkundigen kwamen andere ideeën over betaalbaarheid naar voren.

De Franse stedenbouwkundige, architect en archeoloog Michel Écochard speelde een hoofdrol in dit nieuwe ontwikkelingshulpbestel. De carrière van Écochard lijkt onlosmakelijk verbonden met de grote geopolitieke verschuivingen in de naoorlogse periode: zijn loopbaan begon in het maatschappelijk onrustige Franse mandaat voor Syrië en Libanon; vervolgens werkte hij onder het kwetsbare laatkoloniale regime van het Franse Protectoraat over Marokko en was hij vanaf het midden van de jaren 1950 actief als expert op het gebied van ontwikkelingshulp. Voor een goed begrip van het werk van Écochard in de periode na 1953 is het van belang het te plaatsen tegen de achtergrond van de nieuwe werkelijkheid die zich kort na de Tweede Wereldoorlog ontwikkelde. Een toenemend aantal landen ontdeed zich van zijn koloniale ketens en riep de onafhankelijkheid uit. Die onafhankelijkheid was zowel een zegen als een vloek; de nieuw verworven onafhankelijkheid ging immers ook gepaard met nieuwe verantwoordelijkheden. De technische deskundigheid die de kolonisator eerder aan het maatschappelijke en economische leven had bijgedragen, was uit de gebiedsdelen verdwenen en deze technische kennis – onder andere op het gebied van de architectuur en de ruimtelijke ordening – moest opnieuw gedefinieerd worden. Tegen deze achtergrond ontstond er in de naoorlogse periode een nieuwe werkwijze in de architectuur en stedenbouw. Onder de noemer 'ontwikkelingshulp' of 'technische ondersteuning' begonnen grote internationale organisaties zoals de Verenigde Naties, nationale overheden van ontwikkelde landen (uit het oosten en westen, maar ook uit de niet-gebonden landen) en filantropische organisaties als de Ford Foundation, opdrachten te geven aan architecten en stedenbouwkundigen.[7]

De opkomst van een nieuw soort expert

De verstedelijking heeft zeer grote en ingewikkelde problemen teweeggebracht, die de vermogens van individuele deskundigen te boven gaan. Teamwork is noodzakelijk en teams functioneren beter als ze bestaan uit verschillende specialisten die hun vaardigheden inzetten om een gezamenlijk doel te bereiken. Het is niet onze bedoeling hiermee een nieuw beroep in het leven te roepen, maar een nieuw soort opleiding die de leden van bestaande disciplines bewust maakt van de met stedelijke groei samenhangende problemen en hen leert samenwerken in effectieve teams.[8]

Zo omschreef de in Duitsland geboren stedenbouwkundige Otto Koenigsberger de opkomst van een nieuw soort deskundige die in de naoorlogse periode – als gevolg van het nieuwe regime aan opdrachtgevers – de netwerken van transnationale planning was gaan bevolken. De internationalisering van de ontwikkelingshulp ging gepaard met de opkomst van de figuur van de 'internationale ontwikkelingshulpexpert', die in veel gevallen eenvoudigweg was 'overgelopen': eerst zette hij zich in voor de belangen (en vanuit het perspectief) van een enkele imperialistische hoofdstad, nu kwam hij opeens de derde wereld een gesublimeerde notie van multinationale hulp aanbieden. In bijna alle voormalige koloniën groeiden de steden in een razend

French urban planner, architect and archaeologist Michel Écochard was one of the key players in this new regime of development aid. Écochard's career seems to be inextricably tied to the large geopolitical changes of the post-war period: he started in the socially charged territories of the French mandate for Syria and Lebanon, worked in the vulnerable late-colonial regime of the Protectorate of Morocco, and from the mid-1950s functioned as a development aid expert. To understand the work of Écochard in the period from 1953 onwards it is important to situate it within a new regime that was emerging right after the Second World War, when an increasing amount of nations were shedding their colonial ties and becoming independent. This independency was both a blessing and a curse. For many of the young nation-states the newly gained independence was also paired with new responsibilities. The technical expertise in many realms of social and economic life that was previously offered by the colonizer had now left the territories and there was a need to redefine this technical knowledge, among others in the field of architecture and urban planning. Against this background the post-war period saw the emergence of a new regime of architecture and urban planning. Under the header of 'development aid' or 'technical assistance', large international organizations such as the United Nations, national governments of developed nations – from the East, the West and non-aligned blocks – and philanthropic organizations such as the Ford Foundation started to commission architects and urban planners.[7]

The Emergence of a New Expert

Urbanization has created problems of great magnitude and complexity that have gone beyond the capacity of individual experts. Teamwork is needed, and teams operate better if they consist of different specialists applying their skills for a common objective. What we hope to produce is not a new profession, but a new kind of training which makes members of the existing disciplines conscious of urban growth problems and trains them for cooperation in effective teams.[8]

In these terms German-born planner Otto Koenigsberger described the emergence of a new kind of expert that – as a result of the new regime of commissions – had started to populate the networks of transnational planning in the post-war period. Indeed, the internationalization of development aid was accompanied by the emergence of the figure of the 'international development expert', who in many instances had simply switched sides; from working for the interests and from the perspective of a single imperial capital they now came offering a sublimated notion of multinational assistance to the Third World. Almost all former colonial territories were experiencing urban growth at unprecedented rates, usually resulting in widespread informal urbanization. Often already tense due to the way national boundaries were drawn, this process of urbanization could quickly exacerbate ethnic conflicts, leading to major internal refugee problems. To face these challenges – and given the lack of indigenous planning expertise – architects and urban planners functioned in international teams of development experts, working transnationally as well as transdisciplinary.

Particular for this new regime of post-colonial experts was that the expertise that they were relying upon had been developed in colonial contexts. After the big wave of decolonization in the immediate post-war period many architects and urban planners had returned to their home countries. They represented a resource of 'colonial expertise' that was often conceived in conditions of emergency and displacement, but above all that was dormant and ready to be activated as development aid. Well-known names such as Jane Drew and Maxwell Fry, Victor Bodiansky, Otto Koenigsberger and Constantinos Doxiadis became part

tempo, met vaak overal informele nederzettingen als gevolg. De verhoudingen waren vaak al gespannen door de manier waarop de nationale grenzen waren getrokken en het was niet ondenkbaar dat door dit proces van verstedelijking etnische conflicten zouden ontstaan, die weer tot het probleem van binnenlandse vluchtelingenmigraties zouden leiden. Om deze uitdagingen het hoofd te bieden – en gegeven het gebrek aan inheemse planningsdeskundigheid – werkten architecten en stedenbouwkundigen samen in internationale teams van ontwikkelingshulpexperts die zowel transnationaal als transdisciplinair opereerden.

Kenmerkend voor de nieuwe werkwijze van de postkoloniale deskundigen was dat de expertise waarop men vertrouwde, in een koloniale context was ontwikkeld. Als gevolg van de grote dekolonisatiegolf direct na de Tweede Wereldoorlog waren veel architecten en stedenbouwkundigen teruggekeerd naar hun thuisland. Zij vertegenwoordigden een bron van 'koloniale deskundigheid' die, hoewel ontwikkeld in tijden van nood en ontheemding, vooral latent aanwezig was en zó kon worden ingezet als ontwikkelingshulp. Bekende namen als Jane Drew en Maxwell Fry, Victor Bodiansky, Otto Koenigsberger en Constantinos Doxiadis gingen deel uitmaken van deze nieuwe klasse van experts die de aardbol begonnen af te reizen, terwijl ze architectuur en stedenbouw bedreven in naam van ontwikkelingshulp.[9]

Een nieuwe definitie van universalisme: casus Karachi (1953-1955)

Dit gold ook voor Michel Écochard, die in 1953 door de afdeling HTCP van de Verenigde Naties werd uitgezonden naar Karachi (Pakistan). Écochard was gevraagd zich bezig te houden met het probleem van de slechte woonomstandigheden van de vluchtelingen die naar Karachi waren gekomen na de dekolonisatie van het Brits-Indische Rijk. Hoewel hij een fervent aanhanger was van de modernistische principes van de CIAM, maakte zijn bezoek aan Karachi veel kritiek bij hem los op de universalistische aanspraken, inherent aan het orthodoxe modernisme en dan vooral het idee dat er een generieke huisvestingsstandaard kon worden vastgesteld, die overal ter wereld kon worden toegepast. In zijn rapport over Karachi probeert Écochard een andere opvatting van moderniteit te introduceren, één die meer geworteld is in lokale kenmerken, inheemser is. In zijn in 1955 door de Verenigde Naties gepubliceerde rapport 'Refugee Problems in Relation to Town Planning in Karachi' zijn de plaatselijke omstandigheden een centraal discussiepunt. In dit rapport pleit Écochard ervoor stedenbouw en architectuur op te vatten als 'menswetenschappen' die geworteld zijn in een diepgaand begrip van de ecologische, economische, sociale en vooral praktische eisen van een snel groeiende en grotendeels sterk verarmde, nieuwe stedelijke bevolking. Écochard meende dat het onmogelijk is te streven naar universele standaarden en normen. In plaats daarvan was er volgens hem diepgaand onderzoek nodig naar de specifieke ruimtelijke en sociale kenmerken van de condities in al die verschillende steden.

Écochard had niet alleen kritiek op de universalistische opvattingen van het orthodoxe modernisme, maar ook op de gangbare manier waarop woningen in ontwikkelingslanden werden ontworpen. Zijn verwijt luidde dat sommige van de gevestigde standaarden onvoldoende effectief waren en te zeer gericht op een eurocentrische opvatting van moderniteit:

> Een ander vooroordeel dat misschien bijdraagt aan deze betreurenswaardige spreiding is het ideaal van de 'Britse cottage' waar de

of this new class of experts that started to travel the globe and practice architecture and urban planning in the name of development aid.[9]

Redefining Universalism: The Case of Karachi (1953-1955)

This was also the case for Michel Écochard who was sent in 1953 by the HTCP Section of the United Nations on a mission to Karachi, Pakistan. Écochard was asked to engage with the problem of the poor housing conditions of the refugees that had fled to Karachi after the decolonization of the British Indian Empire. Though he was a strong believer in the modernist principles of the CIAM, his visit to Karachi would engender a sophisticated criticism of the universalist claims – the idea that generalized standards of housing could be defined that could be applied all over the world – so characteristic of canonical modernism. In his report on Karachi Écochard attempts to introduce another understanding of modernity, which is more rooted in local characteristics, more indigenous. The importance of local conditions becomes a central point of discussion in his report on 'Refugee Problems in Relation to Town Planning in Karachi', published in 1955 for the United Nations. In this report Écochard holds a plea to understand urban planning and architecture as 'human sciences' that are rooted in a profound understanding of the requirements, environmentally, economically, socially and most of all practically of a rapidly expanding, and predominantly widely impoverished new urban population. As a result Écochard claims that it is impossible to strive for universal standards and norms, but that the particularities of each urban condition require an in-depth investigation of its full spatial and social characteristics.

Écochard not only criticized the universalist attitudes of high modernism, but also the existing modes of housing design in developing countries, blaming a number of established standards for their ineffectiveness and their focus on a Euro-centric understanding of modernity:

> Another prejudice that may be encouraging this deplorable scattering is the notion of the 'English cottage' so pleasing to the engineers who omit to face the problem (for which, furthermore, they lack all means of evaluation). They think the whole of the population could be accommodated in villas. They believe this to be a modern datum of town planning, which on the contrary this notion – so pleasing in certain circumstances – is actually everywhere out of date because of the importance of new human concentrations.[10]

Écochard's comments illustrate his criticism of how Western experts, in conjunction with the housing models and typologies that they were proposing, consciously or unconsciously imported a particular idea of modernity. These Western models of thought were not only conveyed by foreign experts, but also by local experts who had been trained in the West:

> In Karachi, the majority of technicians I met – related to town planning or building construction – had been trained in England or America and had come back home filled with the security attached to the acquisition of occidental science . . . And so what could be expected happened: except for some rare exceptions – corresponding to the average percentage of superior beings in any country – the majority of Pakistani town planners or engineers merely carried out the teachings acquired in the West without either discrimination or adaptation to the new economic and social conditions.[11]

Against this background, Écochard makes a plea for a better education in urban development and design that would not promote inappropriate occidental ideologies but be particular to the local condition.

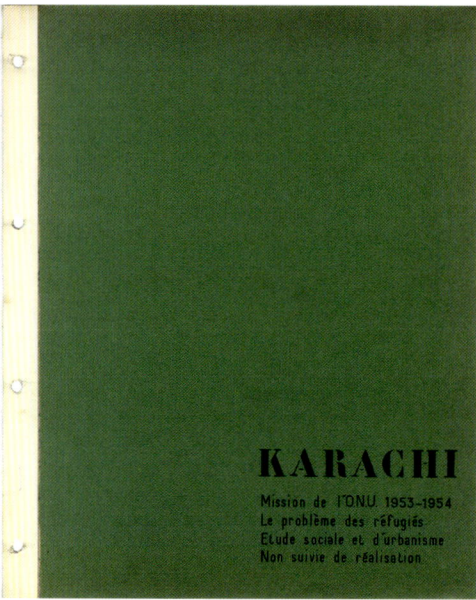

KARACHI

Mission de l'ONU 1953-1954
Le problème des réfugiés
Étude sociale et d'urbanisme
Non suivie de réalisation

In 1953 ondernam Michel Écochard een VN-missie om te rapporteren over het vluchtelingenprobleem in Karachi. Dit werd gevolgd door een stedenbouwkundig onderzoek voor Landhi Satellite Town, ongeveer 25 km buiten het stadscentrum. Het onderzoek werd verricht binnen het grotere herhuisvestingsproject voor Karachi van de Griekse stedenbouwkundige Doxiadis. Deze kleine studie richt zich op de bestaande woonomstandigheden van vluchtelingen in Karachi, met voorstellen voor oplossingen die grotendeels zijn gebaseerd op Écochard's ervaring in Marokko.

In 1953 Michel Écochard undertook a mission on behalf of the United Nations to report on the question of refugees in Karachi. This was followed by planning studies on Landhi Satellite Town, about 25 km from the city centre, working within the larger Greater Karachi Resettlement Plan of Greek planner Doxiadis. This small album focuses on the existing living conditions of refugees in Karachi and proposes solutions largely based on Écochard's experience in Morocco.

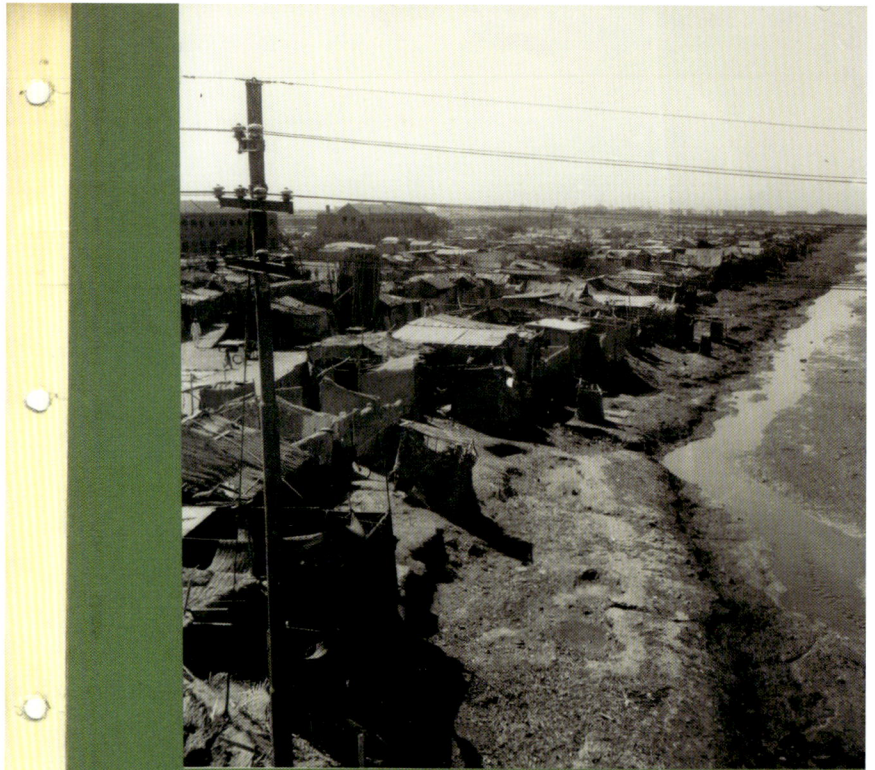

LES REFUGIES

Les slums de Karachi groupent plus de 300.000 réfugiés.

Slum (détail)

Le manque d'écoles

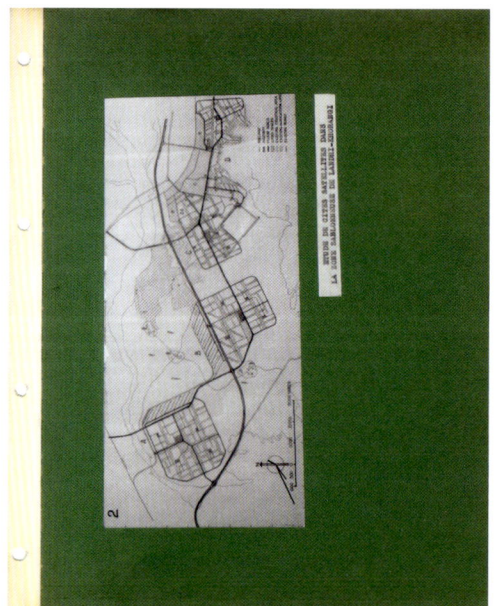

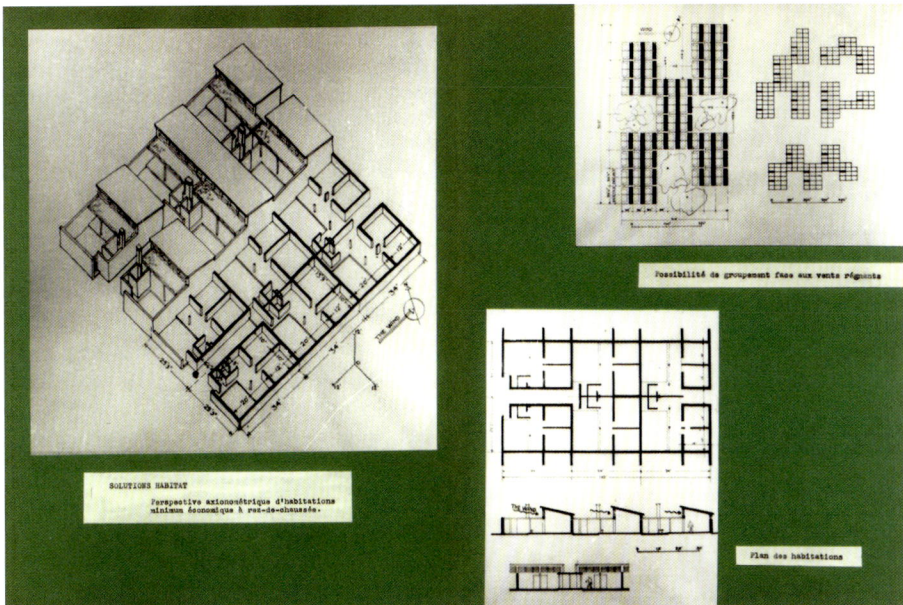

SOLUTIONS HABITAT
Perspective axonométrique d'habitations
minimum économique à rez-de-chaussée.

Possibilité de groupement face aux vents régnants

Plan des habitations

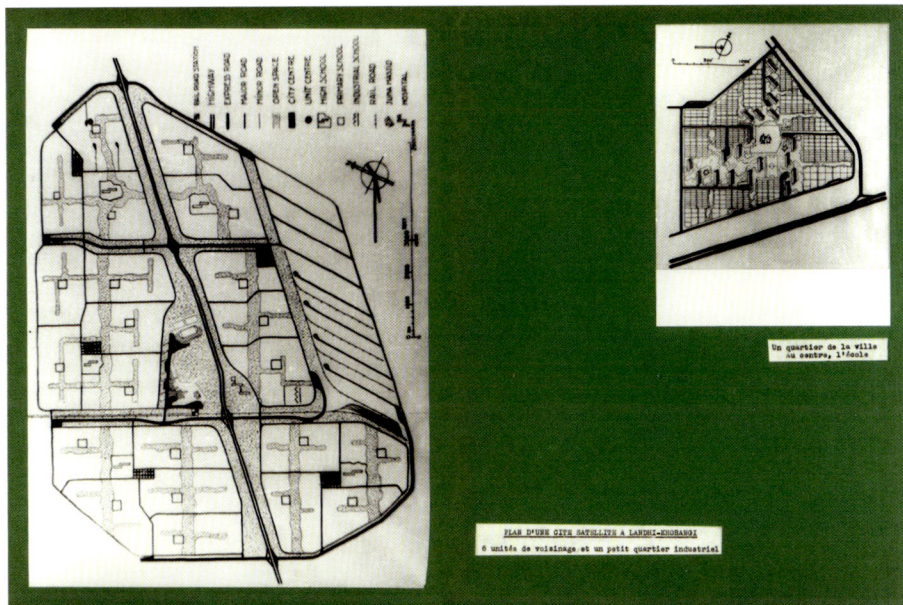

PLAN D'UNE CITE SATELLITE A LANDHI-KHORANGI
6 unités de voisinage et un petit quartier industriel

Un quartier de la ville
Au centre, l'école

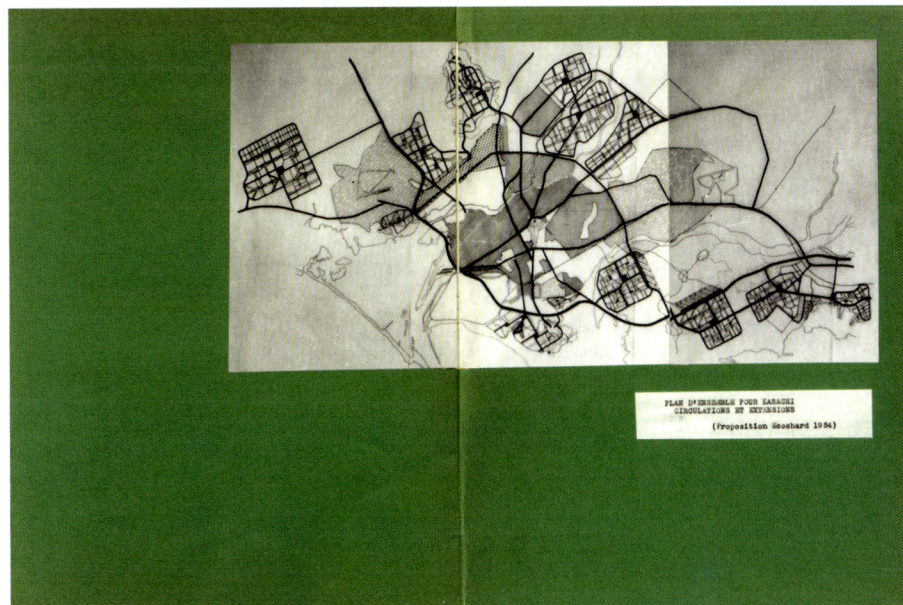

PLAN D'ENSEMBLE POUR KARACHI
CIRCULATIONS ET EXTENSIONS
(Proposition Ecochard 1954)

ingenieurs die weigeren het probleem onder ogen te zien zo dol op
zijn (een probleem dat ze trouwens ook niet kunnen beoordelen).
Ze denken dat de hele bevolking in villa's kan worden ondergebracht.
Ze veronderstellen dat dit in de hedendaagse stadsplanning een
gegeven is, terwijl dit onder bepaalde omstandigheden misschien
een prima idee is, maar in feite al overal achterhaald is door het
belang van nieuwe menselijke concentraties.[10]

De opmerkingen van Écochard illustreren zijn kritiek op de manier
waarop westerse deskundigen, behalve de huisvestingsmodellen en
typologieën die zij introduceerden, bewust of onbewust een heel
specifieke opvatting van moderniteit hebben geïmporteerd. De westerse
manier van denken werd niet alleen aangevoerd door buitenlandse
experts, maar ook door lokale deskundigen die in het westen waren
opgeleid:

In Karachi was het merendeel van de – bouwkundige of stedenbouwkundige – deskundigen die ik tegenkwam opgeleid in Engeland of
Amerika, en naar huis teruggekeerd met het zelfvertrouwen waarmee de toeëigening van de westerse wetenschap gepaard gaat (...)
En waar je op kon wachten, gebeurde ook: afgezien van een enkele,
zeldzame uitzondering – in overeenstemming met het gemiddelde
percentage aan superieure wezens in ieder land – deden de meeste
Pakistaanse stadsplanners en ingenieurs weinig meer dan de dingen
die ze in het westen geleerd hadden toe te passen, zonder onderscheid
en zonder aanpassing aan de nieuwe economische en sociale
condities.[11]

Tegen deze achtergrond pleit Écochard voor verbetering van de
opleidingen voor stedenbouwkundigen en ontwerpers: deze zouden
moeten afzien van het promoten van niet-passende westerse ideo-
logieën en zich beter kunnen concentreren op plaatselijke condities.

Uiteindelijk was het Écochard's bedoeling te onderzoeken of een
andere definitie van moderniteit een basis zou kunnen leggen voor
nieuwe concepten in de architectuur en stedenbouw. Voor de
ontwikkeling van een dergelijke nieuwe benadering van moderniteit
kon Écochard voortbouwen op eerdere ervaringen, en vooral op de
kennis die hij had opgedaan als directeur van de Service de
l'Urbanisme in het Protectoraat over Marokko, een positie die hij van
1946 tot 1952 bekleedde. Kenmerkend voor de manier waarop
Écochard planning en ontwerp in Marokko benaderde, was dat hij
zich baseerde op een gedetailleerde *survey*, een zowel kwalitatief als
kwantitatief onderzoek naar het terrein.[12] Hij zou zijn taak in Karachi
ook via dergelijke *surveys* uitvoeren. In het eerste rapport dat Écochard
en de andere teamleden opstellen, *Karachi: Mission de l'ONU 1953-
1954. Le problème des refugiés. Étude sociale et d'Urbanisme*, is de *survey*
het belangrijkste element. Écochard geloofde dat het de taak van de
stedenbouwkundige was om de verschillende logica's en rationales
van het terrein uitputtend te leren kennen. Het rapport bestaat uit het
fotografisch in kaart brengen van de verschillende problemen die
spelen bij de woonomstandigheden van de vluchtelingen in Karachi:
gebrekkige hygiënische omstandigheden, slechte kwaliteit van
gebouwen en gebrek aan collectieve voorzieningen zoals scholen in de
sloppenwijken. Dit fotografische, meer kwalitatieve in kaart brengen
werd aangevuld met statistische gegevens over de economische,
sociale en technische omstandigheden. Samen vormden deze
kwalitatieve en kwantitatieve data een bron van kennis die Écochard
en zijn collega's in staat stelden benaderingen te bedenken voor de
verbetering en modernisering van de stedelijke conditie, die veel

On a broader level, Écochard's intention was to investigate the
possibilities to conceive of a different definition of modernity that could
form the basis for new concepts in architectural design and urban
planning. For the development of such a new attitude to modernity, he
could rely on his previous experiences and especially on the knowledge
that he had conceived as a director of the Service de l'Urbanisme in the
Protectorate of Morocco, a position that he held from 1946 to 1952.
A particular characteristic of Écochard's planning and design approach
in Morocco was that it started from a very detailed survey that consisted
both of a qualitative and a quantitative examination of the terrain.[12]
This survey approach would also inform his work in Karachi. In the first
report that Écochard and the other team members composed, entitled
*Karachi: Mission de l'ONU 1953-1954. Le problème des refugiés.
Étude sociale et d'Urbanisme,* the survey is the prime element. Écochard
believed that it was the task of the urban planner to profoundly engage
with the different logics and rationales of the terrain. The report
comprises a photographic mapping that identifies the various problems
that are at stake in the housing condition of the refugees in Karachi,
including the bad sanitary conditions, the poor building quality and the
lack of collective infrastructures such as schools in the slums. This
photographic, more qualitative, mapping is complemented with more
statistical data on the economic, social and technical characteristics.
Together these qualitative and quantitative data form a knowledge base
that allowed Écochard and his fellow experts to conceive approaches to
the improvement and modernization of the urban condition that reach
beyond sheer Western models.

When Écochard starts to suggest a way of intervening in the poor
dwelling conditions of Karachi, he relies on a planning instrument that
he used earlier and that offers him the opportunity to combine a modern
rationalized approach with attention for local conditions. For the new
housing developments he suggests, just as in many of the Moroccan
cities where he had worked previously, a regular 'grid' as the base for
his urban and architectural intervention. The choice for the grid as a
main planning tool was no coincidence. Écochard approached the
question of the affordable house not through the lens of the 'prescription'
of Western models of modern living but through the perspective of
'accommodation' of local dwelling practices that were being modernized.
To him, affordability was not a matter of preconceived recipes of
construction, but of allowing the house to evolve with the changing
social needs and economic possibilities of the family that inhabits it. Out
of this perspective it is typical for Écochard that the idea of provisional
shelters, which can be realized rapidly with local construction techniques,
is combined with a more perennial idea of the housing neighbourhood.
Indeed, in a first instance the grid is conceived as no more than an
urban receptacle. As several of his diagrams illustrate, the grid functions
as a way to structure the existing shacks and the rapidly built temporary
housing units, and to compliment them with the basic infrastructure of
water and sewage.

In a second instance, however, the grid becomes the organizing
basis for a new and full-fledged neighbourhood that starts off as a low-
rise environment but can evolve into a high-rise configuration. This
neighbourhood is characterized by an elaborate hierarchy of public
spaces, as well as by a dense pattern off collective functions such as
various schools, hospitals and cultural amenities. The grid offers a
rational basis on which these different functions, but also particular
housing typologies, can be arranged. Each cell of the grid represents
a permanent low-rise house that is typologically adjusted to the climate
and patterns of living in Karachi, in so far that it is composed of indoor
and outdoor rooms with different heights. Due to this typological choice

verder gingen dan de puur westerse modellen.

Als Écochard voorstellen formuleert voor het ingrijpen in de slechte woonomstandigheden in Karachi, maakt hij dankbaar gebruik van een planningsinstrument dat hij eerder had gebruikt en dat hem de mogelijkheid bood een moderne rationele benadering te combineren met aandacht voor lokale omstandigheden. Ten behoeve van de nieuwe woningbouwprojecten stelt hij voor om, net zoals in veel Marokkaanse steden waar hij voordien werkte, een regelmatig grid te gebruiken als basis voor stedenbouwkundige en architectonische interventie. De keuze voor het grid als voornaamste planningsinstrument was niet toevallig. Écochard benaderde de kwestie van de betaalbare huisvesting niet door te kijken of hij een recept voor een westers model van modern wonen kon voorschrijven, maar door te onderzoeken hoe lokale woonpraktijken konden worden gemoderniseerd. Betaalbaarheid was voor hem geen kwestie van vooropgezette bouwrecepten, maar veeleer van woningen die konden meegroeien met de veranderende maatschappelijke behoeften en economische mogelijkheden van de gezinnen die er woonden. Kenmerkend voor Écochard is bijvoorbeeld dat hij het concept van tijdelijk onderdak, dat snel kan worden gerealiseerd met behulp van lokale bouwtechnieken, wist te combineren met het meer permanente concept van de woonwijk. In eerste instantie vat hij het grid zelf op als niet meer dan een stedelijk kader. Zoals verscheidene van zijn diagrammen laten zien, gebruikt hij het grid om structuur aan te brengen onder de bestaande hutten en de snel op te trekken tijdelijke wooneenheden, en die vervolgens aan te vullen met basisvoorzieningen zoals waterleiding en riolering.

In tweede instantie is het grid echter ook de organiserende basis voor een nieuwe en volwaardige stadswijk die in het begin uit laagbouw bestaat, maar zich kan ontwikkelen tot een configuratie met ook hoogbouw. Deze wijk wordt gekenmerkt door een uitgebreide hiërarchie van openbare ruimten en een dicht patroon van collectieve voorzieningen zoals scholen, ziekenhuizen en culturele faciliteiten. Het grid zorgt ervoor dat deze verschillende functies, maar ook de specifieke woningtypologieën, op rationele grondslag kunnen worden geordend. Elk vak van het grid vertegenwoordigt een permanente laagbouwwoning die typologisch is aangepast aan het klimaat en de leefgewoonten in Karachi, in zoverre dat het bestaat uit binnen- en buitenkamers van verschillende hoogten. Dankzij deze typologische keuze kunnen de hogere kamers binnenshuis als windvangers fungeren die in het hele huis voor een luchtstroom en natuurlijke ventilatie zorgen.

Écochard had bedacht dat het grid een permanent kader zou kunnen vormen voor de geleidelijke evolutie van lokale woonpraktijken. Volgens hem zou het grid veranderen in een verzameling verschillende woningtypen, in overeenstemming met de ambities, behoeften en mogelijkheden van de plaatselijke gezinnen. Het grid zou als stedelijk contrapunt ruimte creëren voor veranderende woonpraktijken en daardoor in meer algemene zin bijdragen aan de moderniteit van de plek.

De betaalbare stad: Fria New Town (Guinee, 1956-1958)

Het project voor Fria illustreert dat deskundigheid, en daarmee concepten en benaderingen van huisvesting, gemakkelijk van de laatkoloniale naar de postkoloniale context konden migreren. Nadat Écochard zich al een aantal jaren als expert had ingezet om jonge natiestaten te helpen bij de planning en vormgeving van de gebouwde omgeving, kreeg hij in 1956 de opdracht een nieuwe stad te ontwerpen voor de 20.000 toekomstige medewerkers van de bauxietproductie-

the higher indoor rooms can act as wind catchers, which creates air streams and cross ventilation in the house.

Écochard's idea was that the grid would offer the permanent frame for the gradual evolution of the local dwelling practices. In his viewpoint it would be transformed into different dwelling typologies, following the aspirations, needs and possibilities of the local families. The grid would offer an urban counterform that accommodates the changing dwelling practices and thereby contributes in a more open fashion to the modernity of the place.

Affording the City: Fria New Town (Guinea, 1956-1958)

That expertise, including concepts and approaches of housing, easily migrated between late-colonial and post-colonial contexts illustrates the project for Fria. While Écochard was already working several years as a post-colonial expert aiding young nation-states with their planning and design issues, he was commissioned in 1956 to design a new town for the 20,000 future employees of the bauxite extraction factory of French aluminium company Péchiney in the vicinity of Sabendé on the late-colonial territory of Guinea. At first sight the new town is planned according to modernist principles, keeping a distance from the factory, the commercial and cultural functions grouped and placed centrally between the different neighbourhood units, and car and pedestrian circulation clearly separated. However, at closer scrutiny the plan for Fria seems to hold a very particular definition of affordability; defined as the access, or in the words of Henri Lefebvre, 'right to the city'.[13]

Though access to the city might seem as an obvious given in the planning of a new city, it was all but evident in a colonial context. Typical of the colonial city was that there was a strong two-partite division between the city of the colonizer with all of the central cultural functions and the city of the colonized – kept apart by a so-called *zone neutre* or *cordon sanitaire*. It is quite obvious how in the urban plan that Écochard is proposing this divide is simultaneously maintained and contested. A schematic representation of the urban plan illustrates how each of the neighbourhood units is dived intp two parts, one for the Western managerial staff and one for the so-called indigenous 'subalterns'. It is typical for Écochard that he conceives these units as fluctuating entities that do not fully rehearse the typical colonial divide between colonizer and colonized, but rather alternate in their proximity to the city centre. On one occasion the French white collar workers will have the privilege to live close to the city centre, on the other the indigenous working men and their families. A system of sinuous green zones connects the various units with each other and links them to the commercial centre. Écochard writes besides the diagram: 'Separation between the managerial staff and the subalterns in the neighbourhood unit, but mixture in the city.' While maintaining the colonial categories their spatial implications are contested.

The high-rise living blocks foreseen in his plans were contracted to the then-well-known French office of Lagneau, Weill and Dimitrijevic, while the design of the individual housing units was assigned to KPDV.[14] This young office was established in 1955 by Michel Kalt with two young fellow architects, Daniel Pouradier-Duteil and Pierre Vignal.[15] KDPV presented their work in Fria as a way to counter the colonial enterprise and offer a social return to the local population:

Africa's development is at the order of the day. The exploitation of its natural resources may result in the years to come in the country's industrialization and the rapid growth of large cities. Now if we want to bring something to Africa in return for what we take, we must

principes généraux d'urbanisme

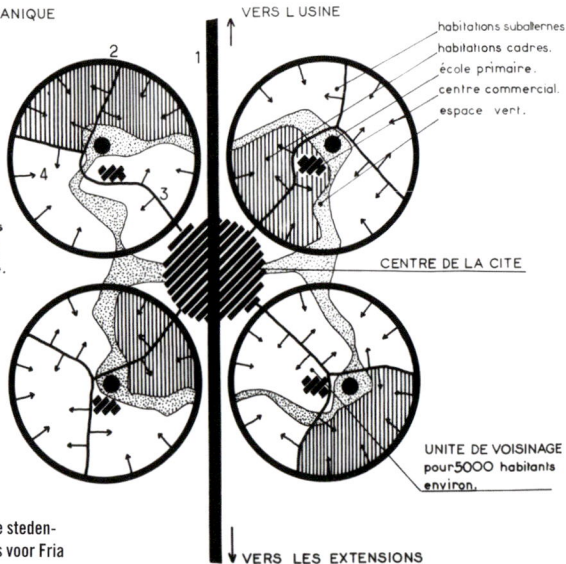

CIRCULATION MECANIQUE

différenciation des
largeurs des voies
suivant les vitesses
1.2.3.4.

HABITATIONS

séparation des cadres
et des subalternes à
l'intérieur de l'unité
mélange dans la cité.

ESPACES VERTS

liaison des unités
entre elles et des
unités avec le
centre.

VERS L USINE

habitations subalternes
habitations cadres.
école primaire.
centre commercial.
espace vert.

CENTRE DE LA CITE

UNITE DE VOISINAGE
pour 5000 habitants
environ.

VERS LES EXTENSIONS

Diagram met algemene steden-
bouwkundige principes voor Fria
New Town
Diagram illustrating general
principles of urbanism for Fria New
Town

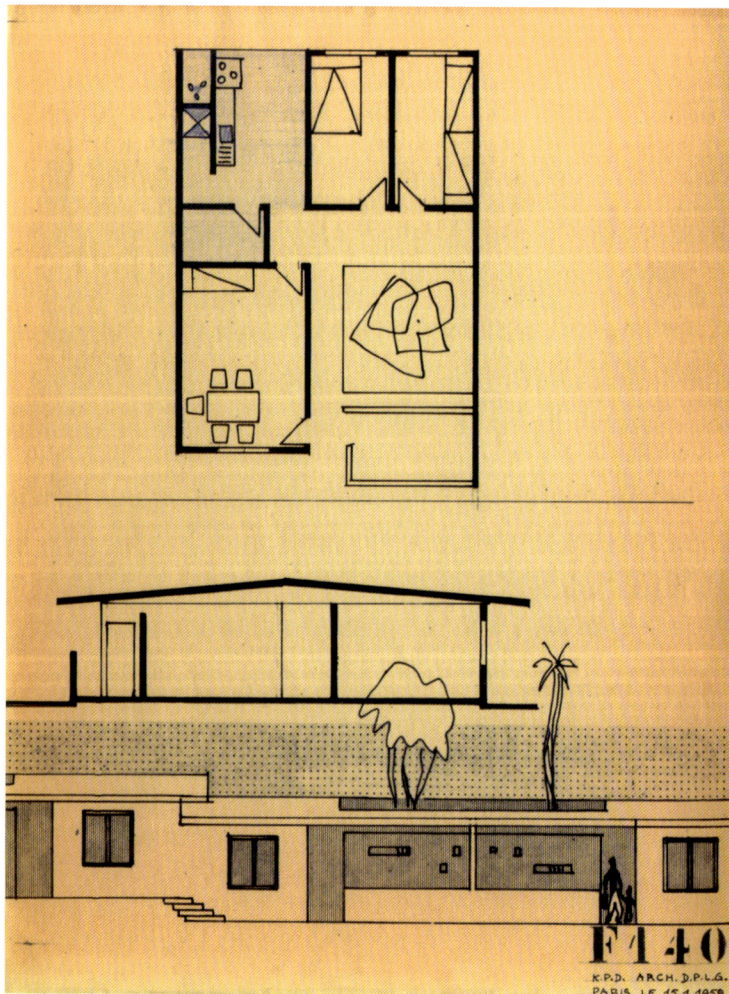

synthèse des éléments de la ville

Synthese van stedelijke
elementen in Fria New Town
Synthesis of town elements
in Fria New Town

KPDV, eerste schets voor een huis
in Fria New Town
KPDV, preliminary sketch for a
house in Fria New Town

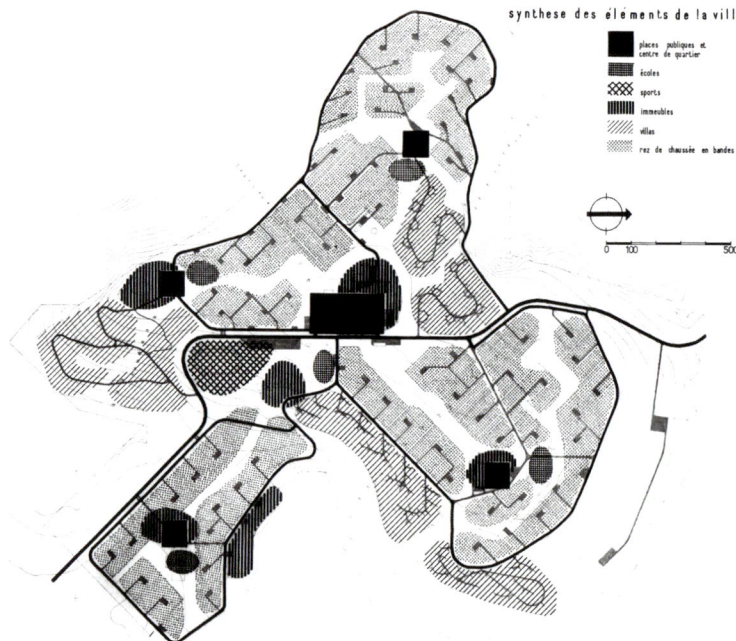

Type A woningen, Fria New Town,
voorzijde
Type A houses, Fria New Town,
public side

Type A woningen, Fria New Town,
achterzijde
Type A houses, Fria New Town,
private side

DASH

faciliteit van de Franse aluminiumfabrikant Péchiney in de buurt van Sabendé. (Guinee was een Franse kolonie die in oktober 1958 onafhankelijk werd.) Op het eerste gezicht is de nieuwe stad gepland volgens modernistische principes: op enige afstand van de fabriek, de commerciële en culturele functies gebundeld en centraal tussen de verschillende wijkeenheden geplaatst, het autoverkeer duidelijk gescheiden van het voetgangersverkeer. Maar bij nader inzien lijkt er uit het plan voor Fria wel een heel specifieke opvatting van betaalbaarheid te spreken: die wordt namelijk gedefinieerd als de toegang tot – of in de woorden van Henri Lefebvre het 'recht op' – de stad.[13]

Hoewel je zou denken dat de toegankelijkheid van een nieuwe stad logischerwijs onderdeel uitmaakt van de planning van die stad, lag dat in een koloniale context niet zo voor de hand. Kenmerkend voor de koloniale stad was een sterke tweedeling tussen de stad van de kolonisator, met daarin alle centrale culturele voorzieningen, en de stad van de gekoloniseerden, van elkaar gescheiden door een zogenaamde 'neutrale zone' of *cordon sanitaire*. Het is vrij duidelijk dat deze scheiding in het stedenbouwkundig plan van Écochard tegelijk in stand wordt gehouden én betwist. Een schematische weergave van het stedenbouwkundig plan laat zien hoe elk van de wijkeenheden in tweeën is verdeeld: een deel voor de westerse leidinggevenden en een deel voor de zogenaamde inheemse 'ondergeschikten'. Kenmerkend voor Écochard is dat hij deze wijkeenheden opvat als fluctuerende entiteiten; ze imiteren niet volledig de typische koloniale kloof tussen kolonisator en gekoloniseerde, maar liggen om en om verder weg en dichter bij het stadscentrum. In het ene geval genieten de Franse ambtenaren dus het voorrecht, dicht bij het stadscentrum te wonen; in het andere de inheemse arbeiders en hun gezinnen. Een golvend stelsel van groene zones verbindt de verschillende eenheden met elkaar en met het commerciële centrum. Naast het diagram heeft Écochard geschreven: 'Scheiding tussen de hogere beambten en de ondergeschikten binnen de wijkeenheid, maar vermenging in de stad.' Hij houdt de koloniale categorieën in stand, maar betwist de ruimtelijke implicaties ervan.

De opdracht voor de woonflats in zijn project ging naar het indertijd bekende Franse bureau Lagneau, Weill en Dimitrijevic, terwijl het ontwerp van de afzonderlijke wooneenheden toeviel aan KPDV.[14] Dit jonge bureau was in 1955 opgericht door Michel Kalt en twee jonge collega-architecten, Daniel Pouradier-Duteil en Pierre Vignal.[15] KDPV presenteerde het werk in Fria als een vorm van verzet tegen koloniale activiteiten en om maatschappelijk rendement te creëren ten gunste van de lokale bevolking:

De ontwikkeling van Afrika is aan de orde van de dag. De exploitatie van de natuurlijke hulpbronnen van Afrika zal daar in de komende jaren waarschijnlijk resulteren in de industrialisering van het land en de snelle groei van de grote steden. Welnu: als we Afrika iets willen teruggeven in ruil voor wat we er weghalen, dan moeten we ons sterker op sociale en menselijke behoeften concentreren dan op de materiële en economische belangen die ons bekoren.[16]

Om dit maatschappelijke rendement te halen, moesten er comfortabele en betaalbare woningen worden gebouwd. Elk huishouden kreeg de beschikking over een eenvoudig huis dat aan de westerse standaard voldeed, met een groot, overhangend aluminium dak dat was gemaakt van het bauxiet van de plaatselijke Péchiney-onderneming. Het ontwerp van architectenbureau KPDV kwam tot stand in samenwerking met de beroemde Franse ingenieur Jean Prouvé, die zij in Franse avant-gardekringen hadden leren kennen. Prouvé had in Frankrijk en in

focus on the social and human requirements even stronger than on the material and economic interests that attract us.[16]

The way to offer such a social return was by providing comfortable and affordable housing. Each individual household was provided with a simple house that complied to Western living standards under a large, projecting roof manufactured with aluminium produced from the bauxite extracted on site by Péchiney. For the design the architects of KPDV collaborated with famous French engineer Jean Prouvé, who they had encountered in French avant-garde circles. Prouvé had experimented with industrialized building methods in France and in Africa. For Fria he developed an innovation in tropical construction: a process to fabricate an aluminium roof in one piece, thus avoiding water intrusion on the level of the joints of different building components. In Fria these roofs represent a continuous shield that protects from the elements and allows for cross ventilation and for a flexible organization of the various components of the house.

While the housing types were for the most part based on Western dwelling practices and building innovations, the architects of KPDV also made an effort to acculturate them to local conditions. The different houses are gathered in small clusters of about 15 houses that, according to the architects, echo existing rural morphologies as well as local notions of social life. The actual typologies of the houses repeat the traditional layout of a central and more open living space that is encircled by different other rooms. In addition, all houses were given a double orientation with entrances on both sides of the house that connect to the central living space. Despite the modern environment, this made it possible to maintain the traditional distinction between the women's and the men's parts of the house, between the domestic and the public sphere of the dwelling environment.

Both on an urban and on an architectural scale level, Fria New Town would turn out to be a balancing act; between colonial and postcolonial spatial patterns, between traditional and modern ways of dwelling. Fria is an exercise in the mediation of these different categories and the notions of affordability related to them, not in theoretical terms but through actual architectural interventions.

Contesting Spatial Logics: Dakar Development Plan (Senegal, 1963-1967)

A third occasion on which Écochard deployed his specific approach and tools is when he was invited in 1963 to design the master plan for the city of Dakar, the newly established capital of Senegal after its independence from France in 1960.[25] The plan was drawn up in the expectation that Dakar would continue its steady growth and reach a population of 1.2 million by 1980. In Dakar, just as in Morocco, Écochard identified rural-urban migration as the central point along which new urban development had to be considered.[17] His project suggests the renovation of the old city and existing neighbourhoods (Reubeus, Médina, Grand Dakar, Pikine), but also encompasses the design of new districts that could house the continuous stream of immigrants.[18] Écochard criticized the Senegalese policy of *deguerpissements* (forced removals) which removed *bidonville* settlements in central Dakar, relocating them to Pikine, a large region outside of the city, away from facilities, public services and jobs. The cleared spaces were developed into wealthy modern housing developments. Pikine, therefore, became a central focus in Écochard's development plan for the Dakar region, redefining the satellite city as a *ville nouvelle* that would merge with the central city during his 15-year development plan.

In Senegal Écochard returns to the earlier established planning

Afrika geëxperimenteerd met industriële bouwmethoden. Voor Fria ontwikkelde hij een innovatie op het gebied van bouwen in de tropen: een proces dat de vervaardiging van een aluminium dak uit één stuk mogelijk maakte, zodat lekkage op het punt van de verbindingen kon worden vermeden. In Fria vormen deze daken een ononderbroken schild als bescherming tegen de elementen, en maken ze natuurlijke ventilatie en een flexibele organisatie van de verschillende onderdelen van het huis mogelijk.

De huizen waren merendeels gebaseerd op westerse woonpraktijken en bouwkundige innovaties, maar de architecten van KPDV hadden ook geprobeerd ze aan te passen aan de plaatselijke cultuur en omstandigheden. De huizen zijn verzameld in kleine clusters van ongeveer 15 huizen, die volgens de architecten zowel de bestaande rurale morfologie als lokale noties over het sociaal leven weerspiegelen. Als woningtype wordt de traditionele indeling nagebootst, waarbij een centrale en meer open leefruimte wordt omringd door verschillende andere kamers. Bovendien werden alle huizen voorzien van een dubbele oriëntatie, met aan beide zijden van het huis ingangen naar de centrale woonruimte. Hierdoor kon ondanks deze moderne omgeving het traditionele onderscheid tussen het mannelijke en het vrouwelijke deel van het huis; het huiselijke en het openbare deel van de woonomgeving, worden gehandhaafd.

Fria New Town zou op zowel stedelijk als architectonisch niveau een evenwichtsoefening blijken te zijn tussen koloniale en postkoloniale ruimtelijke patronen; tussen traditionele en moderne manieren van wonen. Fria is een oefening in de verzoening van deze verschillende categorieën en noties van betaalbaarheid – niet in theoretische zin, maar door middel van architectonische interventies in de werkelijkheid.

Betwiste ruimtelijke logica: het ontwikkelingsplan voor Dakar (Senegal, 1963-1967)

Écochard zette zijn specifieke benadering en instrumentarium voor een derde keer in, nadat hij in 1963 was gevraagd een masterplan te ontwerpen voor de stad Dakar, de nieuwe hoofdstad van Senegal. Deze Franse kolonie was in 1960 onafhankelijk verklaard.[15] Het plan werd opgesteld in de verwachting dat de gestage groei van Dakar zich zou voortzetten totdat de stad in 1980 circa 1.2 miljoen inwoners zou hebben. Net als in Marokko kenschetste Écochard in Dakar de migratie van het platteland naar de stad als het centrale perspectief waarbinnen de nieuwe stadsontwikkeling moest worden geplaatst.[17] Zijn voorstel omvat de renovatie van de oude stad en de bestaande wijken (Reubeus, Médina, Grand Dakar, Pikine), maar ook ontwerpen voor nieuwe wijken om de ononderbroken stroom immigranten te huisvesten.[18] Écochard had kritiek op het Senegalese beleid van *deguerpissements* (gedwongen verhuizingen) waarbij *bidonvilles* in het centrum van Dakar werden verplaatst naar Pikine, een groot gebied buiten de stad, ver weg van alle voorzieningen, openbare faciliteiten en werk. De vrijkomende grond werd gebruikt voor de ontwikkeling van dure, moderne woningbouwprojecten. Pikine kwam zodoende centraal te staan in Écochard's ontwikkelingsplan voor de regio Dakar, waarbij de satellietstad werd geherdefinieerd als een *ville nouvelle*. Tijdens de 15 jaar dat het zou duren om het ontwikkelingsplan uit te voeren, zou de nieuwe stad volgens plan vanzelf samensmelten met de stad.

In Senegal maakte Écochard opnieuw gebruik van eerder ontwikkelde planningsinstrumenten. Uitgangspunt is de uitvoerige *survey* die drie jaar duurt, waarbij de verschillende rationales en plannen voor de stedelijke ontwikkeling van Dakar in kaart worden gebracht. Door middel van fotografie vanaf de grond en vanuit de lucht, maar ook door

instruments. The starting point is an encompassing survey, pursued during a period of three years, that maps the different rationales and plans of urban development in Dakar. Through photography – from the ground and from the air, but also through infographics, Écochard established a set of perspectives on the urban condition of Dakar, which functioned as a knowledge base for the proposal of interventions. Typical of Écochard is that his plan for intervention was foremost focused on developing a network of roads and services, the 'hardware' of the city that would provide the urban structure, in which the 'software' could develop over time and to meet the needs of the modernizing urban communities. The plan is based on a hierarchy of road systems, with a ring road following the contours of the peninsula and a secondary slower road system that would be integrated with pedestrian and cycle travel. The double system interweaves the various neighbourhoods, providing fast and slow transit between the different districts.

Besides this hardware, Écochard develops a regular grid that functions as an underlying basis for the planning of the city's housing. In Dakar the grid is used to integrate new urban neighbourhoods into the context of different earlier urban interventions based on Hausmannian ideals. The grid is conceived as a complementary and binding element for these interventions and creates as such the new urban project for Dakar. Just as in Morocco, the grid functions as a continuous basis that absorbs the evolving exigencies of the terrain and the situation. The enormous urban growth of Dakar is structured along an idea of 'neighbourhood units' that are characterized by a refined hierarchy of public spaces and would form larger housing neighbourhoods that would offer the essential facilities, including schools, markets, shops, community and religious centres. However, while in the Protectorate of Morocco the grid was perceived as a way to deal with the bad housing conditions of new urban immigrants, in Senegal it becomes the foundation for a modernization project that also encompasses the development of industry and tourist facilities as well as educational facilities, an Olympic stadium and a mosque. The Écochard Grid binds these various elements of work, leisure and everyday life, of profane and religious spheres, into a figure for a modern African city for the greatest number.

Écochard's intervention was widely critiqued by local planning authorities and was not well received by cooperating consultants. In his turn Écochard criticized the Urban Planning Department of Dakar for their lack of enthusiasm in the development of Pikine and was angry about changes made to details of his plan without his consultation. He criticized the bureaucratic administration of the FAC development agency that only aimed to please and not truly provide real practical help. Écochard finally withdrew after the housing authority SICAP made major changes to the plan of a large neighbourhood plan, moving the public centre to the other side of a major road, making it inaccessible to the 50,000 residents, a decision driven by cost-effectiveness due to the influence of French investment bank CCCE. He wrote a series of very emotional letters to president Senghor about the issue and in March 1967 withdrew as urban planning consultant for Senegal, calling his mission a 'complete failure'. Écochard was convinced to finish his plan for Dakar, for the sake of the Senegalese people, but only under the condition that his name was totally omitted from any of the plans.

New Roles, Methods and Approaches for Affordable Housing

In spite of his disappointment in Senegal, Écochard would become during the 1960s and 1970s one of the major French voices speaking about, and involved in, planning and architecture as development aid – labeled by his once Syrian partner Samir Abdulac as an *urbaniste tiersmondiste* (a Third World urban planner). This new regime under which

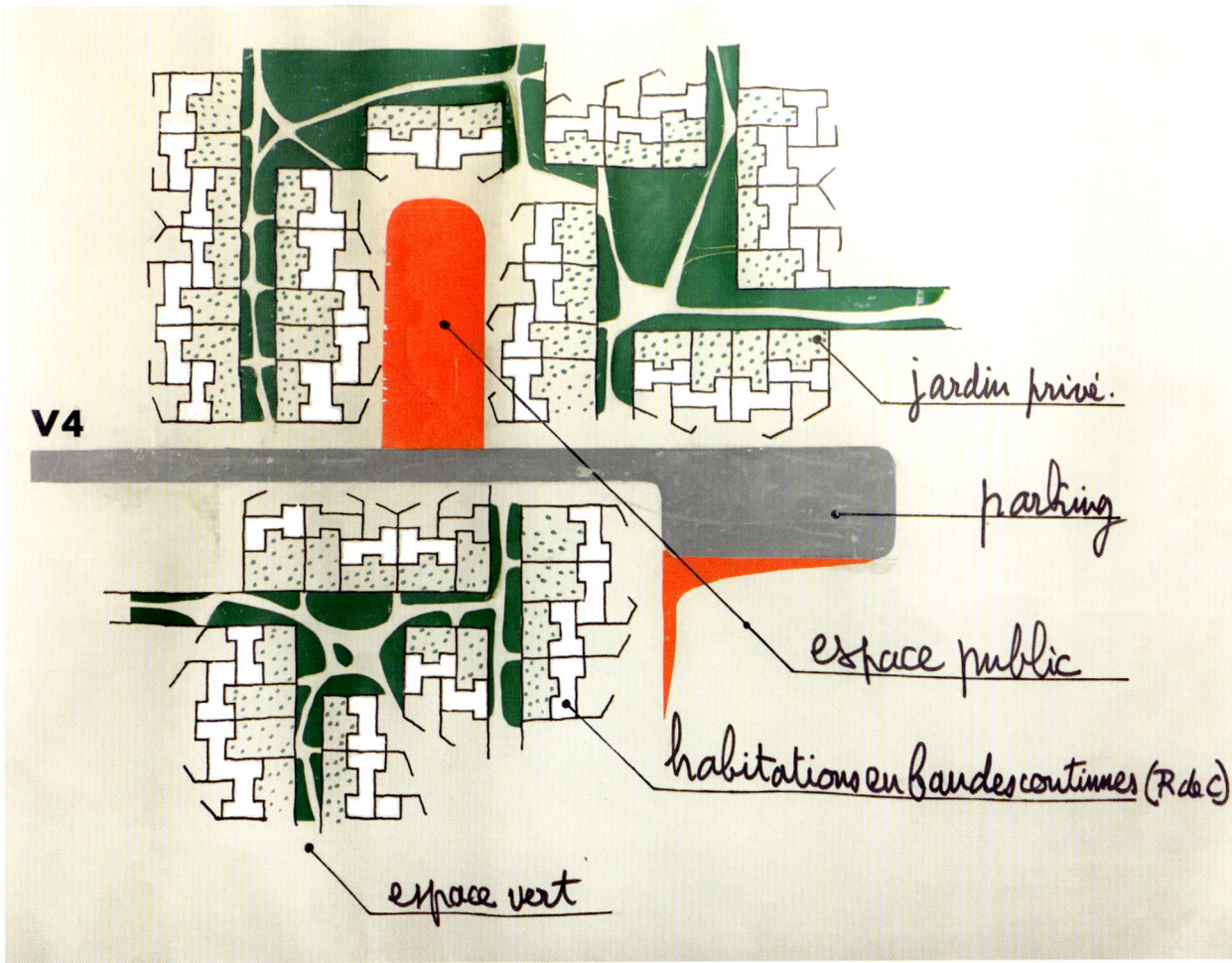

Michel Écochard, schets voor een cluster woningen in Fria New Town
Michel Écochard, sketch for cluster of dwellings in Fria New Town

V4

jardin privé.

parking

espace public

habitations en bandes continues (R de C)

espace vert

Door middel van fotografie – vanaf de grond en vanuit de lucht – wist Écochard een serie perspectieven op de stedelijke conditie van Dakar vast te leggen. Ze dienden als kennisbank voor interventies.
Through photography – from the ground and from the air – Écochard established a set of perspectives on the urban condition of Dakar, which functioned as a knowledge base for the proposal of interventions.

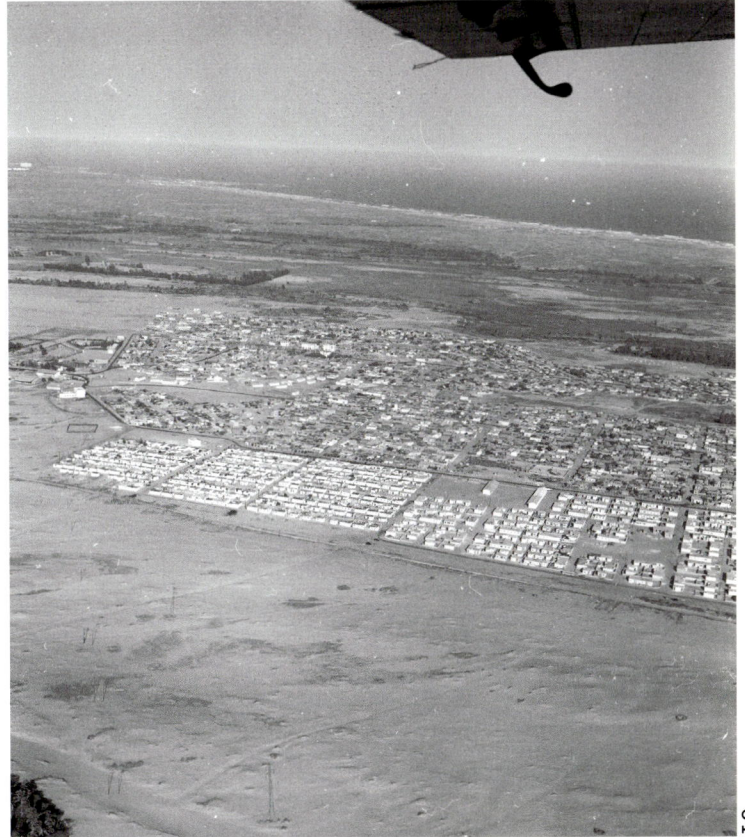

Verdeling in hoofd- en secundaire districten bij de uitbreiding en reorganisatie, Dakar
Division of principal and secondary districts in the extension and reorganisation, Dakar

Relatie tussen wonen en werken, Dakar
Relation between living and working, Dakar

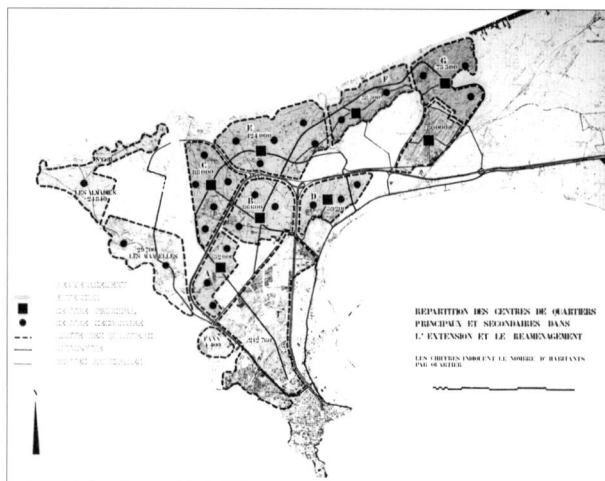

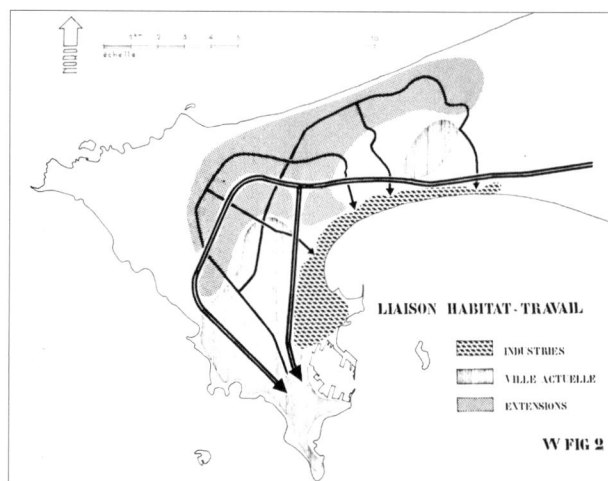

Groene ruimten en hoofdroutes, Dakar
Green spaces and major traffic routes, Dakar

Huidige en verwachte bevolkings-dichtheid, Dakar
Current and anticipated population densities, Dakar

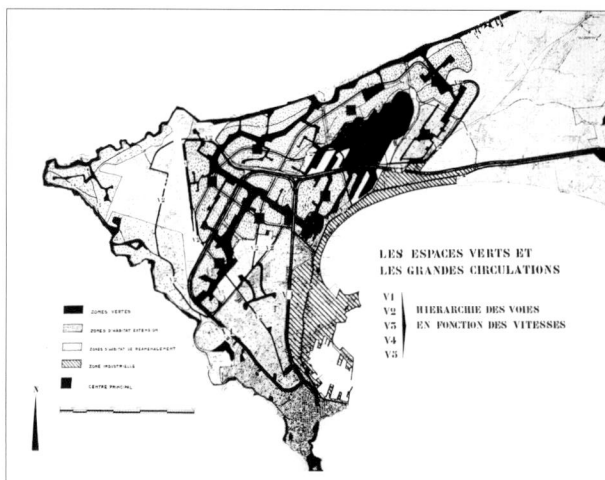

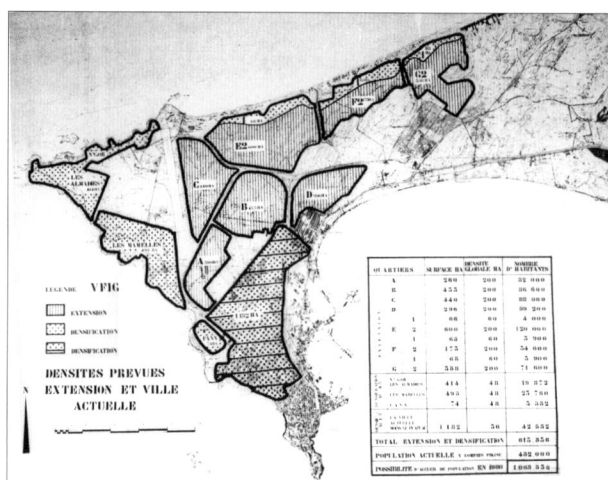

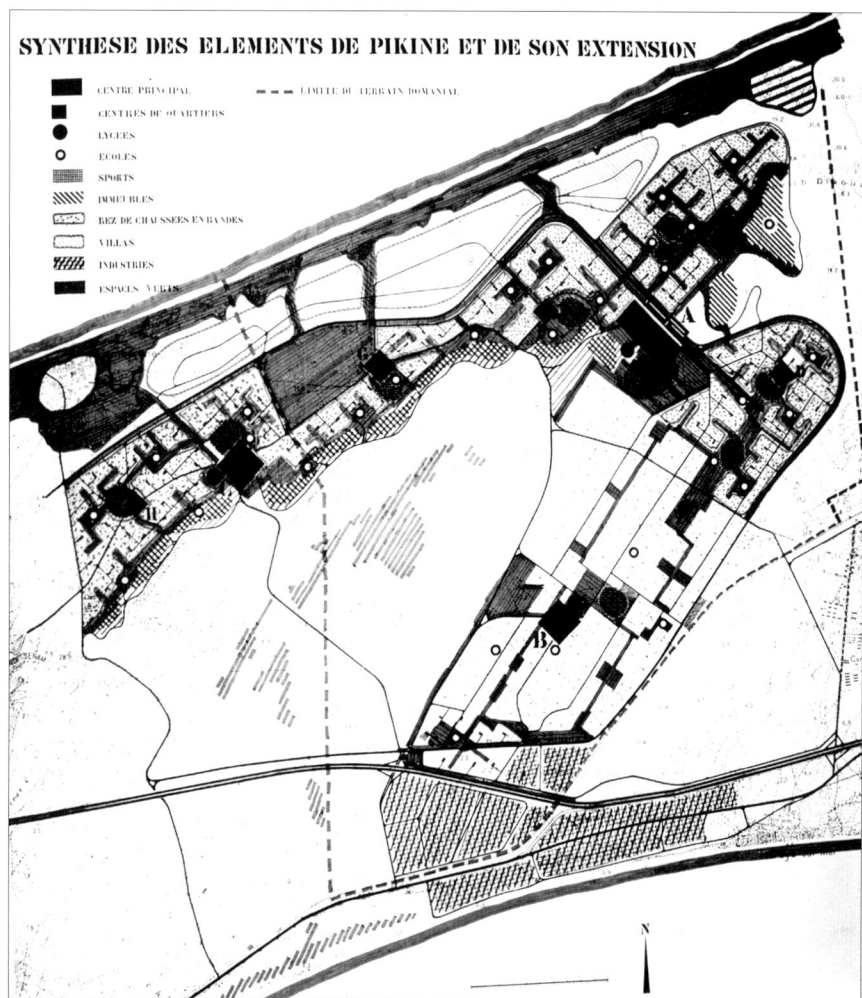

Synthese van Pikine en zijn uitbreiding, Dakar
Synthesis of Pikine and its extension, Dakar

middel van infographics formuleerde Écochard een aantal uitgangspunten voor de stedelijke conditie van Dakar. Deze functioneerden als databank voor het lanceren van interventies. Kenmerkend voor zijn werkwijze is het plan vooral gericht op de ontwikkeling van een netwerk van wegen en voorzieningen, de 'hardware' van de stad, die de stedelijke structuur zou verschaffen waarbinnen de 'software' zich allengs zou ontwikkelen en uiteindelijk gaan voorzien in de behoeften van een moderniserende stedelijke samenleving. Het plan is gebaseerd op een hiërarchie van wegen, met een ringweg die de contouren van het schiereiland volgt en een secundair stelsel van wegen voor langzamer verkeer, dat zou worden geïntegreerd met de routes van voetgangers en fietsers. Het dubbele systeem vervlocht de verschillende wijken en voorzag in langzaam en snel verkeer tussen de verschillende districten.

Naast deze hardware ontwikkelt Écochard een regelmatig grid als onderlegger voor de planning van het wonen in de stad. In Dakar wordt het grid gebruikt om nieuwe stadswijken te integreren in de context van verscheidene eerdere, op Haussmanniaanse idealen gebaseerde stedelijke interventies. Het grid, begrepen als een middel om deze interventies aan te vullen en te bundelen, creëert als zodanig het nieuwe stedelijke project voor Dakar. Net als in Marokko functioneert het grid als een continue basis die absorbeert wat het terrein of de situatie aan onregelmatigs opwierp. De enorme groei van Dakar wordt gestructureerd door middel van het concept van de 'wijkeenheden' die worden gekenmerkt door een subtiele hiërarchie van openbare ruimten. Samen zouden ze grotere woonwijken vormen, die de broodnodige voorzieningen zouden verschaffen, zoals scholen, markten, winkels, buurthuizen en religieuze centra. Waar het grid in het Protectoraat over Marokko werd begrepen als een manier om de slechte woonomstandigheden van de nieuwe, van het platteland migrerende stedelingen te verbeteren, wordt het in Senegal de basis voor een moderniseringsproject dat ook de ontwikkeling van industriële en toeristische voorzieningen, en de bouw van scholen, een Olympisch stadion en een moskee omvat. Het grid van Écochard verbindt deze verschillende elementen – werk, vrije tijd en dagelijks leven; de profane en de religieuze sfeer – tot een model voor een moderne Afrikaanse stad voor het grote getal.

De interventie van Écochard werd bekritiseerd door lokale planningsautoriteiten en werd ook niet goed ontvangen door de samenwerkende experts. Écochard bekritiseerde op zijn beurt de stedenbouwkundige dienst van Dakar vanwege het gebrek aan enthousiasme voor de ontwikkeling van Pikine en hij was boos omdat er zonder voorafgaand overleg details in zijn plan waren veranderd. Hij verweet het bureaucratische bestuur van het FAC ontwikkelingsagentschap dat het iedereen alleen maar naar de zin wilde maken en er niet in slaagde werkelijk praktische hulp te bieden. Uiteindelijk trok Écochard zich terug, nadat de huisvestingsautoriteit SICAP het grotere stedenbouwkundige ontwerp ingrijpend had gewijzigd. Daarbij was het openbare centrum naar de andere kant van de grote weg verplaatst, zodat het niet langer gemakkelijk bereikbaar was voor de 50.000 inwoners – een besluit dat uit financiële overwegingen onder invloed van de Franse investeringsbank CCCE tot stand kwam. Hij schreef een reeks emotionele brieven over dit onderwerp aan president Senghor en in maart 1967 trok hij zich terug als stedenbouwkundig adviseur voor Senegal, waarbij hij zijn missie als 'een complete mislukking' omschreef. Écochard werd er echter toe overgehaald zijn plan voor Dakar in het belang van de Senegalese bevolking af te maken, onder voorwaarde dat zijn naam volledig uit de plannen zou worden geschrapt.

architects and urban planners were commissioned radically questioned their tools and approaches. Constantly shifting between contexts, working in a condition of displacement, Écochard used the survey as a very important tool with which to establish a relation with the local dwelling practices and patterns, but also to initiate a possible dialogue with local actors such as politicians and planning authorities.

The various projects discussed also show that transnational planners and architects were searching for different ways to involve local actors and their agencies. Écochard's engagement with the politics of space, for instance in his reversal of the old colonial spatial divides in the plan for Fria New Town is but one way to uproot the hierarchies between different spatial agencies in the city and to arrive at a more inclusive model of urbanity. In addition, his insistence on focussing the attention of the designer on the hardware of the city and on rudimentary housing typologies that have a certain openness, illustrates how the agency of the urban planner and architect is positioned in an explicit relation to that of other actors in the built environment.

It also remains fascinating how in the projects of Michel Écochard and some of his fellow planners and architects new notions of affordable housing emerge. These notions reach beyond the simple conceptions of economic accessibility that were held by some managers and politicians. They take into consideration that affordability can include the possibility to pursue established dwelling and building practices in a new dwelling environment as exemplified in the case study of Karachi. They articulate affordability as the possibility of access to the social, cultural and public facilities of the city, as Écochard illustrated with his plans for Fria. And finally, they conceive affordability as the possibility to remain living in a well-known social structure while the city is being developed, as brought to the fore in the project for Dakar.

These alternative concepts of affordability were articulated several decades ago but have not lost their value. They stand today as notable examples of how from within the realm of architecture a new set of notions can be developed that complement the economic and managerial conceptions of affordable housing in innovative ways.

Betaalbare huisvesting: nieuwe rollen, methoden en benaderingen

Ondanks de teleurstelling in Senegal bleef Écochard gedurende de jaren 1960 en 1970 een van de belangrijkste Franse woordvoerders over planning en architectuur als ontwikkelingshulp en bleef hij betrokken bij projecten. Hij werd door zijn voormalige Syrische partner Samir Abdulac een *urbaniste tiers-mondiste* (een derdewereld-stedenbouwkundige) genoemd. Het nieuwe ontwikkelingshulpregime dat de opdrachten verschafte, betekende voor vele architecten en stedenbouwkundigen ook dat ze hun instrumenten en benaderingen radicaal in vraag gingen stellen. Voor Écochard, die voortdurend van context wisselde en in situaties van ontheemding werkte, zou de *survey* uitgroeien tot een zeer belangrijk instrument om een relatie met de plaatselijke woonpraktijken en leefpatronen tot stand te brengen, en om een dialoog met lokale belanghebbenden, zoals politici en planningsautoriteiten, op gang te brengen.

De hier besproken casussen demonstreren dat transnationale planners en architecten naar verschillende manieren zochten om lokale actoren en belangen een plaats te geven in hun plannen. Écochard's inmenging in de ruimtelijke politiek, die bijvoorbeeld blijkt uit zijn omkering van de oude koloniale ruimtelijke scheidslijnen in het plan voor Fria New Town, is slechts één manier om de hiërarchie tussen verschillende actoren in de stad buiten spel te zetten en tot een inclusiever model van stedelijkheid te komen. Zijn pleidooi om de aandacht van de ontwerper te richten op de hardware van de stad en op rudimentaire woningtypologieën met een bepaalde openheid, illustreert hoe Écochard de tussenkomst van de stedenbouwkundige en de architect ziet in een expliciete relatie tot die van de andere actoren in de gebouwde omgeving.

Het blijft ook fascinerend om te zien hoe in de projecten van Michel Écochard en sommige van zijn collega-planners en -architecten nieuwe opvattingen ontstaan van wat betaalbaar wonen nu eigenlijk is. Deze noties overstijgen het eenvoudige concept van de economische bereikbaarheid, dat door sommige managers en politici werd onder-schreven. Ze houden rekening met het feit dat betaalbaarheid ook kan betekenen dat bestaande woon- en bouwpraktijken in een nieuwe woonomgeving worden gesitueerd, zoals de casus Karachi laat zien. Onder betaalbaarheid verstaan ze de kans om toegang te krijgen tot de sociale, culturele en openbare voorzieningen van de stad, zoals wordt geïllustreerd door Écochard's plannen voor Fria. En ten slotte begrijpen ze betaalbaarheid als de mogelijkheid om binnen een bekende sociale structuur te blijven wonen, terwijl de stad verder wordt ontwikkeld – wat in het project voor Dakar naar voren kwam.

Deze alternatieve concepten van betaalbaarheid werden enkele decennia geleden geformuleerd, maar hebben nog niets aan waarde ingeboet. Het zijn nog steeds opmerkelijke voorbeelden van hoe binnen het domein van de architectuur zelf een aantal nieuwe noties kan worden ontwikkeld, die op innovatieve wijze de economische en bestuurlijke concepties van betaalbaar wonen aanvullen.

Noten

1 Het onderzoek naar de VN en de afdeling *Housing and Town and Country Planning* (HTCP) is verricht in samenwerking met Maristella Casciato. Een inleiding tot de verschillende activiteiten van HTCP is te vinden in de verschillende edities van het tijdschrift *Housing and Town and Country Planning* (New York: United Nations, Dept. of Social Affairs, 1948).

2 Adequate huisvesting werd erkend als onderdeel van het recht op een adequate levensstandaard in de Universele Verklaring van de Rechten van de Mens, die in 1948 door de Algemene Vergadering van de VN werd goedgekeurd en waarvan artikel 25 luidt: 'Iedereen heeft recht op een levensstandaard die hoog genoeg is voor de gezondheid en het welzijn van zichzelf en zijn gezin, waaronder begrepen voeding, kleding, huisvesting...' De goedkeuring werd in 1966 gegeven in het Internationale Verdrag betreffende Economische, Sociale en Culturele Rechten.

3 Weissmann emigreerde in 1938 naar de VS en werkte onder meer samen met de Catalaanse architect Josep Lluís Sert, eerst aan de publicatie van het boek *Can Our Cities Survive?* (1942) en vervolgens aan breed opgezet onderzoek naar de stad. Weissmann speelde een cruciale rol bij het koppelen van lokale praktijken en regionalisme aan de Europese avant-gardistische architectuur. Bij de afdeling HTCP was zijn nationaliteit een voordeel: hoewel Joegoslavië een communistisch land was, stelde het zich neutraal op. Deze neutraliteit hielp de achterdocht onder de leiders van ontwikkelingslanden, die vermoedden dat de planners van de VN slechts pionnen in dienst van de een of andere supermacht waren, te sussen. Ook werd het hierdoor voor planners aan beiden zijden van het IJzeren Gordijn makkelijker om deel te nemen aan de ondernemingen van de VN.

4 De medewerkerslijst van HTCP bewijst dat er een scala van organisaties bij betrokken was. Ook de inhoud van het tijdschrift *Housing and Town and Country Planning* illustreert de verscheidenheid aan deelnemers; er staan artikelen in van modernisten van de eerste generatie zoals J.J.P. Oud en Walter Gropius, maar ook de standpunten van planners als Jacob Crane en Jacqueline Tyrwhitt komen aan bod.

5 In de vroege verschijningsjaren heette het bulletin *Housing and Town and Country Planning* en na 1953 werd dat *Housing and Building and Planning*. Zie ook: *Housing and Town and Country Planning* (Lake Success, NY: Dept. of Social Affairs, 1948-1953). Een catalogus van meer dan 400 titels laat zien hoe groot het aantal films in de collectie van de afdeling HTCP was: *Housing, Building, Planning: An International Film Catalogue* (New York, NY: Verenigde Naties, Dept. of Economic and Social Affairs, 1956).

6 Zie ook: M. Ijlal Muzaffar, *The Periphery Within: Modern Architecture and the Making of the Third World*, PhD proefschrift (Cambridge, MA: Massachusetts Institute of Technology, 2007).

7 De VN speelde een prominente rol in dit nieuwe bestel, samen met andere, vaak nationale actoren, zoals het Poolse Myasttoproject (een organisatie voor planning en ontwikkeling) en het Joegoslaafse Technoprojekt (een ontwikkelingscoöperatie). Zie ook het themanummer van het *Journal of Architecture*: Lukasz Stanek en Tom Avermaete (red.), 'Cold War Transfer: Architecture and Planning from Socialist Countries in the "Third World"', *The Journal of Architecture*, jrg. 17 (2012), nr. 3.

8 Otto Koenigsberger, 'The Problem Facing the Planner in the Tropics', (ongepubliceerde) lezing tijdens de Conference on Tropical Architecture, maart 1953, 4.

9 Architecten werkten altijd al grensoverschrijdend, in andere landen en culturen. In de naoorlogse periode ontwikkelde zich echter een soort architect en stedenbouwkundige dat altijd over de grens bezig was. Architecten en stedenbouwkundigen als Constantinos Doxiadis, Michel Écochard, Jacqueline Tyrwhitt, Victor Bodiansky, Jacob Crane en Otto Koenigsberger, om maar een paar bekende voorbeelden te noemen, ontwikkelden een 'mondiale praktijk'.

10 Michel Écochard, *Refugee Problems in Relation to Town Planning in Karachi* (New York: Verenigde Naties, 1955), 9.

11 Ibid, 10.

12 Zie voor een verdere verkenning van de rol van de *survey* in het werk van Écochard: Avermaete en Casciato, *Casablanca Chandigarh*, op. cit. (noot 8).

13 Henri Lefebvre, *Le Droit à la ville* (Parijs: Anthropos, 1968).

14 Atelier LWD was een architectuurstudio, die onder leiding van Guy Lagneau, Jean Dimitrijevic en Michel Weill actief was van 1952 tot 1985. Zie voor een inleiding: Joseph Abram, 'Le rêve du réel. Guy Lagneau, Michel Weill, Jean Dimitrijevic, Jean Prouvé et Charlotte Perriand: de la Maison du Sahara aux écoles du Cameroun', *Faces*, nr. 37 (1995), 48-54.

15 Zie voor een uitgebreide inleiding op het werk van dit bureau: Kim de Raedt, 'Shifting Conditions, Frameworks and Approaches: The Work of KPDV in Postcolonial Africa', *ABE Journal*, nr. 4 (2013), 1-28, http://dev.abejournal.eu/index.php?id=650 (laatst bezocht 8 november 2014).

16 Ibid.

17 Écochard's belangrijkste opdracht in Senegal was de ontwikkeling van een nieuw masterplan voor Dakar, maar hij bestudeerde ook diverse andere Senegalese steden waaronder Saint-Louis, Ziguinchor, Kaolak, Diourbel, Louga en Thies. Hij hoopte via de ontwikkeling van deze kleine steden de migratie naar de hoofdstad Dakar af te remmen.

18 Zie ook: Michel Écochard, *Le Problème Des Plans Directeurs D'urbanisme Au Sénégal: Documents Présentés Au Conseil National De L'urbanisme, Dakar, Le 7 Octobre 1963* (Dakar: Secretariat d'État au plan et au développement, Aménagement du territoire, 1963).

Notes

1 This research on the United Nations and the HTCP was undertaken together with Maristella Casciato. An introduction to the various activities of the Housing and Town and Country Planning can be found in the various issues of the periodical *Housing and Town and Country Planning* (New York: United Nations. Dept. of Social Affairs, 1948).

2 Adequate housing was recognized as part of the right to an adequate standard of living in the Universal Declaration of Human Rights, which was approved by the United Nations General Assembly in 1948 and of which article 25 states: 'Everyone has the right to a standard of living adequate for the health and well-being of himself and of his family, including food, clothing, housing . . .' It was confirmed in the 1966 International Covenant on Economic, Social and Cultural Rights.

3 Weissmann emigrated to the USA in 1938 and worked, among others, with Catalan architect Josep Lluís Sert, first on the publication of the book *Can Our Cities Survive?* (1942), followed by wide-ranging urban studies. Weissmann was crucial in linking local practice and regionalism to the European architectural avant-garde. At the HTCP section, his nationality was an asset: Yugoslavia, although a communist state, followed the path of non-alignment. This neutrality helped allay suspicions among leaders in the developing world that UN planners were simply pawns of one of the two centres of power. It also made it easier for planners on both sides of the Iron Curtain to participate in UN ventures.

4 The list of contributors to the Housing and Town and Country Planning (HTCP) division is the testimony of this wide range of organizations that were involved. The pages of the periodical *Housing and Town and Country Planning* illustrate this broad variety of actors and present articles by first generation modernists such as J.J.P. Oud and Walter Gropius, and at the same time represent viewpoints by planners like Jacob Crane and Jacqueline Tyrwhitt.

5 In its beginning years the bulletin was titled *Housing and Town and Country Planning* to evolve after 1953 to *Housing and Building and Planning*. See: *Housing and Town and Country Planning* (Lake Success, NY: Dept. of Social Affairs, 1948-1953). A catalogue of more than 400 movie titles illustrates the large film holding of the HTCP section, *Housing, Building, Planning: An International Film Catalogue* (New York: United Nations, Dept. of Economic and Social Affairs, 1956).

6 See also M. Ijlal Muzaffar, *The Periphery Within: Modern Architecture and the Making of the Third World*, PhD Thesis (Cambridge, MA: Massachusetts Institute of Technology, Dept. of Architecture, 2007).

7 The United Nations played a prominent role in this new regime. Together with other, often national, actors such as Poland's Myastto project (a national planning and development organization) or Yugoslavia's Techno Projekt (a national development cooperation). See also the theme issue of *The Journal of Architecture*: Lukasz Stanek and Tom Avermaete (eds.), 'Cold War Transfer: Architecture and Planning from Socialist Countries in the "Third World"', *The Journal of Architecture*, vol. 17 (2012) no. 3.

8 Otto Koenigsberger, 'The Problem Facing the Planner in the Tropics', unpublished lecture given to the Conference on Tropical Architecture, March 1953, 4.

9 Architects had always been crossing borders, working occasionally in other countries and cultures. However, in the post-war period there seems to be a kind of architect and urban planner emerging who works permanently across borders. Architects and urban planners, like Constantinos Doxiadis, Michel Écochard, Jacqueline Tyrwhitt, Victor Bodiansky, Jacob Crane and Otto Koenigsberger – to name a few well-known examples – developed a 'global practice'.

10 Michel Écochard, *Refugee Problems in Relation to Town Planning in Karachi* (New York: United Nations, 1955), 9.

11 Ibid, 10.

12 For a further exploration of the survey in the work of Écochard see: Avermaete and Casciato, *Casablanca Chandigarh*, op. cit. (note 8).

13 Lefebvre, Henri, *Le Droit À La Ville* (Paris: Anthropos, 1968).

14 Atelier LWD was an architecture studio led by Guy Lagneau, Jean Dimitrijevic and Michel Weill that was active from 1952 to 1985. For an introduction see: Joseph Abram, 'Le rêve du réel. Guy Lagneau, Michel Weill, Jean Dimitrijevic, Jean Prouvé et Charlotte Perriand: de la Maison du Sahara aux écoles du Cameroun', *Faces* (Geneva), no. 37, 1995, 48-54.

15 For an extensive introduction to this office see Kim de Raedt, 'Shifting Conditions, Frameworks and Approaches: The Work of KPDV in Postcolonial Africa', *ABE Journal* (2013) no. 4, 1-28. http://dev.abejournal.eu/index.php?id=650, accessed 8 November 2014.

16 Ibid.

17 Écochard's main assignment in Senegal was to develop a new master plan for Dakar, however he also studied various other Senegalese cities including Saint-Louis, Ziguinchor, Kaolak, Diourbel, Louga and Thies. By developing these minor cities he hoped to slow down the urban migration to the capital Dakar.

18 See also Michel Écochard, *Le Problème Des Plans Directeurs D'urbanisme Au Sénégal: Documents Présentés Au Conseil National De L'urbanisme, Dakar, Le 7 Octobre 1963* (Dakar: Secretariat d'Etat au plan et au développement, Aménagement du territoire, 1963).

Woningbouw wereldwijd

Global Housing

Helen Gyger

Informaliteit in goede banen
Mediating Informality

Peru's Wet 13517: visies op de stad
The Urban Visions of Peru's Law 13517

Kaart met *barriadas* in het noorden van Lima, met daarop aangegeven de ouderdom en bevolkingssamenstelling van elke *barriada*, *Architectural Design* (augustus 1963)
Map of barriadas in the northern area of Lima, showing age and population of each, *Architectural Design* (August 1963)

New temporary invasion April, May 1963. Approx. 1000 families

El Carmen, invasion Jan. 1961. Approx. 2000 families

Señor de los Milagros, invasion Oct. 1959. Approx. 2000 families

Santa Rosa y Uchumayo, invasion Oct. 1959. Approx. 970 families

Pampa de Comas and others, invasion Sept. 1958. Approx. 5900 families

Tahuantisuyo Project, planned stage development 1961-62, 4000 plots, Approx. 1000 buildings under construction

Pampa de Cuevas, invasion Dec. 1960. Approx. 2000 families

Pampa El Ermitaño, invasion June 1962. Aprox. 1800 families

Conde Villa Señor e Valdivieso projects, planned stage development 1961. Approx. 2750 families

Martin de Porres and others, invasions 1950-52. Approx. 15,940 families

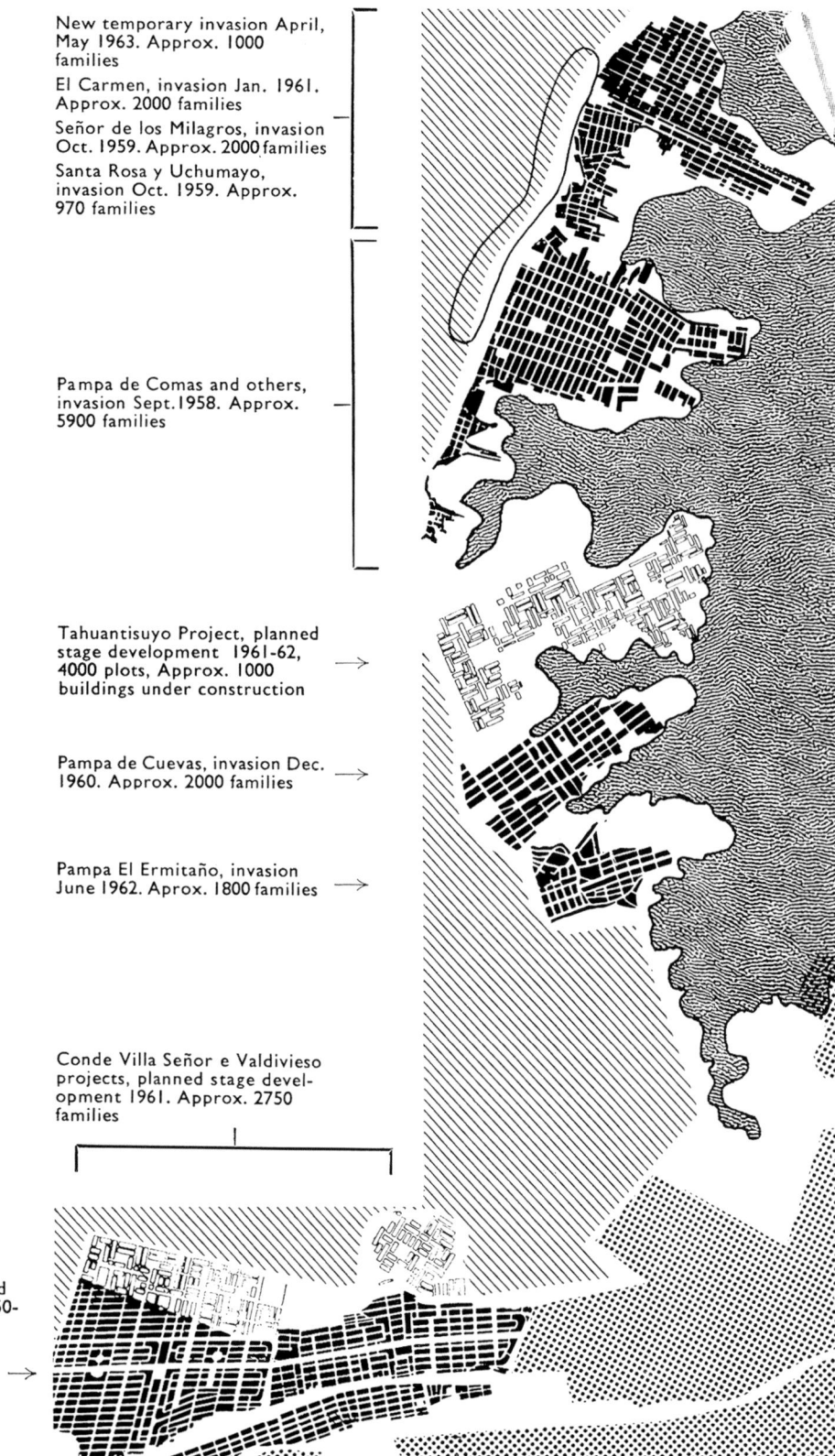

In 1949 leek de modernistische apotheose van Lima aanstaande: in het *Plan Piloto*, het eerste masterplan van de stad, was Lima op verschillende schalen – van de historische kern tot de landbouwgrond die de stad van voedsel voorzag – geanalyseerd met behulp van wetenschappelijke planningstechnieken, zodat een logische koers kon worden uitgezet om de 'stedelijke ontwikkeling in goede banen te leiden'.[1] Maar rond 1954 waarschuwde een vervolgstudie dat 'de meer dan vitale metropool in haar blinde expansiedrang' bezig was problemen te veroorzaken, die in de loop der tijd alleen maar zouden intensiveren: 'De verkeersopstoppingen worden almaar erger (…) de misdaad groeit; een verschrikkelijke ring van clandestiene woningen houdt de stad in een wurggreep (…) een daling van de levensstandaard dreigt.'[2] Dit alles was het resultaat van een ongekende bevolkingsgroei die grotendeels het gevolg was van de trek van het platteland naar de stad: bestaande planningsprocessen werden ingehaald door de snelle opkomst van *barriadas* (sloppenwijken) doordat officiële huisvesting niet snel en goedkoop genoeg kon worden gerealiseerd om aan de vraag te voldoen. Of zoals de studie schoorvoetend moest toegeven: 'Het ontbreekt ons aan een economisch systeem van verstedelijking en constructie, dat ons in staat stelt de overbevolking en het gebrek aan hygiëne te voorkomen die zich in de "clandestiene wijken" voordoen.'[2]

Het ontstaan van de geïmproviseerde 'Ciudad de Dios' (Stad van God) door middel van de massale bezetting van land in het uiterste zuiden van Lima onderstreepte op kerstavond 1954 het uitzichtloze karakter van de hoofdstedelijke huisvestingscrisis. Hoewel deze manier om *barriadas* te vormen zich in de vijf jaar daarvoor steeds verder had verspreid, was de bezetting van Ciudad de Dios, waarbij 8.000 mensen waren betrokken, veruit de grootste tot dan toe: de tolerantiegrens van de overheid met betrekking tot onrechtmatige bebouwing werd zwaar op de proef gesteld en deze werd min of meer gedwongen assertiever op te treden. Nadat de overheid eerst had aangedrongen op een gedwongen ontruiming van Ciudad de Dios, probeerde zij in 1955 via ruimtelijke-ordeningswetten tot een oplossing te komen. Er werden nieuwe richtlijnen opgesteld waarin rekening werd gehouden met deze ontluikende patronen van stedelijke ontwikkeling, die zodoende ook beter konden worden gereguleerd. Deze aanpak culmineerde in 1961 in een uitgebreide reeks hervormingen, geformuleerd in Wet 13517, die een nieuwe benadering van de visie op – en de vormgeving van – de zelfgebouwde stad schetsten. Hoewel de geldende stedenbouwkundige technieken hadden gefaald, bleef men ervan overtuigd dat de stedenbouw via gereviseerde regelgeving opnieuw in staat zou zijn rationele en effectieve oplossingen te formuleren om de stedelijke groei in goede banen te leiden. In dit artikel wordt beoordeeld hoe de pogingen om de nieuwe regelgeving toe te passen, uitpakten en hoe het ze verging in de praktijk.

In februari 1961 ondertekende president Manuel Prado Wet 13517, die hij beschreef als 'een inspanning ten behoeve van het openbaar welzijn die zal leiden tot de versterking van het gezin, de bekrachtiging van het arbeidsethos en de veiligstelling van een menswaardig bestaan voor ons volk'.[3] In een rapport uit 1958 werd gesteld dat de *barrios marginales* (marginale wijken, die werden 'gebouwd via de mazen in de wet')[4] de officiële kadastrale registers ondermijnden doordat veel van de ad hoc bezettingen van staatsgrond nooit zorgvuldig waren geregistreerd. Ook bij het particulier eigendom dreigde een onrechtmatige overdracht van het eigendomsrecht, doordat huurders (zonder medeweten of toestemming van de eigenaar) het niet al te nauw namen met de grens tussen bevoegde bewoners en mensen die 'onrechtmatig, gewelddadig of clandestien huurden'. Nog minder overheidsingrijpen zou de situatie alleen maar legitimeren, omdat dergelijke 'marginale'

In 1949, Lima's modernist apotheosis appeared imminent: the *Plan Piloto*, the city's first master plan, had applied the techniques of scientific planning to analyse the city at its various scales – from the historical core to the agricultural areas supplying it with food – and to establish a logical course for 'channelling its urban development'.[1] But by 1954, a follow-up study warned that 'the overflowing vitality of the metropolis in its blind force of expansion' was setting in train problems which would only intensify over time: 'the traffic congestion endlessly increases . . . delinquency grows; the city is choking itself in a dreadful ring of clandestine dwellings . . . a drop in the standard of living threatens.' All this was the result of an unprecedented rate of population growth, largely due to rural-urban migration: established planning processes were being overtaken by the rapid emergence of *barriadas* (squatter settlements), as authorized housing could not be built quickly and cheaply enough to meet the demand. Reluctantly, the study confessed: 'An economical system of urbanization and construction that would allow us to avoid the overcrowded and unsanitary conditions that appear in the "clandestine neighbourhoods" has not yet been devised.'[2]

The establishment of the improvised 'Ciudad de Dios' (City of God) on Lima's southern periphery, achieved through a large-scale land invasion on Christmas Eve 1954, dramatized the desperate nature of the capital's housing crisis. Although this method of forming *barriadas* had proliferated over the previous half decade, the Ciudad de Dios invasion, involving 8,000 people, was by far the largest to date, testing the limits of the state's tolerance for extrajudicial development and provoking it into a more assertive response. After initially insisting that Ciudad de Dios would be forcibly closed down, in 1955 the government turned to planning law to broker a solution, devising new guidelines that could better accommodate – but also more effectively regulate – these emerging patterns of urban development. This tactic culminated in 1961 with the comprehensive set of reforms advanced in Law 13517, which outlined a new approach to understanding and shaping the self-built city. While prevailing urban planning techniques had failed, confidence remained that once its techniques were recalibrated in line with a revised regulatory framework, planning professionals would again be able to deliver rational and effective solutions to 'channel' urban growth. This article assesses how efforts to apply the new regulations unfolded and how they fared in practice.

In February 1961, President Manuel Prado signed Law 13517, describing it as 'a work of public good, leading towards strengthening the family unit, reinforcing work habits, and securing a decent existence for our people'.[3] A 1958 report had argued that the *barrios marginales* (marginal neighbourhoods, being 'structured at the margins of the law'[4]) were undermining official property registers because so many ad hoc occupations of state land had not been properly recorded. Likewise, in cases involving private property, the extra-legal transfer of title by leaseholders (without the owner's knowledge or permission) was blurring the threshold between fully authorized occupants and those who had gained residency through 'irregular, violent, or clandestine tenancy'. Continued inaction by the state would only lend legitimacy to this situation, since over time, these 'marginal' arrangements would gain some legal protections, inevitably leading towards 'the conversion of barriada property holders [*poseedores*] into property owners [*propietarios*]'; allowing this increasingly porous boundary – between legally owning land and merely occupying it – to dissolve altogether 'would mean giving legality to chaos and abuse'.[5] The framework of Law 13517 proposed two parallel approaches to solving this problem.

First, all existing *barriadas* would be given the opportunity to legalize their status, on the condition that their urban amenities were

overeenkomsten na verloop van tijd aanspraak zouden kunnen maken op wettelijke bescherming. Dat zou dan onvermijdelijk leiden tot 'de verandering van woningeigenaren in de *barriada* (*poseedores*) in woning-eigenaren zonder meer (*propietarios*)', waardoor deze steeds poreuzer wordende grens – tussen eigenaar in de zin van de wet en alleen maar ergens wonen – helemaal op zou lossen, met als gevolg 'de legitimatie van chaos en misbruik'.[5] In het kader van Wet 13517 werden twee parallelle benaderingen van dit probleem voorgesteld.

Ten eerste zouden alle bestaande *barriadas* de gelegenheid krijgen hun status te legaliseren, op voorwaarde dat de lokale openbare voorzieningen zouden worden verbeterd en dat individuele woningen zouden worden opgeknapt volgens aanvaardbare wettelijke normen. Ten tweede zouden er geen nieuwe *barriadas* worden getolereerd. In plaats daarvan zou de overheid haar eigen organisatie oprichten, de Urbanizaciones Populares de Interés Social (UPIS), waarbinnen bewoners wel zelf een huis mochten bouwen, maar onder streng toezicht en in overeenstemming met een goedgekeurd stedenbouw-kundig plan. Beide oplossingen zouden moeten worden gerealiseerd zonder dat de overheid daaraan meer dan minimale middelen zou besteden: namelijk door gebruik te maken van de zelfhulp van bewoners en door hen te verplichten financieel bij te dragen aan technische ondersteuning, de verbetering van de openbare voorzieningen en de aankoop van hun percelen. Het belangrijkste verschil tussen de twee benaderingen was dat de architecten en planners in verschillende stadia van het proces tussenbeide kwamen. In het eerste geval als er al gebouwd was, met behulp van een uitgebreid locatieonderzoek dat als uitgangspunt zou dienen voor de herinrichting van de *barriada*. In het tweede geval zou de ontwikkeling van het begin af aan onder toezicht plaatsvinden, waarbij de zelfbouwwoningen zouden worden opgetrokken binnen een vooraf vastgesteld kader. Terwijl elders het saneren van slums de enig denkbare reactie op ongeoorloofde stadsontwikkeling bleef, stelde de Peruaanse Wet 13517 voor de ontwikkeling van de snel moderniserende stad op een innovatieve manier te benaderen – waarbij werd geprobeerd te bemiddelen tussen 'marginale' zelfbouw en de voorschriften van de officiële planning. Met deze wetgeving werd het modernistische imperatief om de stedelijk ruimte vorm te geven niet helemaal verlaten, maar het kwam wel anders tot uit-drukking, in een hybride urbanisatie.

De uitvoering van de wet begon in april 1961 met een landelijke inventarisatie van alle potentiële of vermoedelijke *barrios marginales*, die werd uitgevoerd door de overheidsdienst voor volkshuisvesting, de Corporación Nacional de Vivienda (CNV). De inventarisatie werd een jaar later afgerond en resulteerde in een lijst met 271 *barrios marginales* in heel Peru, waarvan 123 in Lima en omgeving. De volgende stap bestond uit het classificeren van elke afzonderlijke nederzetting als rijp voor de sloop of geschikt voor verbetering. Omdat het bij rehabilitatie niet alleen ging om fysieke verbeteringen, maar ook om het oplossen van geschillen over eigendomsrechten van de locaties zelf en afzonderlijke percelen, zou de toekomstige levensvatbaarheid worden beoordeeld door een panel van vier deskundigen: een volks-gezondheidsspecialist, een stedenbouwkundige, een milieu-ingenieur en een jurist. Sloop zou verplicht zijn als de nederzetting een negatieve invloed had op de 'normale groei van de stad'; als het te duur of technisch te ingewikkeld was om openbare voorzieningen aan te leggen; als de locatie gevoelig was voor aardverschuivingen of rivier-erosie; en als de waarde van de grond 'de bouw van goedkope huis-vesting niet rechtvaardigde'.[6] Technische overwegingen werden duidelijk overschaduwd door politieke afwegingen in verband met stadsontwikkeling.

upgraded and that individual dwellings were rehabilitated to acceptable standards as defined by the law. Second, no new *barriadas* would be tolerated: instead, the government would establish its own 'Urbani-zaciones Populares de Interés Social' (UPIS; Low-Income Social Housing Subdivisions), where housing would once again be self-built by residents, but construction would be closely supervised and conform to an approved urban plan. Both solutions were to be achieved with maximum economy of means on the part of the state, by making use of residents' self-help labour, and by insisting that they cover the costs of technical assistance, urban upgrading, and purchasing their lots. The key difference between the two approaches was that the intervention of architects and planners occurred at different stages of the process: in the first case, after building had commenced, using a detailed site survey as the starting point for remodelling the *barriada*; in the second, development would be controlled from the outset, as self-build construction unfolded within an established framework. While elsewhere slum clearance remained the only conceivable response to unauthorized urban development, Peru's Law 13517 proposed an innovative approach to shaping the evolution of the rapidly modernizing city – one that attempted to negotiate between 'marginal' self-generated construction and the dictates of official plans. With this legislation, the modernist imperative to shape urban space was not abandoned altogether, but found an alternative expression in these hybrid modes of urbanism.

Implementation of Law 13517 began in April 1961 with a nation-wide survey of all potential or suspected *barrios marginales* undertaken by the state housing agency, the Corporación Nacional de Vivienda (CNV). Completed a year later, the survey resulted in the declaration of 271 *barrios marginales* across Peru, 123 of them in greater Lima. In the next step, each settlement was to be classified as suitable for eradication or rehabilitation. Since rehabilitation involved not only physical improvements but also resolving disputes over the ownership of the settlement site and of individual lots, future viability would be determined by a panel of four experts: a public health professional, an urban planner, a sanitary engineer and a lawyer. Eradication would be mandatory if the settlement was adversely affecting 'the normal growth of the city'; if it was too expensive or technically challenging to provide services; if the site was vulnerable to landslides or river erosion; or if the value of the land 'does not justify building low-cost housing on it'.[6] Clearly technical considerations were shaded by the politics of urban development.

In the case of *barriadas* set for rehabilitation, the guidelines stipulated the provision of passable roadways, water and sewerage infrastructure, and a wide range of urban amenities, to be determined by the settle-ment's size, location and population. At a minimum this meant schools, medical posts, churches, parks and sports fields, but it could also include workshops for small-scale industries and commercial centres. This approach was influenced by a government-commissioned report issued in 1958, which had presented an expanded definition of housing: 'The dwelling embraces not only the house itself, but also the neighbourhood and the community, and generally the environment as a whole or habitat where man and his family develop their usual activities.'[7] This definition consequently entailed a higher benchmark for an adequate 'dwelling' – now conceptualized as integrated into a well-appointed neighbourhood. A contemporaneous study had condemned the *barriada* not simply for its poor-quality housing, but more seriously because of its limited economic opportunities and inability to meet its own food supply, revealing it to be 'a parasite city [*ciudad parásito*], which is reflected in the high cost of housing'.[8] By contrast, the reformed neighbourhoods envisaged under Law 13517 echoed the model of the

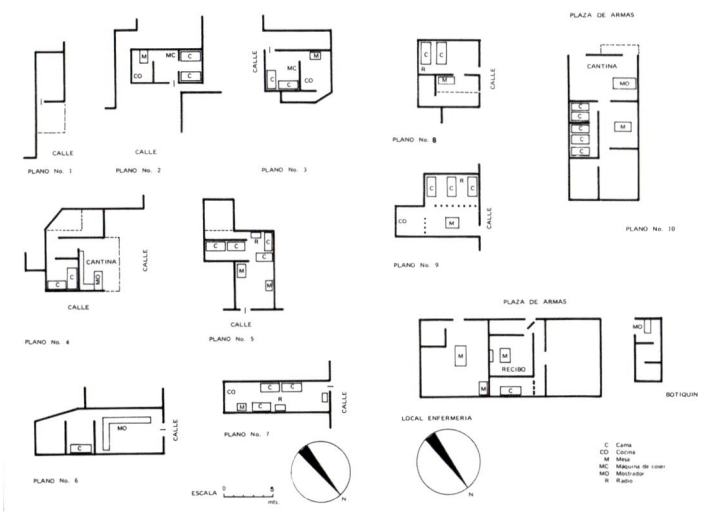

Geïmproviseerde huisvesting,
Ciudad de Dios, 1955, José Matos
Mar, *Estudio de las barridas
limeãnas* (1966)
Provisional housing, Ciudad de
Dios, 1955, José Matos Mar, *Estudio
de las barridas limeãnas* (1966)

Plattegronden van woningen,
Ciudad de Dios, 1955, José Matos
Mar, *Estudio de las barridas
limeãnas* (1966)
Plans of representative dwellings,
Ciudad de Dios, 1955, José Matos
Mar, *Estudio de las barridas
limeãnas* (1966)

Formulier om informatie over
woningen in een *barriada* in te
winnen
Form used to collect information on
barriada residences

De woning krijgt een nummer en
wordt geregistreerd; er wordt ook
informatie over het huishouden
verzameld
The dwelling is given a number and
registered; and information is
collected about the household

'Laboratorium werk:
De verzamelde data zijn:
1. verzameld en geclassificeerd
2. verwerkt in tabellen en
statistieken 3. gearchiveerd'
'Laboratory work: The collected data
are: 1. Compiled and classified;
2. Tabulated and converted into
statistical tables; 3. Archived'

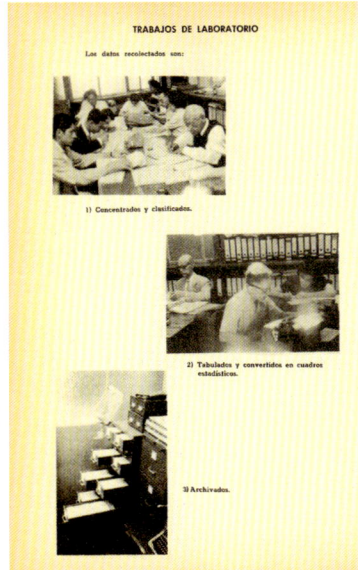

Als *barriadas* in aanmerking kwamen voor sanering, dan schreven de richtlijnen voor dat er begaanbare wegen, waterleidingen en rioleringen en een scala aan stedelijke voorzieningen zouden worden aangelegd: welke, dat werd bepaald door de afmetingen, de locatie en de bevolking van de nederzetting. Dit betekende op zijn minst scholen, gezondheidszorg, kerken, parken en sportvelden, maar het kon ook gaan om werkplaatsen voor kleinschalige industrie of commerciële centra. Deze aanpak was beïnvloed door een in 1958 door de overheid geïnitieerd rapport waarin een uitgebreide definitie van huisvesting was opgenomen: 'De woning omvat niet alleen het huis zelf, maar ook de buurt en de gemeenschap, en in het algemeen de omgeving als geheel of de habitat waar mens en gezin hun gebruikelijke activiteiten ontplooien.'[7] Deze definitie bracht dus een hogere maatstaf voor een adequate woning met zich mee – die werd nu begrepen als geïntegreerd in een goed uitgeruste wijk. In een gelijktijdige studie werd de *barriada* niet eenvoudigweg veroordeeld vanwege de slechte kwaliteit van de huisvesting, maar vooral vanwege de beperkte economische kansen die er lagen en het onvermogen van de bevolking in haar eigen voedsel te voorzien, waaruit volgde dat de *barriada* 'een parasitaire stad is, een *ciudad parásito*, wat tot uitdrukking komt in de hoge huisvestingskosten'.[8] De onder Wet 13517 hervormde wijken zouden daarentegen het ideaal van de *unidad vecinal* (wijk-eenheid) weerspiegelen – zelfvoorzienende miniatuurstadjes, omgeven door groen en voorzien van alle benodigde openbare voorzieningen. Dit in de jaren 1940 door architect (en later president) Fernando Belaúnde Terry in Peru geïntroduceerde concept vertoonde invloeden die teruggingen op Clarence Perry en op projecten als Radburn en de New Deal Greenbelts.[9]

De manier waarop dit proces precies werkte, is te lezen in een kort verslag uit mei 1961 over het herinrichtingsproject Plan Fray Martín de Porres, waarvan 18 *barriadas* deel uitmaakten. Om te beginnen moest er voldaan worden aan de eisen in Wet 13157 ten aanzien van het vaststellen van het eigenaarschap, een ingewikkeld proces in vijf delen: 1) de *empadronamiento* – het opstellen van een bewoners-register dat hun status als gebruiker bevestigde zonder hen eigendomsrechten toe te kennen; 2) de *catastro* (kadastraal onderzoek) – het opstellen van gedetailleerde plattegronden van de nederzettingen om de grenzen van elk perceel te kunnen vaststellen; 3) het 'opruimen van de *empadronamiento*' – het identificeren van leegstaande en ongeclaimde percelen, zodat die konden worden overgedragen aan de CNV om er stedelijke voorzieningen op te vestigen of ze aan andere bewoners toe te wijzen; 4) het bestuderen van bestaande voorzieningen voor waterleiding en riolering; en 5) het ontwikkelen van plannen voor de herinrichting van individuele percelen die te groot, te klein of te onregelmatig gevormd waren. Vervolgens zou er voorwaardelijk eigendomsrechten worden toegekend – niet-overdraagbare, niet in geld om te zetten eigendomsrechten, om grondspeculatie te voorkomen – waarbij de bewoners zeven jaar de tijd kregen om hun woning in een aanvaardbare staat te brengen en om te betalen voor zowel hun afzonderlijke perceel als hun aandeel in de kosten van herinrichting van de nederzetting in haar geheel. Alleen dan zouden de bewoners het volledige eigendomsrecht van het onroerend goed krijgen.

De logica achter deze uitgebreide procedure werd gedomineerd door de behoefte de bestaande onroerendgoedregels en de grens tussen de eigenaren van een perceel en degenen die er al dan niet rechtmatig gebruik van maakten – of het bezet hadden – te definiëren. Tegelijker-tijd bekrachtigde de procedure het recht van de overheid om deze grens te bewaken, eigendomsrechten toe te kennen (of te weigeren) en

unidad vecinal (neighbourhood unit) – a self-sufficient city in miniature, circumscribed by green space and containing all necessary community facilities. This concept was introduced in Peru in the 1940s by architect (and later president) Fernando Belaúnde Terry, with influences leading back to Clarence Perry, and to projects such as Radburn and the New Deal Greenbelt towns.[9]

The detailed workings of this process emerge in a brief report from May 1961 on the Plan Fray Martín de Porres remodelling project, covering 18 *barriadas*. As a first step, it was necessary to fulfil the requirements of Law 13157 for establishing ownership, an arduous five-part process: 1) the *empadronamiento* – creating a register of residents, confirming their status as property holders, without conceding them property ownership; 2) the *catastro* (cadastral survey) – drawing up detailed plans of the settlements in order to determine the boundaries of each lot; 3) the 'cleaning-up of the *empadronamiento*' – identifying unoccupied or unclaimed lots, to be turned over to the CNV for siting urban amenities or for reassignment to other residents; 4) studying existing provisions for water and sewerage lines; and 5) developing plans to remodel individual lots that were too large, too small or irregular in shape. Following this, provisional title would be granted – a non-transferable, non-monetizable title, in order to counter land speculation – with residents given seven years to finish their dwellings to acceptable standards, and to complete payments for their individual lots as well as their share of upgrading costs for the settlement as a whole. Only then would residents gain full title to the property.

The logic behind this elaborate procedure was governed by the need to reinforce the existing property regime, underscoring the threshold between those who owned property, and those who had possession – or had taken possession – of it without proper authority. In the process, the legislation also reasserted the state's right to police this boundary, to grant (or refuse) title and to legitimate possession. The aim was not to facilitate, or speed up, the process of gaining title but to clearly outline the requirements to pass from property 'holder' to property 'owner' – and to establish them as arduous, underscoring the fact that owner-ship was not a universal right, but a privilege to be earned: in this case, possession was not nine-tenths of the law, but merely the first rung on the bureaucratic ladder to recognized legal ownership. For the *poseedor* who did not have the means to purchase land through conventional property markets, a series of complementary investments would suffice: compliance with bureaucracy, expenditure of self-help labour, and at least a nominal payment.

A vast amount of data was required to ascertain the nature and condition of each 'marginal' settlement – or the precise degree of each settlement's marginality – in order to determine its fate with professional exactitude. Much of the CNV's time was devoted to collecting and sorting through this data – cadastral surveys as well as demographic statistics to gauge the economic and organizational resources of the residents. With 271 *barriadas* nationwide, and an estimated population of 105,781 households,[10] this was never going to be a fast process. Furthermore, when set against the reality of the 'marginal' city (outside the law, but obeying its own norms of improvised urbanism) the law faced a series of challenges that sharply defined the limits of its efficacy.

The tangled histories of those *barriadas* where the mandated studies were actually carried out demonstrate that the implementation of the law would be far less straightforward than the guidelines had suggested. Replacing the official maps that had included the *barriadas* as indeterminate outbreaks of red dots, the new cadastral surveys were decades ahead of other countries in rendering these patterns of urban

om bezit te legitimeren. Het doel was niet om de procedure ter verkrijging van eigendomsrechten te vergemakkelijken of te versnellen, maar om duidelijk te maken aan welke eisen moest worden voldaan voordat de 'gebruiker' van een bezit 'eigenaar' van dat bezit kon worden – en om aan te geven dat dit niet gemakkelijk was. Benadrukt werd dat eigendomsrecht geen universeel recht was, maar een voorrecht dat moest worden verdiend: het ging hier niet om een 'hebben is hebben en krijgen is de kunst', maar slechts om de eerste trede van de bureaucratische ladder naar de erkenning van juridische eigendom. Voor de *poseedor* die niet de middelen had om land te kopen via de gebruikelijke onroerendgoedhandel, zou een reeks aanvullende investeringen volstaan: naleving van bureaucratische regels, het investeren in zelfhulp en de betaling van minstens een nominale som.

Er was een enorme hoeveelheid gegevens nodig om te kunnen vaststellen wat de aard en de conditie van de 'marginale' nederzettingen was – hoe marginaal de verschillende nederzettingen nou eigenlijk waren – om hun lot met professionele precisie te kunnen bepalen. De CNV besteedde veel tijd aan het verzamelen en sorteren van deze gegevens – kadastraal onderzoek en demografisch-statistisch onderzoek om de economische en organisatorische middelen van de bewoners in te kunnen schatten. Er waren landelijk 271 *barriadas*, bewoond door naar schatting 105.781 huishoudens, dus de klus was niet zo een-twee-drie geklaard.[10] Daarnaast zag de wet zich, gegeven de realiteit van de 'marginale' stad (die buiten de wet stond, maar aan haar eigen normen van geïmproviseerde verstedelijking voldeed), geconfronteerd met een reeks uitdagingen die de grenzen van haar doeltreffendheid scherp afbakenden.

De ingewikkelde geschiedenis van de *barriadas* waarin de verplichte onderzoeken daadwerkelijk werden uitgevoerd, tonen bijvoorbeeld aan dat de uitvoering van de wet veel minder eenvoudig zou worden dan de richtlijnen hadden gesuggereerd. Het vervangen van de officiële kaarten, waarop de *barriadas* als ongespecificeerde erupties van rode vlekken waren aangegeven, door nieuwe kadastrale onderzoeken, tientallen jaren voordat andere landen hetzelfde deden, maakte deze patronen van stedelijke nederzettingen leesbaar en zo vonden ze een zeer elementair niveau van erkenning. Maar achter hun theodolitische precisie gingen gecompliceerde en ondoorzichtige concurrerende claims van eigenaren en gebruikers schuil, waarbij bezettingen en illegale acties door de huurder werden geëvenaard door even bedenkelijke activiteiten van de kant van landeigenaren en projectontwikkelaars. Een en ander werd verder vertroebeld door beroerde registratie en wisselvallige handhaving door de autoriteiten. Een voorbeeld: de naast elkaar gelegen nederzettingen El Altillo en Tarma Chico lagen beide op staatsgrond, maar hoewel de eerste al snel wettelijk werd erkend, werden de bewoners van Tarma Chico van het land af gezet ten gunste van een schietvereniging. Vervolgens mochten ze terugkeren op voorwaarde dat ze grondbelasting zouden gaan betalen in plaats van huur. Maar toen ze hoorden dat hun buren in El Altillo geen huur hoefden te betalen, hielden ze op met betalen, met als gevolg dat hun juridische status zwak bleef. De bewoners van Gonzales Prada betaalden huur vanwege een overeenkomst met een particuliere eigenaar, maar de lokale overheid besloot dat de overeenkomst niet rechtsgeldig was omdat het land niet van de particulier was, maar van de overheid. Ramon Castilla Baja, ten slotte, bevond zich op een particulier stuk grond. De projectontwikkelaar had alleen toestemming gekregen de percelen te verkopen nadat er voorzieningen waren aangebracht, maar had desalniettemin ook percelen verkocht zonder voorzieningen, die eigenlijk bestemd waren voor een project in de sfeer van openbare werken. Deze illegaal verkregen stukken land

settlement legible and thereby granting the most basic level of recognition. Yet their theodolitic precision masked competing claims of ownership and occupation that were complex and opaque, with invasions and illegalities by tenants equally matched by questionable acts on the part of landowners and real estate developers, and further confused by poor record keeping and uneven enforcement by the authorities. For example, the neighbouring sites of El Altillo and Tarma Chico both occupied state land, but while the first was quickly recognized under the law, the residents of the second were evicted to accommodate a shooting club, then allowed to return on the condition of paying land tax in lieu of rent; however, seeing that their neighbours in El Altillo lived rent-free, the residents of Tarma Chico stopped paying, leaving their legal situation tenuous. The residents of Gonzales Prada paid rent through an agreement with a private owner, but the local municipality now ruled this invalid, arguing that this 'landlord' had no right to the land since it actually belonged to the state. Finally, Ramon Castilla Baja was situated within a private subdivision, whose developer had been authorized to sell lots only once amenities had been installed; regardless, the developer had also sold sites that lacked services and furthermore had been earmarked for a public works project. These illegally established sections evolved through the letting and subletting of lots and the gradual invasion of any remaining open spaces: eventually, these tenants 'had refused to continue paying rent, availing themselves of the benefits of Law 13517'.[11]

In this way the law revealed another of its limits: while each legislative reform vowed to enforce a cut-off date to benefit existing settlements and to criminalize the establishment of new ones, the slightest hope of securing decent, affordable housing inevitably intensified unauthorized construction. In the Río Rímac area in central Lima, between 1959 and 1961 the population increased from 50,000 to 120,000 – the growth being attributed to the promulgation of the new law, 'since under the promise of a prompt attainment of property title, those who were living in other places in the urban area came to occupy its vacant lots'.[12] The law operated as a system of solids and voids, creating the conditions for its evasion, as requirements and restrictions in one area created loopholes and incentives in another. The improvised city was by definition constantly shifting and evolving, without much regard for what had been planned for it. Nonetheless, despite these challenges – and despite the sense that data collection was endlessly postponing the construction projects that it was ostensibly laying the groundwork for – by early 1962 plans for the first remodelling projects and UPIS schemes were being drawn up.

Plan Río Rímac and Unidad Vecinal No. 6

To begin the remodelling, the CNV divided Lima – and its 123 *barrios marginales* – into several zones, each of which required a new master plan. One of the first to be developed was Plan Río Rímac, covering an area close to the historical centre of the city and including over 30 *barriadas* on both sides of the river, with a combined population of 120,000. Plan Río Rímac called for rationalizing the existing *barriadas* into ten sectors – termed *unidades vecinales* – in preparation for their redevelopment, as well as the construction on adjacent unbuilt land of two UPIS projects (Hacienda Conde Villa Señor and Valdiviezo). The boundaries of the existing *barriadas* had been determined by the territory claimed by the various squatter settlement associations, and there were large differences in population density from one *barriada* to another, ranging from 233 to 450 inhabitants per hectare. While the plan sought to address this issue, any efforts to create a more 'rational' urban layout would have to contend with the

De *barriadas* in centraal Lima
(waaronder Tarma Chico,
middenboven) op een kaart,
vóór het ingaan van Wet 13517.
De *barriadas* worden gemarkeerd
door rode stippen
Cursory mapping of *barriadas* in
central Lima (including Tarma
Chico, top centre), prior to Law
13517; *barriadas* are indicated
with red dots

Formulieren voor bewoners om een
kavel in een *barriada* op te eisen
Forms used for residents to claim a
site in a *barriada*

Kadastrale kaarten van
barriadas, na invoering van Wet
13517, El Altillo, Tarma Chico,
Gonzales Prada en Ramon
Castilla Baja
Cadastral mapping of *barriadas*
following Law 13517, El Altillo,
Tarma Chico, Gonzales Prada and
Ramon Castilla Baja

werden ontwikkeld via de verhuur en onderverhuur van percelen, en de geleidelijke bezetting van de resterende open ruimte. Uiteindelijk hadden deze huurders 'geweigerd nog langer huur te betalen, waarmee ze gebruik maakten van de voordelen van Wet 13517'.[11]

Hier manifesteerde zich een andere grens van de wet: terwijl bij elke hervorming werd bezworen dat er ten gunste van bestaande neder-zettingen een sluitingsdatum zou worden gesteld, waarna het stichten van nieuwe nederzettingen strafbaar zou zijn, nam de illegale bouw onvermijdelijk toe zolang er nog een sprankje hoop was op een fatsoen-lijk, betaalbaar huis. In de regio Río Rímac in midden-Lima groeide de bevolking tussen 1959 en 1961 van 50.000 naar 120.000 – deze groei werd toegeschreven aan de afkondiging van de nieuwe wet: 'omdat het er naar uitzag dat daar snel eigendomsrechten zouden worden toegekend, kwamen er mensen die elders in stedelijke regio's woonden naartoe om de lege plekken te bezetten'.[12] De wet werkte als een water-bed en schiep zelf de voorwaarden voor ontduiking, doordat eisen en beperkingen op het ene terrein, achterdeurtjes en prikkels creëerden op het andere. De geïmproviseerde stad was per definitie voortdurend aan het veranderen en evolueren, zonder veel rekening te houden met wat gepland was. Maar toch werden aan het begin van 1962 plannen opgesteld voor de eerste renovatie- en UPIS-projecten – ondanks deze uitdagingen en niettegenstaande het besef dat het verzamelen van gegevens ervoor zorgde dat de bouwprojecten (waarvoor ze ogenschijnlijk de basis moesten leggen) eindeloos vertraging opliepen.

Het Plan Río Rímac en Unidad Vecinal No. 6

Om de herinrichting te beginnen, verdeelde de CNV Lima – en haar 123 barrios marginales – in verschillende zones die elk een nieuw masterplan vereisten. Onder de eerste plannen die werden ontwikkeld bevond zich het Plan Río Rímac, dat een gebied dicht bij het historische centrum van de stad besloeg met circa 30 barriadas met een gezamen-lijke bevolking van 120.000 personen, aan weerszijden van de rivier. In het Plan Río Rímac werden de bestaande barriadas ter voorbereiding op de herontwikkeling in tien sectoren verdeeld – de zogenaamde unidades vecinales – en op het aangrenzende onbebouwde land werden twee UPIS-projecten gebouwd (Hacienda Conde Villa Señor and Valdiviezo). De grenzen van de bestaande barriadas omsloten het gebied dat werd geclaimd door de verschillende sloppenwijkverenigingen en er bestonden grote verschillen in bevolkingsdichtheid tussen de ene barriada en de andere: tussen de 233 en 450 inwoners/ha. Hoewel het plan deze kwestie wilde aanpakken zou elke poging een 'rationelere' verdeling van de stadsplattegrond te creëren, stuiten op de specifieke achtergronden van de barriadas en de sociale banden (of spanningen) tussen de verschillende groepen bewoners.

De unidades vecinales uit het Plan Río Rímac, die elk een bevolking van 10.000 tot 20.000 mensen kregen toegewezen, leken noch formeel, noch materieel op een conventionele wijk, maar in de planningsdocu-menten werden ze in precies dezelfde termen gedefinieerd: als stedelijke eenheden die 'zelf moesten voorzien in hun primaire behoeften'. Alsof het taalkundig oprekken van de categorie, dus met inbegrip van de hervormde barriada, op zich bijdroeg aan haar rehabilitatie en integratie in de normale stadsontwikkeling![13] In het Plan Río Rímac werd vast-gesteld welke diensten moesten worden geleverd op de schaal van de unidad vecinal en welke andere op die van de zone in zijn geheel. Elke unidad vecinal zou zijn eigen markt, wijkcentrum en medische post krijgen, en er waren voor de zone als geheel een commerciële strip, een bestuurscentrum en een ziekenhuis opgenomen. Daarnaast zouden er verspreid over het hele gebied 57 kleuterscholen, 26 basisscholen, vier scholen voor voortgezet onderwijs of technische scholen komen.

specific histories of the barriadas and the social connections within (or tensions between) these different groups of residents.

The unidades vecinales of Plan Río Rímac, each assigned a population of 10,000 to 12,000 people, shared no formal or material qualities with a conventional neighbourhood unit, but the planning documents defined them in exactly the same terms, as urban units that were to be 'self-sufficient in their primary needs',[13] as if the linguistic gesture of extending the category to include the re-formed barriada in itself contributed to its rehabilitation and integration into the norms of urban development. Plan Río Rímac listed services to be provided at the level of each unidad vecinal and others for the zone as a whole. Each unidad vecinal would have its own markets, neighbourhood civic centre and health post, while a main commercial zone, civic centre and a hospital were planned to serve the entire unidad vicinal. In addition, 57 kindergartens, 26 primary schools, four secondary or technical schools would be distributed throughout.

In the place of modernist ex nihilo development, Plan Río Rímac proposed that with prudent and timely guidance the unauthorized city could be more or less brought into line with established norms of urban planning. To this end the area's existing barriadas would be rehabilitated through a series of measures: better integration with existing urban amenities, detailed – but minimally invasive – remodelling projects and the 'eradication' of housing when deemed necessary. As one example, all existing construction within the area designated as Unidad Vecinal No. 10 would be demolished, since it was chaotic and overcrowded, and its proximity to the city centre demanded high-density housing as a more appropriate use of the land, given its value. Families affected by these 'eradications' were to be re-housed in one of the two new UPIS projects – or 'urban expansion areas' – that were included in the plan.

The detailed rehabilitation plan for Unidad Vecinal No. 6 of the Plan Río Rímac area provides an insight into how the approach was to be applied in the less problematic sectors.[14] The existing housing was divided into three categories based on the quality of construction, the building materials and the appropriateness of the functional layout in terms of avoiding the 'promiscuity' of mixed uses (especially in relation to sleeping arrangements). An initial survey found that roughly 20 per cent of the dwellings were conservable, with 60 per cent suitable for rehabilitation and 17 per cent requiring demolition. On the urban level, two-thirds of the lots required remodelling because they were outside the stipulated size of 70 to 250 m² or were irregularly shaped. In total, only 1,000 households would be able to remain on the same lot, while 395 were to be relocated, and 803 would have to be 'eradicated' from the area altogether – a measure required both to reduce the overall population density and to provide space for the additional amenities needed to convert the area into a self-sufficient unidad vecinal. Specifically, the newly-free space would be used for the construction of two schools (the key structuring element of the classic neighbourhood unit), with adjacent green space: one located at the end of a tree-lined boulevard and the other linked to a riverside walk. After calculating the costs per square metre of the remodelling, the project was determined to be viable – that is, the estimated monthly payment to be levied from each family, at 10 per cent of the average income, could be covered by the residents.

In summary: one unidad vecinal comprising six barriadas out of a total of 123 in greater Lima required a vast amount of detailed research and planning – carrying out the project and convincing residents of its value would require even more work. Furthermore, the amount of rehabilitation needed would likely be far higher in other areas, since Unidad Vecinal No. 6 was selected as an ideal site for a trial project,

In plaats van de modernistische ex nihilo-ontwikkeling beoogde het Plan Río Rímac de illegale stad via geduldige en tijdige begeleiding op één lijn te brengen met gangbare stedenbouwkundige normen. Daartoe zouden de bestaande *barriadas* in het gebied worden gerehabiliteerd door middel van een reeks ingrepen: betere integratie in de bestaande stedelijke voorzieningen; uitgebreide, maar minimaal ingrijpende herinrichtingsprojecten en de 'sanering' van woningen waar dat nodig werd gevonden. Alle bestaande bebouwing binnen het gebied dat Unidad Vecinal No. 10 werd genoemd zou bijvoorbeeld worden gesloopt, omdat het er chaotisch was en overbevolkt, en omdat het zo dicht bij het centrum van de stad was dat het gezien de waarde van het land meer voor de hand lag de bebouwingsdichtheid te verhogen. Gezinnen die te maken kregen met een dergelijke 'opruiming' zouden worden geherhuisvest in een van de twee nieuwe UPIS-projecten – of 'stadsuitbreidingsgebieden' – die deel uitmaakten van het plan.

De gedetailleerde verbeteringsvoorstellen voor Unidad Vecinal No. 6 uit het Plan Río Rímac laat zien hoe de aanpak zou worden toegepast in de minder problematische sectoren.[14] De bestaande huisvesting werd ingedeeld in drie categorieën, gebaseerd op de kwaliteit van de constructie, de bouwmaterialen en de doelmatigheid van de functionele indeling. Dit laatste refereerde aan het voorkomen van de 'wanordelijkheid' van gemengd gebruik (vooral in verband met slaapgelegenheid). Uit een eerste onderzoek bleek dat ongeveer 20 procent van de woningen kon worden behouden, 60 procent in aanmerking kwam voor verbetering en 17 procent moest worden gesloopt. Op de schaal van de stad kwam tweederde van de percelen voor herinrichting in aanmerking, omdat ze het voorgeschreven formaat van 70 tot 250 m² overschreden of een onregelmatige vorm hadden. In totaal zouden slechts 1.000 huishoudens op hetzelfde grondstuk kunnen blijven, terwijl 395 zouden worden geherhuisvest en 803 volledig uit het gebied zouden moeten worden 'gesaneerd' – een maatregel die zowel nodig was om de gemiddelde bevolkingsdichtheid te verlagen als om ruimte te scheppen voor de aanvullende voorzieningen die nodig waren om van de zone een zelfvoorzienend *unidad vecinal* te maken. Concreet zou de hierdoor vrijkomende ruimte worden gebruikt voor de bouw van twee door groen omgeven scholen (het belangrijkste structurerende element van de klassieke wijkeenheid): de ene aan het einde van een met bomen omzoomde boulevard en de andere gecombineerd met een promenade langs de rivier. Nadat de kosten van de herinrichting per vierkante meter waren berekend, werd besloten dat het project levensvatbaar was, dat wil zeggen dat de verwachte maandelijkse aflossing die bij elk gezin zou moeten worden geïnd, à 10 procent van het gemiddelde inkomen, wel door de bewoners opgebracht kon worden.

Samenvattend: één *unidad vecinal*, bestaande uit zes *barriadas* op een totaal van 123 stuks in de regio Lima, vereiste een enorme hoeveelheid uitgebreid onderzoek en planning – en het zou nog veel bewerkelijker zijn om het project uit te voeren, en om de bewoners ervan te overtuigen dat het een goed idee was. Bovendien zou er in andere gebieden nog veel meer gerenoveerd moeten worden, want Unidad Vecinal No. 6 was juist uitgekozen als een ideale locatie om met het project te experimenteren. Hier woonde immers een relatief stabiele groep werkende mensen met fatsoenlijke salarissen, en het betrof ook *barriadas* die werden gevormd door ambtenaren van het ministerie van Ontwikkeling en de politiecoöperatie.

housing a relatively stable workforce earning a decent income, including *barriadas* formed by public sector employees from the Ministry of Development and the Police Cooperative.

UPIS: Hacienda Conde Villa Señor, Valdiviezo and Caja de Agua

The families 'eradicated' by the remodelling in the Plan Río Rímac area were to be rehoused in nearby UPIS projects: Hacienda Conde Villa Señor, with 2,000 lots, and Valdiviezo, with 557 lots, were each to form a new *unidad vecinal*.[15] In each case, the key structuring element of the plan was again the location of the various kindergartens and schools, sited to minimize the distance children would have to walk. In order to reduce costs these settlements initially had no electricity, no domestic water or sewerage system – only a waste silo in the middle of the lot. The services were installed a couple of years later, organized and financed by the residents themselves.[16] Only a very basic shelter was provided: located at the back of the 10 x 20-m lot, a single room was constructed measuring 10 x 4 m, with party walls of brick at the back and on each side; the front of the dwelling was a thin partition wall of matting and bamboo, and the roof was of cane and clay. It was expected that residents would gradually develop their houses, moving towards the front of the lot; in the final stage the initial 'primitive roofed area' was intended to become an open patio framed by boundary walls.

An evaluation report after 20 years of occupancy found that 45 per cent of residents had completed their dwellings, building three or more bedrooms to house an average family of eight; in one case the space had been subdivided into five dwellings (presumably for rental income); however many others were still in the process of building. Since the programme had been structured for the acquisition of the dwelling through the rental-sale system, all the residents became property owners after ten years. Although they had apparently been given construction plans for a permanent house considered suitable for their needs, it seemed that few, if any, had used them, 'and not having been offered a program of technical assistance, they developed their house freely'.[17] The report concluded that as a result at least 28 per cent of the resources invested had led to poor results, measured against the standards of conventional modernist housing. For example, one family had built windowless rooms for a living space and a bedroom, and many others had eliminated the planned patio and other open spaces in favour of additional living space. Finally, the evaluation report recommended a revised layout for future use: in the original design, the built walls of each pair of back-to-back dwellings formed a broad H; in the proposed revision the wide U of each basic unit was sited perpendicular to the back of the lot, avoiding the use of party walls and thereby allowing each household greater flexibility in their future construction plans.[18]

In the August 1963 issue of *Architectural Design*, architect John Turner offered a largely positive assessment of these 'planned squatter settlement' projects: they followed 'the traditional and economically logical process of the *barriadas* themselves – but with very important improvements: the lay-out is far better, the plots more regular, there is a minimum supply of drinking water at the start'. The 'ultimate value' of the residents' investment of money, time and labour in their houses was, Turner concluded, 'guaranteed by the planning and controls exercised by the agency'.[19]

Other contemporaneous UPIS projects offered a more substantial minimum unit. At UPIS Caja de Agua (1964), planned as a relocation settlement following the eradication of the Cantagallo barriada, a permanent structure was offered, with one or two bedrooms, along with electricity, water and sewerage systems. This core was planned to

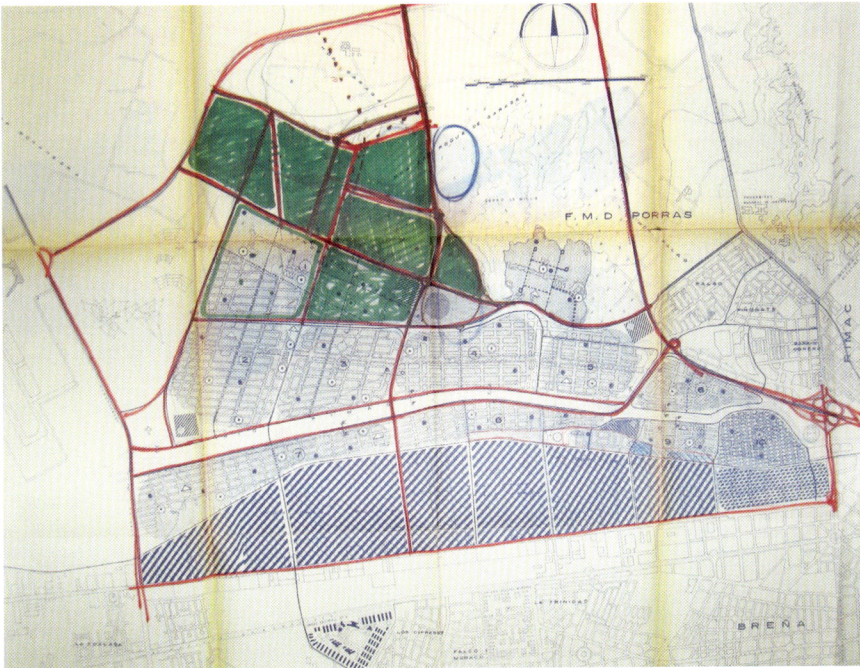

**Het plan voor het Río Rímac
gebied verdeeld in tien *unidades
vecinales***
The plan for the Río Rímac area
divided into ten *unidades vecinales*

**Unidad Vecinal No. 6 in het gebied
van Plan Río Rímac, die de staat
van het gebouwde laat zien. Zwart
(behoud), grijs (herstructurering),
met stip (leeg), wit (sloop)**
Unidad Vecinal No. 6 of the Plan Río
Rímac area, showing condition of construction. Black (for conservation),
grey -(for rehabilitation), with dot
(vacant), white (for demolition)

**Unidad Vecinal No. 6, plan voor
herstructurering**
Unidad Vecinal No. 6, rennovation
plan

**Urbanización Valdiviezo, situatie.
Rood (blokken met type H wonin-
gen), blauw (blokken zonder type
H woningen), wit (voorzieningen)**
Urbanización Valdiviezo, site plan
Red (blocks with Type-H houses),
blue (blocks without Type-H houses),
white (amenities)

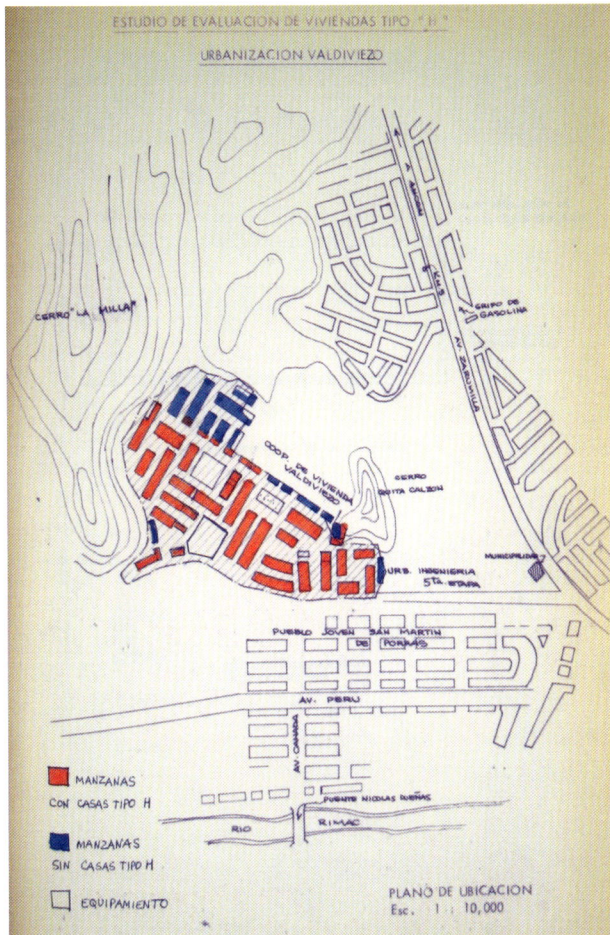

**Gedeelte van Urbanización
Valdiviezo met de San Martín
barriada op de voorgrond**
Section of Urbanización Valdiviezo
with San Martín *barriada* in the
foreground

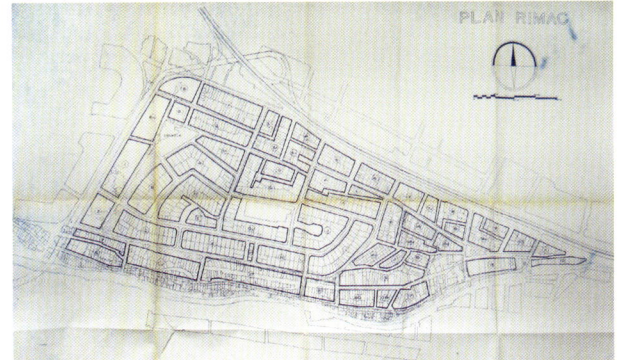

Urbanización Valdiviezo, ontwerp voor een 'H' layout voor de basiswooneenheid
Urbanización Valdiviezo, Plan of 'Allotment H' basic unit dwelling

Woning die zich heeft ontwikkeld uit de basiseenheid en nu vijf wooneenheden telt
Residence developed from the basic unit and subdivided into five dwellings

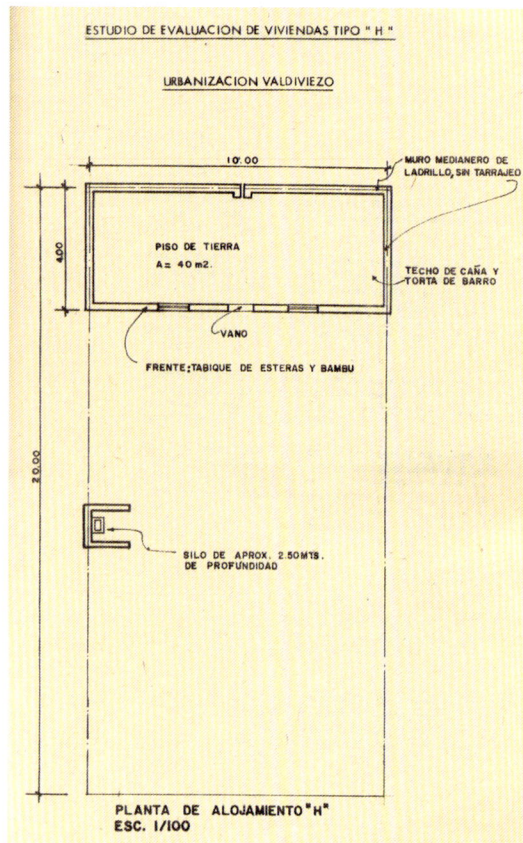

ESTUDIO DE EVALUACION DE VIVIENDAS TIPO " H "

URBANIZACION VALDIVIEZO

10.00

MURO MEDIANERO DE LADRILLO, SIN TARRAJEO

PISO DE TIERRA
A= 40 m2.

TECHO DE CAÑA Y TORTA DE BARRO

4.00

VANO

FRENTE: TABIQUE DE ESTERAS DE BAMBU

20.00

SILO DE APROX. 2.50 MTS. DE PROFUNDIDAD

PLANTA DE ALOJAMIENTO "H"
ESC. 1/100

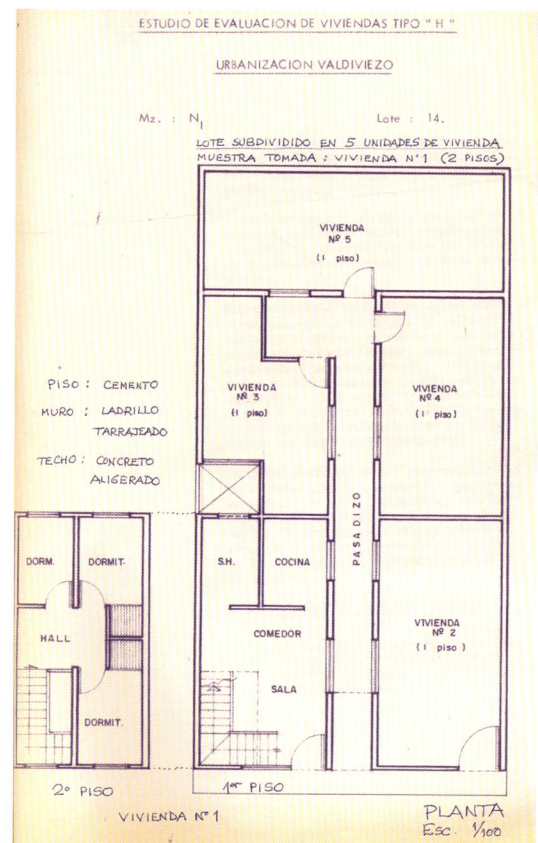

ESTUDIO DE EVALUACION DE VIVIENDAS TIPO " H "

URBANIZACION VALDIVIEZO

Mz. : N₁   Lote : 14.

LOTE SUBDIVIDIDO EN 5 UNIDADES DE VIVIENDA
MUESTRA TOMADA : VIVIENDA N° 1 (2 PISOS)

VIVIENDA N° 5 (1 piso)

PISO : CEMENTO
MURO : LADRILLO TARRAJEADO
TECHO : CONCRETO ALIGERADO

VIVIENDA N° 3 (1 piso)

VIVIENDA N° 4 (1 piso)

PASADIZO

S.H.   COCINA

VIVIENDA N° 2 (1 piso)

DORM.   DORMIT.

HALL   COMEDOR

DORMIT.   SALA

2° PISO   1er PISO

VIVIENDA N° 1

PLANTA
ESC. 1/100

Urbanización Valdiviezo, basis-eenheden met toegevoegde ommuurde ruimten als eerste stap naar uitbreiding van de woning
Urbanización Valdiviezo, basic dwellings with added enclosures as stage one of the extension process

Voorstel voor plan 'U', layout voor basiswooneenheden
Proposal for Plan 'U' layout for basic housing units

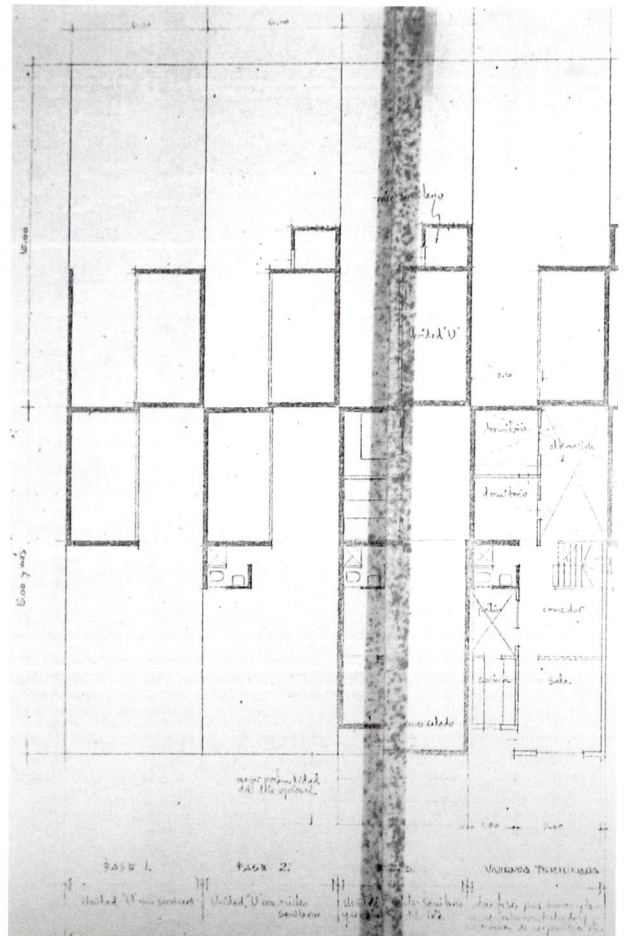

UPIS: Hacienda Conde Villa Señor, Valdiviezo en Caja de Agua

De gezinnen die werden 'gesaneerd' vanwege de herinrichting van Río Rímac zouden worden geherhuisvest in nabijgelegen UPIS-projecten. Hacienda Conde Villa Señor, met 2.000 percelen, en Valdiviezo, met 557 percelen, zouden elk een nieuwe *unidad vecinal* gaan vormen.[15] In beide gevallen was opnieuw het belangrijkste structurerende element in het plan de locatie van de verschillende kleuter- en andere scholen, die zo waren gelegen dat de kinderen niet al te ver hoefden te lopen. Om kosten te drukken hadden deze neder-zettingen in eerste instantie geen elektriciteits- of drinkwatervoor-zieningen en geen riolering – alleen een afvalkuil in het midden van elk perceel. Deze voorzieningen werden enkele jaren later aangebracht, op aandrang en kosten van de bewoners zelf.[16] Op elk perceel stond een basaal gebouw: aan de achterzijde van elk perceel van 10 x 20 m was een enkele kamer gebouwd van 10 x 4 m met gemeenschappelijke bakstenen muren aan de achterkant en aan weerszijden. De voorzijde van de woning bestond uit een dunne scheidingswand van matten en bamboe, en het dak was van riet en klei. Er werd van de bewoners verwacht dat ze hun huis gaandeweg zouden ontwikkelen en daarbij in de richting van de voorzijde van het perceel zouden werken. Het was de bedoeling dat het oorspronkelijke 'primitieve overdekte deel' in de laatste fase een door scheidingsmuren omringde open patio zou worden.

Uit een evaluatierapport, 20 jaar na bewoning opgesteld, bleek dat 45 procent van de bewoners hun huis hadden afgebouwd door er drie of meer slaapkamers aan toe te voegen om een gezin van gemiddeld acht personen te huisvesten. In één geval was de ruimte opgesplitst in vijf woningen (vermoedelijk vanwege de huurinkomsten), in veel andere gevallen was men nog volop aan het bouwen. Omdat het programma was opgezet met als doel het eigendom door middel van huurkoop over te dragen, werden alle bewoners na tien jaar eigenaar van het huis. Hoewel ze bouwtekeningen hadden gekregen, die bedoeld waren voor een permanente woning die aan al hun behoeften zou voldoen, leek het erop dat maar weinig tot geen bewoners daar gebruik van had gemaakt: 'en omdat hen geen technische hulp was geboden, hadden ze hun woning vrijelijk ontwikkeld'.[17] Het rapport concludeerde dat dientengevolge minstens 28 procent van de geïnves-teerde hulpmiddelen slechte resultaten hadden opgeleverd naar de maatstaven van conventionele modernistische woningen. Zo had één van de gezinnen bijvoorbeeld raamloze kamers gebouwd om te gebruiken als woonkamer en slaapkamer, en veel anderen hadden de geplande patio en andere open ruimten laten vervallen ten gunste van extra woonruimte. Ten slotte werd in het evaluatierapport aanbevolen de plattegrond te herzien voor toekomstig gebruik: in het oorspronke-lijke ontwerp vormden de muren van elk stel rug-aan-rug woningen een brede H; in het herzieningsvoorstel werd de brede U van elke basiseenheid loodrecht op de achterzijde van het perceel geplaatst, zodat het gebruik van gemeenschappelijke muren niet langer nodig was en ieder huishouden zijn toekomstige bouwplannen flexibeler zou kunnen ontwikkelen.[18]

In *Architectural Design* van augustus 1963 beoordeelde architect John Turner de projecten voor 'geplande sloppenwijken' grotendeels positief: ze volgden 'het traditionele en economisch logische proces van de *barriadas* zelf – maar met een aantal belangrijke verbeteringen: de plattegrond is veel beter, de percelen zijn regelmatiger, er is van het begin af aan een minimale drinkwatervoorziening'. De 'uiteindelijke waarde' van de hoeveelheid door de bewoners in hun woning geïnves-teerde tijd, geld en arbeid werd, zo concludeerde Turner, 'gewaarborgd via planning en toezicht van de organisatie'.[19]

develop gradually into a complete house, with a generous amount of open space for patios and a front garden. (Meanwhile, 103 Cantagallo families who were disqualified for failing to meet the UPIS project's income requirements were given sheets of bamboo matting and offered a site further from the centre of the city to construct their provisional shelters anew.)[20] In the end, as at Valdiviezo, due to the lack of technical assistance 'the development of the house was left to the complete initiative of the recipient'[21] and many residents chose to sacrifice the planned open spaces to create additional rooms, or extended towards the street, incorporating the intended front setback into the body of the house. These were not the improved dwellings envisaged in Law 13517.

Plan Carabayllo

While Plan Río Rímac covered long-standing working-class districts close to the centre of Lima, other CNV plans responded to expansion on the city's periphery. Law 13517 had excluded any *barriadas* established after September 1960 from its benefits, hoping to stop further unauthor-ized settlements. However, invasions in the northern desert plains around the foothills in Comas, which had begun in 1958, continued unabated; by 1963 the half-dozen *barriadas* in the area had a combined population of 100,000.[22] The CNV produced modification schemes for some of these incipient *barriadas* and a master plan for the entire zone: Plan Carabayllo included schematic layouts for each of these (already occupied) zones of flat desert land, beginning with outlining a main access road for each settlement and a network of subsidiary streets. Even the smallest settlement zone (Pampa del Ermitaño) had sites set aside for children's playgrounds and primary schools, while medium-scale settlements (such as the neighbouring Pampa de Cueva) were also allocated a local civic centre and park space. Envisaging an integrated plan to develop the entire area, Plan Carabayllo proposed multifamily housing, commercial and industrial areas for the largest settlements. It promised that with early intervention these incipient barriadas could be transformed into a series of 'planned squatter settlements' within a logical and efficient master plan.

Once again, John Turner discussed these projects in *Architectural Design*, endorsing their hybrid model of urbanism, because invasion-driven urbanism via 'unaided or help-yourself methods' could not be allowed to continue without intervention by planning professionals: 'Something has to be done about it if there is not to be a total collapse of organized city development.'[23] As an example of a positive interven-tion, Turner cited Urbanización Popular Tahuantisuyo, a Comas site with 4,000 plots where the CNV had 'managed to control the invasion' and convince residents to accept official management of the settlement's planning and growth. Turner concluded that the state's role should be precisely this: 'To direct and co-ordinate existing forces and resources (and not to abandon them to create havoc or attempt to replace them).' This could be best achieved through large-scale planned projects provided with basic services, seen as the next logical step from the UPIS model employed at Valdiviezo and Conde Villa Señor:

> The final step, of course, is for the government to adopt this system as a general policy, acquiring land on the necessary scale and allowing its occupancy with an absolute minimum of utilities and then following up with the full set once the occupiers are well enough established.[24]

The funds needed to achieve this never materialized: following these first trial projects, the state committed few additional resources to implement Law 13517. While the law had appeared to offer a clear path to normalizing unauthorized development, in the absence of funding its

Stedenbouwkundig plan voor Carabayllo, met Tahuantisuyo, Pampa de Cueva and El Ermitaño
Plan Carabayllo urban proposal, including Tahuantisuyo, Pampa de Cueva and El Ermitaño

Luchtfoto van de Comas *barriada*, in het Carabayllo plangebied
Aerial photo of Comas *barriada*, located within the Plan Carabayllo area

Luchtfoto van Pampa de Cueva (midden) en El Ermitaño (rechts), beide gesitueerd in het Carabayllo plangbied
Aerial photo of Pampa de Cueva (centre) and El Ermitaño (right), both located within the Plan Carabayllo area

Andere, gelijktijdige UPIS-projecten voorzagen in een substantiëlere basiseenheid. Het UPIS-project Caja de Agua (1964), dat na het opruimen van de Cantagallo *barriada* bedoeld was voor herhuisvesting, voorzag in een permanent bouwwerk met één of twee slaapkamers, elektriciteit, stromend water en riolering. Het was de bedoeling dat deze kern zich geleidelijk zou ontwikkelen tot een compleet huis, met een royale hoeveelheid open ruimte voor een patio en een voortuin. (Ondertussen kregen 103 gezinnen uit Cantagallo, die waren gediskwalificeerd omdat ze niet aan de inkomenseisen voor UPISprojecten voldeden, matten van gevlochten bamboe uitgedeeld waarmee ze werden weggestuurd om op een locatie verder weg van het centrum hun provisorische onderkomens opnieuw op te bouwen.)[20] Uiteindelijk werd ook hier net als in Valdiviezo geen technische ondersteuning gegeven en werd 'de ontwikkeling van het huis volledig overgelaten aan het initiatief van de begunstigden'.[21] Veel bewoners kozen ervoor de geplande open ruimte op te offeren zodat ze extra kamers konden maken of om het huis uit te breiden richting straat waarbij de ruimte voor de geplande terugspringende gevel onderdeel werd van het huis. Dit waren niet de verbeterde woningen die Wet 13517 had beoogd.

Plan Carabayllo

Waar het Plan Río Rímac betrekking had op lang bestaande volkswijken dicht bij het centrum van Lima, waren andere CNV-plannen opgesteld in een reactie op uitbreiding aan de rand van de stad. Na september 1960 ontstane *barriadas* konden niet profiteren van de voordelen van Wet 13517: zo hoopte men de verdere aanwas van illegale

elaborate bureaucratic framework provided only an illusion of control. In a sense, Law 13517 was at once too ambitious, given the financial and human resources that would be required to properly implement it, yet not ambitious enough, since it was quickly overwhelmed by the pace of unauthorized urbanization. It was also hampered by some questionable assumptions concerning the level of financial contribution that residents could manage, and the ease of organizing such projects on the human as well as the technical level. This was especially true with rehabilitation projects such as Unidad Vecinal No. 6, which do not seem to have progressed far beyond the preliminary planning stage – perhaps inevitable given the difficulties of convincing settled residents of the programme's merits and positive cost-benefit versus the disruptions and expenses of 'eradication' or mandatory upgrading. The 'tabula rasa' approach was ultimately easier to implement, but even so only a handful of UPIS projects were realized. The question of how much could have been achieved with more time and government support is impossible to answer, since political shifts soon brought dramatic changes in the direction of housing policy.

Meanwhile, the 'invaders' continued to arrive, claiming their part in the city from its margins. The question of how they would be incorporated into the city; how their settlements would become part of the city; how controlled the assimilation of their city into the planned city would be, remained unresolved.

Kaarten met daarop de verspreiding en ontwikkeling van *barriadas*: 1957, 1967 en 1977, José Matos Mar, *Las barriadas de Lima 1957* (1977)

Maps showing the spread of *barriada* formation in Lima, 1957, 1967 and 1977, José Matos Mar, *Las barriadas de Lima 1957* (1977)

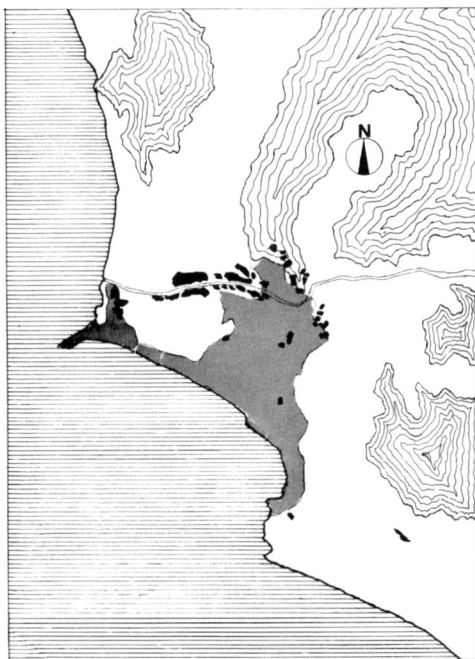

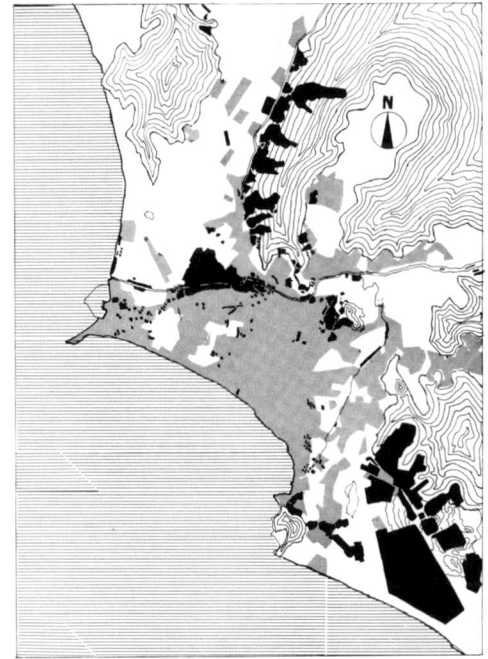

nederzettingen te voorkomen. Maar de in 1958 begonnen migratie naar de noordelijke woestijnvlakte bij de heuvels in Comas zette zich onverminderd voort: in 1963 hadden de zes *barriadas* in het gebied een totale bevolking van 100.000 inwoners.[22] Het CNV produceerde herinrichtingsplannen voor sommige van deze beginnende *barriadas* en een masterplan voor het gehele gebied. Het Plan Carabayllo bestond uit schematische plattegronden waarop voor elk van deze (al bewoonde) stukken vlakke woestijngrond om te beginnen een hoofdtoegangsweg per nederzetting was uitgestippeld en een netwerk van secundaire straten. Zelfs in de kleinste nederzettingszone (Pampa del Ermitaño) werden locaties bestemd voor kinderspeelplaatsen en basisscholen, terwijl middelgrote nederzettingen (zoals het naburige Pampa de Cueva) ook een lokaal bestuurscentrum en een park kregen. Het Plan Carabayllo, dat bedoeld was als een integraal plan om het gehele gebied te ontwikkelen, richtte zich op meergezinswoningen, commerciële zones en industriegebieden voor de grootste nederzettingen. Door middel van vroege interventie zouden deze jonge *barriadas* worden omgevormd tot een reeks 'geplande sloppenwijken' op basis van een logisch en efficiënt masterplan, zo werd beloofd.

John Turner besprak ook deze projecten in *Architectural Design*. Hij onderschreef het hybride stedenbouwkundige model, omdat migratiegerelateerde stedenbouw 'zonder hulp of zelfhulpondersteuning' niet zou kunnen doorgaan zonder de tussenkomst van professionals: 'Er moet iets aan gedaan worden, willen we niet afstevenen op de volledige ineenstorting van de georganiseerde stadsontwikkeling.'[23] Turner noemde het ingrijpen in de Urbanización Popular Tahuantisuyo een voorbeeld van een positieve interventie: in deze nederzetting van 4.000 percelen in Comas was de CNV erin geslaagd 'de migratie te reguleren' door de bewoners ervan te overtuigen overheidsbemoeienis ten aanzien van planning en groei te accepteren. Turner concludeerde dat dit nu precies de taak van de overheid moest zijn: 'De bestaande krachten en hulpmiddelen aan te sturen en te coördineren (en dus niet om ze aan hun lot over te laten en een chaos te laten aanrichten of om te proberen ze te vervangen).' De beste manier om dit doel te bereiken was via grootschalige, geplande projecten met basisvoorzieningen, wat gezien werd als de logische volgende stap na het in Valdiviezo en Conde Villa Señor gebruikte UPIS-model:

> De laatste stap is natuurlijk dat de overheid dit systeem omzet in algemeen beleid, land aankoopt op de benodigde schaal en de bewoners voorziet van een absoluut minimum aan voorzieningen en dat vervolgens uitbreidt naar volledige voorzieningen, zodra de gebruikers hun draai hebben gevonden.[24]

De hiervoor benodigde gelden kwamen er nooit: na deze eerste proefprojecten oormerkte de overheid nog maar weinig financiële middelen voor de uitvoering van Wet 13517. Hoewel de wet de weg naar de normalisatie van illegale nederzettingen vrij leek te maken, bleek het uitgebreide bureaucratische kader door gebrek aan geld slechts een illusie van controle te creëren. Wet 13517 was tegelijkertijd te ambitieus, gezien de financiële en personele middelen die nodig waren om de wet fatsoenlijk te implementeren, én niet ambitieus genoeg, want zij werd al snel onder de voet gelopen door de in een ongekend tempo voortschrijdende illegale verstedelijking. De wet werd ook gehinderd door een aantal twijfelachtige aannames met betrekking tot de hoogte van de financiële bijdrage die de bewoners zouden kunnen leveren, en het gemak waarmee dergelijke projecten te organiseren zouden zijn, op zowel menselijk als technisch niveau. Dit was vooral het geval bij verbeteringsprojecten zoals Unidad Vecinal No. 6, die zich na de

voorlopige planningsfase niet veel verder hebben ontwikkeld – misschien onvermijdelijk, gezien de moeite die het kostte de zittende bewoners te overtuigen van de voordelen van het programma en van de positieve meerwaarde van de prijs, afgezet tegen de ontwrichting en kosten van 'opruiming' of verplichte verbetering van voorzieningen. De 'tabula rasa' aanpak was uiteindelijk gemakkelijker te implementeren, maar desondanks werd slechts een handvol projecten gerealiseerd. De vraag wat er had kunnen worden bereikt, als er meer tijd en overheidssteun voor was uitgetrokken is onmogelijk te beantwoorden, omdat de focus van het huisvestingsbeleid onder invloed van politieke verschuivingen al snel drastisch veranderde.

Ondertussen bleven de migranten maar komen, en eisten hun plaats in de stad op vanuit de marges. De vraag hoe ze in de stad moesten worden opgenomen, hoe hun nederzettingen onderdeel van de stad moesten worden en hoe gecontroleerd de assimilatie van hun stad in de geplande stad zou zijn, bleef onbeantwoord.

Noten

1 Oficina Nacional de Planeamiento y Urbanismo, *Lima: Plan Piloto* (Lima: ONPU, april 1949). Het plan werd gemaakt onder leiding van Luis Dorich, de eerste Peruaanse architect die een formele opleiding in stedenbouw had gevolgd: hij studeerde af aan de MIT in 1944. Het nooit gerealiseerde plan van Josep Lluís Sert en Paul Lester Wiener voor een nieuw bestuurscentrum in Lima maakte onderdeel uit van het *Plan Piloto*.
2 ONPU, *Lima Metropolitana: Algunos aspectos de su expediente urbano y soluciones parciales y varias* (Lima: ONPU, december 1954), 5, 8.
3 *Ley de Remodelación, Saneamiento y Legalización de los barrios marginales* (Lima: Corporación Nacional de la Vivienda, februari 1961), 8.
4 Fondo Nacional de Salud y Bienestar Social, *La asistencia técnica a la vivienda y el problema de barriadas marginales* (Lima: FNSBS, 13 november 1958), 8.
5 Ibid., 10, 11.
6 'Reglamento de la Ley No. 13517' (21 juli 1961), in: *Lima: Historia y urbanismo en cifras* (Lima: Ministerio de Vivienda, Construcción y Saneamiento, 2004), 436.
7 Comisión para la Reforma Agraria y la Vivienda, *Informe sobre la vivienda en el Perú* (Lima: CRAV, 1958), 307.
8 FNSBS, *La asistencia técnica*, op. cit. (noot 4), 51.
9 Wiley Ludeña Urquizo, 'Fernando Belaúnde Terry o los inicios del urbanismo moderno en el Perú', in: *Tres buenos tigres: vanguardia y urbanismo en el Perú del siglo XX* (Huancayo; Lima: Ur[b]es, 2004), 131.
10 Corporación Nacional de Vivienda, *Información básica sobre barrios marginales en la república del Perú* (Lima: CNV, 1962), 212.

11 Junta Nacional de la Vivienda, *Datos estadísticos de los Barrios Marginales de Lima: Distrito del Rímac*, deel 1 (Lima: JNV, december 1963), 22, 37, 99, 114.
12 CNV, *Plan Río Rímac: Memoria Descriptiva* (Lima: CNV, februari 1962), 5.
13 Ibid., 12.
14 CNV, *Plan Río Rímac – Remodelación de la Zona 6* (Lima: CNV, september 1962).
15 CNV, *Plan Río Rímac – Anteproyecto de Urbanización Popular de la Hacienda Conde Villa Señor: Memoria Descriptiva* (Lima: CNV, december 1961).
16 Ministerio de Vivienda, *Evaluación técnica y social del programa 'Alojamiento H' en la Urbanización Valdiviezo* (Lima: Ministerio de Vivienda, 1980-1981).
17 Ibid.
18 Ibid.
19 John F. C. Turner, 'Minimal Government-Aided Settlements: Valdivieso and Condevilla Señor Barriadas, Lima, Peru', *Architectural Design*, jrg. 33 (1963) nr. 8, 379.
20 Ministerio de Vivienda, *Evaluación de un proyecto de vivienda: Evaluación integral del proyecto de vivienda Caja de Agua-Chacarilla de Otero* (Lima: Ministerio de Vivienda, 1970), 49.
21 Ibid., 162.
22 John F. C. Turner, 'Lima Barriadas Today,' *Architectural Design*, jrg. 33 (1963) nr. 8, 375.
23 John F. C. Turner, 'Barriada Integration and Development: A Government Program in San Martín, Lima', *Architectural Design*, jrg. 33 (1963) nr. 8, 377.
24 Turner, 'Minimal Government-Aided Settlements', op. cit. (noot 19), 379.

Notes

1 Oficina Nacional de Planeamiento y Urbanismo, *Lima: Plan Piloto* (Lima: ONPU, April 1949). The plan was produced under the direction of Luis Dorich, the first Peruvian architect to formally study urban planning, completing his studies at MIT in 1944. Josep Lluís Sert and Paul Lester Wiener's unrealized project for a new civic centre for Lima was one component of the *Plan Piloto*.
2 ONPU, *Lima Metropolitana: Algunos aspectos de su expediente urbano y soluciones parciales y varias* (Lima: ONPU, December 1954), 5, 8.
3 *Ley de Remodelación, Saneamiento y Legalización de los barrios marginales* (Lima: Corporación Nacional de la Vivienda, February 1961), 8.
4 Fondo Nacional de Salud y Bienestar Social, *La asistencia técnica a la vivienda y el problema de barriadas marginales* (Lima: FNSBS, 13 November 1958), 8.
5 Ibid., 10, 11.
6 'Reglamento de la Ley No. 13517' (21 July 1961), in: *Lima: Historia y urbanismo en cifras* (Lima: Ministerio de Vivienda, Construcción y Saneamiento, 2004), 436.
7 Comisión para la Reforma Agraria y la Vivienda, *Informe sobre la vivienda en el Perú* (Lima: CRAV, 1958), 307.
8 FNSBS, *La asistencia técnica*, op. cit. (note 4), 51.
9 Wiley Ludeña Urquizo, 'Fernando Belaúnde Terry o los inicios del urbanismo moderno en el Perú', in: *Tres buenos tigres: vanguardia y urbanismo en el Perú del siglo XX* (Huancayo; Lima: Ur[b]es, 2004), 131.
10 Corporación Nacional de Vivienda, *Información básica sobre barrios marginales en la república del Perú* (Lima: CNV, 1962), 212.
11 Junta Nacional de la Vivienda, *Datos estadísticos de los Barrios Marginales de Lima: Distrito del Rímac*, Vol. 1 (Lima: JNV, December 1963), 22, 37, 99, 114.
12 CNV, *Plan Río Rímac: Memoria Descriptiva* (Lima: CNV, February 1962), 5.
13 Ibid., 12.
14 CNV, *Plan Río Rímac – Remodelación de la Zona 6* (Lima: CNV, September 1962).
15 CNV, *Plan Río Rímac – Anteproyecto de Urbanización Popular de la Hacienda Conde Villa Señor: Memoria Descriptiva* (Lima: CNV, December 1961).
16 Ministerio de Vivienda, *Evaluación técnica y social del programa 'Alojamiento H' en la Urbanización Valdiviezo* (Lima: Ministerio de Vivienda, 1980-1981).
17 Ibid.
18 Ibid.
19 John F. C. Turner, 'Minimal Government-Aided Settlements: Valdivieso and Condevilla Señor Barriadas, Lima, Peru,' *Architectural Design*, vol. 33 (1963) no. 8, 379.
20 Ministerio de Vivienda, *Evaluación de un proyecto de vivienda: Evaluación integral del proyecto de vivienda Caja de Agua-Chacarilla de Otero* (Lima: Ministerio de Vivienda, 1970), 49.
21 Ibid., 162.
22 John F. C. Turner, 'Lima Barriadas Today,' *Architectural Design*, vol. 33 (1963) no. 8, 375.
23 John F. C. Turner, 'Barriada Integration and Development: A Government Program in San Martín, Lima,' *Architectural Design*, vol. 33 (1963) no. 8, 377.
24 Turner, 'Minimal Government-Aided Settlements', op. cit. (note 19), 379.

Nelson Mota

Wordt vervolgd...
To Be Continued . . .

Woningbouw, ontwerp en autonomie
Housing, Design and Self-Determination

Een woning in aanbouw in de wijk Malagueira, Évora, Portugal, met de *conduta* op de achtergrond, 1990
View of a house under construction in the Malagueira neighbourhood, Évora, Portugal, with the conduta in the backround, 1990

Doe-het-zelf-woningbouw, als een sociale praktijk waarmee in het onderdak van mensen wordt voorzien, is van alle tijden. Deze praktijk wordt meestal gedefinieerd als een activiteit waarbij burgers individueel of collectief een sterke mate van autonomie ontwikkelen bij de productie van hun woningen. Dat betekent echter niet dat er sprake is van volledige autonomie of autarkie. Zelfbouw is immers een verre van monolithische categorie. In de voorkapitalistische samenleving was het een universele – en waarschijnlijk de gebruikelijkste manier – om in woningen te voorzien.[1] Met de opkomst en toename de de kapitalistische productiewijze in de westerse samenleving kreeg de zorg voor fatsoenlijke woonomstandigheden een sleutelrol bij het zeker stellen van de reproductie van arbeidskrachten, die nodig waren om de industriële ontwikkeling en kapitaalvermeerdering in stand te houden. Dit waren de hoogtijdagen van filantropische initiatieven, die door hervormers uit de bourgeoisie werden opgezet en bedoeld waren om de werkende klasse van fatsoenlijke huisvesting te voorzien. Sinds die tijd, vooral in perioden van kapitalistische expansie in de ontwikkelde landen, maakt zelfbouw al snel plaats voor marktgestuurde woningproductie. Maar tijdens kapitalistische crises steekt het zelfbouw-verschijnsel telkens weer de kop op. In dat geval wordt het echter gecultiveerd door een bureaucratisch staatsapparaat en de uitlopers daarvan, wat resulteert in de zogenaamde 'ondersteunde zelfhulp', of in meer gangbare termen, 'ondersteunde doe-het-zelf-woningbouw'. In Centraal-Europa gebeurde dit bijvoorbeeld na de Frans-Duitse oorlog van 1870-1871, tijdens de nasleep van de Eerste Wereldoorlog, gedurende de Grote Depressie in de jaren 1930, na de Tweede Wereld-oorlog, na de eerste oliecrisis van 1973 en meer recentelijk na de financiële crisis van na 2008.[2]

Veel auteurs, vooral zij die 'ondersteunde doe-het-zelf-woningbouw' onderzoeken op basis van marxistisch gedachtegoed, beschouwen het als een politiek beladen verschijnsel. Ze associëren het doorgaans met een zich terugtrekkende overheid die haar rol als leverancier van betaalbare woningbouw afstoot. Dit is nogal verwarrend. Historisch gezien is zelfbouw als essentieel onderdeel van huisvestingspolitiek immers altijd verdedigd door een scala van politieke partijen, wat vooral evident was in het Europa van de twintigste eeuw. Tal van regeringen onder leiding van communisten, fascisten, socialisten of liberaal-democraten hebben huisvestingspolitiek op basis van 'ondersteunde doe-het-zelf-woningbouw' bedreven. Ondanks deze brede toepassing, of misschien juist wel daardoor, werd beleid rond zelfbouw zelden opgevat als een intellectueel of politiek interessante uitdaging.[3]

Toch is de invloed van doe-het-zelf-woningbouw op het wereldwijd verschaffen van onderdak niet te verwaarlozen. Tussen 1972 en 1982 stimuleerde de Wereldbank bijvoorbeeld een specifieke vorm van ondersteunde doe-het-zelf-woningbouw, de Sites & Services-benadering, waarbij geld werd uitgeleend om opvangprojecten (of onderdelen daarvan) te financieren in 35 landen en er gedurende die periode onderdak werd verschaft aan circa 3 miljoen mensen.[4] In de jaren 1970 werd de Sites & Services-benadering verdedigd als een universeel huisvestingsbeleid voor ontwikkelingslanden. Sites & Services zou belangrijk kunnen bijdragen aan de wederopbouw van menselijke nederzettingen op basis van concepten als incrementele woningbouw en participatief ontwerp, dé tekenen van democratische architectuur. Deze benadering werd in feite 'een soort nieuwe orthodoxie in het voor ontwikkelingslanden aanbevolen huisvestingsbeleid', zoals Lisa Peattie het verwoordde.[5] Een in 1976 in Vancouver gehouden congres met de titel 'Habitat: United Nations Conference on Human Settle-ments' kan hierbij als maatgevend worden beschouwd: daar werd vastgesteld, dat de Sites & Services-benadering het belangrijkste

Self-help housing is a timeless social practice to satisfy people's need for shelter. In broad terms, it can be defined as an activity where citizens, individually or collectively, develop a great deal of self-determination in housing production. It does not mean, however, that it implies complete autonomy or autarky. In effect, self-help housing is far from a monolithic category. In pre-capitalist societies it was pervasive and arguably the most common form of housing provision.[1] With the emergence and rise of the capitalist mode of production in Western societies, providing proper living conditions became a key element to secure the reproduction of the labour force necessary to support industrial development and capital accumulation. This was then the heyday of philanthropic ventures promoted by bourgeois reformers to provide decent housing for the working class. Ever since, in periods of capitalist expansion, self-help housing in the urbanized world has been swiftly replaced by market-based housing production. In periods of crisis of capitalism, however, self-help housing returned recurrently. This time, however, it was the bureaucratic apparatus of the state and its extensions that exploited it, thus creating the so-called aided self-help, or in more actual terms, assisted self-help housing. In central Europe, for example, this was the case after the Franco-German war of 1870-1871, in the aftermath of the First World War, the Great Depression in the 1930s, in the aftermath of the Second World War, the first oil shock of 1973, and more recently the financial crisis that started in 2008.[2]

Many authors, especially those examining assisted self-help housing from a Marxist point of view, see it as a politically charged concept, usually associated with a withdrawal of the state from its role as provider of affordable housing. There is a great deal of mystification in this understanding, though. In fact, self-help has been historically part and parcel of housing policies championed by a wide political spectrum, a phenomenon that was particularly evident in Europe throughout the twentieth century. Indeed, governments controlled by communists, fascists, socialists and liberal democrats have all employed housing policies based on assisted self-help. Despite this versatility, or perhaps because of it, self-help housing policies have seldom been credited intellectually and politically as a key housing policy.[3]

This does not mean, however, that its influence in shelter delivery processes around the world can be neglected. For example, between 1972 and 1982 the World Bank alone promoted a particular instance of assisted self-help, the sites and services approach, lending money to finance shelter projects or components in 35 countries, that yielded accommodation to some 3 million people over that period.[4] Indeed, in the 1970s, the sites and services approach was championed as a pervasive housing policy for the developing world, and an influential contribution to the re-emergence of human settlements based on the concept of incremental housing and participatory design as tokens of democratic architecture. This approach became 'a sort of new orthodoxy in the housing policies advocated for developing countries', as Lisa Peattie put it.[5] The 'Habitat: United Nations Conference on Human Settlements', held in Vancouver in 1976, was arguably the touchstone event that established the sites and services approach as the major figure in the housing policies used in developing aid. It contributed a great deal to what another important figure of the Habitat conference, Barbara Ward, called 'planetary housekeeping'.[6]

Self-Determination and Progressive Development

In his statement at the opening of that event, Kurt Waldheim, then the secretary general of the United Nations (UN), singled out the most noxious symptoms of an increasingly serious situation in human settlements affecting virtually all countries. Among these were the rural

model was in het door de ontwikkelingshulp gehanteerde huisvestingsbeleid. Het leverde een belangrijke bijdrage aan wat een andere
belangrijke deelnemer aan de Habitatconferentie, Barbara Ward, 'het
planetaire huishouden' noemde.[6]

Autonomie en progressieve ontwikkeling
In de openingsverklaring van de conferentie besteedde Kurt
Waldheim, de toenmalige secretaris-generaal van de Verenigde Naties
(VN), aandacht aan de schadelijkste symptomen van de verslechterende
situatie in menselijke nederzettingen waar bijna alle landen mee te
maken hadden. Zo benoemde hij de stagnatie van de landbouw en de
massale migratie van het platteland naar de stad, de proliferatie van
sloppenwijken en illegale nederzettingen in de steden, en het wereldwijd groeiende woningtekort. Waldheim pleitte ervoor deze uitdagingen
aan te gaan door menselijke nederzettingspatronen te ontwikkelen, die
waren gebaseerd op een ruimere inzet van lokale ervaring en
initiatieven. Daardoor konden maatschappelijke processen harmonieus
geïntegreerd worden en een verantwoord gebruik van middelen
worden bevorderd. En verder beweerde hij:

Er bestaan rudimentaire technieken om een eenvoudige eengezinswoning te bouwen en er is keer op keer aangetoond dat mensen
bereid zijn te werken en te sparen en zich persoonlijke opofferingen
te getroosten om hun huizen te bouwen en te verbeteren. Het gaat
hier niet om technische problemen, misschien zelfs niet om politieke,
maar om sociale en organisatorische.[7]

In zijn verklaring pleit Waldheim ervoor om initiatieven voor doe-het-
zelf-woningbouw daadwerkelijk te integreren in nieuwe plannings-
strategieën. Deze zijn immers bedacht om al die sociale en organisatorische problemen op te lossen, die een harmonieuze ontwikkeling van
menselijke nederzettingen in de weg staan. Uiteindelijk werd in de
algemene beginselen van de in Vancouver opgestelde Declaration on
Human Settlements van de VN erkend dat 'alle mensen het recht en
de plicht hebben om individueel en collectief te participeren in de
uitwerking en toepassing van beleid en programma's van menselijke
nederzettingen'.[8]

Dit principe zou de basis vormen voor verschillende actiepunten
in de Verklaring en een stimulans voor progressieve ontwikkelings-
strategieën, die waren afgestemd op de voorwaarden en mogelijkheden
van de verschillende sociale, culturele en ecologische omstandigheden. In één van de richtlijnen werd duidelijk gesteld dat 'beleid en
programma's met betrekking tot menselijke nederzettingen progressieve
minimumnormen voor een aanvaardbare kwaliteit van leven moeten
definiëren en nastreven'. De opgelegde normen en criteria moeten
zodanig zijn dat iedereen eraan kan voldoen, omdat anders de ongelijk-
heid toeneemt. 'Regeringen,' zo stelt de Verklaring, 'moeten adequaat
onderdak en voorzieningen verschaffen (...) [en] ervoor zorgen dat die
ter beschikking van alle mensen staan en om te beginnen onmiddellijk
hulp verlenen aan de minst bevoorrechten, door middel van geleide
programma's van doe-het-zelf-woningbouw en gemeenschappelijke
activiteiten'. Het moge duidelijk zijn dat de Verklaring mensen aanzette
tot autonomie en het belang onderstreepte van een duurzame coöpera-
tieve relatie tussen overheden en burgers op alle niveaus van de beleids-
ontwikkeling rond menselijke nederzettingen. In het laatste actiepunt
van de Verklaring werd de noodzaak van samenwerking tussen de
verschillende deelnemers benadrukt. Ook werd hier het belang van
gender-gelijkheid beklemtoond:

stagnation and the mass exodus from the countryside into the cities, the
ever-spreading urban slums and squatter settlements, and the worldwide
growing shortage of housing. To cope with these challenges, Waldheim
made a plea for the development of patterns of human settlement built
upon a broader use of local experience and initiative that could
harmoniously integrate social processes and promote responsible use of
resources. And he went on to claim that:

There are rudimentary techniques for simple family houses and it has
been proven again and again that people will work and save and
accept personal sacrifice to build and improve their homes. The
problems are not technical, perhaps not even political, but social and
organizational.[7]

In his statement, Waldheim champions self-help initiatives as part and
parcel of novel spatial planning strategies designed to overcome the
social and organizational problems that thwart the harmonious
development of human settlements. Eventually, in the general principles
of UN's Vancouver Declaration on Human Settlements, it was recognized
that 'all persons have the right and the duty to participate, individually
and collectively in the elaboration and implementation of policies and
programmes of their human settlements'.[8]

This principle would underpin several of the Declaration's guidelines
for action, encouraging strategies of progressive development adapted
to the specific conditions and possibilities of each social, cultural and
ecological circumstance. One of the guidelines clearly stated: 'Human
settlement policies and programmes should define and strive for
progressive minimum standards for an acceptable quality of life.' These
policies and programmes, however, should sidestep the 'detrimental
effects of transposing standards and criteria that can only be adopted
by minorities and could heighten inequalities'. Governments, the
Declaration states: '. . . should provide adequate shelter and services . . .
[and] ensure their attainment by all people, beginning with direct
assistance to the least advantaged through guided programmes of self-
help and community action.' It is clear, then, that the Declaration
encouraged people's self-determination and underscored the importance
of a continuous co-operative relationship between a government and its
people at all levels in the development of human settlement policies. In
the last of the Declaration's guidelines for action, the need for a joint
venture between multiple stakeholders was highlighted and the importance
of gender equality was stressed:

Since a genuine human settlement policy requires the effective
participation of the entire population, recourse must therefore be
made at all times to technical arrangements permitting the use of all
human resources, both skilled and unskilled. The equal participation
of women must be guaranteed.[9]

This statement can be read, I would argue, as a call for a productive
collaboration between experts and the grassroots, deepening the
relations between policymakers and citizens, regardless of their income
group and gender.

Growth and Change
The International Design Competition for the Urban Environment of
Developing Countries was arguably one of the most compelling examples
of the UN's drive to stimulate self-determination and progressive
development in human settlements. The competition was prepared by
the International Architectural Foundation (IAF), an ephemeral non-profit

Om tot waarachtig beleid voor menselijke nederzettingen te komen, is het noodzakelijk dat de gehele bevolking daar effectief in participeert en daarom moet te allen tijde een beroep worden gedaan op technische regelingen die gebruik maken van alle personele middelen, zowel geschoolde als ongeschoolde. De gelijkwaardige deelname van vrouwen moet gegarandeerd worden.[9]

Volgens mij kan deze verklaring worden gelezen als een oproep tot productieve samenwerking tussen deskundigen en gewone mensen, waarbij de relatie tussen beleidsmakers en burgers zich verdiept, ongeacht hun inkomenspositie en geslacht.

Groei en verandering

De 'International Design Competition for the Urban Environment of Developing Countries' was misschien wel een van de meest aansprekende voorbeelden van de inzet van de VN om autonomie en progressieve ontwikkeling in menselijke nederzettingen te stimuleren. De prijsvraag werd voorbereid door de International Architectural Foundation (IAF), een tijdelijke organisatie zonder winstbejag die in 1974 speciaal voor dit doel was opgericht door medewerkers van de tijdschriften *Architectural Record* en *L'Architecture d'Aujourd'hui*. De organisatie werd ondersteund door de voorbereidende planningsgroep van de Habitatconferentie van de VN. Volgens Walter F. Wagner jr., hoofdredacteur van *Architectural Record*, wilde de IAF een bijdrage leveren aan de Habitatconferentie in Vancouver van 1976 door 'de aandacht van architecten en planologen overal ter wereld [te vestigen op] de toenemende stedelijke crisis in de ontwikkelingslanden, om de ontwikkeling van slimme prototypen voor woning- en gemeenschapsontwikkeling te stimuleren en om de resultaten van deze inspanning overal ter wereld bekend te maken'.[10] Dit was bepaald geen bescheiden ambitie.

De organisatie liet weten dat de opdracht voor de IAF-prijsvraag was ontwikkeld met hulp en ondersteuning van de Filippijnse regering, omdat hier de inspirerende kansen en uitdagingen lagen om een ontwerp te maken voor de woningbouwlocatie Dagat-Dagatan, een enorm project op een voormalige vuilnisbelt in de metropoolregio Manilla. De prijsvraaglocatie was bedoeld voor de herhuisvesting van gezinnen die zich illegaal hadden gevestigd in de naastgelegen wijk Tondo Foreshore. Volgens het prijsvraagprogramma ging het om de herhuisvesting van een zelfredzame gemeenschap van 500 gezinnen in betaalbare laagbouw met een hoge dichtheid, in een ecologisch duurzame en op voetgangers gerichte stadswijk.

Binnen het vakgebied trok de prijsvraag een overweldigende belangstelling. Wagner jr. noemde het zelfs 'in zijn soort ongetwijfeld de belangrijkste ontwerpwedstrijd ooit gehouden'. De organisatie ontving het verbazingwekkende aantal van 2.531 aanmeldingen uit 68 landen. Uiteindelijk werden 476 inzendingen beoordeeld door een internationale jury, bestaande uit Balkrishna Doshi (India), Eric Lyons (Groot-Brittannië), Moshe Safdie (Israël/Canada), Mildred F. Schmertz (VS), generaal Gaudencio V. Tobias (Filipijnen), Takamasa Yosizaka (Japan) en William Whitfield (Groot-Brittannië).[11]

De eerste prijs werd gewonnen door de Nieuw-Zeelandse architect Ian Athfield met een voorstel dat het belang van de sociale, economische en energetische zelfredzaamheid van de gemeenschap benadrukte. Het voorstel van Athfield werd sterk bepaald door zijn interpretatie van plaatselijke sociale gebruiken en bouwpraktijken. Daarnaast lag de nadruk in zijn tekeningen voornamelijk op de sleutelrol die mensen spelen bij het tot leven brengen van zowel hun eigen woning als de openbare ruimte. De tweede prijs werd toegekend aan een project van

organization formed in 1974 specially for this purpose by staff members from the magazines *Architectural Record* and *l'Architecture d'Aujourd'hui*, supported by the Preparatory Planning Group for UN's Habitat conference. According to Walter F. Wagner Jr, the editor-in-chief of *Architectural Record*, the goal of the IAF was to contribute to the 1976 Vancouver Habitat Conference, focusing 'the attention of architects and planners around the world on the accelerating urban crisis in developing countries, to encourage the development of thoughtful prototypical designs for housing and community development, and to make the results of this effort known throughout the world'.[10] This was no modest ambition, indeed.

The brief for the IAF Competition, the organizers announced, was developed with the assistance and support of the Philippine government, conceived and inspired by the challenge and opportunity of designing the Dagat-Dagatan resettlement area, a vast landfill project in Manila's metropolitan region. The competition site was intended for the relocation of families from the squatter community living in the adjacent Tondo Foreshore area. The brief of the competition called for an affordable high-density low-rise structure to accommodate a self-sufficient community of 500 families, ecologically fit and pedestrian oriented.

The competition attracted an overwhelming interest among the discipline. Wagner Jr went as far as to call it 'clearly the most significant design competition of its kind ever held'. In effect, the organizers received an astonishing 2,531 registrations from 68 countries. Eventually, 476 submissions were judged by an international jury composed of Balkrishna Doshi (India), Eric Lyons (Great Britain), Moshe Safdie (Israel/Canada), Mildred F. Schmertz, (USA), General Gaudencio V. Tobias (Philippines), Takamasa Yosizaka, (Japan), and William Whitfield (Great Britain).[11] The first-prize-winning project was designed by New Zealand architect Ian Athfield with a proposal that emphasized the importance of the community's social, economic and energetic self-sufficiency. Athfield's proposal was greatly determined by his interpretation of vernacular social and building practices. Furthermore, his drawings keenly stressed the key role performed by the people in activating the public spaces as well as their own dwellings.

The second prize was awarded to the project designed by the Japanese team, Takagi Design Associates, which proposed a design strategy based on a colonnade structure and a modular component system. The scheme was designed to evolve incrementally over time through the inhabitants' self-help initiative, preserving, nonetheless, high environmental standards both on the scale of the neighbourhood and the scale of the dwelling. The third-prize-winning design was awarded to Malayan Sau Lai Chan, who based his proposal on the idea of the cluster as the fundamental entity to combine variety with identity.

While the main prizes were awarded to projects that relied heavily on the creative potential of people's spatial agency, one of the honourable mentions was granted to a project whose main focus was the spatial configuration of the public space and the topographical definition of land ownership. This proposal, designed by San Francisco architects Steven Holl, James Tanner and John Cropper, explored a novel approach to the emerging concept of site-and-services, defining an arcade – which they called *paseo* – that provided the permanent framework, indeed an infrastructural apparatus, in which the *sari-sari* stores and the private dwellings could be integrated without jeopardizing the structure of public space, and the realm of the collective. Holl, Tanner and Cropper thus developed a compelling instance of what the Declaration of the Vancouver Symposium called a revolution by design.

Ian Athfield, eerste prijs in de IAF 'International Design Competition for the Urban Environment of Developing Countries', Manila, 1976
Ian Athfield, first-prize-winning design for the IAF 'International Design Competition for the Urban Environment of Developing Countries', Manila, 1976

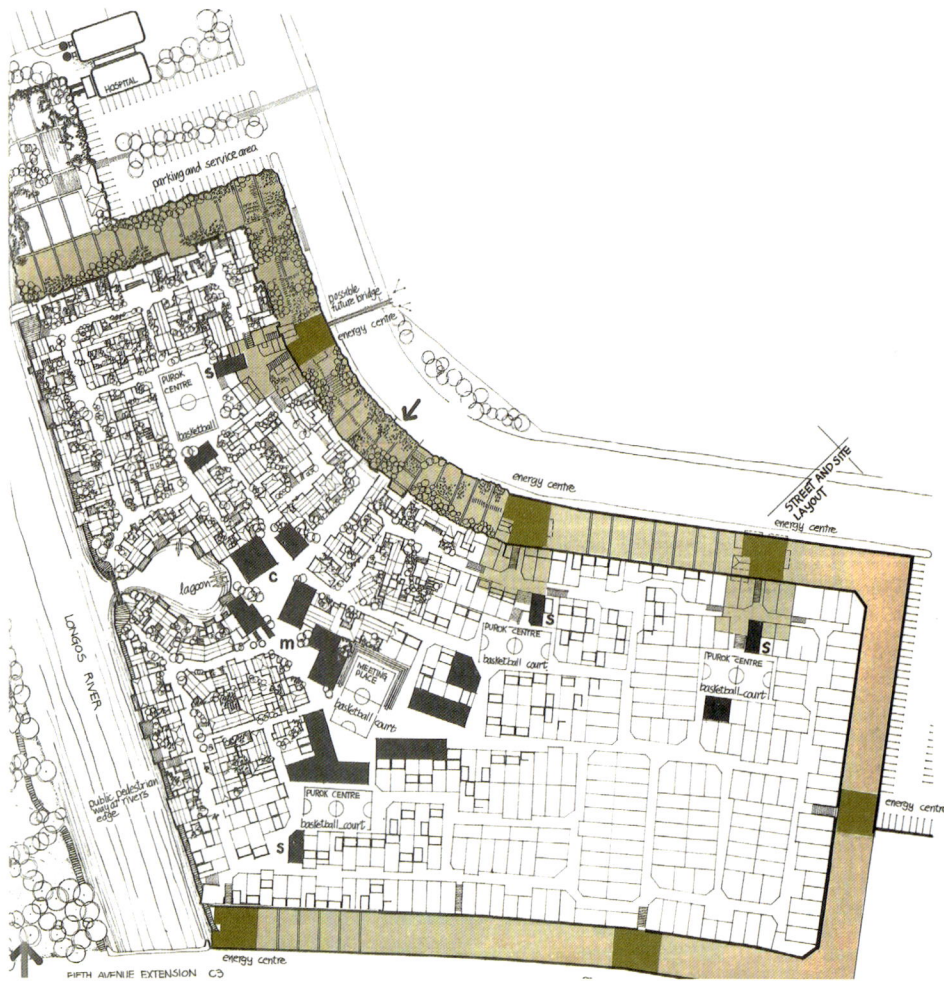

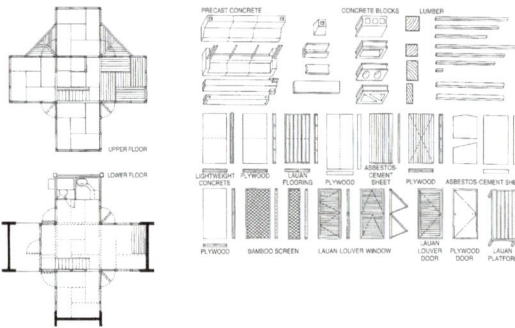

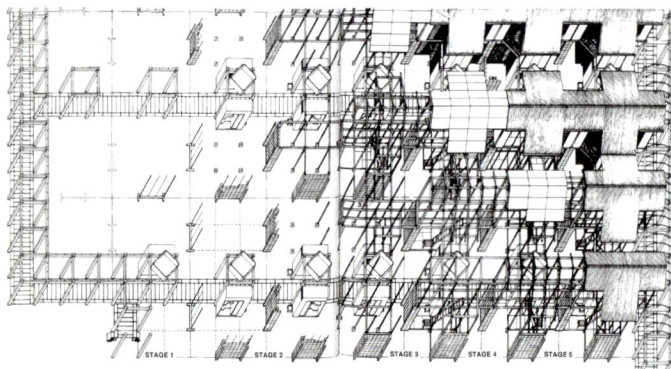

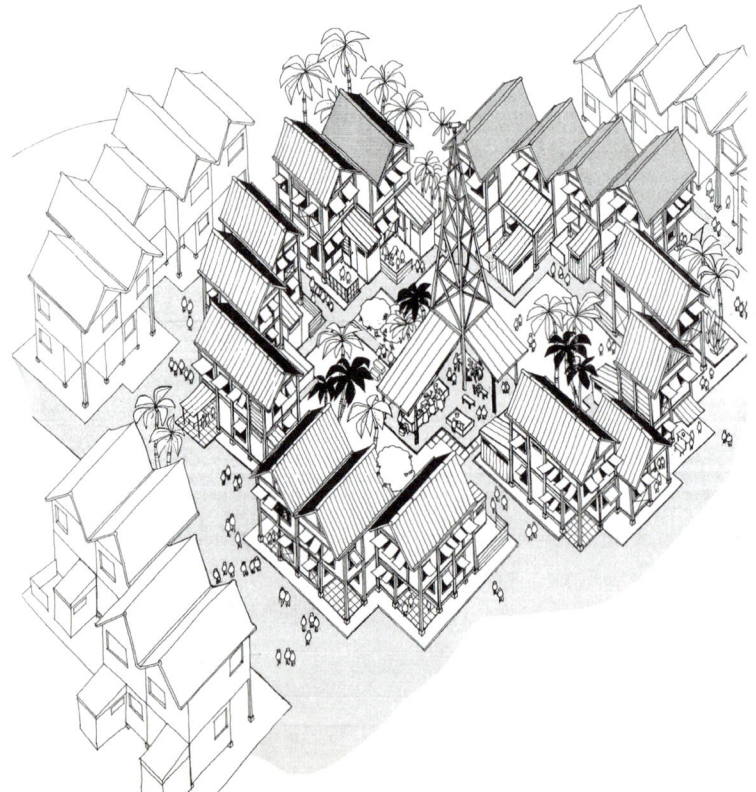

Takagi Design Associates, tweede prijs in de IAF 'International Design Competition for the Urban Environment of Developing Countries', Manila, 1976
Takagi Design Associates, second-prize-winning design for the IAF 'International Design Competition for the Urban Environment of Developing Countries', Manila, 1976

Sau Lai Chan, derde prijs in de IAF 'International Design Competition for the Urban Environment of Developing Countries', Manila, 1976
Sau Lai Chan, third-prize-winning design for the IAF 'International Design Competition for the Urban Environment of Developing Countries', Manila, 1976

het Japanse team van Takagi Design Associates, dat een ontwerpstrategie voorstelde op basis van een colonnadestructuur en modulaire elementen. Het plan was ontworpen om in de loop van de tijd incrementeel te evolueren via bewonersinitiatieven voor zelfbouw. De omgeving zou daarbij op zowel de schaal van de wijk als de woning aan hoge duurzaamheidsnormen moeten voldoen. De derde prijs ging naar het ontwerp van de Maleise Sau Lai Chan, wiens voorstel was gebaseerd op de notie dat de cluster de basiseenheid is, die variëteit en identiteit kan combineren.

Hoewel de belangrijkste prijzen werden toegekend aan projecten die sterk leunden op het creatieve potentieel van de mensen die de ruimte gebruikten, werd een eervolle vermelding toegekend aan een project dat vooral was gericht op de ruimtelijke configuratie van het openbare domein en de topografische definitie van grondbezit. Dit voorstel, ontworpen door de in San Francisco gevestigde architecten Steven Holl, James Tanner en John Cropper, verkende een nieuwe benadering van het gestaag aan populariteit winnende Sites & Services-concept. In het ontwerp werd een arcade gedefinieerd – zij noemden haar een *paseo* – die voorzag in het permanente kader, een soort infrastructureel apparaat, waarin de sari-sari winkeltjes en particuliere woningen konden worden geïntegreerd zonder dat de structuur van de openbare ruimte en het collectieve domein in gevaar kwamen. Holl, Tanner en Cropper ontwikkelden zo een aantrekkelijk voorbeeld van wat de Verklaring van het symposium in Vancouver 'revolutie door ontwerp' noemde.

Revolutie door ontwerp

De Verklaring van het Vancouver-symposium was zeker een van de belangrijkste documenten uit de Habitatconferentie. De auteurs riepen op tot een evenwichtiger verdeling van rijkdom – de 20 procent bewoners van de ontwikkelde landen bezitten gezamenlijk 75 procent van de rijkdom in de gehele wereld. Deze rijkdom zou ook ten goede moeten komen aan de overweldigende arme meerderheid, om te voorkomen dat er een 'onbeheersbare bron van wanhoop en geweld' zou ontstaan, die zich over de hele wereld zou kunnen verspreiden. Ondanks de dreiging die als een zwaard van Damocles boven 'de grenzen [hangt] die het vruchtbare land en de "proteïneheiligdommen" beschermen', meende de Verklaring dat 'het antwoord geen angst, woede en diepgewortelde hebzucht hoeft te zijn. Het kan ook een revolutie zijn, geen gewelddadige maar een revolutie door ontwerp'.[12] Men riep opvallend genoeg op tot een revolutie door ontwerp in hetzelfde document waarin ook werd gesteld: 'Als er de komende dertig jaar onderdak en gemeenschappen moeten worden gebouwd en verbeterd, dan moeten de burgers op alle mogelijke manieren worden aangemoedigd om zelf hun gemeenschappen in te richten, te bouwen en aan te passen. Hierop is de bouw van nederzettingen al duizenden jaren gebaseerd.'[13]

De Verklaring lijkt tegenstrijdige aanspraken te bevatten van enerzijds acties op basis van ontwerp als een instrument voor maatschappelijke controle, en anderzijds autonomie als een teken van individuele emancipatie. Ik vind echter dat ze dat niet zijn. Burgerparticipatie en openheid zijn de sleutelwoorden die deze twee stellingen in overeenstemming brengen. In feite waarschuwden de auteurs van het document voor het feit dat 'de mislukkingen van het verleden en de noodzaak meer nadruk te leggen op een sterk gemeenschapsgevoel in de toekomst suggereren dat burgers meer moeten participeren in het besluitvormingsproces'.[14] Daarnaast concluderen ze dat een toekomst, bedreigd door toenemende wanhoop en geweld, kan worden vermeden als we 'grootmoedig, fantasierijk en openlijk een begin maken met de

Revolution by Design

The Declaration of the Vancouver Symposium was indeed one of the most important documents that resulted from the Habitat Conference. The authors of this document called for a more balanced distribution of wealth from the 20 per cent who lived in developed countries and own 75 per cent of the world's wealth to the overwhelming majority of the poor, thus avoiding 'an uncontrollable source of despair and violence' that could spread all over the world. Facing the spectrum of this menace hovering over the 'the frontiers which protect fertile land and "protein sanctuaries"', the Declaration asserted that 'the answer need not be fear, anger and entrenched greed. It can be a revolution not by violence but by design.'[12] Remarkably, they called for a revolution by design, in the same document in which they asserted: 'If shelter and community are to be provided and improved over the next three decades, every encouragement must be given to the citizens themselves to arrange, build and diversify their communities. For millennia, the building of settlements has had no other base.'[13]

Seemingly, the Declaration delivered a contradictory claim between actions based on design as a tool for social control, and self-determination as a token of individual emancipation. I would argue differently, however. Citizens' participation and openness are the keywords that reconcile these two propositions. In effect, the authors of the document alerted us to the fact that 'the failures of the past and the need to underline a greater sense of community in the future suggest the need for greater citizen participation in the decision-making process'.[14] Furthermore, they concluded that a future threatened by the propagation of despair and violence could be avoided if 'we can begin, generously, imaginatively and openly, to build the common services of the City of Man'.[15] In my reading, thus, the Declaration suggested that there was room for the implementation of standards and some form of authority *if* the instruments of control were shared and directed to the development of the commons.

Achieving this balance would be a challenging task. However, notwithstanding the complexity of the challenge, in the 1970s and 1980s there was a pervasive attempt to pursue this goal. Indeed, in this period there was, paraphrasing John Turner, a disciplinary approach that thought of housing as a process rather than a product. In effect, I would argue, the 1976 Vancouver Habitat Conference played a key role in the cross-disciplinary and cross-cultural dissemination of housing production. In the aftermath of this major event, prominent examples of a deliberate drive to pursue design strategies to accommodate growth and change over time became conspicuous in housing policies supported by institutions such as the World Bank, and in housing strategies developed by notable figures of the disciplinary pantheon.

The Dwelling and the Monument

The plan for a housing settlement for 1,200 families on the outskirts of the Portuguese city of Évora is a case in point to examine the delicate negotiation of authority and self-determination in design decision-making in housing activities. Developed from 1977 on, just one year after the Vancouver conference, the project designed by Álvaro Siza resonates a great deal with the rationale of the winning entries to the IAF Competition. Indeed, as in those cases, Siza's design strategy explores the time factor as a vital aspect for the negotiation between the authority of the architect and the agency of the residents. The delicate balance between variety and rigidity, between an 'open' approach, and a clear definition of rules that frame the dwelling's growth and change over time becomes meaningful.[16]

In the principles for Malagueira's plan presented on 30 August 1977, Álvaro Siza contended that variety does not necessarily have to

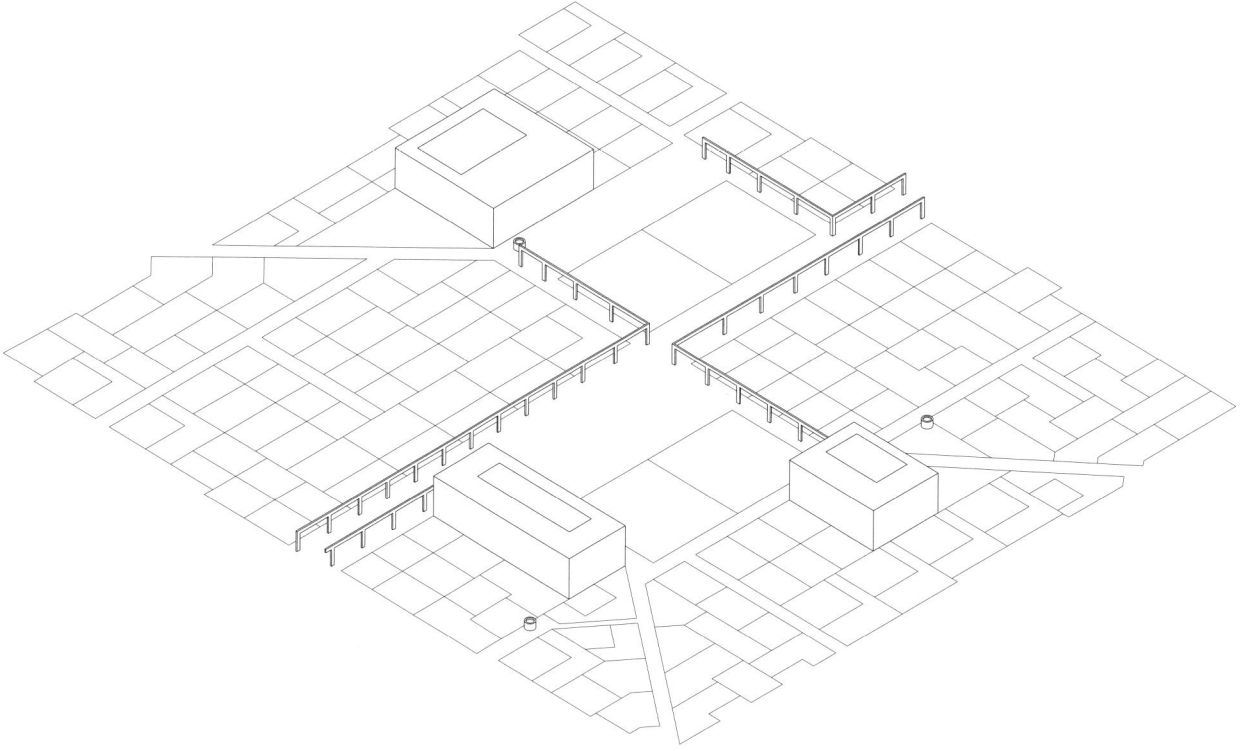

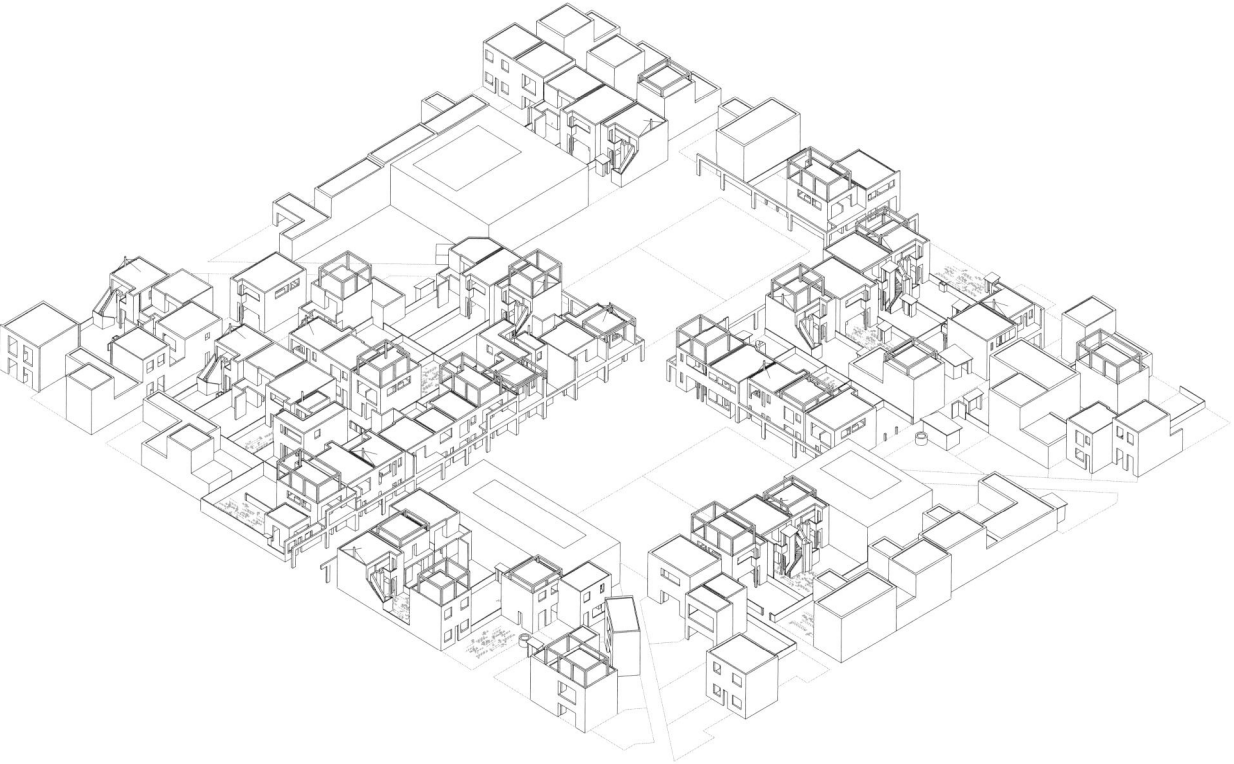

Steven Holl, James Tanner en John Cropper, eervolle vermelding in de IAF 'International Design Competition for the Urban Environment of Developing Countries', Manila, 1976. Project in 2014 geanalyseerd en opnieuw getekend door studenten van de TU Delft (onderzoeksseminar van de 'Global Housing Studio')

Steven Holl, James Tanner and John Cropper, honorable mention for their design for the IAF 'International Design Competition for the Urban Environment of Developing Countries', Manila, 1976. Project analyzed and redrawn in 2014 by the students of TU Delft's Research Seminar of the 'Global Housing Studio'

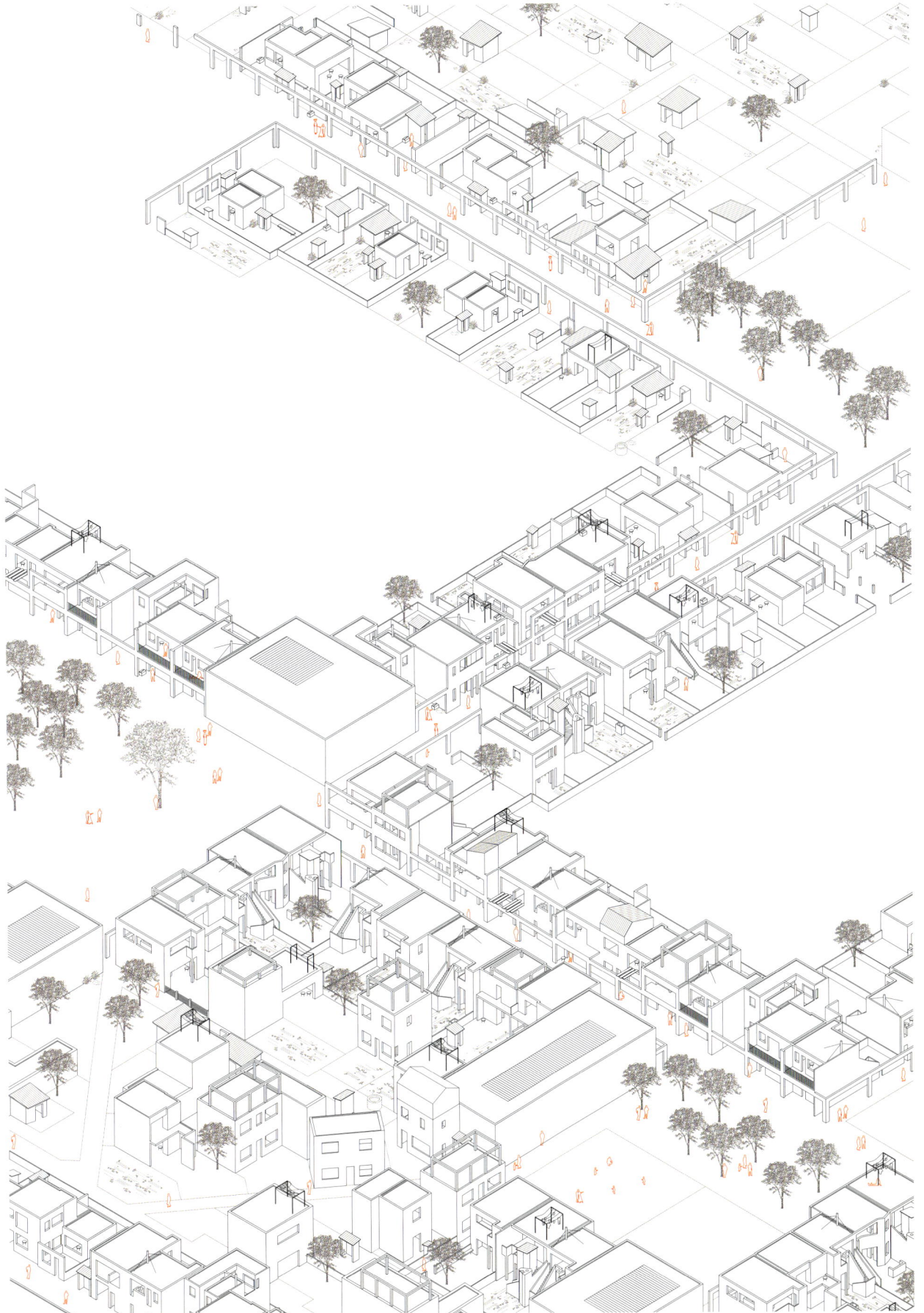

bouw van de collectieve voorzieningen van de Stad van de Mens.'[15]
Ik lees daarin dat de Verklaring suggereerde dat er ruimte was voor de
implementatie van normen en enige vorm van gezag *indien* de
controleorganen werden gedeeld met – en gericht waren op – de
ontwikkeling van het collectieve domein.

Het bereiken van dit evenwicht zou echter een hele opgave blijken.
Maar ondanks de complexiteit van de uitdaging werd er in de jaren
1970 en 1980 toch een algemeen verbreide poging gedaan dit doel te
bereiken. Er werd in deze periode een disciplinaire benadering in gang
gezet die, om John Turner te parafraseren, huisvesting opvatte als een
proces in plaats van als een product. Ik zou zelfs willen stellen dat de
Habitatconferentie in 1976 in Vancouver een sleutelrol speelde bij de
interdisciplinaire en interculturele disseminatie van de woningproductie.
In de nasleep van deze belangrijke bijeenkomst waren er opmerkelijke
voorbeelden van doelbewuste pogingen om ontwerpstrategieën te
initiëren, waarin plaats was voor groei. Geleidelijke verandering werd
een item in de huisvestingspolitiek van instellingen als de Wereldbank,
maar ook in de woningbouwstrategieën van toonaangevende leden
van het disciplinaire pantheon.

De woning en het monument

Aan de hand van het plan voor een woningbouwproject voor 1.200
gezinnen aan de rand van de Portugese stad Évora, valt goed te onderzoeken hoe gevoelig de verhouding tussen gezag en zelfbeschikking
kan liggen, als er besluiten moeten worden genomen. De ontwikkeling
van Malagueira begon in 1977, één jaar na de conferentie in Vancouver.
Het is ontworpen door Álvaro Siza en het resoneert sterk met de manier
van denken bij de winnende inzendingen van de IAF-prijsvraag. Ook
Siza's ontwerpstrategie is gericht op het onderzoeken van de tijdsfactor
als een essentieel aspect van de verhouding tussen het gezag van de
architect en de inzet van bewoners. Het wankele evenwicht tussen
diversiteit en rigiditeit, tussen een 'open' benadering en een duidelijke
definitie van regels die de groei en verandering van de woningen in de
loop der tijd inkaderen, wint aan betekenis.[16]

In de op 30 augustus 1977 gepresenteerde uitgangspunten voor
Malagueira betoogde Álvaro Siza dat 'diversiteit' niet noodzakelijker-
wijs gelijkstaat aan 'typologisch verschillend'. Er kan ook spontaan in
worden voorzien door de interactie tussen een klein palet aan woningtypen en een veelvoud aan factoren zoals topografische kenmerken of
interactie tussen de nieuwbouw en bestaande elementen, kortom, de
'huidige staat'. Siza's oorspronkelijke plan bevatte slechts twee woningtypen die elk konden uitgroeien van een wooneenheid met één slaapkamer tot een met vijf slaapkamers, waarbij het aantal kamers toenam
naar gelang de groei van het gezin. Elke wooneenheid werd gebouwd
op een perceel van 8 x 12 m, de modulaire basiseenheid voor het hele
plan. Het perceel kon aan drie zijden worden gekoppeld, waardoor er
slechts één toegang was naar de openbare ruimte. Om het probleem
van de slechte hygiënische situatie in een woning met maar één open
kant op te lossen, voorzag Siza de huizen van een inpandige patio die
voor natuurlijk licht en ventilatie in de belangrijkste vertrekken moest
zorgen. Het fundamentele verschil tussen de twee in augustus 1977
gepresenteerde woningtypen zat hem in de plaats van de patio. In type
A lag de patio aan de straat; in type B aan de achterkant van de woning.
Het lijkt een subtiliteit, maar er vloeiden belangrijke verschillen voor
de woningplattegrond uit voort, wat weer invloed had op het groei-
patroon van het huis en mede bepalend was voor het straatbeeld.

Terwijl de eigenschappen van de wooneenheid sterk de ruimte
boden aan individuele inzet en prestaties, werd de openbare ruimte
bepaald en gestabiliseerd door een infrastructureel element. Net als de

correspond with typological differences. Rather, it could be naturally
provided by the interaction between a small palette of dwelling types
and a multitude of factors, first and foremost the topographical
characteristics of the site, and the interaction of the new constructions
with the existing elements, in short, with the situation 'as found'.

Siza's initial plan included just two dwelling types, each with the
possibility to grow from a single bedroom unit into a five-bedroom unit,
increasing the number of rooms according to the family's growth. Each
dwelling was built on a parcel of 8 x 12 m, which became the basic
modular unit for the general plan. Each parcel could be linked horizon-
tally on three of its sides, leaving only one side to connect with the
public open space. To avoid the shortcomings of poor sanitary conditions
in a dwelling with just one open side, Siza included an internal patio to
provide natural light and ventilation to all the main partitions. The
position of the patio was, in effect, the fundamental difference between
the two types presented in August 1977. In type A, the patio occupied
the side of the street and in type B the patio was placed at the opposite
side of the street. Though seemingly subtle, this difference produced
important changes in the dwelling layout, thus influencing its growth
pattern and the definition of the streetscape.

While the characteristics of the dwelling unit were key to accommodate
individual agency and performance, the spatial configuration of the
public space was defined and secured by an infrastructural element.
As the arcade/*paseo* in Holl, Tanner and Cropper's project for the
Dagat-Dagatan resettlement area, also in Siza's Malagueira the *conduta*,
as it became known (short for *conduta geral de infraestruturas* – general
conduct for infrastructures), created a backbone for the neighbourhood's urban fabric, structuring the whole territory and performing as
the service core for the clusters of housing that would eventually be built
against it.

The *conduta* became, in effect, a structural part of the Malagueira
neighbourhood. Its significance was, nevertheless, larger than its mere
technical aspect. According to Siza, it was an attempt to create 'that
dialogue, which we can see in any city, between the continuous and
uniform urban fabric of the houses and the [exceptional character of
the] collective buildings'. Siza argued: 'This big structure extending
through the whole site has, first and foremost, the role of defining
another scale.'[17] For Siza, then, the *conduta* performs the role of the
monument. This dialogue between the anonymous character of the
dwellings and the exceptionality of the monument is meaningful. In
effect, I would argue Siza's exploration of this 'other scale' in Malagueira
resonates with Aldo Rossi's dialectical relation between the transient
character of the dwelling areas and the permanence of the urban
monuments. The latter are, Rossi argued in the introduction to *The Architecture of the City*, 'signs of the collective will as expressed through the
principles of architecture'. Hence, he continued, they 'offer themselves
as primary elements, fixed points in the urban dynamic'.[18] Likewise, for
Siza the *conduta* represents this fixed point in the urban structure of
Malagueira, a fundamental counterpart to the dwelling areas.[19] It is a
key element in the negotiation between standardization and self-help,
between normative design and subjective performance.

Incrementality and Performance

Halfway through the first decade of the twenty-first century, the project
designed by the Chilean office Elemental for the Quinta Monroy housing
complex became a household figure in the architecture trade media. In
fact, in this development with only 93 housing units, the group lead by
Alejandro Aravena undeniably showed that there was an alternative to
the two usual solutions for low-income housing policies: reducing living

Álvaro Siza, twee woningbouw-clusters in Malagueira, Évora, Portugal, 1977 en 1990. De uitbreiding van de oorspronkelijke woningen in rood.
Álvaro Siza, two housing clusters in Malagueira, Évora, Portugl, 1977 and 1990. The extensions of the original dwellings are rendered in red.

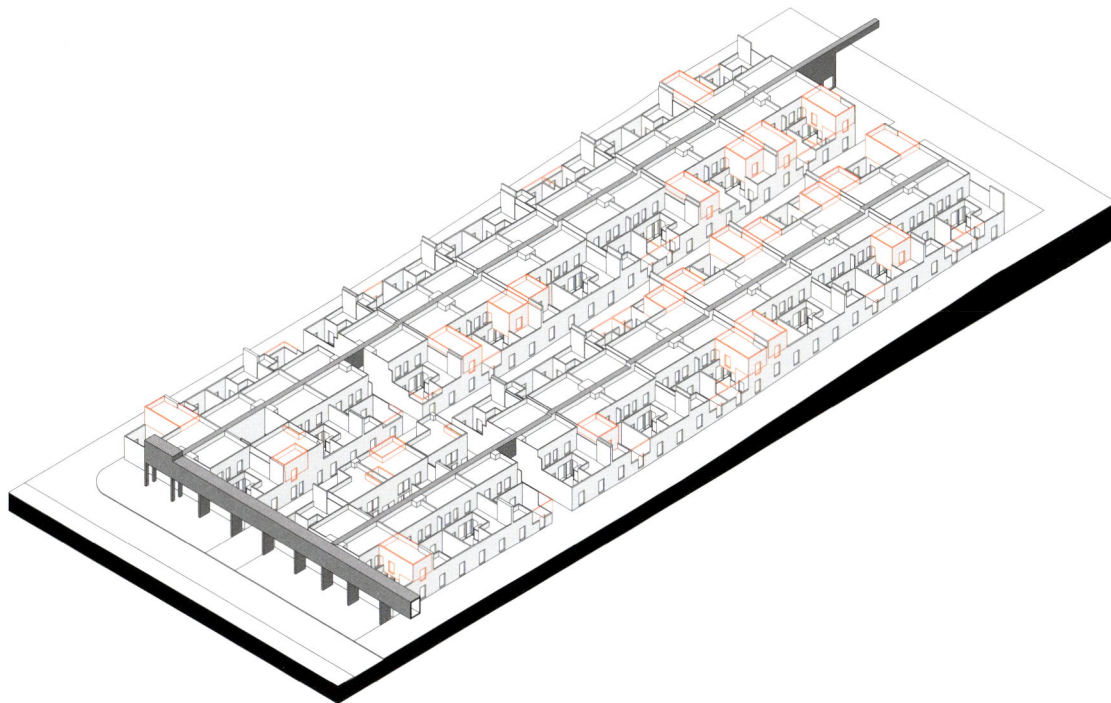

Type A

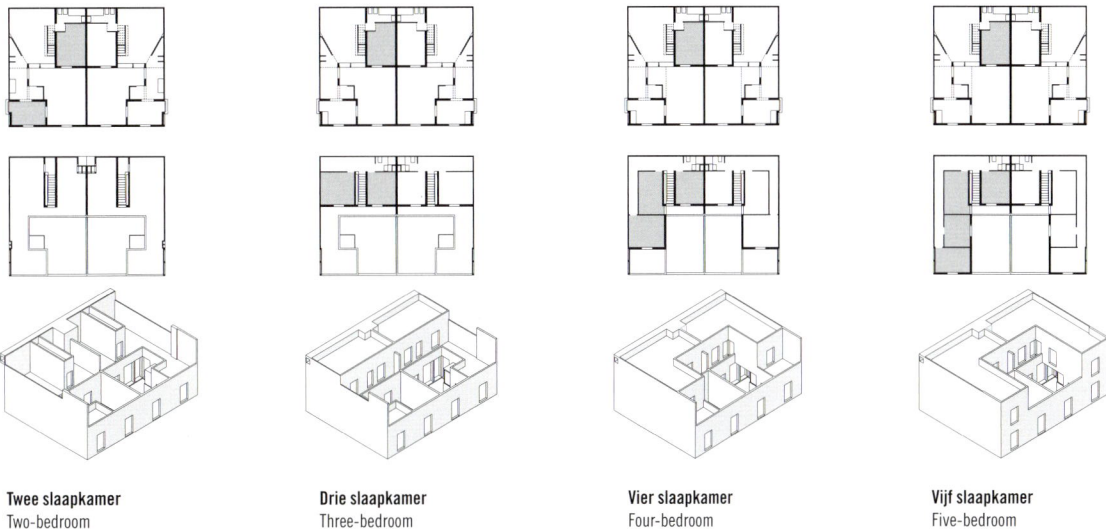

Twee slaapkamer
Two-bedroom

Drie slaapkamer
Three-bedroom

Vier slaapkamer
Four-bedroom

Vijf slaapkamer
Five-bedroom

Type B

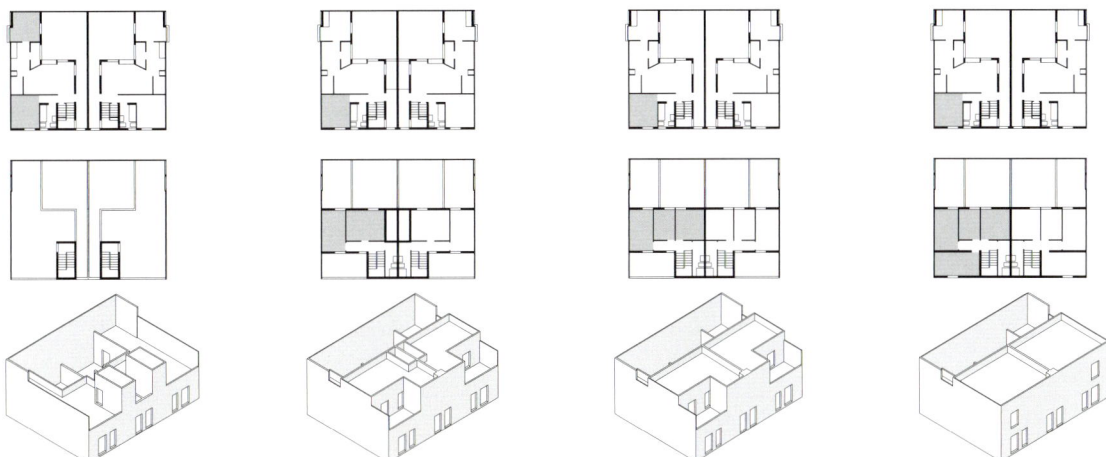

Álvaro Siza, plan voor Malagueira. Tweede versie van het ontwerp voor de twee woningtypen met variaties op de layout, mei 1968
Álvaro Siza, Malagueira Plan. Second version of the design for the two dwelling types and their layout variations, May 1978

José Manuel Rodrigues, luchtfoto van de wijk Malagueira, 1990. Op de voorgrond de *conduta* die het woningbouwcomplex organiseert en structureert
José Manuel Rodrigues, aerial view of the Malagueira neighbourhood, 1990. In the foreground the conduta that structures the organization of the housing complex

Blik in de Rua do Cano, Évora, Portugal, 2011. In de loop der tijd werd de ruimte tussen de kolommen van het zestiende-eeuwse aquaduct van Évora opgevuld met woningen.
View of Rua do Cano, Évora, Portugal, 2011. Over time the space between the pillars of Évora sixteenth century aqueduct were filled in with houses.

arcade/*paseo* in het project van Holl, Tanner en Cropper voor de herhuisvestingslocatie Dagat-Dagatan, genereerde het element dat bekend kwam te staan als de *conduta* (een afkorting voor *conduta geral de infraestruturas* of 'algemene infrastructurele leiding') in Siza's Malagueira een basisstructuur voor het stedelijk weefsel van de wijk. De *conduta* ordende het hele gebied en deed dienst als voorzieningen-kern voor de woningclusters die er uiteindelijk tegenaan gebouwd zouden worden.

De *conduta* werd inderdaad een structureel onderdeel van de wijk Malagueira. Maar haar betekenis was niet louter technisch. Volgens Siza was het een poging 'de dialoog die in elke stad plaatsvindt tussen het continue en uniforme stedelijke weefsel van woningen en de [uit-zonderlijke aard van de] collectieve gebouwen' tot stand te brengen. Daarom, betoogde Siza, 'bestaat de rol van deze grote structuur die het gehele gebied doorkruist, in de eerste plaats uit het vastleggen van een andere schaal'.[17] Voor Siza vervult de *conduta* dus de rol van monument. Deze dialoog tussen het anonieme karakter van de woningen en het exceptionele van het monument is van grote betekenis. Ik zou zelfs willen beweren dat Siza's verkenning van deze 'andere schaal' in Malagueira resoneert met Aldo Rossi's dialectische relatie tussen het vergankelijke karakter van woongebieden en de duurzaam-heid van stedelijke monumenten. Die laatsten, zo betoogde Rossi in de inleiding van *The Architecture of the City*, zijn 'tekens van de collectieve wil, uitgedrukt in de principes van de architectuur'. Daarom, vervolgde hij, 'tonen zij zich de primaire elementen, de vaste punten in de stede-lijke dynamiek'.[18] Op dezelfde manier vertegenwoordigt bij Siza de *conduta* een vast punt in de stedelijke structuur van Malagueira, een fundamentele tegenhanger van de woongebieden.[19] Het is een belangrijk element in de verhouding tussen standaardisatie en zelfbouw, tussen normatief ontwerp en subjectieve prestaties.

Incrementaliteit en prestaties

Halverwege het eerste decennium van de eenentwintigste eeuw groeide het door het Chileense architectenbureau Elemental ontworpen woningcomplex Quinta Monroy uit tot een begrip in de architectonische media. Een team onder leiding van Alejandro Aravena liet aan de hand van niet meer dan 93 wooneenheden onweerlegbaar zien, dat er een alternatief bestond voor de twee gebruikelijke manieren om mensen met een laag inkomen te huisvesten, wat eigenlijk altijd neer-kwam op verkleining van de woonruimte en/of verplaatsing van de gemeenschap. In hun rijk geïllustreerde, in 2013 gepubliceerde boek *Elemental* betogen ze dat 'het huisvestingsprobleem alleen de wereld uit geholpen kan worden als we in staat zijn top-down overheidsbeleid te combineren met bottom-up zelfbouwcapaciteit'.[20] Vreemd genoeg werd deze opmerking in *Elemental* als bijschrift gebruikt bij een afbeelding van een straat in Évora. Op die afbeelding zien we de huizen die zijn gebouwd binnen de bogen van het aquaduct van de stad, die Siza inspireerden tot de *conduta* in Malagueira. Hoewel niet bekend is of de in Quinta Monroy ontwikkelde ontwerpstrategie teruggreep op het project van Siza, realiseerden de auteurs van *Elemental*, Alejandro Aravena en Andrés Iacobelli, zich dat incrementele woningbouw niets nieuws was. Wat wél nieuw was, zo beweerden zij, was 'het inzicht dat incrementaliteit niet alleen maar kan betekenen dat de bouw niet wordt voltooid en dat van individuele bewoners wordt verwacht dat zij dat doen. Incrementaliteit moet worden ontworpen'.[21] Ook al is dit een verbazingwekkende zin, hij is toch wat onnauwkeurig, zoals blijkt uit de hierboven beschreven gevallen en zoals een actuele evaluatie van het legendarische experimentele Previ in Lima aantoont.

In de tijd van Elementals Quinta Monroy kwam er namelijk nog

areas and/or displacing communities. In their lavishly illustrated book *Elemental*, published in 2013, they contend: 'The housing problem in the world will only be solved if we are able to combine *top-down* public policies with *bottom-up* self-construction capacity.'[20] Curiously enough, this statement was used in *Elemental* as a caption for an image of a street in Évora. The image depicts houses built within the arches of the city's aqueduct, which had been Siza's inspiration for Malagueira's *conduta*. While it is not disclosed whether or not Siza's project was a reference for the design strategy used in Quinta Monroy, the authors of *Elemental*, Alejandro Aravena and Andrés Iacobelli, recognize that incremental housing was not a new thing. What was new, they claimed, was 'to understand that incrementality does not simply mean to leave a construction unfinished and wait for each individual to complete it. Incrementality has to be designed.'[21] As mind-boggling as this sentence may be, it is nevertheless somewhat inaccurate, as the cases discussed above show, and as a contemporary survey to the legendary Previ Lima experiment demonstrates.

Actually, in tandem with Elemental's Quinta Monroy, the book *Time Builds* made it to the architecture bookshops with a thought-provoking survey of the transformation over time of the houses built under the auspices of the Previ-Lima competition.[22] The book produced by a team of young Chilean architects showed the performance of the buildings designed by the architectural stardom of the late 1960s, revealing the extent to which the houses were transformed and the motivations behind these transformations. Overall, the team's account of the alterations to the original spatial configuration of the individual units builds up an impression that the changes were so profound that the original design became barely recognizable. Yet, following the same rationale of Phillipe Boudon's seminal account of the transformations made by the inhabitants to Le Corbusier's Pessac housing complex, the surveys shown in *Time Builds* testify to the resilience of the schemes designed by the likes of James Stirling, Aldo van Eyck, Charles Correa or Christopher Alexander.[23] Hence, we could assert that, three decades before Elemental, these were also cases in which incrementality was designed.

Landscapes with Labour

Both Quinta Monroy and *Time Builds* contributed to revive and bring to the fore the emancipatory potential of design strategies to accommodate growth and change over time. Suddenly, the shockwaves produced by the Habitat conference in architectural practices around the world, especially in the developing world, became objects of study for architec-ture students and topics for debate in academic publications and con-ferences. Incremental housing became a topical issue and resuscitated some of the notable experiences of the recent past. Balkrishna Doshi's Aranya Community Housing is one case in point. This complex, designed from 1983 through 1986 and completed in 1989, was a demonstration for a new design approach to low-income housing, which should be implemented as part and parcel of Vastu-Shilpa Foundation's plan for the township of Aranya, a new village located in the outskirts of Indore, India.

Doshi, one of the jury members in the IAF competition, developed in Aranya a critical interpretation of the sites-and-services approach, conspicuously introducing, as Cynthia Davidson put it, 'an architectural vocabulary suitable to both the socio-economic circumstances and the climate'. Indeed, Davidson contends, 'with the architectural vocabulary developed by the architect and a small utility core, opportunities are provided to build incrementally and affordably.'[24] While this review praised the architect's take on the sites and services approach, other commentators reacted less optimistically. In Romi Khosla's review of the Aranya Community Housing, he states: 'The Aranya project is based on

Elemental, Quinta Monroy, Iquique,
Chili, 2003-2005. Het project werd
in 2013 geanalyseerd en opnieuw
getekend door studenten van de
TU Delft voor het seminar Architectural Studies (leerstoel Woningbouw)
Elemental, Quinta Monroy, Iquique,
Chile, 2003-2005. Project analyzed
and redrawn in 2013 by the students
of TU Delft's Seminar Architectural
Studies (Chair of Dwelling)

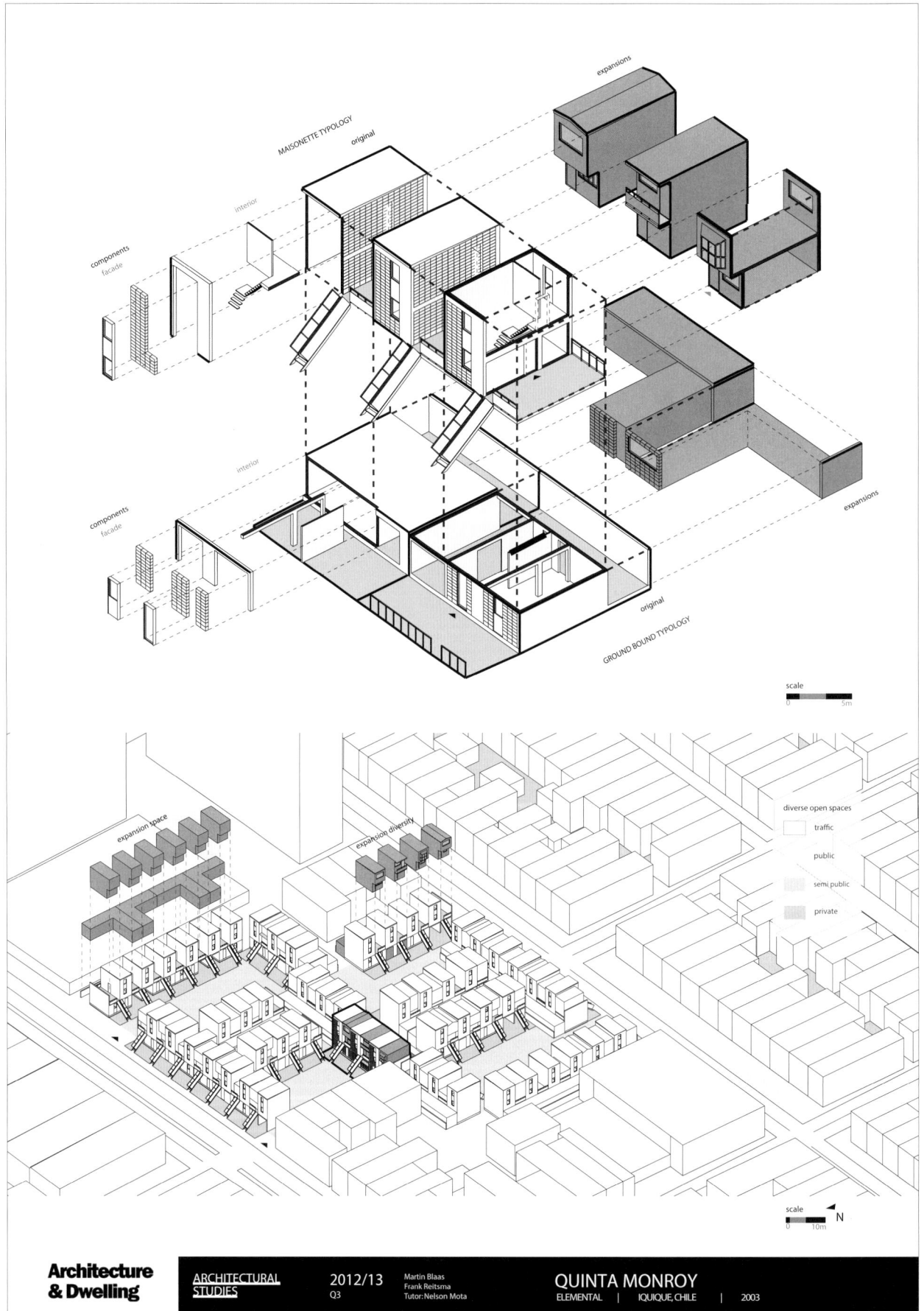

**Architecture
& Dwelling**

ARCHITECTURAL
STUDIES
Q3

2012/13

Martin Blaas
Frank Reitsma
Tutor: Nelson Mota

QUINTA MONROY
ELEMENTAL | IQUIQUE, CHILE | 2003

een boek met een tot nadenken stemmend onderzoek in de architectuurboekwinkels te liggen, *Time Builds*. Het gaat over de geleidelijke transformatie van de onder auspiciën van de Previ/Lima-prijsvraag gebouwde huizen.[22] Een team van jonge Chileense architecten laat in dit boek zien hoe de gebouwen die aan het eind van de jaren 1960 door toenmalige sterarchitecten waren ontworpen, het in de tijd gedaan hebben: ze lieten zien in hoeverre de huizen waren getransformeerd en welke motivatie er achter die transformatie zat. Het verslag van het team over de veranderingen aan de oorspronkelijke opzet van de woningen geeft een idee dat de wijzigingen zo diepgaand waren, dat het oorspronkelijke ontwerp nauwelijks nog herkenbaar was. Als we echter uitgaan van dezelfde rationale als die van Philippe Boudon met zijn invloedrijke verslag over de manier waarop de bewoners van Pessac Le Corbusier's ontwerp transformeerden, dan getuigt het onderzoek in *Time Builds* juist van de elasticiteit van door mensen als James Stirling, Aldo van Eyck, Charles Correa of Christopher Alexander ontworpen plannen.[23] Vandaar dat we kunnen stellen dat, 30 jaar vóór Elemental, er al gevallen waren van ontworpen incrementaliteit.

Werklandschappen

Zowel de woonwijk Quinta Monroy als het boek *Time Builds* droeg eraan bij dat het emancipatorische potentieel van ontwerpstrategieën, gebaseerd op groei en verandering door de tijd heen, een bloei doormaakte en onder de aandacht werd gebracht. Plotseling werden de schokgolven van de Habitat-conferentie op architectenbureaus overal ter wereld gevoeld, vooral in de derde wereld. Het werd bestudeerd door architectuurstudenten en bediscussieerd in wetenschappelijke publicaties en op conferenties. Incrementele woningbouw werd een actueel onderwerp dat enkele van de opmerkelijke ervaringen uit het recente verleden nieuw leven wist in te blazen. Het Aranya-woningbouwproject van Balkrishna Doshi is zo'n ervaring. Dit tussen 1983 en 1986 ontworpen en in 1989 voltooid complex was een voorbeeld van een nieuwe ontwerpbenadering van de huisvesting voor lage inkomens. Het vormde een essentieel onderdeel van de plannen van de Vastu-Shilpa Stichting voor het stadsdeel Aranya, een nieuw dorp aan de rand van Indore (India).

In Aranya ontwikkelde Doshi, een van de leden van de jury van de IAF-prijsvraag, een kritische interpretatie van de Sites & Services-benadering waarbij hij, zoals Cynthia Davidson zei, op opvallende wijze 'een architectonisch vocabulaire introduceerde dat geschikt was voor zowel de sociaal-economische condities als het klimaat'. Sterker nog, stelt Davidson, 'met het door de architect ontwikkelde architectonische vocabulaire en een kleine voorzieningenkern kan er incrementeel en betaalbaar gebouwd worden'.[24] Hoewel in deze beoordeling niets dan lof weerklinkt voor de manier waarop de architect de Sites & Services-benadering had opgevat, waren de reacties van andere critici minder optimistisch. Romi Khosla stelt in zijn bespreking van het project: 'Het Aranya-project is gebaseerd op goede bedoelingen en de 80 modelwoningen staan symbool voor de onschuld van de professionele ontwerpers. Wás het maar zo dat de problemen van sloppenwijken alleen maar architectonisch waren, dan konden ze worden opgelost door goed ontwerp.'[25] In tegenstelling tot Elementals vertrouwen in de emancipatorische rol van ontwerp bij de totstandkoming van betaalbare huisvestingssystemen, ziet Khosla slechts ijdele hoop, een onschuldig vertrouwen.

In India wist nog een project de voorhoede van de recente heropleving van incrementele huisvestingsstrategieën te bereiken. Het ging om woningbouw in Belapur, in de vroege jaren 1980 door Charles Correa ontworpen. In dit project creëerde Correa een woningmodel

good intentions in which the innocence of the professional designers is symbolized in the 80 demonstration houses. If only slum resettlement projects were simply architectural problems capable of being overcome with good design.'[25] As opposed to Elemental's belief in the emancipatory role of design in affordable housing systems, Khosla sees it as wishful thinking, indeed an innocent belief.

Still in India, another case made it to the forefront of the recent reappraisal on incremental housing strategies. It is the housing in Belapur designed by Charles Correa in the early 1980s. In this project Correa created a housing figure that explores the interrelation between urban elements that are basically made out of two components: covered spaces and open-to-sky spaces. In the Belapur settlement, Correa emphasizes the importance of the latter, arguing that it is there that a great deal of human activities happen in warm tropical climates such as India. In Belapur, the sequence of spaces moving from the community space, to the water tap, to the doorstep, and finally to the courtyard were carefully designed and hierarchized. As for the covered spaces, Correa designed a low-rise housing system, 'the timeless and classic pattern of residential land use', as he put it in his famous book-essay *The New Landscape*.[26]

In effect, one cannot avoid seeing the Belapur housing settlement as the material expression of Correa's vision for low-income housing in the developing world, as expressed in *The New Landscape*. In effect, for Correa the cardinal principles for housing in the Third World were incrementality, open-to-sky space, equity, desegregation, pluralism, malleability, participation and income generation.[27] Indeed, I would suggest in Belapur these principles determined patterns of inhabitation that stimulate a permanent negotiation of individual identity with collective welfare. It is a negotiation with many conflicts, though. Conflicts between the authority of the designer and the self-determination of the individual. While the former prevails in the open-to-sky spaces, the latter rules in the covered spaces. This is indeed a designed conflict, a creative conflict I would even suggest. Further, it dwells upon an inexorable tension between transiency and immanence, between the dwelling and the monument, as Rossi would put it.

The ambivalent nature of this design approach fuels diverse political interpretations, though. For example, referring to both Aranya and Belapur, Ananya Roy calls these projects an 'aestheticization of poverty'.[28] She contends they resonate with a pastoral nostalgia, craving the rurality of a magical countryside in a rapidly urbanizing world. Following Raymond Williams, she argues these projects create a landscape without labour. While I follow Roy's disquiet for the commodification of vernacular social and building practices, I would contend, however, that these projects – as well as those discussed earlier – go beyond a mere excavation of the authentic or the exotic. Actually, more often than not, in assisted self-help housing labour and individual agency become conspicuous through time, rather than invisible. In effect, I would argue the prize-winning entries to the IAF competition, Siza's Malagueira, Elemental's Quinta Monroy, Doshi's Aranya and Correa's Belapur deliver design methods with a great deal of emancipatory potential. Indeed, these are disciplinary approaches that resist both populist drives to relinquish authority, and despotic ambitions to exert full control. Designing to accommodate growth and change over time stimulates, by definition, the emergence of unpredictable outcomes. Some may be exotic, others decadent, and many can even be disruptive. While this uncertainty may create anxiety in many designers, policymakers and other stakeholders, it may also trigger the development of unforeseen achievements and outstanding realizations. Now, as in many thrillers, time will tell, because the story is to be continued . . .

dat de onderlinge relatie verkent tussen de twee feitelijke componenten van stedelijke ruimte: overdekte ruimten en ruimten in de open lucht. In de nederzetting Belapur legt Correa de nadruk op het belang van de laatsten, met als argument dat een groot deel van de menselijke activiteiten in landen met warme, tropische klimaten zoals India juist daar plaatsvinden. In Belapur is de opeenvolging van ruimten, van het collectieve domein tot de waterkraan, van de stoep tot de binnenplaats, zorgvuldig ontworpen en hiërarchisch opgebouwd. Met betrekking tot de overdekte ruimten ontwierp Correa een systeem van laagbouw-woningen, dat hij in zijn beroemde essaybundel *The New Landscape* 'het tijdloze en klassieke patroon van residentieel landgebruik' noemde.[26]

Het is praktisch onmogelijk het woningbouwproject in Belapur te zien als iets anders dan de materiële manifestatie van Correa's visie op huisvesting voor mensen met een laag inkomen in ontwikkelings-landen, zoals beschreven in *The New Landscape.* Correa beschouwde incrementaliteit, ruimte in de open lucht, rechtvaardigheid, desegregatie, pluralisme, maakbaarheid, participatie en het genereren van inkomens als de belangrijkste principes voor huisvesting in de derde wereld.[27] Ik zou zelfs willen suggereren dat deze principes in Belapur patronen van bewoning tot stand hebben gebracht, die een voortdurende afweging tussen individuele identiteit en collectief welzijn stimuleerden. Dit is echter een afweging die in essentie conflictueus is. Conflicten tussen het gezag van de ontwerper en het zelfbeschikkingsrecht van het individu. De ene heerst in de ruimte in de open lucht, de tweede domineert de overdekte ruimte. Dit is inderdaad een ontworpen conflict, een creatief conflict zou ik zelfs willen zeggen. Het continueert de onverbiddelijke spanning tussen vergankelijkheid en immanentie; tussen de woning en het monument, zou Rossi zeggen.

Het ambivalente karakter van deze ontwerpbenadering wordt op verschillende manieren politiek geïnterpreteerd. Ananya Roy verwijst bijvoorbeeld naar zowel Aranya als Belapur wanneer zij deze projecten omschrijft als de 'esthetisering van de armoede'.[28] Zij stelt dat ze resoneren met een pastorale nostalgie, een verlangen naar de landelijk-heid van een magisch platteland in een snel verstedelijkende wereld. Net als Raymond Williams stelt zij dat zulke projecten een landschap zonder werkgelegenheid opleveren. Hoewel ik haar bezorgdheid over de commodificatie van plaatselijke sociale gebruiken en bouwpraktijken deel, zou ik echter willen beweren dat deze projecten – net als de hierboven besproken projecten – meer doen dan alleen het authentieke of exotische blootleggen. Bij de 'ondersteunde doe-het-zelf-woningbouw' valt namelijk wel degelijk een toename van werkgelegenheid en individuele inzet te signaleren. Ik zou dus willen beweren dat de prijs-winnaars onder de inzendingen voor de IAF-prijsvraag, Siza's Malagueira, Elementals Quinta Monroy, Doshi's Aranya en Correa's Belapur, ontwerpmethoden opleveren met een groot emancipatorisch potentieel. Want dit zijn disciplinaire benaderingen die zich verzetten tegen zowel de populistische hang naar het afzien van gezag, als tegen de despotische ambitie om volledige controle uit te oefenen. Ontwerp ten behoeve van groei en verandering in de loop der tijd stimuleert per definitie het vóórkomen van onvoorspelbare resultaten. Sommige zijn misschien exotisch, andere decadent en sommige kunnen zelfs ontwrichtend zijn. Hoewel deze onzekerheid veel ontwerpers, beleids-makers en andere stakeholders een onrustig gevoel kan bezorgen, kan ze ook leiden tot de ontwikkeling van onvoorziene prestaties en uit-stekende resultaten. Net als in veel thrillers zal de tijd het leren, want het verhaal wordt vervolgd…

James Stirling, prijsvraaginzending voor Proyeto Experimental de Vivienda (PREVI), Lima, Peru, 1969. Het project werd in 2013 geanalyseerd en opnieuw getekend door studenten van de TU Delft voor het seminar Architectural Studies (leerstoel Woningbouw)
James Stirling, project submitted to the Proyeto Experimental de Vivienda (Previ), Lima, Peru, 1969. Project analyzed and redrawn in 2013 by the students of TU Delft's Seminar Architectural Studies (Chair of Dwelling)

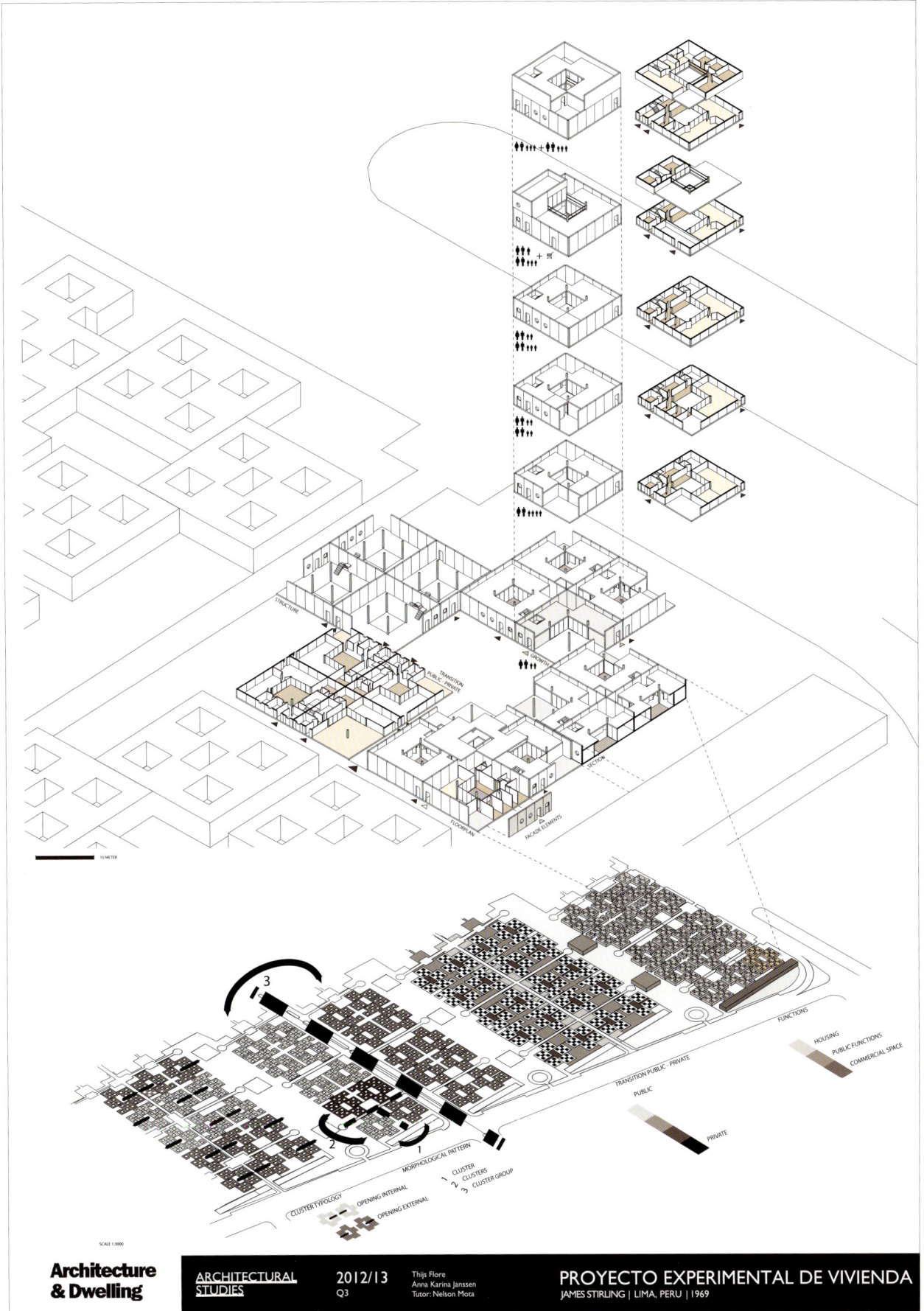

STRUCTURE

TRANSITION PUBLIC - PRIVATE

GROWTH

SECTION

FLOORPLAN

FACADE ELEMENTS

10 METER

FUNCTIONS

HOUSING

PUBLIC FUNCTIONS

COMMERCIAL SPACE

PRIVATE

TRANSITION PUBLIC - PRIVATE

PUBLIC

MORPHOLOGICAL PATTERN

1 CLUSTER
2 CLUSTERS
3 CLUSTER GROUP

CLUSTER TYPOLOGY   OPENING INTERNAL

OPENING EXTERNAL

SCALE 1:3000

Architecture & Dwelling

ARCHITECTURAL STUDIES

2012/13
Q3

Thijs Flore
Anna Karina Janssen
Tutor: Nelson Mota

PROYECTO EXPERIMENTAL DE VIVIENDA
JAMES STIRLING | LIMA, PERU | 1969

Charles Correa, Belapur Housing,
Navi Mumbai, India, 1986-1986.
Het project werd in 2013
geanalyseerd en opnieuw
getekend door een student van de
TU Delft voor het seminar
Architectural Studies (leerstoel
Woningbouw)
Charles Correa, Belapur housing,
Navi Mumbai, India, 1986-1986.
Project analyzed and redrawn in
2013 by a student of TU Delft's
Seminar Architectural Studies
(Chair of Dwelling)

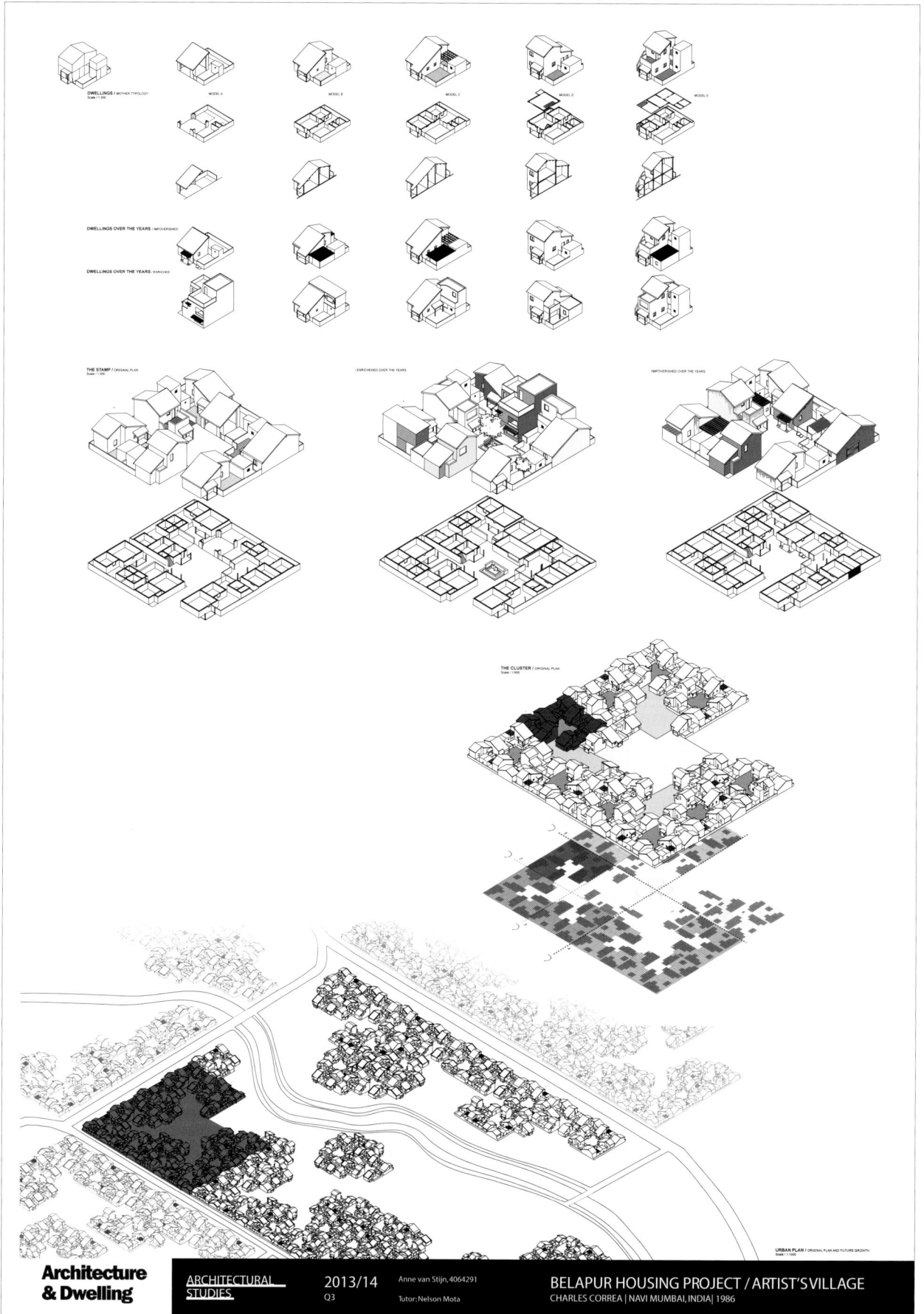

Noten

1 Hans Harms, 'Historical Perspective on the Practice and Purpose of Self-Help Housing', in: Peter Ward (red.), *Self-Help Housing: A Critique* (Londen: Mansell, 1982), 45.

2 Een helder verslag over de opkomst van doe-het-zelf-woningbouw is te vinden in: Harms, 'Historical Perspective'. Recent doken er beoordelingen van ondersteunde doe-het-zelf-woningbouw op vanuit verschillende disciplines. Zie bijv. het aprilnummer 2015 van het tijdschrift *Volume*, dat is gewijd aan het thema 'Self-Building City', en het opvallende belang van ondersteunde doe-het-zelf-woningbouw initiatieven in: Jan Bredenoord, Paul van Lindert en Peer Smets (red.), *Affordable Housing in the Urban Global South: Seeking Sustainable Solutions* (Abingdon: Routledge, 2014).

3 Zie voor een discussie over de verschillende politieke standpunten t.a.v. de bevestiging van ondersteunde doe-het-zelf-woningbouw: Richard Harris, 'Slipping through the Cracks: The Origins of Aided Self-Help Housing, 1918-53,' *Housing Studies*, jrg. 14 (1999) nr. 3, 281-309.

4 Jan Van der Linden, *The Sites and Services Approach Renewed. Solution or Stopgap to the Third World Housing Shortage?* (Aldershot: Gower, 1986), 47-48.

5 Lisa R. Peattie, 'Some Second Thoughts on Sites-and-Services', *Habitat International*, jrg. 6 (1982) nr. 1-2, 131.

6 Barbara Ward, 'The Home of Man: What Nations and the International Must Do', *Habitat International*, jrg. 1 (1976) nr. 2, 125. Deze tekst vormt de neerslag van de lezing die Barbara Ward uitsprak tijdens de Habitat Conference op dinsdag 1 juni 1976 in de Conference Plenary Hall van het Queen Elizabeth Centre.

7 Kurt Waldheim, 'Statement at the Opening of Habitat: U.N. Conference on Human Settlements', *Habitat International*, jrg. 1 (1976) nr. 2, 109.

8 United Nations, 'The Vancouver Declaration on Human Settlements,' 6 november 1976, http://www.un-documents.net/van-dec.htm

9 Ibid.

10 Walter F. Wagner jr., 'Human Settlements', *Architectural Record*, nr. 5 (mei 1976), 95.

11 De jury werd geadviseerd door Aprodicio Laquian, een socioloog, en Teresa Vicera, een bewoner van Tondo Foreshore.

12 AA.VV., 'Declaration of the Vancouver Symposium,' *Habitat International*, jrg. 1 (1976) nr. 2, 140.

13 Ibid., 136.

14 Ibid., 139.

15 Ibid., 140.

16 Zie voor meer inzicht in de groei en verandering van Siza's project voor de wijk Malagueira: Nelson Mota, 'A Progressive Attachment. Accommodating Growth and Change in Álvaro Siza's Malagueira Neighbourhood', in: Daniel Maudlin en Marcel Vellinga (red.), *Consuming Architecture* (Londen: Routledge, 2014), 89–107.

17 Álvaro Siza, *Imaginar a Evidência* (Lissabon: Edições 70, 2009), 119. Originele nadruk.

18 Aldo Rossi, *The Architecture of the City*, Oppositions Books (Cambridge, MA/ Londen: MIT Press, 1984), 22.

19 De invloed van Rossi's *The Architecture of the City* op Siza's architectonische benadering kan onmogelijk over het hoofd worden gezien. In 1977, het jaar waarin een begin werd gemaakt met de realisering van het plan voor Malagueira, kwam er een Portugese vertaling van zijn boek op de markt (de eerste editie in het Italiaans dateert van 1966). Daarnaast was Siza zeker bekend met Rossi's opvattingen, via eerdere ontmoetingen zoals op de biënnale van Venetië (1976) en het eerste architectuurseminarie in Santiago de Compostela (I Seminario Internacional de Arquitectura en Compostela, 27 september-9 oktober 1976).

20 Alejandro Aravena en Andres Iacobelli, *Elemental: Incremental Housing and Participatory Design Manual* (Ostfildern: Hatje Cantz, 2013), 19.

21 Ibid., 18.

22 Fernando García-Huidobro, Diego Torres Torriti en Nicolas Tugas, *Time Builds!* (Barcelona: Editorial Gustavo Gili, 2008).

23 Philippe Boudon, *Lived-in Architecture. Le Corbusier's Pessac Revisited*, eerste Engelstalige editie (Cambridge, MA: MIT Press, 1979).

24 Cynthia C. Davidson, 'Aranya Community Housing', in: Cynthia C. Davidson en Ismaïl Serageldin (red.), *Architecture beyond Architecture: Creativity and Social Transformations in Islamic Cultures: The 1995 Aga Khan Award for Architecture* (Londen: Academy Editions, 1995), 65.

25 Geciteerd in Ananya Roy, 'Transnational Trespassings: The Geopolitics of Urban Informality', in: Ananya Roy en Nezar AlSayyad (red.), *Urban Informality: Transnational Perspectives from the Middle East, Latin America, and South Asia* (Lanham, MD/Berkeley, CA: Lexington Books, 2004), 303.

26 Het essay 'The New Landscape' werd voor het eerst gepubliceerd in 1985. Zie voor een recente heruitgave: Charles Correa, *A Place in the Shade: The New Landscape & Other Essays* (Haryana: Penguin Books India, 2010), 201.

27 Ibid., 203.

28 Roy, 'Transnational Trespassings: The Geopolitics of Urban Informality', op. cit. (noot 25), 300-304.

Notes

1 Hans Harms, 'Historical Perspective on the Practice and Purpose of Self-Help Housing', in: Peter Ward (ed.), *Self-Help Housing: A Critique* (London: Mansell, 1982), 45.

2 An insightful account on the emergence of self-help housing can be seen in Harms, 'Historical Perspective', op. cit. (note 1). Recent appraisal on assisted self-help has surfaced from different disciplinary fields. See, for example, the April 2015 issue of the magazine *Volume*, dedicated to the theme 'Self-Building City', and the prominence of assisted self-help initiatives in Jan Bredenoord, Paul Van Lindert and Peer Smets (eds.), *Affordable Housing in the Urban Global South: Seeking Sustainable Solutions* (Abingdon: Routledge, 2014).

3 For a discussion on the diverse political nature of the endorsement to assisted self-help, see Richard Harris, 'Slipping through the Cracks: The Origins of Aided Self-Help Housing, 1918-53,' *Housing Studies*, vol 14 (1999) no. 3, 281-309.

4 Jan Van der Linden, *The Sites and Services Approach Renewed. Solution or Stopgap to the Third World Housing Shortage?* (Aldershot: Gower, 1986), 47-48.

5 Lisa R. Peattie, 'Some Second Thoughts on Sites-and-Services', *Habitat International*, vol. 6 (1982) no. 1-2, 131.

6 Barbara Ward, 'The Home of Man: What Nations and the International Must Do', *Habitat International*, vol. 1 (1976) no. 2, 125. This text reproduces Barbara Ward's talk at the Habitat Conference, delivered on Tuesday 1 June 1976 at the Conference Plenary Hall, Queen Elizabeth Centre.

7 Kurt Waldheim, 'Statement at the Opening of Habitat: U.N. Conference on Human Settlements', *Habitat International*, vol. 1 (1976) no. 2, 109.

8 United Nations, 'The Vancouver Declaration on Human Settlements,' 6 November 1976, http://www.un-documents.net/van-dec.htm.

9 Ibid.

10 Walter F. Wagner Jr, 'Human Settlements,' *Architectural Record*, no. 5 (May 1976), 95.

11 The jury was advised by Aprodicio Laquian, a social scientist, and Teresa Vicera, a resident of Tondo Foreshore.

12 AA.VV., 'Declaration of the Vancouver Symposium,' *Habitat International*, vol. 1 no. 2 (September 1976), 140.

13 Ibid., 136.

14 Ibid., 139.

15 Ibid., 140.

16 For a deeper insight into the growth and change of Siza's project for Malagueira, see Nelson Mota, 'A Progressive Attachment. Accommodating Growth and Change in Álvaro Siza's Malagueira Neighbourhood', in: Daniel Maudlin and Marcel Vellinga (eds.), *Consuming Architecture* (London: Routledge, 2014), 89-107.

17 Álvaro Siza, *Imaginar a Evidência* (Lisbon: Edições 70, 2009), 119. Original emphasis.

18 Aldo Rossi, *The Architecture of the City*, Oppositions Books (Cambridge, MA/ London: MIT Press, 1984), 22.

19 The influence of Rossi's *The Architecture of the City* on Siza's architectural approach cannot be overlooked. In 1977, the year of the outset of the plan for Malagueira, a Portuguese translation of this book was published (the first edition in Italian was published in 1966). Furthermore, as mentioned in a previous chapter, Siza was certainly familiar with Rossi's theses from their previous encounters at venues such as the 1976 Venice Biennale and in the first International Compostela Achitecture Seminar (I Seminario Internacional de Arquitectura en Compostela), which was held between 27 September and 9 October 1976 in the Spanish city of Santiago de Compostela.

20 Alejandro Aravena and Andres Iacobelli, *Elemental: Incremental Housing and Participatory Design Manual* (Ostfildern: Hatje Cantz, 2013), 19.

21 Ibid., 18.

22 Fernando García-Huidobro, Diego Torres Torriti and Nicolas Tugas, *Time Builds!* (Barcelona: Editorial Gustavo Gili, 2008).

23 Philippe Boudon, *Lived-in Architecture. Le Corbusier's Pessac Revisited*, [1st English language ed.] (Cambridge, MA: MIT Press, 1979).

24 Cynthia C. Davidson, 'Aranya Community Housing', in: Cynthia C. Davidson and Ismaïl Serageldin (eds.), *Architecture beyond Architecture: Creativity and Social Transformations in Islamic Cultures: The 1995 Aga Khan Award for Architecture* (London: Academy Editions, 1995), 65.

25 Quoted in Ananya Roy, 'Transnational Trespassings: The Geopolitics of Urban Informality', in: Ananya Roy and Nezar AlSayyad (eds.), *Urban Informality: Transnational Perspectives from the Middle East, Latin America, and South Asia* (Lanham, MD/Berkeley, CA: Lexington Books, 2004), 303.

26 The essay 'The New Landscape' was originally published in 1985. For a recent reprint see Charles Correa, *A Place in the Shade: The New Landscape & Other Essays* (Haryana: Penguin Books India, 2010), 201.

27 Ibid., 203.

28 Roy, 'Transnational Trespassings', op cit. (note 25), 300-304.

Dirk van den Heuvel

Kruisbestuiving in de Doshi-habitat
Cross-Pollination in the Doshi Habitat

Een verslag uit Ahmedabad
A Report from Ahmedabad

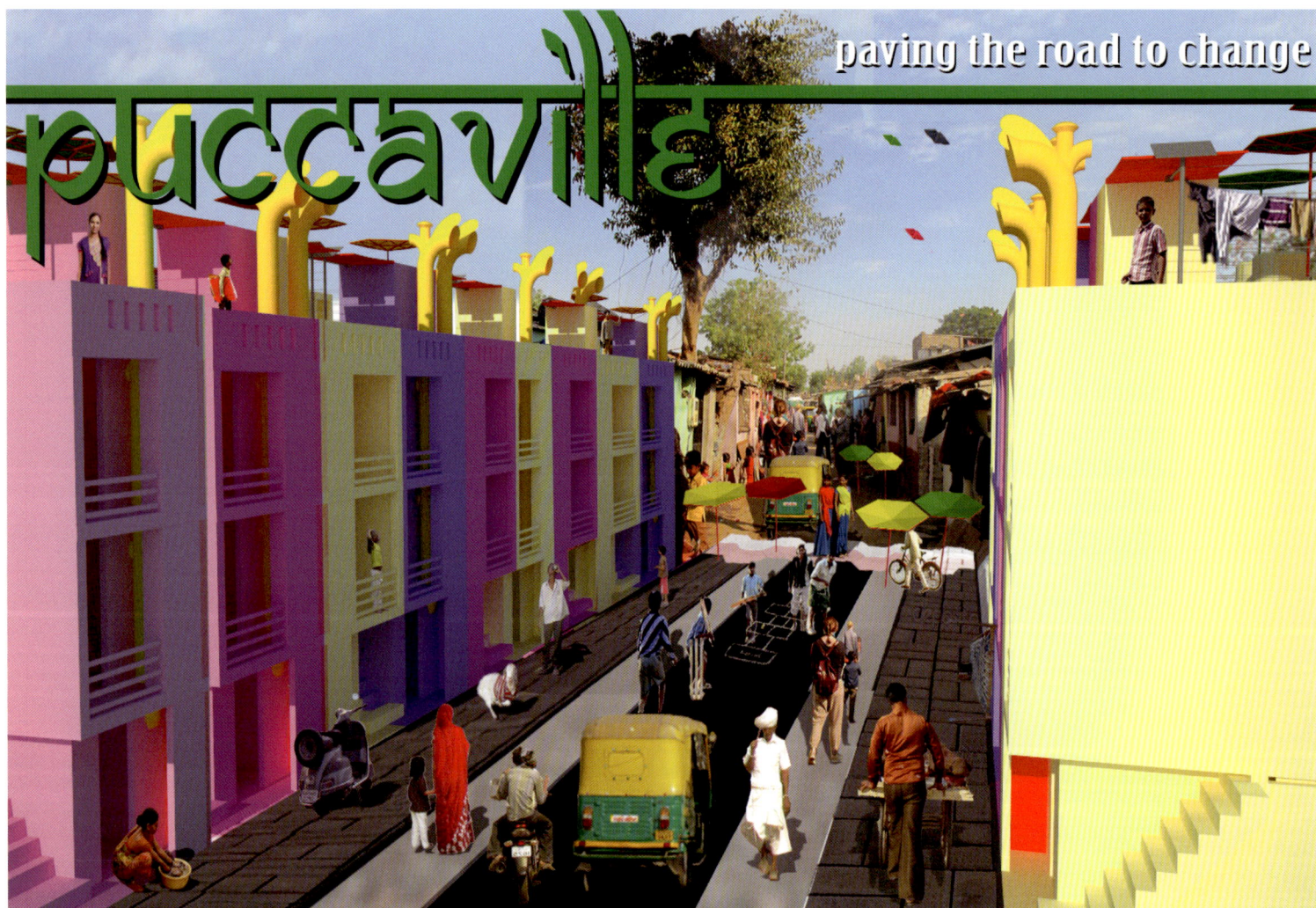

Kaegh Allen, Gesine Appel, Elena Brunette, Mariel Drego en Blanca Perote: de bestaande sloppen-woningtypologie, bekend als Pucca-huis, wordt getransformeerd en verbeterd in relatie tot nieuwe straatruimten.
Kaegh Allen, Gesine Appel, Elena Brunette, Mariel Drego and Blanca Perote, existing slum-housing typology, known as Pucca house, is transformed and improved in relation to new street spaces.

Sinds 2010 nemen studenten van de TU Delft deel aan de Habitat Design Studio in Ahmedabad. Deze wordt elk jaar door Balkrishna Doshi en diens bureau Vastu Shilpa georganiseerd.[1] Samen met andere Europese studenten en studenten uit India wordt twee maanden lang aan een opgave gewerkt, die verband houdt met de explosieve groei van de stad. Het kan gaan om sloppenverbetering, een verdichtings-opgave of een studie naar zelfbouw. Voor de editie van 2015 was de komst van een nieuwe metrolijn aanleiding om de mogelijke effecten hiervan op het stedelijk weefsel te onderzoeken. In alle opgaven staat een lokale buurtgemeenschap centraal en hoe deze het beste in staat gesteld kan worden om de eigen woonomgeving zelf vorm te geven. Twee maanden lang verblijven de studenten in Ahmedabad op het bureau van Doshi en worden ze ondergedompeld in de Indiase cultuur, de context van razendsnelle verstedelijking en de conflicten tussen een eenentwintigste-eeuwse moderniteit, een groeiende nieuwe midden-klasse die een materialistische leefstijl omarmt, en de toevloed van migranten die in de stad hun geluk komen beproeven en er vaak nog een traditionele leefwijze op na houden.

Learning from Ahmedabad

Wat volgt is een impressie van drie bezoeken aan Ahmedabad en de studio van Doshi. Hoewel deze bezoeken kort waren en daardoor relatief oppervlakkig bleven, geven ze wel een indruk van de situatie en het belang van de studio, voor de studenten en hun opleiding tot architect, maar ook voor de wijze waarop architectuur als ontwerpende discipline een rol kan spelen in de versnelde verstedelijking in grote delen van de wereld, zonder architectuur te reduceren tot louter proces-management van sociale praktijken. Kruisbestuiving lijkt mij daarbij het sleutelbegrip en wel op alle niveaus, tussen de culturen van Oost en West, Europa en India, tussen de disciplines architectuur, planning en sociologie, tussen de betrokken universiteiten, en tussen de studenten. De Delftse studenten brengen zelf namelijk al een wereld-wijde culturele bagage met zich mee en zijn geen homogene groep: deelnemende Delftse studenten kwamen tot nu toe uit Spanje, Duits-land, Noorwegen, Italië, Frankrijk en Ierland, maar ook van buiten Europa uit Irak, Japan, Taiwan en Zuid-Afrika.

Kruisbestuiving is ook van toepassing op Ahmedabad als historische handelsstad. Ahmedabad werd bijvoorbeeld aangedaan door de schepen van de Verenigde Oost-Indische Compagnie (VOC). De Nederlandse begraafplaats van rond 1700 aan de oever van het Kankaria-meer is hiervan een bescheiden getuige. De Nederlanders hadden er een indigofabriek, en een stadsgids meldt dat er begin achttiende eeuw heftige concurrentie was tussen de Engelsen en Hollanders over de controle van de textielhandel in Ahmedabad.[2] De tuktukchauffeur die je oppikt voor het hotel kent de begraafplaats als onderdeel van *heritage*-bestemmingen. Voor zo'n 70 roepies per uur rijdt hij je rond in de stad. De achterbank van een tuktuk is voor een buitenstaander waarschijnlijk de beste plek om de Indiase stad Ahmedabad te ervaren. Enigszins beschermd onder het gele afdakje van de brommertaxi trekt een stadslandschap voorbij dat zowel haveloos als bruisend van energie is. Terwijl je je overgeeft aan de warmte, de diesellucht en het sonore motorlawaai volgt een even eindeloze als bonte aaneenrijging van indrukken van het stedelijk leven: marktkramen en eettentjes, enclaves van sloppen, shopping malls, modernistische appartementenbouw, soms een stille groene villabuurt, verwaarloosde stukken landbouw-grond ingesloten door de nieuwe stad, kantoren, fabrieksterreinen, onderwijsinstellingen en heel veel tempels.

De straat is de ruimte van kruisbestuiving en uitwisseling bij uitstek. Voor de handel in de eerste plaats. Soms lijkt het alsof je door een

Learning from Ahmedabad

The following is an impression of three visits to Ahmedabad and Doshi's studio. While these were short and therefore rather superficial visits, they did leave an impression of the situation and of the importance of the studio with regard to the students and their training as architects as well as to the role that architecture as a design discipline can play in the rapid urbanization in large parts of the world, without being reduced to merely the process management of social practices. I believe cross-pollination is the key concept at all levels, between the cultures of the East and the West, Europe and India; between the disciplines of architecture, planning and sociology; between the universities involved and among the students. For the Delft students already bring cultural baggage from all over the world with them, they are not a homogenous group: so far, participating Delft students have been from the Netherlands, Spain, Germany, Norway, Italy, France and Ireland, and from non-European countries such as Iraq, Japan, Taiwan and South-Africa.

'Cross-pollination' also fits Ahmedabad as a historical trading centre. Ahmedabad was among the ports of call of the Dutch East India Company, as the ancient Dutch cemetery, built around 1700 on the banks of Lake Kankaria, modestly witnesses. Once there was even a factory and a city guide mentions fierce competition between the English and the Dutch about the control of the Ahmedabad textile industry in the beginning of the eighteenth century.[2] To the tuk-tuk driver who picks you up in front of your hotel, the cemetery is known as a 'heritage' destination. For about 70 rupees per hour, he will drive you around his city. The best place for any outsider to experience the Indian city of Ahmedabad is probably from the back seat of a tuk-tuk. Somewhat protected by the yellow roof of the rickshaw, you will watch an urban cityscape go by that is both dilapidated and bursting with energy. While you succumb to the heat, diesel fumes and sonorous engine sound, you will undergo a motley succession of impressions of urban life, market stalls and eateries, slum enclaves, shopping malls, modernist apartment buildings, the odd quiet, exclusive residential neighbourhood, neglected pieces of farmland closed in by new districts, offices, factory sites, educational institutions and many, many temples.

The street is the place of choice for cross-pollination and exchange. For trade, first of all. Sometimes it seems as though you are driving through an open-air department store, with pavements and roadsides completely covered in displayed merchandise. You can get your hair cut or have a cup of chai. Every once in a while you will end up in a procession, an involuntary participant of a religious spectacle. The

openluchtwarenhuis rijdt, met alle stoepen en bermen compleet in beslag genomen door uitgestalde koopwaar. Je kunt er naar de kapper of een kopje *chai* drinken. Een enkele keer beland je in een processie en word je onderdeel van een religieus spektakel. De straten zijn ook ideale hangplekken, hoewel niet voor iedereen. Er zijn ongeschreven regels. Eén keer maakte ik de fout om als Europeaan op de stoep te gaan zitten, gewoon om te kijken naar al het verkeer, maar prompt werd ik het middelpunt van een oploopje: of het wel goed met me ging, of ik niet naar binnen wilde waar de airconditioning aanstond. Zitten en hangen op straat is voor de minderbedeelden, voor mensen met een straathandeltje, en voor jongens met brommers en tuktukchauffeurs. De middenklasse en rijkeren verkiezen de geordende privéwereld met verkoeling door de klimaatinstallatie en de hygiëne van door personeel aangeveegde tuinen en kamers. Immers, behalve warm en druk zijn de straten ook vuil, onrein. De hoeveelheid afval en plastic langs de kant van de weg is simpelweg overweldigend voor iemand uit het geordende Nederland.

Boven de vervuilde en stoffige straten hangen grote reclameborden van een stralend nieuwe leefstijl in even stralende nieuwe woongebouwen. Vastgoedontwikkeling is een grote industrie. Veel mensen hebben zicht op een betere levensstandaard dankzij de onstuimige economische groei van het land. Tegelijk blijven grote groepen achter. Ondanks ambitieuze overheidscampagnes om de bewoners van de sloppenwijken en informele nederzettingen te laten delen in de nieuwe welvaart, leven op het Indiase subcontinent tientallen miljoenen mensen in armoede. Afhankelijk van de rapportages die je leest, wordt erover gesproken dat 10 tot 30 procent van de bevolking in sloppen leeft, wat betekent dat je in de steden al snel over ruim de helft van de bewoners praat. Door de continue aanwas van nieuwe migranten naar de steden neemt het probleem alleen maar toe. Ook voor de lagere middenklasse is goede huisvesting een groot probleem. Hoewel de stedelijke condities niet zo extreem zijn als in Mumbai of New Delhi, is Ahmedabad een van de snelst groeiende steden van India. Bevolkingscijfers lopen inmiddels uiteen van 5 tot 7 miljoen. Het maakt de eeuwenoude stad tot een uitgelezen plek om de cultureel-maatschappelijke omwentelingen die in India plaatsvinden, te bestuderen.

Zonder de Indiase context als iets exotisch af te willen schilderen, waaraan de westerse bezoeker geen deel heeft, kun je je niet aan de indruk onttrekken dat moderniteit en modernisering in India een andere ontwikkeling volgt dan in Europa.[3] Cultuur en geschiedenis spelen een niet te verwaarlozen rol. Religie is een belangrijke sociale en politieke factor. Daar komt bij dat klassenverschillen, etniciteit, genderrollen en seksualiteit gekoppeld zijn aan sociale waarden, die het gebruik van de publieke en private ruimte dicteren. Dit lijkt wellicht een open deur, maar verbazingwekkend genoeg worden deze factoren nauwelijks benoemd in de talloze studies van architecten naar de opkomst van megasteden. Ze verdwijnen onder de bulk aan abstracte data die verzameld wordt, en ze lossen maar al te vaak op in het 'globale' perspectief van een internationale avant-garde van experts. Ondanks goede bedoelingen en de nadruk op participatiemodellen, 'gebruikersgestuurde' planning en een *bottom-up* ideologie verschijnt in het discours over de informele stedenbouw paradoxaal genoeg een anoniem lompenproletariaat. Het is het onbedoelde bijeffect van het debat over *global cities* sinds de biënnale van Venetië (2006) van Ricky Burdett, die aan het onderwerp van 'eindeloze' stedelijke groei was gewijd.[4]

De tentoonstelling 'Uneven Growth' in het MoMA in New York (2014), die zes ontwerpscenario's presenteerde voor de mogelijke oplossing van de problemen rondom de informele verstedelijking van zes megasteden, stelde deze onmogelijke paradox aan de orde en kon

streets are also ideal places to hang out, though not for everyone. There are unwritten rules. I once made the mistake – being a European – of sitting down on the pavement, just to watch all the traffic. I promptly became the centre of a crowd: Was I all right? Shouldn't I go inside, where there was air conditioning? Sitting and hanging out in the streets is for the poor: for street traders, for boys with motorbikes and tuk-tuk drivers. The middle classes and the rich prefer an ordered private world that is cooled by air conditioning and cleaned by staff sweeping gardens and rooms. After all, besides hot and crowded the streets are also dirty: unclean. The amount of waste and plastic along the side of the road is simply overwhelming for someone from the well-ordered Netherlands.

Large billboards promoting a radiantly new lifestyle in equally radiant new residential buildings are suspended over the dirty, dusty streets. Real estate development is big business. Thanks to the country's explosive economic growth, for many people a better standard of living is within reach. At the same time, large groups are left behind. Despite ambitious government campaigns to let residents of slums and informal settlements share in the new prosperity, tens of millions of people still live in poverty on the Indian subcontinent. Depending on which report you read, 10 to 30 per cent of the population lives in slums, which in the cities might well mean more than half of the population. Owing to the continued influx of new migrants, the cities' problems are rapidly increasing. Finding good housing also presents a big problem to the lower-middle classes. Though its urban conditions are not as extreme as those of Mumbai or New Delhi, Ahmedabad is one of the fastest-growing cities in India. Population figures now range from 5 to 7 million. It makes the ancient city the perfect place to study the sociocultural transformations taking place in India.

I do not want to portray the Indian context as something exotic that the Western visitor cannot be part of, yet find it hard to avoid the impression that in India, modernity and modernization have developed along different lines than in Europe.[3] The parts culture and history play cannot be neglected. Religion is a major social and political factor. And class differences, ethnicity, gender roles and sexuality are linked to social values that dictate the use of public and private space. This may seem too self-evident to even mention but surprisingly, these factors are hardly mentioned in the numerous architectural studies about the advent of megacities. They become casualties of a bulk of abstract data and all too often dissolve in the global perspective of an international avant-garde of experts. Paradoxically, despite all good intentions, focus on participatory models, user-driven planning and bottom-up ideologies, what appears in the discourse about informal urban development is an anonymous lumpen proletariat. It is an unintended side effect of the debate on global cities that started with Ricky Burdett and the Venice Biennale of 2006, which was devoted to 'the limitless urban growth'.[4]

Presenting six design scenario's for the possible solution of the problems surrounding the informal urbanization of six megacities, the exhibition 'Uneven Growth' at the MoMA in New York (2014) addressed this impossible paradox yet at the same time found it hard to escape.[5] The multidisciplinary teams made up for the occasion contained a mix of outsiders and local stakeholders who could not rid themselves of a global perspective. The 'Uneven Growth' argument included different scenarios that aimed to provide alternatives for current urbanization practices. Using a kind of 'tactical urban development', as defined by the designers, the contemporary proletariat was supposed to throw off the miserable circumstances of the slums in which it had to live. Local communities were considered strongholds of democracy, whereas the new middle classes had to liberate themselves from imposed consumption patterns. To counterbalance the high finance elite and the failing central

Straatbeelden Ahmedabad, 2014
Street images Ahmedabad, 2014

Shop size diversity

Diversity of different space sizes to accomodate diversity in events like shops

Morgane Goffin, Ami Gokani, Lex te Loo en Lukas Mahlendorf: 'Shop Size Diversity', analyse van straatverkoop, maatvoering en typologie
Morgane Goffin, Ami Gokani, Lex te Loo and Lukas Mahlendorf, 'Shop Size Diversity', analysis of street vending, dimensions and typology

**Typische nieuwbouwontwikkeling
buiten Ahmedabad, 2013**
Typical new building development
outside of Ahmadabad, 2013

**Het boulevard project langs de
Sabarnati rivier, gezien vanaf de
Gandhi Ashram, 2015**
The boulevard project along the
Sabarnati river, seen from the
Gandhi Ashram, 2015

**Nachtelijk straatleven in een van
de _pols_ in het historische centrum
van Ahmedabad, 2015**
Nocturnal street life in one of the
pols of Ahmedabad's ancient town
centre, 2015

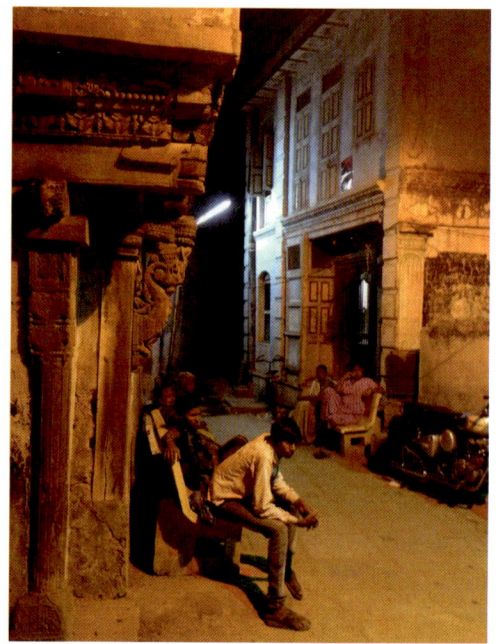

er tegelijk maar moeilijk aan ontsnappen.[5] De multidisciplinaire teams die speciaal voor de gelegenheid werden samengesteld met daarin een mix van buitenstaanders en lokaal betrokkenen, slaagden er niet in de bril van een 'globaal' perspectief af te zetten. Het betoog van 'Uneven Growth' richtte zich op alternatieven voor de huidige verstedelijkings-praktijken. Via een vorm van 'tactische stedenbouw' als gedefinieerd door de ontwerpers zou het eigentijdse proletariaat zichzelf moeten bevrijden van de erbarmelijke omstandigheden van de sloppenwijken waarin het moet bestaan. Lokale gemeenschappen werden beschouwd als een bolwerk van democratie, terwijl de nieuwe middenklasse zich zou moeten bevrijden van opgelegde consumptiedwang. Als tegen-wicht voor een elite van grootkapitaal en een falende centrale overheid werden oplossingen gezocht buiten de politiek in alternatieve organisatie-vormen of *governance*, zoals coöperatieven en *commons*. Architectonisch ontwerpen werd opnieuw gedefinieerd als procesmanagement en de rol van architecten als die van sociale werkers, net zoals dat gebeurde in de jaren 1970.[6] Architectuur als autonome vormgevende discipline is in deze benadering zelfs verdacht, omdat ze al snel met de dominante klasse wordt geassocieerd die verantwoordelijk wordt gehouden voor de ellende in de megasteden. Het roept de vraag op wat architecten dan wél zouden kunnen bijdragen buiten een vorm van *smart social engineering*. Het is een vraag die ook centraal staat in de Habitat Design Studio in Ahmedabad.

Ahmedabad in een notendop

Voor wie Ahmedabad niet kent: de stad ligt zo'n 500 km ten noorden van Mumbai in de deelstaat Gujarat aan de grens met Pakistan en staat bekend om haar textiel- en katoenindustrie. De stad werd daarom ook wel het Manchester van India genoemd. Vanaf 1915 vestigde Gandhi zich hier in het kader van zijn geweldloze strijd tegen de voor-malige Britse kolonisator en zijn zoektocht naar een oplossing voor de religieuze conflicten en de uitbuiting van de lagere klassen waaronder de textielwerkers en onaanraakbaren. Er is daarom een Gandhi-museum in Ahmedabad, de Sabarmati Ashram met het oorspronke-lijke woonverblijf van Gandhi en een bescheiden museumpaviljoen, een vroeg werk van Charles Correa (1958-1963). De bevolking van Gujarat is voornamelijk hindoe, en vlees en drank zijn in principe verboden en worden slechts aangeboden op plekken waar voorname-lijk buitenlanders komen. De huidige premier van India, Narendra Modi, komt uit Gujarat en draagt zijn hindoe-geloof nadrukkelijk uit, tot ontsteltenis van vooral de moslims. Spanningen tussen hindoes en moslims leidden in 2002 nog tot honderden doden in Gujarat. Ook in Ahmedabad woont een minderheid van moslims en de stad kent een aantal eeuwenoude moskeeën. Ander spectaculair historisch erfgoed dat nauw verbonden is met de wisselende overheersing van hindoes en moslims zijn de *step wells*, waterbronnen die soms tientallen meters diep liggen en die met rijk versierde trappen bereikt worden, zoals die van Adalaj. Ten noorden van Ahmedabad ligt de beroemde zonne-tempel met de watertank van Modhera, die met zijn elementaire en sculpturale trappartijen een inspiratiebron was voor structuralistische architecten zoals Correa, maar ook voor Herman Hertzberger.

Hoewel vervallen, is de oude binnenstad nog grotendeels intact en zijn er verschillende voorbeelden van historische woonhuizen te vinden, de *haveli*, die worden gekenmerkt door verfijnd houtsnijwerk. De *haveli* waren vroeger de huizen van de rijke bovenlaag, maar noch de gegoede burgerij noch de middenklasse woont tegenwoordig in de binnenstad. De staat van de huizen is niet alleen te slecht, maar bijvoorbeeld ook de watervoorziening is zeer beperkt en bewoners behelpen zich vaak nog met kraantjes langs de straat. Lege huizen

government, solutions were found outside politics, in alternative organi-zational forms of governance, like cooperations and commons. Archi-tectural design became process management and the role of architects was described as that of social workers – as happened in the 1970s.[6] Even architecture as an autonomous discipline was considered suspect, as it is easily associated with the ruling classes that are held responsible for the misery in the megacities. This raises questions as to what it is that architects might contribute besides a form of 'smart social engineering'. This question is also pivotal at the Habitat Design Studio in Ahmedabad.

Ahmedabad in a Nutshell

For those who do not know Ahmedabad: it is located about 500 km north of Mumbai in the federal state Gujarat, which borders Pakistan and is known for its textile and cotton industry. This is why the city was also known as 'the Manchester of India'. It was here that Ghandi settled in 1915 to fight his nonviolent war against the British former colonial power, religious conflicts and the exploitation of the lower classes, including the textile workers and the untouchables. This is why there is a Gandhi museum in Ahmedabad, the Sabarmati Ashram, which consists of Ghandi's original living quarters and a modest museum pavilion, an early design by Charles Correa (1958-1963). The people of Gujarat are mostly Hindus and meat and alcoholic beverages are prohibited in principle, though they are on offer at some of the venues that mainly cater to foreigners. India's current Prime Minister, Narendra Modi, is from Gujarat and tends to spread the Hindu message rather emphatically, to the dismay of the Muslim community in particular. Only in 2002, tensions between Hindus and Muslims led to the death of hundreds of people in Gujarat. Ahmedabad also houses a Muslim minority and there are several ancient mosques in the city. Other spectacular historical heritage sites that are closely connected to the alternating rule of Hindus and Muslims include the step wells, low-lying springs that are sometimes dozens of metres below ground surface, accessible by richly ornamented stairs, like the well at Adalaj. North of Ahmedabad lays the famous sun temple and water tank at Modhera, which with its elementary and sculptural stairs has been a source of inspiration to structuralist architects like Correa, but also Herman Hertzberger.

Though decrepit, the ancient town centre is largely intact and includes various examples of historical residences, the *haveli*, which feature refined wood carvings. The *haveli* were once the homes of the rich upper classes, but neither the upper nor the lower-middle classes live in the town centre these days. Not only are the houses in bad condition, necessities such as water are in limited supply and residents often have to make do with roadside taps. Vacant houses are occupied by new migrants. The ancient town centre is an intricate web of clusters of so-called *pols*, narrow streets and alleys that were once closed at night for safety purposes. A *pol* was a social unit that more or less coincided with the social structure of families and castes. Ancient Ahmedabad consisted of hundreds of such 'gated communities'. Just like the *hutong* in China, the *kampong* in Malaysia and Indonesia and the *souk* and *kasba* in Arab countries, *pol* is an urban concept unfamiliar to Europeans. Tourists easily lose their way here, there are no city maps available: only the central shopping streets, temples and markets help you find your way through this labyrinth.

Public space in Ahmedabad is a completely new challenge. The streets of Ahmedabad are neither designed nor intended as public space: residents and users appropriate them as places to meet and make exchanges. In the context and from the perspective of local communities, public space is a totally different kind of meeting space than the public space in contemporary European cities, or the public space in global

worden ingenomen door nieuwe migranten. De oude binnenstad is een fijnmazig weefsel van clusters van zogenaamde *pols*, straatjes en stecgjes die vroeger 's avonds afgeslotcn werden voor de veiligheid. Een *pol* was een sociale eenheid die min of meer samenviel met de sociale structuur van families en kasten. Historisch Ahmedabad telde honderden van dergelijke *gated communities*. Net als de *hutong* in China en de *kampong* in Maleisië en Indonesië, of de *souk* en *kasba* in Arabische landen is de *pol* een stedelijk element dat onbekend is in Europa. Een toerist raakt er snel de weg kwijt, er is geen stadskaart beschikbaar, alleen centrale winkelstraten, tempels en markten helpen je enigszins de weg te vinden in dit labyrint.

Publieke ruimte is in Ahmedabad een geheel nieuwe opgave. De straten van Ahmedabad zijn niet als publieke ruimte ontworpen of gepland, ze worden in bezit genomen door de bewoners en gebruikers als ontmoetingsplek en ruimte voor uitwisseling. Publieke ruimte is vanuit de lokale gemeenschappen en context bekeken dan ook een geheel ander soort ontmoetingsruimte dan de openbare ruimte in de huidige Europese stad of de openbare ruimte van een *global city*, die ontstaat met de aansluiting op dominante internationale netwerken. De luchthaven van Ahmedabad is nu nog bescheiden van omvang; een internationale terminal is in 2010 geopend. Nu Ahmedabad zich opmaakt om een speler te worden binnen het netwerk van *global cities* begint deze vraag naar een nieuwe publieke ruimte aan de orde te komen. Deze ontwikkeling wordt bijvoorbeeld zichtbaar in het groot-schalige boulevardproject van betonnen kades en keerwanden langs de oevers van de rivier de Sabarmati, dat bekritiseerd wordt om zijn onzorgvuldige aanpak in termen van watermanagement en mislukte grondspeculatie die zichtbaar wordt bij braakliggende bouwterreinen.

Ondanks de toestroom van migranten van het platteland ervaar je de miljoenenstad als relatief leefbaar en compact met voornamelijk laagbouw en middelhoogbouw. Hoewel druk wordt het verkeer (nog) niet gedomineerd door auto's, maar des te meer door de tuktuks, fietsen, brommers en motoren. 's Ochtends en 's avonds tijdens de spits loopt de boel vast op de grote kruispunten, met een urendurende symfonie van getoeter als gevolg. De *locals* waarschuwen half-ironisch lachend dat een grote weg oversteken niets minder is dan *a leap of faith*. Alle clichés worden (gelukkig) bewaarheid: stoplichten worden genegeerd, koeien en honden zijn de vaste pittoreske onderdelen van het straatbeeld, hier en daar kom je een kameel of olifant tegen.

Voor de naoorlogse moderne architectuur is de stad een uitzonder-lijke plek van kruisbestuiving te noemen. Balkrishna Doshi belichaamt deze kruisbestuiving. Wereldwijd kennen architecten Ahmedabad vanwege een handvol hoogtepunten: het hoofdkantoor van de Mill Owners Association (1954-1956), dat net als Shodhan House (1951-1956) en Villa Sarabhai (1951-1955) door Le Corbusier is ontworpen. Louis Kahn en diens medewerker Anant Raje bouwden er de monumentale campus van het prestigieuze Indian Institute of Management (1962-1974). Doshi, inmiddels 87 jaar oud, was destijds zelf nauw betrokken bij de realisatie van deze meesterwerken. Van 1951 tot en met 1954 was hij werkzaam op Le Corbusier's bureau in Parijs. Als uitvloeisel van Le Corbusier's project in Chandigarh in het noorden van India verwierf hij ook enkele opdrachten van de steenrijke textielbaronnen in Ahmedabad, zoals de familie Sarabhai. Om de bouw van met name deze opdrachten in Ahmedabad te begeleiden, keerde Doshi terug naar India om daar zijn eigen bureau te beginnen. Het vormt niet alleen het begin van een uiterst vruchtbare architectenloopbaan, Doshi richtte in 1962 ook een eigen architectuurschool op in Ahmedabad, de CEPT-universiteit (Centre for Environmental Planning and Technology), waarvoor hij ook de campusgebouwen ontwierp, een

cities, which emerges in connection with dominant international networks. As yet, Ahmedabad Airport is very modest in size. An international terminal opened in 2010. Now that Ahmedabad is gearing up to become a player in the global cities' network, the issue needs addressing. This is apparent, for instance, from the large-scale boulevard project of concrete quays and retaining walls along the banks of the Sabarmati River, a project that is being criticized for its slapdash approach in terms of water management and unsuccessful land speculation.

Despite the influx of migrants from the countryside, this city with over 5 million inhabitants feels relatively liveable and compact, with mostly low-rise and medium-rise buildings. Though busy, the traffic is not completely dominated by cars (yet) but rather by tuk-tuks, bicycles and motorcycles. During the morning and evening rush hours there are traffic jams at major crossroads, which result in horn-blowing concertos that last for hours. Half-ironically smiling locals warn that crossing a major road here is nothing short of a leap of faith. All clichés are (thankfully) confirmed: traffic lights are ignored, cows and dogs are common, picturesque parts of the streetscape and every once in a while, you come across an elephant or a camel.

In the context of post-war modern architecture, the city can be called an exceptionally cross-pollinated place. Balkrishna Doshi is the embodiment of this cross-pollination. Architects worldwide are aware of Ahmedabad because of a handful of highlights: the Mill Owners Association headquarters(1954-1956), which like Villa Shodhan (1951-1956) and Villa Sarabhai (1951-1955) was designed by Le Corbusier. Louis Kahn and his associate Anant Raje built the monumental campus of the prestigious Indian Institute of Management (1962-1974). Doshi, now 87 years old, was closely involved in the realization of these masterpieces at the time. He worked at Le Corbusier's Paris office from 1951 to 1954. Le Corbusier's project in Chandigarh in the north of India led to several commissions by the wealthy textile barons of Ahmedabad, like the Sarabhai family. To realize these Ahmedabad commissions in particular, Doshi left Paris for India to launch his own firm. This not only marks the start of a highly productive career in architecture: in 1962, Doshi also started his own school of architecture in Ahmedabad, the CEPT (Centre for Environmental Planning and Technology), for which he also designed the campus buildings, a first phase in 1966-1968 and a second phase in 1975-1977. In addition, Doshi designed several houses and housing projects in the city, as well as urban renewal projects, various educational facilities, cultural institutions (including the Gandhi Labour Institute, 1980-1984) and, finally, his own offices (1979-1981), which are, more than any of his other projects, a demonstration of his architectural principles with regard to sustainable living environments and social relations.

The Oasis of Sangath

The offices of Doshi and Vastu Shilpa are in the western part of town. It is not always easy to explain its location to tuk-tuk drivers. The address is on the busy Drive In Road, just past the drive-in cinema, and the complex is also know by the name Sangath, but not all drivers know this. Underway, directions have to be fine-tuned regularly. Finally, you are dropped off on the side of the road near a grey stucco garden wall. Once you have entered through the orange-red gate in the garden wall, a big surprise awaits you. After the noise and the dust of the busy Drive In Road, which takes you from the ancient town centre and over the Sabarmati River to the western periphery of the expanding city, you suddenly find yourself in a green oasis. A garden path with carefully inlaid patterns of recycled ceramic shards takes you by lush greenery and a pond in the direction of a collection of white barrel vaults to one

eerste fase in 1966-1968 en een tweede in 1975-1977. Doshi ontwierp daarnaast diverse huizen en woningbouwprojecten in de stad, net als stadsvernieuwingsprojecten, verschillende onderwijsgebouwen, culturele instellingen, waaronder het Gandhi Labour Institute (1980-1984) en ten slotte ook zijn eigen bureau (1979-1981), dat meer dan enig ander project van zijn hand een demonstratie is van zijn architectonische principes voor een duurzame leefomgeving en sociale relaties.

De oase van Sangath

Het bureau van Doshi en Vastu Shilpa bevindt zich in het westen van de stad. Het is niet altijd even makkelijk om de tuktukchauffeur uit te leggen waar het is. Het adres is aan de drukke Drive In Road net voorbij de drive-in cinema en het complex wordt ook aangeduid met de naam Sangath, maar lang niet alle chauffeurs zijn daarmee bekend. Onderweg moet de juiste weg regelmatig gecheckt worden, voordat je wordt afgezet langs de kant van de weg bij een grijs gestucte tuinmuur. Eenmaal door de oranjerode poort wacht een verrassing. Na al het lawaai en stof van de drukke Drive In Road die je vanuit het oude centrum meeneemt over de Sabarmati-rivier naar de westelijke periferie van de uitdijende stad, beland je onverwachts in een groene oase. Een tuinpad met zorgvuldig ingelegde patronen van hergebruikte stukjes keramiek voert je langs weelderig groen en een vijver richting een verzameling witte tongewelven schuin achter in de tuin. Een paar treden naar beneden leiden je naar een beschaduwd voorportaal voordat je het eigenlijke gebouw betreedt.

Het interieur zou je kunnen beschrijven als 'een tros plekken', precies zoals Aldo van Eyck bedoelde. Met doorzichten en drempels openbaart zich een mini-labyrint van tussenruimten dat wordt bewoond door de medewerkers van het bureau en dat de ontvangstbalie, de spreekruimten, de dubbelhoge teken- en maquettekamers tot en met Doshi's eigen kamer bevat. De materiaalbehandeling verraadt Doshi's affiniteit met Le Corbusier en Louis Kahn: veel naakt beton, ingebouwd en vast meubilair, tegels, onbehandeld en behandeld houtwerk. De schaal is intiem, bijna huiselijk, en er is een directe lichamelijke relatie met de ruimten: de muren en wanden, de trappen, tegels en andere details als leuningen en drempels, het is allemaal heel 'aaibaar'. Je oog ziet al hoe het voelt, terwijl je hand je oog volgt en over het oppervlak van een muur of een balie strijkt.

De Gujarati-naam Sangath wordt door Doshi uitgelegd als *moving together* en soms als *moving together through participation*. Ook de naam van het bureau leest als een slogan en agenda voor de architectuur: Vastu Shilpa betekent *design of environment*.[7] Het verraadt een dynamisch begrip van ruimte en sociaal gebruik en een welhaast holistische benadering van architectuur, stedenbouw en het woningbouwvraagstuk. Net als 'habitat' laat het bovendien Doshi's sterke affiniteit met de kringen van Team 10 zien.[8] Net als Hertzberger in Nederland vertegenwoordigt hij zo een ongehoorde continuïteit, die de jaren 1950 met de eenentwintigste eeuw verbindt. Doshi was al aanwezig bij het CIAM-congres in Hoddesdon (1951) en leerde in de tweede helft van de jaren 1950 aan de Amerikaanse Washington University in St. Louis Jaap Bakema kennen, die daar geregeld les gaf. Andere connecties bestaan uit de samenwerking met Christopher Alexander, toen deze zijn promotieonderzoek deed in India.[9] Als bekend zou Alexander dit onderzoek later aan Team 10 presenteren in Royaumont (1962), een onderzoek dat later leidde tot zijn beroemde boek *Notes on the Synthesis of Form*, dat handelde over context en sociale relaties onder meer aan de hand van zijn onderzoek naar leefpatronen in Indiase dorpen.[10] Doshi was verder aanwezig bij de Team 10 bijeenkomst in Urbino (1966) die werd georganiseerd door

side in the back of the garden. A couple of steps take you down to a shaded porch before you actually enter the building.

You could describe the interior as 'a bunch of places', just as Aldo van Eyck intended it. Including views and thresholds, a mini labyrinth of intermediate spaces unfolds that houses the employees of the office, the reception desk, the interview rooms, the double-high drawing and model rooms, to end in Doshi's own room. The application of materials betrays Doshi's affinity with Le Corbusier and Louis Kahn: lots of untreated concrete, built-in and fixed furniture, tiles and untreated and treated woodwork. The scale is intimate, almost domestic, and there is a direct physical relationship with the spaces: the walls and partitions, the staircases, tiles and other details like railings and thresholds are all easy to the touch. The eye can already see what they are going to feel like, while the hand is still following the eye to stroke the surface of a wall or desk.

Doshi interprets the Gujarati name 'Sangath' as 'moving together', sometimes 'moving together through participation'. The name of the firm also reads like a slogan or agenda for architecture: Vastu Shilpa means 'design of environment'.[7] This betrays a dynamic understanding of space and social practices and an almost holistic approach to architecture, urban planning and housing issues. Like 'habitat', it furthermore also shows Doshi's strong affinity for the Team 10 discourse.[8] Like Hertzberger in the Netherlands, he thus represents an extraordinary continuity that connects the 1950s to the twenty-first century. Doshi attended the 1951 CIAM conference in Hoddesdon and met Jaap Bakema, who regularly lectured at the American Washington University in St Louis, in the second half of the 1950s. Other connections include the collaboration with Christopher Alexander, who conducted his doctoral research in India.[9] As is well known, Alexander presented his research to Team 10 in Royaumont in 1962, research that would later lead to his famous book *Notes on the Synthesis of Form*, about context and social relations based among other things on his research into ways of life in Indian villages.[10] Doshi also attended the 1966 Team 10 meeting in Urbino organized by Giancarlo De Carlo, at which time he presented one of his projects for an industrial neighbourhood project.[11]

More than anyone else who attended the Team 10 meetings, Doshi managed to actually incorporate the idea of an ecological habitat, which was the foundation of Team 10 and included as such in the 1954 'Statement on Habitat', the so-called 'Doorn Manifesto', in his housing projects.[12] In the Indian context, ideas regarding growth and change could not but become a natural part of Doshi's design strategies to house the lower classes. His work, from his earliest projects for cheap housing in Ahmedabad for ATIRA (Ahmedabad Textile Industry's Research Association) and PRL (Physical Research Laboratory) in the late 1950s to his famous Aranya project in the 1980s, for which he received the Aga Khan Award, represent a continuous development of simple basic rules that accommodate growth and change generated by the residents themselves. Subdivision and a very simple core including basic sanitary facilities are the most minimal necessities for a development that is completed and enriched by the residents themselves. The neighbourhood literally grows through the development of and investments by the community. Extra rules may involve zoning for the fleshing out and further development of the basic lots or a first cell as a first main space perhaps combined with a kitchen and a private patio beyond. Where housing projects require a greater density, the dwellings are stacked. Collective outside stairs regulate the direct contact with the street. Doshi never included the galleries or raised streets that were once so popular among European Team 10 colleagues in his projects. His are always high-density low-rise developments. The rhythm of the lots,

Giancarlo De Carlo, waar hij een van zijn projecten voor een fabrieks-wijk presenteerde.[11]

Meer dan enig andere deelnemer aan de Team 10 bijeenkomsten is Doshi met zijn woningbouwprojecten erin geslaagd om daadwerkelijk vorm te geven aan het idee van een ecologische habitat, dat aan de wieg stond van Team 10 en als zodanig is verwoord in het 'Statement on Habitat' uit 1954, het zogenaamde 'Doorn Manifesto'.[12] In de Indiase context wordt noodgedwongen het idee van groei en verande-ring een vanzelfsprekend onderdeel in Doshi's ontwerpstrategieën voor woningbouw voor de lagere klassen. Van zijn eerste projecten voor goedkope woningbouw in Ahmedabad eind jaren 1950 voor ATIRA (Ahmedabad Textile Industry's Research Association) en PRL (Physical Research Laboratory) tot aan het beroemde project in Aranya uit de jaren 1980, waarvoor Doshi de Aga Khan Award ontving, valt een continue ontwikkeling van eenvoudige basisregels te destilleren die groei en verandering door de bewoners zelf accommo-deren. Kavelscheidingen en een zeer eenvoudige kern met de basis-voorzieningen voor sanitair zijn de meest minimale variant voor een verkaveling die vervolgens aangevuld en verrijkt wordt door de bewoners zelf. De wijk groeit letterlijk mee met de groei en investeringen van de gemeenschap. Extra regels kunnen bestaan uit zoneringen voor invullingen en verdere uitbouw van de basiskavel, een cel als eerste hoofdruimte, al dan niet in combinatie met een keuken, met daarachter een privépatio. Als woningbouwprojecten om grotere dichtheden vragen, wordt er gestapeld. Collectieve buitentrappen regelen het contact met de straat. Galerijen of opgetilde straten die zo populair waren bij de Team 10 collega's in Europa, past Doshi in zijn projecten niet toe. Het is altijd laagbouw in hoge dichtheid. De ritmering van de kavels, de zich herhalende basisstructuur van ontsluiting, privé- en publieke ruimten, de juiste relatie met de woonpaden of straten, de juiste positionering van de collectieve buitentrappen, het draagt allemaal bij aan een samenhangend weefsel dat open staat voor toeëigening en verdere uitbouw door de bewoners zelf. In Ahmedabad zijn deze principes ook te zien in Doshi's woningbouwproject voor de Life Insurance Corporation (1973-1976), inclusief de talloze wijzigingen en toevoegingen van de bewoners.

Het maken van drempels en zoneringen, van filters tussen de ver-schillende domeinen van privé en publiek en alles wat daar tussen zit, is cruciaal om het geheel te laten werken. De structuur van de gebouwde omgeving is een syncopisch tegenritme van de cycli van het alledaagse leven met zijn eigen routines en rituelen.[13] Doshi wijst op het belang van het ambigue karakter van tussenruimten die juist door deze dubbel-zinnigheid op meerdere manieren door de bewoners gebruikt kunnen worden, waardoor hun ervaringen rijker worden. In zijn woorden gaat het erom 'pauzes' te creëren, die een eenzijdige rationele en lineaire ontwikkeling onderbreken. In zijn lezing 'Give Time a Break' voor de 'Anytime'-conferentie in Ankara (1998), zegt Doshi het zo:

Onze tijd gaat steeds sneller, en gebeurtenissen zijn nu gekoppeld aan snelle verandering en onzekerheid. De verhouding van de mens tot zijn gebouwde omgeving is vluchtig, en identiteit is synoniem geworden met snelle, resultaatgerichte acties. Symbolen zijn nu afhankelijk van een voortdurend veranderend en steeds onzekerder wereldbeeld. Ten opzichte van dit kortzichtige wereldbeeld met zijn goed geconstrueerde, extreem gereguleerde, mechanistische archi-tectonische ruimten, is de enige constante die onze zintuigen kan beroeren, de introductie van de pauze, het 'gat' of de onverwachte, dubbelzinnige link. Door het tijdelijke gevoel van rust en de her-oriëntatie op de ruimte, kan dit gat of deze 'open-einde-dubbel-

the repetitive basic structure of the access roads, the private and public spaces, the correct connection to the residential paths or roads, the proper positioning of the collective outside stairs: they all contribute to the creation of a cohesive tissue that is open to appropriation and further expansion by the residents. In Ahmedabad, the same principles can be found in Doshi's housing project for the Life Insurance Corporation (1973-1976), which includes numerous changes and additions made by the residents.

Creating thresholds and zones, filters between the various private and public domains and everything in between, is crucial to make the whole thing work. The structure of the built environment creates a syncopated counter rhythm of daily lifecycles with their own routines and rituals.[13] Doshi points out the importance of the ambiguous character of the intermediate spaces that, due to their ambiguity, residents can use in a variety of manners, which makes a richer experience possible. In his words, it is about creating 'breaks' that interrupt a one-sided, rational and linear development. In his lecture 'Give Time a Break' for the Anytime conference in Ankara in 1998, Doshi says:

Our measure of time is accelerating, and events are now coupled with rapid change and uncertainty. The relationship of man to built form has become transitory, and identity has become synonymous with quick, result oriented action. Symbols are now dependent upon a constantly changing and increasingly uncertain world view. Against this myopic world view and the resulting well-structured, extremely regulated, mechanized architectural spaces, the only constant that can recover our sensibilities is the introduction of the pause, the 'gap' or unexpected, ambiguous link. This gap, or 'open-ended ambiguity', through its momentary sense of repose in time and re-orientation of space, help counteract stressful activity. In architecture, this gap or pause is the un-assigned loosely superimposed space, the corner or corridor or irregular courtyard accidentally discovered. In these spaces use is undefined and choice is unlimited . . . they contain the possibility of spontaneity.[14]

Strikingly, rather than to Team 10 or the Western tradition, Doshi's argument about the architecture of 'breaks' and intermediate spaces refers explicitly to traditional Indian architecture:

Traditional Hindu architecture, which expresses through movement – whether fast or slow with several pauses – is perceived not only as part of this instant or eternity, but as an intimate experience. Architecturally, the broken wheel of time is expressed as a sequence of juxtaposed long and short corridors with a variety of pauses, scales, interspersed courtyards, and unexpected visual barriers, including changes in structural expression or in the quality of light . . . One can be trans-formed through a proactive dialogue with space and time. One can cross a threshold into another space, another time, and another phase of psychological and spiritual experience. Walls, columns, surfaces, rhythms, light, etc., are instruments that activate these spaces.[15]

Doshi emphatically has the architect play a part in the accommodation of social processes. Architecture can even potentially transform these processes by a proper articulation of spatial conditions by means of the above-mentioned architectural elements. He wields a dynamic under-standing of architecture and social relations, with architecture subservient to transformation or even metamorphosis, not in a purely spatial or physical sense but first and foremost in a psychological or even spiritual sense.

Le Corbusier, ATMA House, Mill Owners Association Building, open entreehal, Ahmedabad, 1951-1955
Le Corbusier, ATMA House, Mill Owners Association Building, open entrance hall, Ahmedabad, 1951-1955

Louis Kahn met Anant Raje, Indian Institute of Management, een van de open, monumentale gangen in het hoofdgebouw, Ahmedabad, 1962-1974
Louis Kahn with Anant Raje, Indian Institute of Management, one of the monumental, open corridors in the main building, Ahmedabad, 1962-1974

Balkrishna Doshi, toegang tot de architectuurschool op de CEPT University campus, Ahmedabad, eerste fase 1966-1968
Balkrishna Doshi, entrance to the architecture school on the CEPT University campus, Ahmedabad, first phase 1966-1968

Sangath, bureau van Doshi, Ahmedabad, 1979-1981
Sangath, Doshi's office, Ahmedabad, 1979-1981

Poort naar Sangath, Ahmedabad, 1979-1981
Gate to Sangath, Ahmedabad, 1979-1981

Balkrishna Doshi, woningbouw-project voor de Life Insurance Corporation, 1973-1976. Uitbreiding bovenwoning door middel van zelfbouw, Ahmedabad, 2013

Balkrishna Doshi, housing project for the Life Insurance Corporation, 1973-1976. Expansion by residents of the upper apartments, Ahmedabad, 2013

Balkrishna Doshi, woningbouw-project voor de Life Insurance Corporation, 1973-1976. Fragment met delen van originele opzet nog zichtbaar, Ahmedabad, 2013

Balkrishna Doshi, housing project for the Life Insurance Corporation, 1973-1976. Fragment with parts of the original structure still visible, Ahmedabad, 2013

Balkrishna Doshi, woningbouw-project voor de Life Insurance Corporation, 1973-1976. Straat-beeld, Ahmedabad

Balkrishna Doshi, housing project for the Life Insurance Corporation, 1973-1976. Street image, Ahmedabad

zinnigheid' tegenspel bieden aan de nerveuze overspannenheid van vandaag. In de architectuur is dit gat of deze pauze de niet geprogrammeerde, losjes gearticuleerde ruimte, de plotselinge ontdekking van een hoek of een gang of een onregelmatige binnenhof. In deze ruimten is het gebruik ongedefinieerd en zijn er eindeloze keuzes (...) ze bieden spontaniteit.[14]

Opvallend genoeg verwijst Doshi voor zijn argumentatie van deze architectuur van pauzes en tussenruimten niet naar Team 10 of de westerse traditie, maar expliciet naar traditionele Indiase architectuur:

Traditionele hindoe-architectuur is er een van beweging, snel of langzaam, met verschillende pauzes. Ze wordt niet alleen als onderdeel van dit moment of de eeuwigheid gezien, maar als een intieme ervaring. In architectonisch opzicht wordt de breuk in de tijd uitgedrukt als een opeenvolging van parallelle, lange en korte corridors met een variëteit aan pauzes, schalen, binnenhoven en onverwachte visuele barrières, inclusief veranderingen in de constructieve expressie of de kwaliteit van het licht (…) Je kunt getransformeerd worden door een proactieve dialoog met ruimte en tijd. Je kunt een drempel overgaan naar een andere ruimte, een andere tijd, en een andere fase van psychologische of spirituele ervaring. Muren, kolommen, oppervlakken, ritmen, licht enzovoort zijn instrumenten die deze ruimten activeren.[15]

Doshi ziet dus nadrukkelijk een rol weggelegd voor de architect om sociale processen te kunnen accommoderen. Architectuur bezit zelfs de potentie om deze processen te transformeren door een juiste articulatie van ruimtelijke condities door middel van bovengenoemde architectonische elementen. Het draait om een dynamisch begrip van architectuur en sociale relaties, waar architectuur in dienst staat van transformatie of zelfs metamorfose, niet louter in een ruimtelijke of fysieke zin, maar in de eerste plaats in een psychologische of zelfs spirituele.

De overlap met het Team 10 discours is opnieuw enorm als je bedenkt dat bijvoorbeeld Peter Smithson op eenzelfde manier over transformatie en toeëigening van ruimten sprak. Of het feit dat Bakema, onder verwijzing naar de Franse filosoof Henri Bergson, het idee van verandering als een fundamenteel principe van een levende architectuur omarmde. De interesse van Team 10, en de principes zoals omschreven door Doshi, worden uiteindelijk belichaamd in de zestiende-eeuwse paleisstad Fatehpur Sikri. Deze stad is niet alleen voor Doshi een vanzelfsprekende referentie, maar ook een geliefd voorbeeld voor Van Eyck en de Nederlandse Forumgroep. Alison Smithson nam het paleis zelfs op ter afsluiting van haar canon van zogenaamde weefselgebouwen (mat-building), die volgens haar het Team 10 denken bij uitstek belichamen.[16] Het werk van Doshi roept zo de vraag op in hoeverre het denken van Team 10 als een specifiek Europees discours kan worden beschouwd, zoals gesuggereerd door Alison Smithson en anderen, en of hier niet iets anders aan de hand is, bijvoorbeeld inderdaad een proces van kruisbestuiving waarbij de cultuur en de beschaving van een voormalige kolonie een ongemeen diepgaande invloed heeft op die van de kolonisator.

Habitat Studio

Er is nog een andere reden om Doshi's praktijk te plaatsen in de context van de nadagen van CIAM en het Team 10 discours, en dat is het format van de Habitat Design Studio. Dat staat in de traditie van het onderwijs van Team 10 en de naoorlogse CIAM Summer Schools

Again, the overlap with the Team 10 discourse is huge when you consider that Peter Smithson, for instance, talked about transformation and appropriation of spaces in exactly the same way and that Bakema, referring to French philosopher Henri Bergson, embraced the idea of change as a fundamental principle of a living architecture. Ultimately, the interest of Team 10 and the principles described by Doshi are embodied by the example of the sixteenth-century palace city Fatehpur Sikri. A natural reference for Doshi, it is also a popular example of Van Eyck and among the Dutch Forum group. Alison Smithson in turn included the palace as the conclusion of her canon of so-called 'mat-buildings', which she believed epitomized the Team 10 philosophy.[16] Thus, Doshi's work raises the question to what extent the philosophy of Team 10 must be considered a specifically European discourse, as suggested by Alison Smithson herself and by others, or whether there is perhaps something else going on here indeed, for instance a process of cross-pollination in which the culture and civilization of a former colony have an extraordinarily profound impact on those of the colonizer.

Habitat Studio

There is yet another reason to place Doshi's practice in the context of the latter days of the CIAM and of the Team 10 discourse, and that is the format of the Habitat Design Studio. This is in the tradition of the teaching of Team 10 and the post-war CIAM Summer Schools in Venice, bringing students and teachers from different countries and cultures together. Remember, Bakema tirelessly travelled the world giving his multimedia lectures, always teaching seminars and workshops of the same assignment, namely that of the city, like at the Internationale Sommerakademie in Salzburg, where he taught a studio for many years. The Berlage institute, founded by Hertzberger and currently part of Delft University of Technology as an advanced Masters course, is organized along the same lines. Another example is Giancarlo De Carlo's ILAUD, the International Laboratory of Architecture and Urban Design, which he founded in 1976 and which kept the Team 10 discourse going for 30 years. Peter Smithson, Aldo van Eyck and Herman Hertzberger stayed there and so did Doshi, in 1987 and 1991. These teaching methods generate cross-pollination like no other. Typically, they are outside the curricula of schools of architecture; they are special moments that facilitate reflection and speculation precisely because they are extra-curricular. Doshi would say they are a break in the academic discipline, which is precisely why they offer opportunities for crossing boundaries, innovation and enrichment.

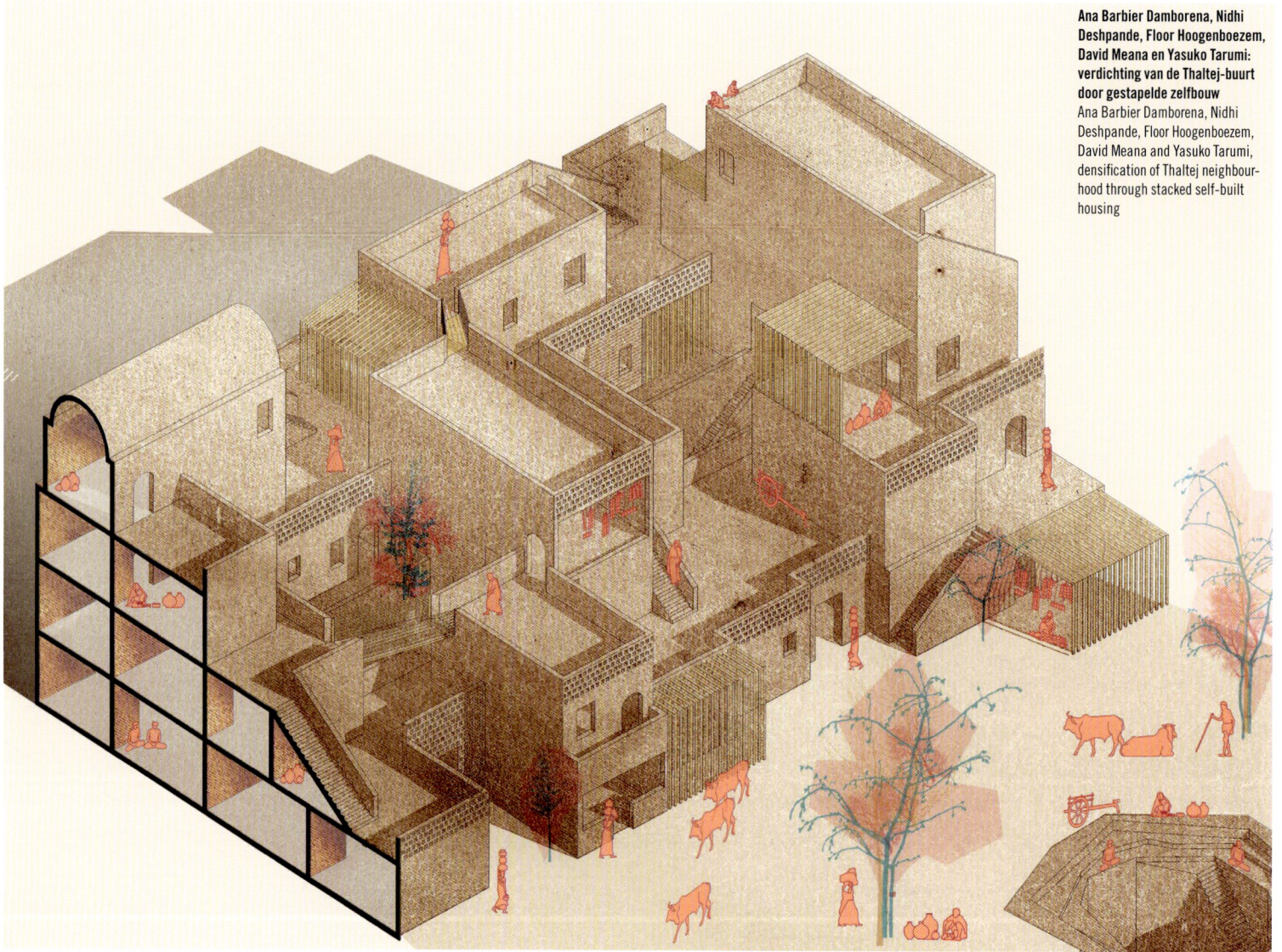

Ana Barbier Damborena, Nidhi Deshpande, Floor Hoogenboezem, David Meana en Yasuko Tarumi: verdichting van de Thaltej-buurt door gestapelde zelfbouw
Ana Barbier Damborena, Nidhi Deshpande, Floor Hoogenboezem, David Meana and Yasuko Tarumi, densification of Thaltej neighbourhood through stacked self-built housing

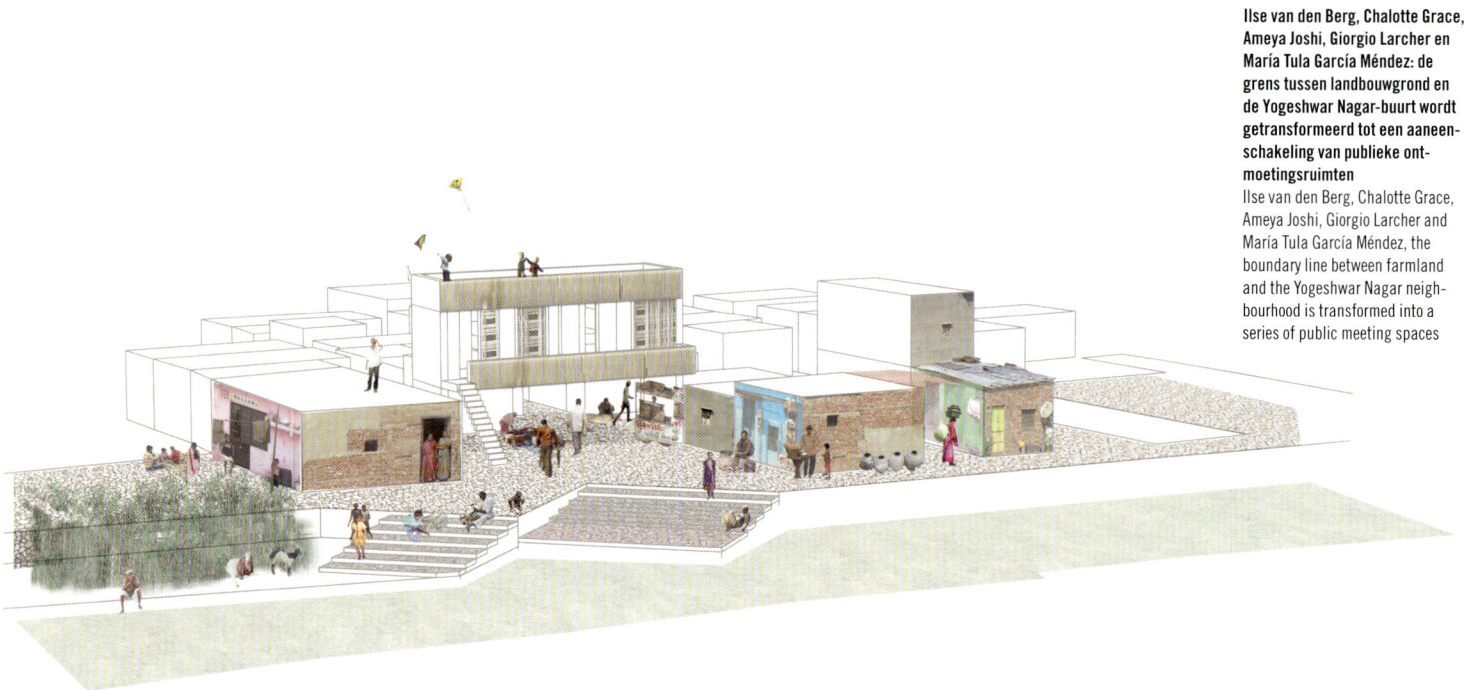

Ilse van den Berg, Chalotte Grace, Ameya Joshi, Giorgio Larcher en María Tula García Méndez: de grens tussen landbouwgrond en de Yogeshwar Nagar-buurt wordt getransformeerd tot een aaneenschakeling van publieke ontmoetingsruimten
Ilse van den Berg, Chalotte Grace, Ameya Joshi, Giorgio Larcher and María Tula García Méndez, the boundary line between farmland and the Yogeshwar Nagar neighbourhood is transformed into a series of public meeting spaces

Aidan Conway, Leticia Izquierdo Garcia, Marlene Hamacher en Azul Campos Vivo: hellingbaan tussen de nieuwe metrolijn en de Thaltej-buurt wordt een katalysator voor activiteiten
Aidan Conway, Leticia Izquierdo Garcia, Marlene Hamacher and Azul Campos Vivo, ramp between new metro line and the Thaltej neighbourhood becomes a catalyst for activity

Marlen Beckedal, Rohit Raj, Ellen Rouwendal en Laura Strähle: voorstel voor een nieuwe bloktypologie in de Gota-buurt, deels gebaseerd op zelfbouw, waarbij flexibiliteit en diversiteit uitgangspunt waren
Marlen Beckedal, Rohit Raj, Ellen Rouwendal and Laura Strähle, proposal for a new block typology in the Gota neighbourhood, in part based on self-build practices, where flexibility and diversity are key

in Venetië, waarbij studenten en docenten uit verschillende landen en culturen bij elkaar worden gebracht. Denk aan het onderwijs van Bakema die onvermoeibaar de wereld over reisde met zijn multimedia-lezingen en eigenlijk altijd dezelfde opgave had, namelijk die van de stad, zoals op de Internationale Sommerakademie in Salzburg waar hij vele jaren een studio verzorgde. Het Berlage-instituut, opgericht door Hertzberger en tegenwoordig onderdeel van de TU Delft als een advanced-masters-opleiding, volgt ook deze opzet. Een ander voorbeeld is Giancarlo De Carlo's ILAUD, het International Laboratory of Architecture and Urban Design, dat De Carlo in 1976 oprichtte en dat gedurende 30 jaar het Team 10 discours voortzette. Peter Smithson, Aldo van Eyck en Herman Hertzberger waren er te gast, net als Doshi in 1987 en 1991. Dergelijke onderwijsvormen zijn bij uitstek een plek van kruisbestuiving. Ze vallen doorgaans buiten de curricula van architectuurscholen en zijn speciale momenten die reflectie en speculatie mogelijk maken, juist omdat ze daarbuiten vallen. Ze vormen in de woorden van Doshi een pauzemoment in de academische discipline. Precies daarom bieden ze de mogelijkheid van grensoverschrijding, vernieuwing en verrijking.

Zonnetempel uit de elfde eeuw, zicht op het waterbassin, Modhera
Eleventh-century Sun Temple, a view of the water basin, Modhera

Noten

1 Zie voor een beknopt overzicht de webpagina: http://www.vastushilpa.org/international-studio.html. De studio gaat terug tot 2003. Architectuurscholen uit Australië, Denemarken, Frankrijk en Zwitserland namen eerder deel aan de Habitat Studio. De studenten worden begeleid door een multidisciplinair team van docenten. Met name de begeleiding van prof. em. Neelkanth Chhaya mag hier niet onvermeld blijven.

2 Paul John en Ashish Vashi, *Ahmedabad Next. Towards a World Heritage City* (Ahmedabad: Bennett, Coleman & Co, 2011), 30.

3 Sinds Edward Saïd's postkoloniale kritiek waagt geen westerse wetenschapper zijn vingers hier nog aan te branden, maar ook de Indiase schrijver Pankaj Mishra probeert de geschiedenis van modernisering te herschrijven vanuit een specifiek Aziatisch perspectief in: *Temptations of the West: How to Be Modern in India, Pakistan, Tibet and Beyond* (New York: Farrar, Straus & Giroux, 2006) en *From the Ruins of Empire: The Revolt against the West and the Remaking of Asia* (Londen/New York: Allan Lane, 2012).

4 Zie ook: Ricky Burdett en Deyan Sudjic (red.), *The Endless City* (Londen: Phaidon, 2007).

5 De tentoonstelling was georganiseerd door het MoMA samen met het MAK in Wenen en was te zien in New York van 22 november 2014 tot en met 10 mei 2015. De zes steden waren Hong Kong, Istanbul, Lagos, Mumbai, New York en Rio de Janeiro. De catalogus is samengesteld door curator Pedro Gadanho: *Uneven Growth. Tactical Urbanisms for Expanding Megacities* (New York: The Museum of Modern Art, 2014).

6 De directeur van het MAK, Christoph Thun-Hohenstein, stelt in zijn voorwoord: 'Het is overduidelijk dat architecten in de eerste plaats sociale opbouwwerkers moeten zijn, wil het vak zijn relevantie behouden en de glamoureuze "architectuur als kunst"-projecten overstijgen, waar sommige steden en landen nog steeds op leunen om de wereld te imponeren.' Ibid., 9.

7 Balkrishna Doshi, *Paths Uncharted* (Ahmedabad: Vastu Shilpa Foundation for Studies and Research in Environmental Design, 2011 [tweede druk 2012]), 166; William J.R. Curtis, *Balkrishna Doshi. An Architecture for India* (Middleton, NJ: Grantha Corporation/Ahmedabad: Mapin Publishing, 1988 [herdruk 2014]), 118-135.

8 In William Curtis' boek staat onder de Doshi's biografie vermeld: '1967-1971: Member Team 10', wat opvallend is omdat er geen officieel lidmaatschap van de groep was. In een interview met Clelia Tuscano bestrijden Alison en Peter Smithson dat Doshi lid was van de groep. Zie: Max Risselada en Dirk van den Heuvel (red.), *Team 10. In Search of a Utopia of the Present (1953-1981)* (Rotterdam: NAi Uitgevers, 2005), 338-339.

9 Alexander en Doshi publiceerden samen de tekst 'Main Structure Concept' in: *Landscape*, jrg. 13 (1963-64) nr. 2, 17-20, herdrukt in: *Ekistics*, jrg. 17 (1964) nr. 103, 352-354. Volgens een adreslijst uit 1963 gebruikte Alexander het adres van Doshi tijdens zijn verblijf in India (archief Jaap Bakema, Het Nieuwe Instituut, Rotterdam).

10 Alison Smithson, *Team 10 Meetings 1953-1984* (New York: Rizzoli, 1991), 68-69; Christopher Alexander, *Notes on the Synthesis of Form* (Cambridge, MA: Harvard University Press, 1964).

11 Doshi zelf noemt de woonwijk voor de Electronic Corporation of India in Hyderabad, maar deze is gebouwd tussen 1968 en 1971 na de Urbino-meeting van 1966. In het boek over Team 10 wordt de fabriekswijk in Baroda voor de Gujarat State Fertilisers Corporation vermeld, die is gebouwd tussen 1964 en 1969. Zie: Risselada en Van den Heuvel, *Team 10*, op. cit. (noot 8), 140-143; Doshi, *Paths Uncharted*, op. cit. (noot 7), 241.

12 Op meerdere plekken herdrukt, o.a. in: Joan Ockman (red.), *Architecture Culture 1943-1968. A Documentary Anthology* (New York: Rizzoli, 1993).

13 William Curtis spreekt in zijn boek over Doshi's werk van een 'armatuur waar de chaos van het leven een ander patroon over heen legde'. Zie: Curtis, *Balkrishna Doshi*, op. cit. (noot 7), 82.

14 Balkrishna Doshi, 'Give Time a Break', 12-13, deel van de verzamelbox *Talks by Balkrishna V. Doshi* (Ahmedabad: Vastu Shilpa Foundation for Studies and Research in Environmental Design, 2012).

15 Ibid., 6-7.

16 Alison Smithson, 'How to Recognize and Read Mat-Building. Mainstream Architecture as It Has Developed towards the Mat-Building', *Architectural Design*, nr. 9 (1974), 590; Smithson heeft ook een voorbeeld uit Ahmedabad opgenomen: het kennismuseum van Le Corbusier (1949-1957) dat tegenwoordig het stadsmuseum huisvest, 584.

Notes

1 For a brief overview, see http://www.vastushilpa.org/international-studio.html. The studio dates back to 2003. Architecture Schools in Australia, Denmark, France and Switzerland have taken part in the Habitat Design Studio. The students are supervised by a multi-disciplinary team of teachers. Especially the contribution of prof. em. Neelkanth Chhaya should not go unrecognized.

2 Paul John and Ashish Vashi, *Ahmedabad Next. Towards a World Heritage City*, (Ahmedabad: Bennet, Coleman & Co., 2011), 30.

3 No Western scientist would dare to since Edward Saïd's postcolonial criticism. However, Indian writer Pankaj Mishra suggests rewriting the history of modernism from a specifically Asian perspective in: *Temptations of the West: How to Be Modern in India, Pakistan, Tibet and Beyond* (New York: Farrar, Straus & Giroux, 2006) and *From the Ruins of Empire: The Revolt against the West and the Remaking of Asia* (London/New York: Allan Lane, 2012).

4 See also Ricky Burdett and Deyan Sudjic (eds.), *The Endless City* (London: Phaidon, 2007).

5 The exhibition was organized by the MoMA together with the MAK of Vienna and was on show in New York from 22 November 2014 until 10 May 2015. The six cities were Hong Kong, Istanbul, Lagos, Mumbai, New York and Rio de Janeiro. The catalogue was compiled by curator Pedro Gadanho: *Uneven Growth. Tactical Urbanisms for Expanding Megacities* (New York: Museum of Modern Art, 2014).

6 The director of the MAK, Christoph Thun-Hohenstein, says in his foreword: 'It has become abundantly clear that architects will have to be first and foremost social workers if the profession is to retain its relevance and go beyond the "architecture-as-art" glamour projects that some cities and countries still rely on to impress the world.', ibid., 9.

7 Balkrishna Doshi, *Paths Uncharted* (Ahmedabad: Vastu Shilpa Foundation for Studies and Research in Environmental Design, 2011, second edition 2012), 166; William J.R. Curtis, *Balkrishna Doshi. An Architecture for India* (Middletown, NJ: Grantha Corporation/Ahmedabad: Mapin Publishing, 1988, reprinted in 2014), 118-135.

8 In William Curtis's book, Doshi's autobiography includes: '1967-1971: Member Team 10', (174), which is remarkable because there was no official group membership. Alison and Peter Smithson contested the idea that Doshi was a member of the group in an interview with Clelia Tuscano in Max Risselada and Dirk van den Heuvel (eds.), *Team 10. In Search of a Utopia of the Present (1953-1981)* (Rotterdam: NAi Publishers, 2005), 338-339.

9 Alexander and Doshi jointly published the text 'Main Structure Concept' in *Landscape*, vol. 13 (1963-1964) no. 2, 17-20, reprinted in: *Ekistics*, vol. 17 (1964) no. 103, 352-354. According to an address list from 1963 kept in the Jaap Bakema archives in Het Nieuwe Instituut in Rotterdam, Alexander used Doshi's address during his stay in India.

10 Alison Smithson, *Team 10 Meetings 1953-1984* (New York: Rizzoli, 1991), 68-69; Christopher Alexander, *Notes on the Synthesis of Form* (Cambridge, MA: Harvard University Press, 1964).

11 Doshi himself mentions the residential area for the Electronic Corporation of India in Hyderabad, but that was built between 1968 and 1971, after the Urbino meeting of 1966. In our Team 10 book we mention the industrial neighbourhood in Baroda for the Gujarat State Fertilisers Corporation, which was built between 1964 and 1969. See Risselada and Van den Heuvel, *Team 10*, op. cit. (note 8), 140-143; and Doshi, *Paths Uncharted*, op. cit. (note 7), 241.

12 Reprinted in several places, among others in Joan Ockman (ed.), *Architecture Culture 1943-1968. A Documentary Anthology* (New York: Rizzoli, 1993).

13 In his book, William Curtis talks about Doshi's work in terms of an 'armature over which the chaos of life would play another pattern'. See Curtis, *Balkrishna Doshi*, op. cit. (note 7), 82.

14 Balkrishna Doshi, 'Give Time a Break', 12-13, part of the collection box *Talks by Balkrishna V. Doshi* (Ahmedabad: Vastu Shilpa Foundation for Studies and Research in Environmental Design, 2012).

15 Ibid., 6-7.

16 Alison Smithson, 'How to Recognize and Read Mat-Building. Mainstream Architecture as It Has Developed towards the Mat-Building', *Architectural Design*, 9 (1974) 590; Smithson also included an example from Ahmedabad: the Museum of Knowledge by Le Corbusier (1949-1957); the building currently houses the city museum, 584.

Charles Correa

Een manifest voor de stad
An Urban Manifesto

Ik heb vertrouwen in de steden van India:

Ze zijn een cruciaal onderdeel van onze nationale rijkdom, net als de graanvelden van Punjab en de kolenmijnen van Bihar.

Ze genereren vaardigheden die we nodig hebben voor onze ontwikkeling:

Dokters, verpleegkundigen, juristen, bestuurders en technici – niet alleen uit de grote metropolen Mumbai, Delhi, Kolkata en Chennai, maar ook uit honderden kleinere stedelijke centra in het hele land.

Steden zijn motoren van economische groei:

Het is onmogelijk, politiek en moreel, om geld dat op het platteland wordt verdiend, te gebruiken voor de ontwikkeling van steden. In tegendeel: goed bestuurde steden zijn in staat een financieel overschot te generen, dat zowel voor hun eigen ontwikkeling kan worden ingezet, maar mede het omliggende platteland kan subsidiëren.

Steden zijn centra van hoop:

We kijken te vaak naar de stad vanuit ons eigen egocentrische perspectief. Dan zien we alleen de tekorten, de mislukkingen. Maar voor miljoenen en nog eens miljoenen migranten, voor arbeiders zonder land en andere beklagenswaardige armen in onze samenleving is de stad misschien wel de enige reden tot hoop, de enige weg naar een betere toekomst.

I believe in the cities of India:

Like the wheat fields of Punjab, and the coalfields of Bihar, they are a crucial part of our national wealth.

They generate the skills we need for development:

Doctors, nurses, lawyers, administrators, engineers – not just from the great metropolises, Mumbai, Delhi, Kolkata and Chennai, but from a hundred smaller urban centres across the country.

Cities are engines of economic growth:

There is no way, either politically or morally, that we can divert rural funds to develop towns and cities. On the contrary, cities, properly managed, can generate surplus funds not only for their own development, but to help subsidize the surrounding rural areas as well.

Cities are centres of hope:

Too often we look at our cities from our own self-centred point of view. So we see only the shortages, the failures. But for millions and millions of migrants, landless labourers and wretched have-nots of our society, cities are perhaps their only hope, their only gateway to a better future.

Betaalbare steden
Affordable Cities

Rohan Varma

Interview met / with **Charles Correa**

Mobiliteit is energie!
Mobility is energy!

Charles Correa, de voormalige voorzitter van de Indiase *National Commission on Urbanisation* en een pionier op het gebied van betaalbare huisvesting, heeft gedurende zijn lange carrière voortdurend aandacht gevraagd voor het cruciale verband tussen betaalbare huisvesting, openbaar vervoer en werkplek. Aan het begin van de jaren 1960 waren hij en twee collega's actieve pleitbezorgers van dit concept: ze kwamen met een voorstel voor een radicale herstructurering van Mumbai (dat toen nog Bombay heette), waarbij het groeiende aantal illegale nederzettingen in de stad zou worden aangepakt. Het stadsdeel dat hen voor ogen stond, werd ontworpen om 2 miljoen mensen te huisvesten en staat tegenwoordig bekend als Navi Mumbai (Nieuw Bombay). Door land te ontwikkelen aan de overkant van de haven zou Bombay's noord-zuid gerichte monocentrische groei veranderen in polycentrische verstedelijking rondom de baai. Navi Mumbai is niet alleen een van de meest toonaangevende, grootschalige stedenbouwkundige projecten van de twintigste eeuw, maar ook de locatie van een ander belangrijk, kleinschaliger experiment: Correa's beroemde Belapur Incremental Housing-project uit 1983.

Hoe is Navi Mumbai tot stand gekomen?

Aan het begin van de jaren 1960 begonnen er in sommige delen van Bombay al illegale nederzettingen te verschijnen, genoeg om op te vallen. Bij de havens aan Frere Road, langs het spoor bij station Bandra, op de Tulsi Pipe Road. De bewoners ervan vormden maar een fractie (circa 10 procent) van de in totaal 4,5 miljoen inwoners van de stad, maar ze waren een voorbode van wat de toekomst brengen zou.

Hoe kwam dat?

Het schiereiland waar Bombay op ligt is erg smal, weinig meer dan een golfbreker die de haven beschermt tegen de open zee. De Britten ontwikkelden een commercieel centrum rondom de haven in het zuiden van het schiereiland. [afb. 1] De inheemse bevolking vestigde zich ten noorden van dit centrum, ervan gescheiden door een open ruimte die werd gebruikt voor militaire parades, polowedstrijden en vooral als veiligheidszone. Deze typologie van het *cantonment* [een militaire basis] zie je terug in veel Indiase steden.

Hoe kon een klein cantonment uitgroeien tot een enorme metropool?

Alles veranderde toen in de tweede helft van de negentiende eeuw spoorwegen werden aangelegd. De Britten bouwden twee spoorwegen die vanaf de haven waar de schepen aanmeerden op de zuidelijke punt, over de volle lengte van het schiereiland liepen. De ene liep vervolgens nog verder door naar het noorden, zodat er Britse troepen naar de Khyberpas en Afghanistan konden worden vervoerd, en de andere boog af in noordoostelijke richting om Britse zakenlieden naar Calcutta te brengen. [afb. 2] Langs het spoor werden op regelmatige afstanden stations gebouwd en de mensen begonnen zich rondom die stations te vestigen. Dus Bombay is vanwege een historische toevalligheid uitgegroeid tot een stad met werkelijk uitstekend openbaar vervoer – snel, efficiënt, goedkoop!

Dat klinkt fantastisch...

Jazeker. Bombay is nog steeds de beste stad ter wereld – in termen van mobiliteit. [zie linkerpagina] Mobiliteit = ENERGIE!! Volgens mij ontlenen de bewoners van Bombay veel van hun legendarische energie aan de mobiliteit die de stad te bieden heeft. Zou je dat ook van New York kunnen zeggen?

Is het voorbeeld van Bombay, waarbij openbaar vervoer een gebied heeft ontsloten, uniek in zijn soort?

Niet echt. Zoals bekend is zo ongeveer hetzelfde gebeurd

As a pioneer of low-cost housing and a former chairman of the *National Commission on Urbanisation*, Charles Correa has throughout his long career stressed the crucial relationship between affordable housing, public transport and job location. In the early 1960s, Correa, along with two other colleagues, actively championed this idea and proposed a radical restructuring of Mumbai (then known as Bombay) to deal with the city's growing informal settlements. Their vision, now known as Navi Mumbai (New Bombay), was designed to accommodate 2 million people by developing land across the harbour that would change the pattern of growth in the city from a monocentric north-south one to a polycentric urban system around the bay. While Navi Mumbai remains one of the key large-scale urban planning projects of the last century, it is also the location for another important experiment of a smaller scale: Correa's famous Belapur incremental housing project of 1983.

How did Navi Mumbai come about?

In the early 1960s, squatters had already begun to appear in some areas of Bombay – on a scale enough to be noticeable. Near the docks on Frere Road; along the railway tracks at Bandra station; on Tulsi Pipe Road. They were a small fraction (around 10 per cent) of the city's overall population of 4.5 million people – but you sensed they were the shape of things to come.

Why is that?

Bombay peninsula is very narrow – really just a breakwater, protecting the harbour from the open sea. The British developed a commercial centre around the port at the southern end of the island. [Fig. 1] The native population settled to the north of this – separated by open spaces for military parades, polo games and, above all: security. It is a cantonment typology found in many other Indian towns and cities.

How did a small cantonment grow into a huge metropolis?

The big game changer was the railways that were built during the second half of the nineteenth century. From the port where the ships docked at the southern end, the British constructed two railway lines that ran up the length of the peninsula – and then one continued on northward, taking British troops up to the Khyber Pass and Afghanistan. The other veered to the northeast, to carry the British businessmen to Calcutta. [Fig. 2] Stations were built at intervals along these tracks, and people started living around those stations. So, through an accident of history, Bombay grew as a city with really excellent public transport – fast, efficient, inexpensive!

That sounds wonderful . . .

Yes it was. Bombay is still the best city – for its mobility. [See left page] Mobility = ENERGY!! I feel that much of the legendary energy of Bombay's citizens comes from the mobility that the city provides. Would that also be true of New York?

Is Bombay's example of public transport opening up land quite unique?

Not really. As you know, just about the same thing happened in London, when at the end of the nineteenth century, the Underground lines were extended beyond Hampstead in the north and Kensington in the southwest. The builders followed a few years later and constructed houses within walking distances of the railway stations – or of a bus line that took you to that station. This is why even today, almost any family in London, if they so desire, can live within 5 or 10 minutes of public transport – and still have their own garden (something that only the very rich in Paris or New York can afford). In fact,

in Londen, waar aan het einde van de negentiende eeuw de ondergrondse lijnen werd uitgebreid voorbij Hampstead in het noorden en Kensington in het zuidwesten. Een paar jaar later begonnen de ontwikkelaars huizen te bouwen op loopafstand van de stations – of op loopafstand van de halte van de bus die je naar het station kon brengen. Daarom kan zelfs vandaag de dag nog bijna elk Londens gezin, als het wil, binnen 5 à 10 minuten lopen van een halte van het openbaar vervoer wonen en toch een eigen tuin hebben – iets dat alleen de zeer rijken in Parijs en New York zich kunnen veroorloven. In feite laat het openbaar vervoer van Bombay en Londen heel goed zien dat het aanbod niet altijd de vraag VOLGT, maar er ook wel eens aan VOORAF gaat. Er in feite de aanzet toe geeft. Dit principe is van fundamenteel belang voor de steden in ontwikkelingslanden – wat we helaas negeren.

Gebeurt dat nu nog niet?

Nee, in de afgelopen jaren heeft Bombay zich net als andere Indiase steden uitgebreid in elke willekeurige, door ontwikkelaars en marktmechanismen gewenste richting – altijd onder druk van een doorslaggevend belang als winst. Dus de enige manier om je in de stad te verplaatsen is per *individueel* vervoer: auto, scooter of met de benenwagen. Dit gebeurt ook in andere Indiase steden en wanneer je probeert openbaar vervoer in te passen nadát een stad gegroeid is, wordt het onbetaalbaar (zoals de metro van Delhi). Tegen die tijd wordt er toch geen aandacht meer besteed aan openbaar vervoer. Onder de rijken en machtigen is er geen vraag naar openbaar vervoer (dat gebruiken ze toch nooit), maar naar bredere wegen, meer viaducten en snelwegen. En dus verandert Bombay snel van een zeer mobiele, door openbaar vervoer gegenereerde stad in een stagnerende stad met overvolle wegen en verkeersopstoppingen.

Maar hoe kan een stad als New York dan functioneren met al die hoogbouw?

Dat is een heel ander verhaal: hoogbouw in Manhattan wordt op alle mogelijke manieren ondersteund. Kijk maar naar het New Yorkse netwerk van avenues en straten – zoiets bestaat in Bombay niet. En kijk eens wat zich daar onder de grond afspeelt! Manhattan beschikt over kilometers en kilometers aan metrolijnen. Daarom hoeft niemand in Manhattan een auto te hebben, althans niet voor dagelijks gebruik. Waar zou je ook rijden? Waar zou je ook parkeren? New Yorkers nemen de bus, de taxi of de limousine. De naam 'Amerika' is synoniem aan de automobiel – maar ironisch genoeg functioneert zijn meest iconische stad doordat die leunt op openbaar vervoer! Dat lijkt niemand op te vallen – en wij Indiërs komen thuis en zeggen: 'Waarom lijkt Bombay niet meer op Manhattan? En ja, ik wil mijn drie auto's houden!'

Wat vindt u het meest frustrerend aan de Indiase nationale overheid?

Hun pathologische onvermogen om te anticiperen, om proactief te zijn. Ze berekenen de verwachte bevolkingstoename van de stad en leunen vervolgens achterover. Dus wanneer die toename zich werkelijk voltrekt, worden ze er volledig door verrast! De lineaire groei in noord-zuid richting functioneerde tot 1940, toen Bombay 1 miljoen inwoners had. Maar we waren zo kortzichtig om daarna nog heel lang aan die structuur vast te houden – zelfs toen we onafhankelijk waren geworden, bleef de overheid gewoon uitbreiden volgens het oude koloniale patroon. In 1964, toen het nieuwe *Draft Plan* voor Bombay verscheen, was het aantal inwoners van de stad opgelopen tot 4,5 miljoen en was de noord-zuidas ondertussen meer dan 30 km lang geworden. [afb. 3] En hoewel de overheidsplanners hadden berekend dat het

public transport in Bombay and London are both good examples of Supply not FOLLOWING Demand – but PRECEDING it. In fact triggering it. This is a principle of fundamental importance to the cities of the Developing World – which we sadly ignore.

Is that not happening today?

No, for the last several years, Bombay, like other Indian cities, is spreading in any direction that developers and market forces wish to take it – always led by the overriding notion of profit. So the only way to get around the city is by *individual* transport: car, scooter or your own two feet. This is happening in other Indian cities as well – and later on, trying to retrofit public transport after the city has grown becomes prohibitively expensive (as in the case of Delhi's Metro). In any case, by then no attention whatsoever is paid to public transport. The richest and most powerful voices are not demanding better public transport (which they never use anyway) but wider roads, more flyovers and expressways. And so Bombay, which was a highly mobile city generated by public transport, is fast stagnating into a city of overcrowded roads and traffic jams.

But then how does high-rise work in a city like New York?

That's quite another story: Manhattan's high-rise towers have a huge support system. Look at the grid of avenues and streets in Manhattan – Bombay has no equivalent. And look at what's happening underground! Manhattan has miles and miles of metro lines. This is why no one in Manhattan needs to own a car – at least not for everyday use. Where would you drive it? Where would you park it? New Yorkers take buses, taxis and limousines. America is a country synonymous with the automobile – but, ironically, their highest-profile city works because it is predicated on public transport! No one seems to notice that – and we Indians come back and say: 'Why can't Bombay be like Manhattan? And yes, I want my three cars!'

What do you find most frustrating about Indian government authorities?

Their pathological inability to anticipate, to be proactive. After calculating the expected increase in the city's population, they sit back passively. So when the event actually occurs, they are taken by complete surprise! The linear north-south pattern worked right up to 1940, when Bombay reached a population of 1 million. But we persisted myopically with this structure far beyond that – even after Independence, our government just kept extending the old colonial pattern. By 1964, when Bombay's new Draft Plan was published, the city had grown to a population of 4.5 million, and the north-south axis was now over 30 km long. [Fig. 3] And though the government planners calculated that the population would double to 8 million over the next 20 years, they still persisted with the old strategy. Their Development Plan consisted of merely extending the commuter lines even further north.

This is where you and your colleagues came in?

Yes, together with my friends, architect-planner Pravina Mehta and structural engineer Shirish Patel, we argued strongly that instead of just continuing the old north-south pattern, a far better option would be to open up an east-west axis by developing the mainland that lies just across the harbour. In short: create a major axis across to the hinterland of the Maharashtra State – thus making many more growth options available to future generations. [Fig. 4] This is what we tried to do with Navi Mumbai – through using public transport and job location. And we had another very important objective as well: open up the eastern waterfront. So that

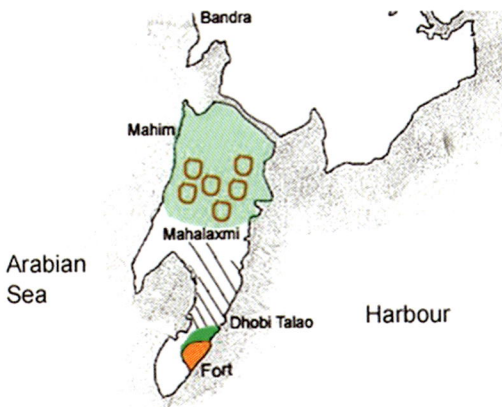

Bandra

Mahim

Mahalaxmi

Arabian
Sea

Dhobi Talao

Fort

Harbour

Afb. 1 De oorsprong van Bombay
Fig. 1 The origin of Bombay

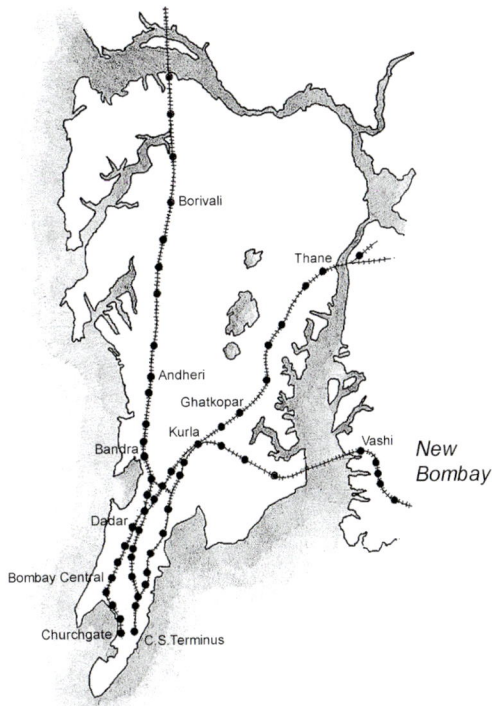

Borivali

Thane

Andheri

Ghatkopar

Kurla

Bandra

Vashi

*New
Bombay*

Dadar

Bombay Central

Churchgate

C.S.Terminus

**Afb. 2 De vraag volgt het aanbod:
de twee spoorwegslagaders
waardoor Bombay ontstond**
Fig. 2 Demand follows supply: the
two railway arteries that created
Bombay

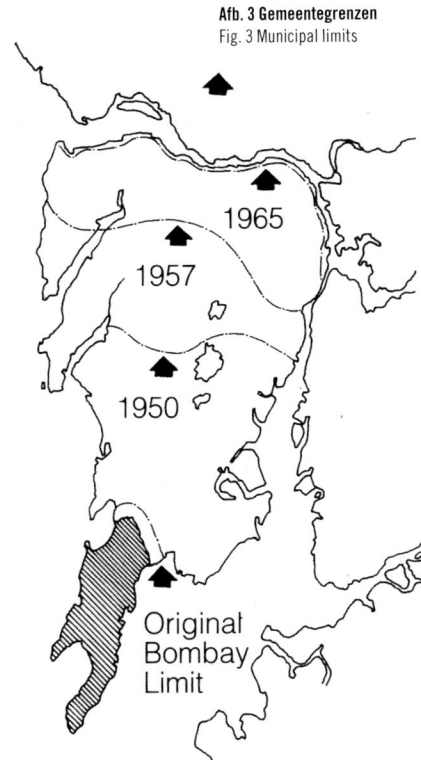

Afb. 3 Gemeentegrenzen
Fig. 3 Municipal limits

1965

1957

1950

Original
Bombay
Limit

**Afb. 4 Nieuw Bombay, aan de
andere kant van de haven**
Fig. 4 New Bombay, across the
harbour

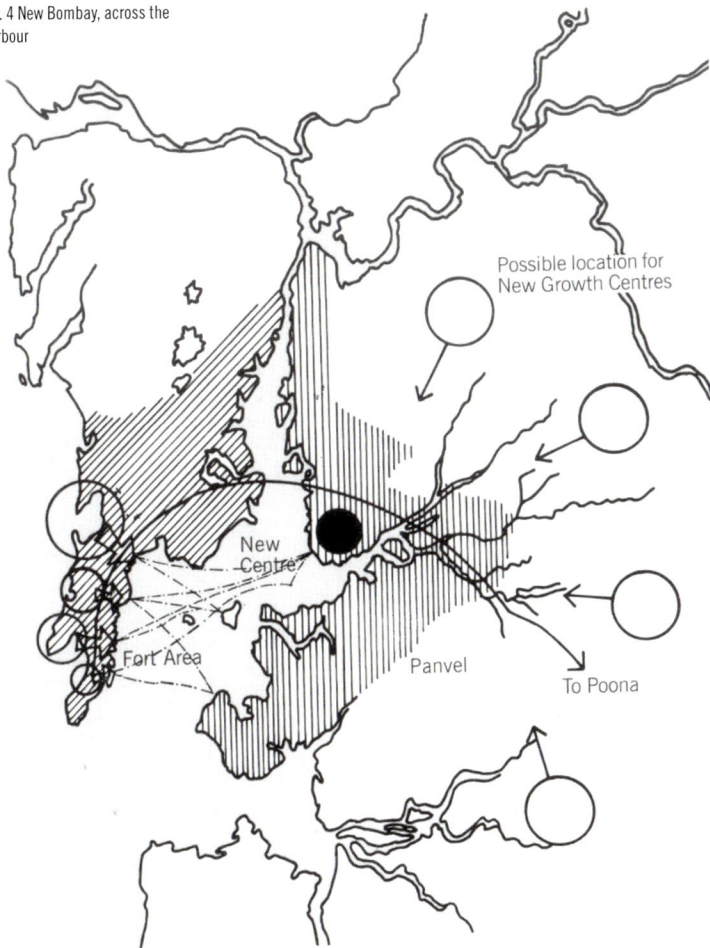

Possible location for
New Growth Centres

New
Centre

Fort Area

Panvel

To Poona

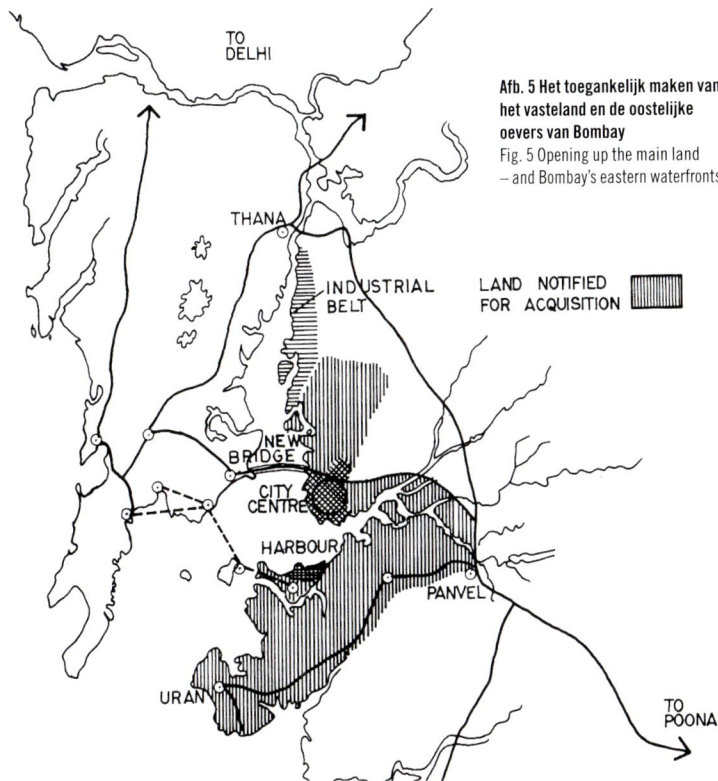

TO
DELHI

THANA

INDUSTRIAL
BELT

LAND NOTIFIED
FOR ACQUISITION

NEW
BRIDGE

CITY
CENTRE

HARBOUR

PANVEL

URAN

TO
POONA

**Afb. 5 Het toegankelijk maken van
het vasteland en de oostelijke
oevers van Bombay**
Fig. 5 Opening up the main land
– and Bombay's eastern waterfronts

Afb. 6 Een gezamenlijk kopje thee. Let op de uitstekende locatie – met aan beide zijden openbaar vervoer
Fig. 6 Sharing a cup of tea. Note the excellent location – flanked by public transport

Afb. 7 De wil tot overleven
Fig. 7 The will to survive

Afb. 8 India: middelgrote steden groeien sneller dan grote metropolen
Fig. 8 India: medium size cities are growing faster than large metropolises

inwonersaantal in de 20 jaar daarna zou verdubbelen naar 8 miljoen, hielden ze nog steeds vast aan de oude strategie. Hun ontwikkelingsplan bestond slechts uit het nog verder noordwaarts doortrekken van openbaarvervoerslijnen.

En in dit stadium raakten u en uw collega's erbij betrokken?

Ja, mijn vrienden – architect en planner Pravina Mehta en bouwkundig ingenieur Shirish Patel – en ik waren sterk van mening dat de stad niet alleen maar moest doorgroeien op de noord-zuidas, maar dat het veel beter zou zijn om te beginnen met de aanleg van een oost-westas door de ontwikkeling van het vasteland aan de overkant van de haven. Kortom, om een belangrijke as te creëren in de richting van het achterland in de staat Maharashtra en zo veel meer groeimogelijkheden te bieden aan toekomstige generaties. [afb. 4] Dit probeerden we met Navi Mumbai te bereiken aan de hand van openbaar vervoer en werkplekken. En we hadden nóg een heel belangrijk doel voor ogen: in plaats van het noorden in een asfaltjungle te veranderen, wilden we de oostelijke waterkant bij de stad betrekken zodat Bombay weer zou worden wat het eens was: een stad aan het water. [afb. 5]

Iemand heeft weleens gezegd: je kunt de kwaliteit van een stad afmeten aan de omstandigheden waaronder de ARMEN wonen.

Ja, en de onmenselijke omstandigheden waarin arme stedelingen verkeren is de kern van de zaak. [afb. 6] De stroom vluchtelingen van het platteland naar de stad is kolossaal; is waarschijnlijk de meest fundamentele verandering in de geschiedenis van de mensheid sinds de nomadische mens zich begon te vestigen om herder of boer te worden. Onze burgers geven blijk van twee lijnrecht tegenover elkaar staande houdingen ten opzichte van dit historische fenomeen. Sommige mensen zeggen: 'Gooi die indringers eruit!' En anderen (de iets deugdzamere) zeggen: 'Nee, ze hebben het recht te blijven waar ze zijn.'

Welke houding is beter?

Ze helpen in feite geen van beide. De mensen laten waar ze zijn, levend als beesten, in mensonwaardige omstandigheden, gaat in tegen onze eigen menselijke waarden. Ze eruit gooien is een volledige ontkenning van het fundamentele, onderliggende probleem, en dat zijn de erbarmelijke levensomstandigheden van de armen in onze dorpen en de volledig scheefgegroeide patronen van landeigenaarschap. In de achttiende en negentiende eeuw maakte Europa een gelijksoortig proces door, toen miljoenen wanhopige Ieren, Italianen, Joden, Duitsers en Engelsen besloten weg te trekken, vaak om dezelfde redenen. Maar vanwege het koloniale stelsel destijds konden ze zich over de aardbol verspreiden – en die mogelijkheid hebben Indiërs vandaag de dag niet. [afb. 7] Dus voor een migrant is aankomen in Kolkata of Pune een substituut voor een visum voor Australië. Dat is de *cruciale* rol die onze steden spelen in de ontwikkeling van ons land. Wat ons te doen staat, is zoeken naar een manier om het *absorberend vermogen te vergroten* van het Indiase stedelijke systeem als geheel.

Is dat wel eens eerder gedaan?

Ja, in 1985, toen de zojuist gekozen premier Rajiv Gandhi India's eerste *National Commission on Urbanisation* installeerde: haar centrale taak was het opstellen van een alomvattend en holistisch overzicht van stedelijke centra in India. De meest dringende kwestie was: hoe kun je de druk op de grote steden verminderen? De commissie begon met het onderzoeken van het groeitempo van alle steden in India. Vervolgens identificeerde men 325 kleine steden die sneller

instead of growing northward into an asphalt jungle, Bombay would become again what it originally was: a city on the water. [Fig. 5]

Someone has said: 'You can judge a city by how the POOR live.'

Yes – and the inhuman conditions of our urban poor is the single most crucial issue we face. [Fig. 6] There is a humungous tide of distress migration flooding in from the rural areas – probably the most fundamental change in the history of humankind since nomadic man settled down to become herdsmen and farmers. Our citizens have two diametrically opposed attitudes to this historical phenomena. There are those who say: Throw the trespassers out! And others (slightly more virtuous) who say: No, they have the right to stay where they are.

Which attitude is better?

Actually, neither helps. Letting them stay where they are, living like animals in subhuman conditions, insults our own human values. Throwing them out completely misses the fundamental underlying problem: the miserable living conditions of the have-nots in our villages, and the completely skewed landholding patterns. In the eighteenth and nineteenth centuries, Europe went through much the same process when millions of desperate Irish, Italians, Jews, Germans and English, decided to leave – and for much the same reasons. But due to the colonial systems of that time, they could redistribute themselves around the globe – an option not open to Indians today. [Fig. 7] So for a migrant, arrival in Kolkata or Pune is a substitute for a visa to Australia. That is the *crucial* role our cities are playing in the development of our nation. What we must do is find ways to *increase the holding capacity* of India's urban system as a whole.

Has this ever been done?

Yes, back in 1985, when newly elected Prime Minister Rajiv Gandhi appointed India's first National Commission on Urbanisation, their central task was to make a comprehensive and holistic overview of India's urban centres. The immediate issue: How can the pressure be taken off the big cities? The Commission began by examining the growth rates of all of India's towns and cities. They then identified 325 small cities and towns that were growing faster than the national average – despite their lack of basic amenities like sewerage, water supply, or transport. [Fig. 8] Most of these were small to mid-sized *mundi* towns (market towns) – which, if the right investments were made (better access roads, water supply, or sewerage), could form the nuclei of new growth centres that would deflect migration away from our existing cities – decisively changing the dimensions of the problems we face.

In other words, start working realistically with existing conditions?

Yes, because we need to find ways to work within our resources: that is, within our economy, climate, culture and so forth – and not just waste our time on things like high-rise glass towers – which we cannot afford and which we know don't work. What counts is not your materials, nor your tools – it's what's going on inside your head. Architects don't always need marble and granite. They can also make beautiful houses with indigenous materials – even something as humble as mud. Could there be an equivalent in the development of our cities?

So we should start with the basics?

Absolutely – after all, the migrant is not coming to the city for housing. He is coming for a job. For survival. So

groeiden dan het landelijke gemiddelde, ondanks hun gebrek aan basisvoorzieningen als riolering, waterleiding, vervoer, enzovoort. [afb. 8] Veel van deze steden waren kleine tot middelgrote marktplaatsen die, als er zinvol in werd geïnvesteerd (in betere toegangswegen, waterleiding en riolering), de kernen konden gaan vormen van nieuwe groeicentra die de migratiestroom zouden kunnen afbuigen, wég van de bestaande steden. Op die manier zouden de dimensies van het probleem waarvoor we stonden, overtuigend kunnen veranderen.

Met andere woorden, realistisch te werk gaan op basis van bestaande omstandigheden?

Ja, want we moeten manieren bedenken om te roeien met de riemen die we hebben, dat wil zeggen: gegeven onze economie, ons klimaat, onze cultuur, enzovoort, en niet alleen maar tijd verspillen aan zaken als glazen hoogbouwtorens die we ons niet kunnen veroorloven en die, zo weten we, niet werken. Het gaat noch om je materialen, noch om je gereedschap, maar om wat er in je hoofd omgaat. Architecten hebben niet altijd marmer en graniet nodig. Ze kunnen ook mooie huizen bouwen van inheemse materialen, zelfs van zoiets eenvoudigs als leem. Zou hierin een equivalent zitten voor de ontwikkeling van onze steden?

Dus we moeten bij het begin beginnen?

Absoluut, de migrant komt immers niet naar de stad vanwege de huisvesting. Hij zoekt werk. Om te overleven. Dus óf hij vindt woonruimte in de buurt van zijn werk, óf hij heeft de beschikking over betaalbaar vervoer om op zijn werk te komen. Zo wordt huisvesting betaalbaar. Er is geen sprake van een wondermiddel, of van een magisch ontwerp van de een of andere architect, nee, het is het product van drie nauw met elkaar samenhangende factoren: werkplek, vervoerspatroon en huisvestingslocatie. Zo simpel is het.

Maar een buslijn en een spoorweg zijn lineair, een smalle strook. Hoe kunnen we een breder achterland bedienen?

Misschien door twee of meer vervoerssystemen te combineren volgens een patroon dat een veel breder gebied ontsluit. En dit alles moet gebeuren volgens een realistische kostenanalyse, zodat het in elke fase van de uitvoering betaalbaar blijft. [afb. 9] De treinen die de drie belangrijkste routes rijden en in het stadscentrum samenkomen (rond een meer dat ongeveer even groot is als Back Bay), verbinden Navi Mumbai direct met Ahmedabad in het noorden, met Pune in het zuiden en met Bombay in het westen. [afb. 10]

Kunt u ons iets vertellen over uw ideeën voor de huisvesting in Navi Mumbai?

Huisvesting is om te beginnen veel meer dan bakstenen en metselspecie. Het gaat ook om de ruimten in de open lucht tussen de huizen in. In een warm klimaat zijn die van doorslaggevend belang. Want die worden bewoonbaar, zijn in feite een cruciaal onderdeel van het dagelijks leven. Succesvolle huisvesting bestaat uit een naadloos continuüm van ruimten die kunnen worden onderscheiden in private ruimten, semiprivate ruimten en openbare ruimten. [afb. 11] Daardoor ontstaat er een gemeenschap. Sloppenwijken zijn gemeenschappen, hoe somber en chaotisch ze er ook uitzien. Woonkazernes en etagewoningen vormen gemeenschappen. In hoge gebouwen ontstaan geen gemeenschappen, maar enkel anonimiteit. [afb. 12] Jane Jacobs had gelijk. Wat er op straatniveau gebeurt, *moet* verband houden met de huisvesting erboven. Zo komt een gemeenschap tot stand.

Heeft het Belapur-woningbouwproject in Navi Mumbai zich ook zo ontwikkeld?

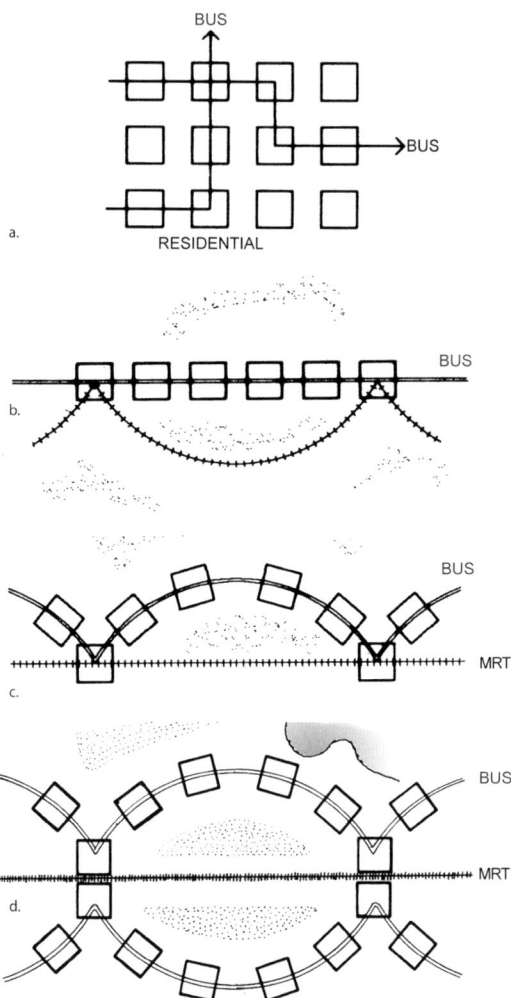

Afb. 9 Combinatie van transportsystemen
a. Sectoren aangelegd op een grid – de gangbare oplossing (bijvoorbeeld in Chandigarh). Hier is geen noodzakelijke en evidente route voor openbaar vervoer.
b. Een eenvoudige busdienst genereert een reeks potentiële groeikernen, één bij elke halte: zo ontstaat een corridor waar vraag ontstaat.
c. De lineaire structuur, die de buslijn in eerste instantie zo efficiënt maakte, zorgt later voor files. Tijd om een snellere voorziening te introduceren: de trein.
d. Na verloop van tijd kan een secundaire busdienst worden opgezet, die een geheel nieuw gedeelte van het binnenland toegankelijk maakt.

Fig. 9 Combining transport systems
a. Sectors laid out on a grid – the usual solution (for instance Chandigarh). This does not create a corridor of demand – so essential to Public Transport.
b. A simple bus line generates a series of potential growth centres, one at each stop; thus creating a corridor of demand.
c. The same linear structure, which made the bus line so efficient, later on creates traffic jams. Time to introduce a faster service: A train.
d. With time, a secondary bus line can be installed, opening up a whole new section of the hinterland.

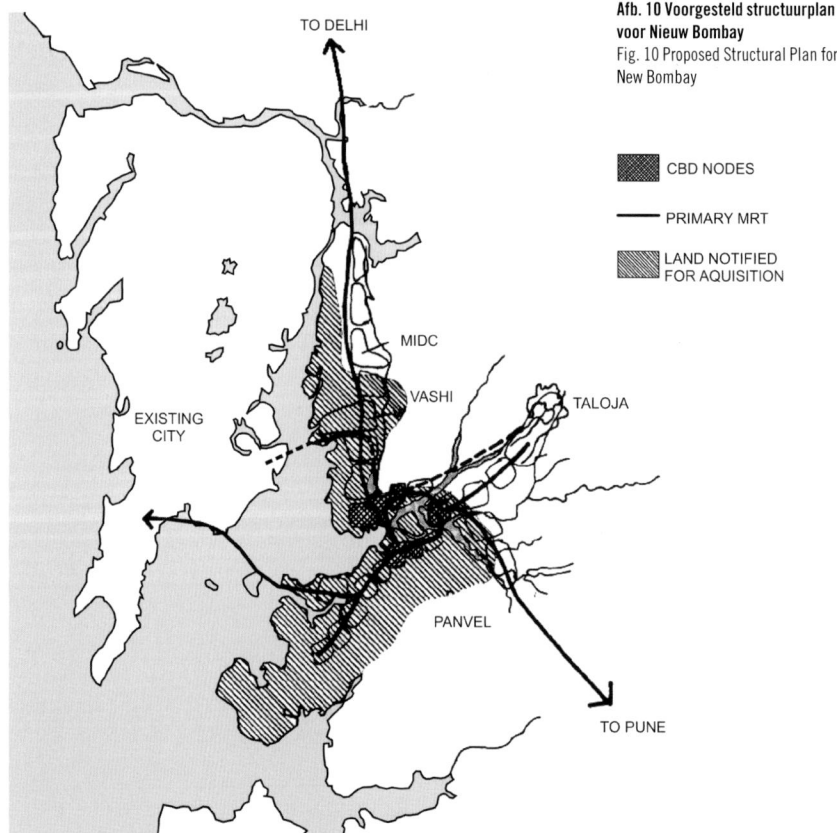

Afb. 10 Voorgesteld structuurplan voor Nieuw Bombay
Fig. 10 Proposed Structural Plan for New Bombay

CBD NODES
PRIMARY MRT
LAND NOTIFIED FOR AQUISITION

Nou, het is een volgens deze principes pal naast het stads-centrum gebouwd experiment uit de jaren 1980. We besloten de mogelijkheden te verkennen van huisvesting voor een zeer uitgebreid scala aan inkomensgroepen, van de laagste inko-mens tot de hogere middenklasse, bij een gemiddelde dicht-heid van 500 personen per ha, inclusief maatschappelijke voorzieningen. [afb. 13-21]

Dus het probleem zat hem niet in het ontwerp van de huizen, maar in de inrichting van de locatie?

Ja, absoluut. De woningontwerpen waren weinig meer dan aanwijzingen – de eenheden waren zo eenvoudig te bouwen dat lokale metselaars en timmerlieden het konden – dus het geld dat aan deze woningen werd uitgegeven, ging niet naar de commerciële banken die de constructie ervan moesten financieren en ook niet naar de aannemers uit de grote stad die ze moesten bouwen, maar kwam direct ten goede aan het 'bazarsegment' van de economie, waarin de migranten ver-

either he finds living space near his work – or he has access to affordable transport that brings him to his work. That is how his housing becomes affordable. It is not due to a silver bullet, or the magic design of some architect – no, it is the product of three interlocking factors: job location, transport pattern and housing site. It is as basic as that.

But a bus line or a train track is linear – a narrow strip. How can we serve a broader hinterland?

Possibly by combining two or more transport systems in patterns that open up a much wider swath of access. And all this must be done within a realistic cost analysis – so that at every stage of implementation, it always stays affordable. [Fig. 9] The trains that run along the three main spines that interlock at the city centre (around a lake about the same size as Back Bay) connect Navi Mumbai directly to Ahmedabad in the north, to Pune in the south and to Bombay to the west. [Fig. 10]

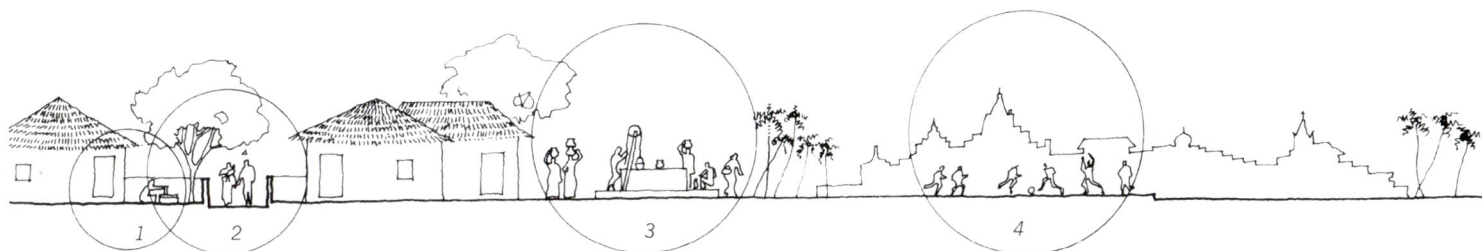

Afb. 11 Hiërarchie van ruimten
Fig. 11 Hierarchy of spaces
1   **Binnenplaats**/Courtyard
2   **Stoep**/Doorstep
3   **Watertappunt**/Watertap
4   **Gemeenschapscentrum**/
    Community centre

Afb. 12 Hoogbouw in Brasilia: de verkeerde vraag stellen
Fig. 12 High-rise in Brasilia: asking the wrong question

keren. De huizen zelf zijn erg kneedbaar, zodat de bewoners er op termijn symbolen en kleuren aan kunnen toevoegen om zich de woningen eigen te maken.

Als er ooit een VERKLARING VAN WOONRECHTEN voor bewoners van steden in ontwikkelingslanden zou worden opgesteld, dan zou die zeker de centrale principes moeten bevatten – nee, moeten koesteren! – die we hebben besproken:

INCREMENTALITEIT
RECHTVAARDIGHEID
KNEEDBAARHEID
RUIMTE IN DE OPEN LUCHT
DESEGREGATIE
PLURALISME
PARTICIPATIE
INKOMENSVERWERVING

Over deze principes mag niet worden onderhandeld. Ze zijn de basis voor patronen waarbinnen eenheden dicht op elkaar gebouwd zijn om de voordelen van hoge dichtheid te genereren, maar waarbinnen toch voldoende ruimte is voor individualiteit en groei.

Hoe verhoudt de feitelijke bevolkingsdichtheid in een stad als Bombay zich tot wat we zojuist hebben besproken?

De London School of Economics heeft een tabel opgesteld van puntdichtheden voor verschillende steden wereldwijd. [afb. 22] Denk erom, dit zijn puntdichtheden. De cijfers voor Indiase steden, die in de tweede rij staan, zijn veel hoger dan die voor New York, hoewel er in die eerste nauwelijks tot geen hoogbouw is. Dit wordt natuurlijk veroorzaakt door de hoge bezettingsgraad per kamer, waardoor er veel minder vloeroppervlak per hoofd van de bevolking is – en op het

Could you tell us about your ideas for the housing in Navi Mumbai?

To begin with: housing is much more than just brick and mortar. It is also the open-to-sky spaces that lie between. In a warm climate these are of decisive importance. For they become inhabitable – in fact, a crucial part of everyday living. Successful housing is a seamless continuum of spaces that goes all the way from the most private, to the semi-private, to the public. [Fig. 11] This is why it generates community. Slums, however dreary and chaotic they look, are communities. Chawls and tenements are communities. Tall buildings do not generate community – only anonymity. [Fig. 12] Jane Jacobs was right. What is going on at street level *must* be connected to the housing above. That is how community is built.

Is this how the Belapur Housing project in Navi Mumbai evolved?

Well, it is an experiment right next to the city centre, built in the 1980s on these principles. We decided to explore the possibilities of housing a very wide range of income groups, from the lowest right up to the upper-middle categories – at an overall density of 500 persons per hectare, including social amenities. [Fig. 13-21]

So the real problem was not the design of the houses – but the site planning?

Yes, absolutely. The house plans were merely indicative – construction of the units being simple enough to be undertaken by local masons and carpenters – so the money spent on this housing does not go to the commercial banks that finance its construction, nor to the big-city contractors who build it – but directly into the bazaar segment of the economy, where the migrants are. The houses themselves are quite

Afb. 13 Huizen in de oorspronke-lijke staat...
Fig. 13 Houses as they originally were . . .

Afb. 14 Tegenwoordig is Belapur
een rustige, voetgangersvriende-
lijke wijk
Fig. 14 Today Belapur is a quiet,
pedestrian friendly neighbourhood

Afb. 15 ...en hoe sommigen zijn
uitgebreid en veranderd naar
aanleiding van de behoeften van
de gezinnen
Fig. 15 . . . and how some have
grown and changed with the
families needs

niveau van de wijk een misdadig gebrek aan bijna alle denk-bare voorzieningen: speelplaatsen, scholen, ziekenhuizen, enzovoort. [afb. 23] Daarom is de dichtheid in onze steden zo hoog.

Maar als je de bevolkingsdichtheid verhoogt, dan verklein je toch het landoppervlak dat de stad in haar geheel beslaat?

Niet zoveel als je zou denken. Uit studies uitgevoerd tijdens de planning van de Britse New Towns in de jaren 1950 is gebleken dat slechts ongeveer een derde van de oppervlakte van een stad wordt gebruikt om te wonen. Er is heel veel andersoortig gebruik: industrie, voorzieningen, vervoer (dat op zich al 25 tot 35 procent in beslag neemt), enzovoort. Dus als je alleen het woongebied naar beneden weet bij te stellen door de dichtheid te verdubbelen, scheelt dat slechts een fractie (ongeveer 16 procent) voor de oppervlakte van de stad, *maar het kan een cruciaal verschil maken voor de woon-omstandigheden van de stedelingen.* [afb. 24] Anderzijds betekent een verdubbeling van het woongebied dat de stad wat groter wordt, maar dat kan fundamentele verbeteringen teweegbrengen in het leven van de burgers. In het Belapur-project hebben we ons opzettelijk beperkt tot begane grond en twee verdiepingen, maar uiteraard kunnen dezelfde prin-cipes ook voor andere typologieën worden ingezet. Centraal hierin staat dat vergroting van de woningdichtheid boven een optimale drempel totaal onproductief is. De analogie met ons eigen lichaam ligt voor de hand: zolang onze temperatuur rond de 36,7 °C schommelt, kan een dokter onze problemen wel oplossen. Maar als onze temperatuur verder stijgt, naar 40 °C en meer, hebben we een probleem. Er is dan nog wel behandeling mogelijk, maar die wordt exponentieel duurder en gevaarlijker.

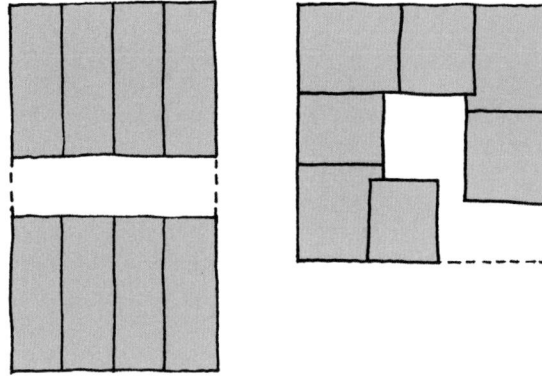

Afb. 16 Laagbouwwoningbouw in hoge dichtheid bestaat meestal uit monotone lineaire ruimten met rijen woningen – maar in dit geval bestaat de basismodule in plaats daarvan uit zeven een-heden rond een binnenhof van 8 x 8 m.
Fig. 16 Usually, low-rise high-density housing takes the form of row-houses, organized along mono-tonous linear corridors – but in this case, instead, the basic module consists of seven units, grouped around a courtyard, 8 x 8 m.

Afb. 17 Om ervoor te zorgen dat ze uitbreidbaar kunnen zijn, worden alle wooneenheden vrij-staand en op eigen grond gebouwd. Dit bevordert de dwarsventilatie die zo essentieel is in het hete, vochtige klimaat van Bombay. Ieder huis kan slechts eenzijdig worden uitgebreid en dat brengt het aantal gelegenheden voor samenwerking – en ruzie – in verband met dakreparaties en dergelijke tot een minimum terug.

Fig. 17 In order to ensure that all the dwelling units are incremental, each is free-standing, placed on its own individual site. This facilitates cross-ventilation – so essential in the hot, humid climate of Bombay. It also allows each house to be extended unilaterally, and minimizes the collaboration – and quarrels! – involved when undertaking roof repairs, and so forth.

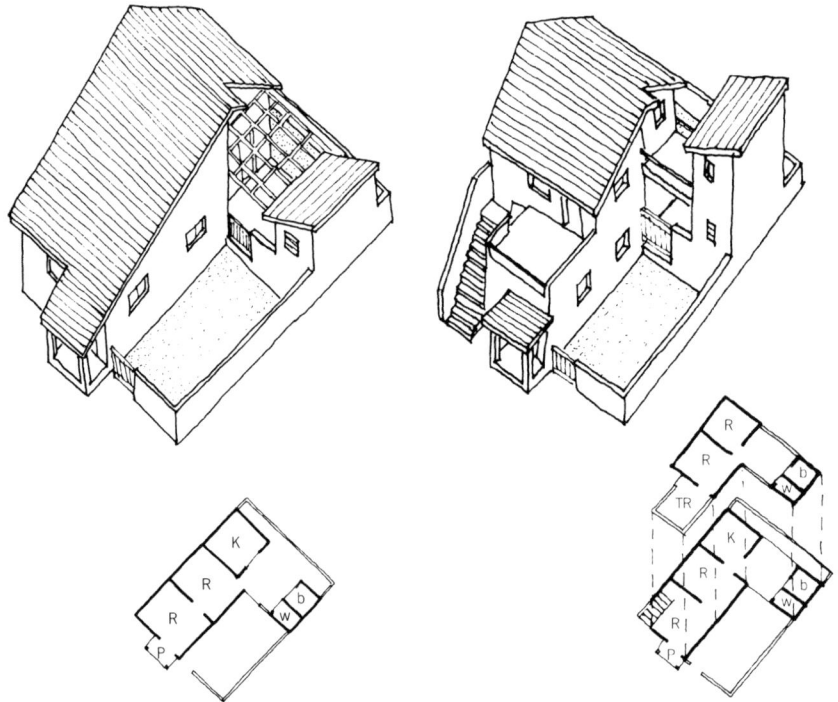

Afb. 18 Doorsnede van een basismodule
Fig. 18 Section across a basic module

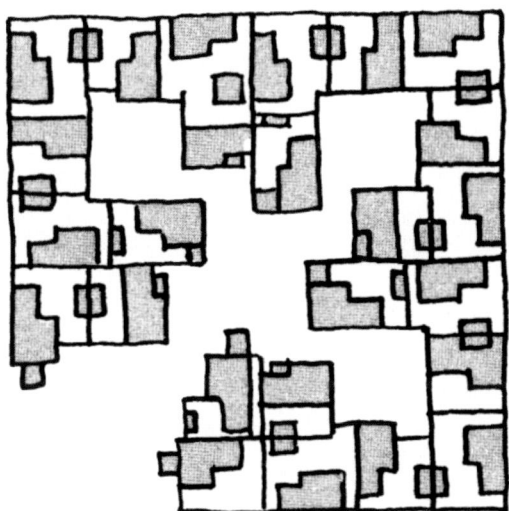

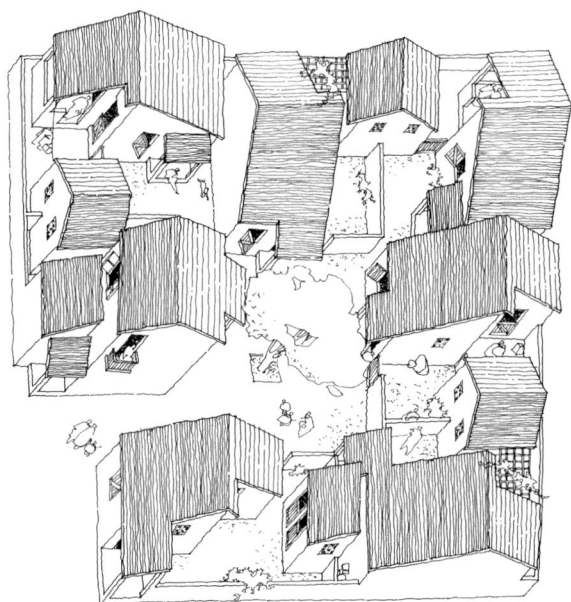

Afb. 19 Hoewel de verscheiden-heid aan inkomensgroepen groot is (een verhouding van 1:10) is de variatie qua kavelgroottes voor deze zeven eenheden tamelijk klein – van 45 tot 70 m^2.
Fig. 19 Although the range of income groups is large (a ratio of 1:10), the variation in plot sizes for these 7 units is quite small – from 45 to 70 m^2.

Afb. 20 Op het terrein van 6 ha in Belapur zijn 600 gezinnen gehuis-vest in een dichtheid van circa 500 personen/ha – inclusief kleuterscholen en basisscholen, speelweiden, klinieken en andere maatschappelijke voorzieningen – in een patroon analoog aan de traditionele leefomgeving zoals die overal in India kan worden aangetroffen: gezins- en gemeen-schapsruimten zijn geïntegreerd in een organisch continuüm.
Fig. 20 The site of 6 ha at Belapur accommodates 600 families at a density of about 500 persons per hectare – including kindergartens and elementary schools, play fields, health clinics and other social services – in a pattern analogous to the traditional habitat found all over India in patterns that integrate family spaces and community spaces into one organic continuum.

malleable – so that In time, occupants can add overlays of colours and symbols, making it their own.

If there ever is a BILL OF RIGHTS FOR HOUSING in the cities of the Developing World, it would surely have to include – enshrine! – the cardinal principles we have been discussing:

INCREMENTALITY
EQUITY
MALLEABILITY
OPEN-TO-SKY SPACE
DISAGGREGATION
PLURALISM
PARTICIPATION
INCOME GENERATION

These principles should be non-negotiable. What they predicate are patterns where the units are packed close enough to provide the advantages of high density, yet separate enough to allow for individual identity and growth options.

In contrast to what we have been discussing, what in actual fact are the housing densities in a city like Bombay?

Here is a table of point densities in various cities around the world, prepared by the London School of Economics. [Fig. 22] Don't forget, these are point densities. The figures for Indian cities, shown in the second row, are much higher than New York – though they contain very few, if any, high-rise buildings. The reason of course lies in the high occupancy per room, which means much less floor space per capita – and at the neighbourhood level, the criminal lack of almost any amenities: playgrounds, schools, hospitals and so forth. [Fig. 23] That is how our cities get those high densities.

Afb. 21 Drie clusters vormen samen een grotere module van 21 huizen rondom een open ruimte van 12 x 12 m. Vervolgens defi-niëren drie van deze grotere modules aan elkaar gekoppeld de volgende schaal van de gemeen-schapsruimte – ongeveer 20 x 20 m. Deze ruimtelijke hiërarchie zet zich voort tot aan de grootste ruimte op wijkniveau, waar zich basisscholen en andere, vergelijk-bare voorzieningen bevinden. Deze aanpak is gericht op de ver-deling in open en gesloten ruimten die eerder aan de orde kwam. Binnen elk kavel heeft ieder gezin naast een bebouwd deel ruimte in de openlucht (buitenkeukens, terrassen, enzovoort) en de circu-latie- en gezamenlijke onderdelen zijn zo gerangschikt dat er een hiërarchisch patroon van gemeen-schapsruimten ontstaat.

Fig. 21 Three clusters are combined to form a bigger module of 21 houses, surrounding an open space of 12 x 12 m. And then three of these bigger modules interlock to define the next scale of community space – approximately 20 x 20 m. This spatial hierarchy continues until one reaches the largest neighbourhood spaces where primary schools and other similar facilities are located. This approach addresses the open/enclosed space trade-off we discussed earlier. Within the plot, each family has open-to-sky space (kitchen yards, terraces, etcetera) to augment the built-up area, and the circulation and community areas are arranged in a pattern which sets up a hierarchy of community spaces.

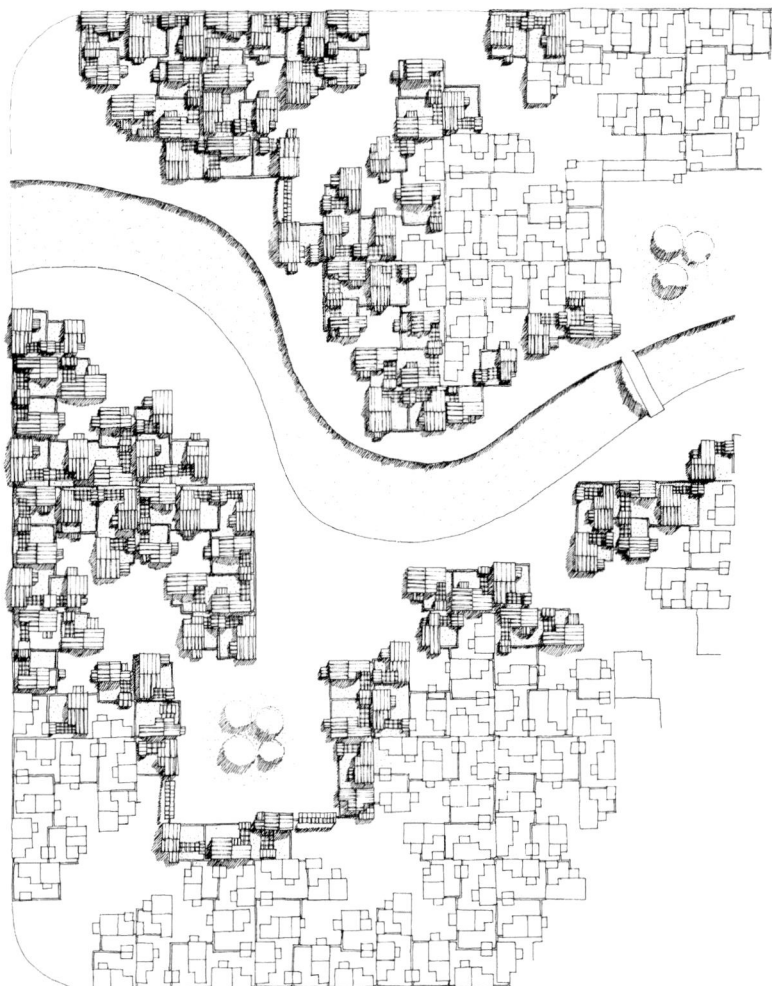

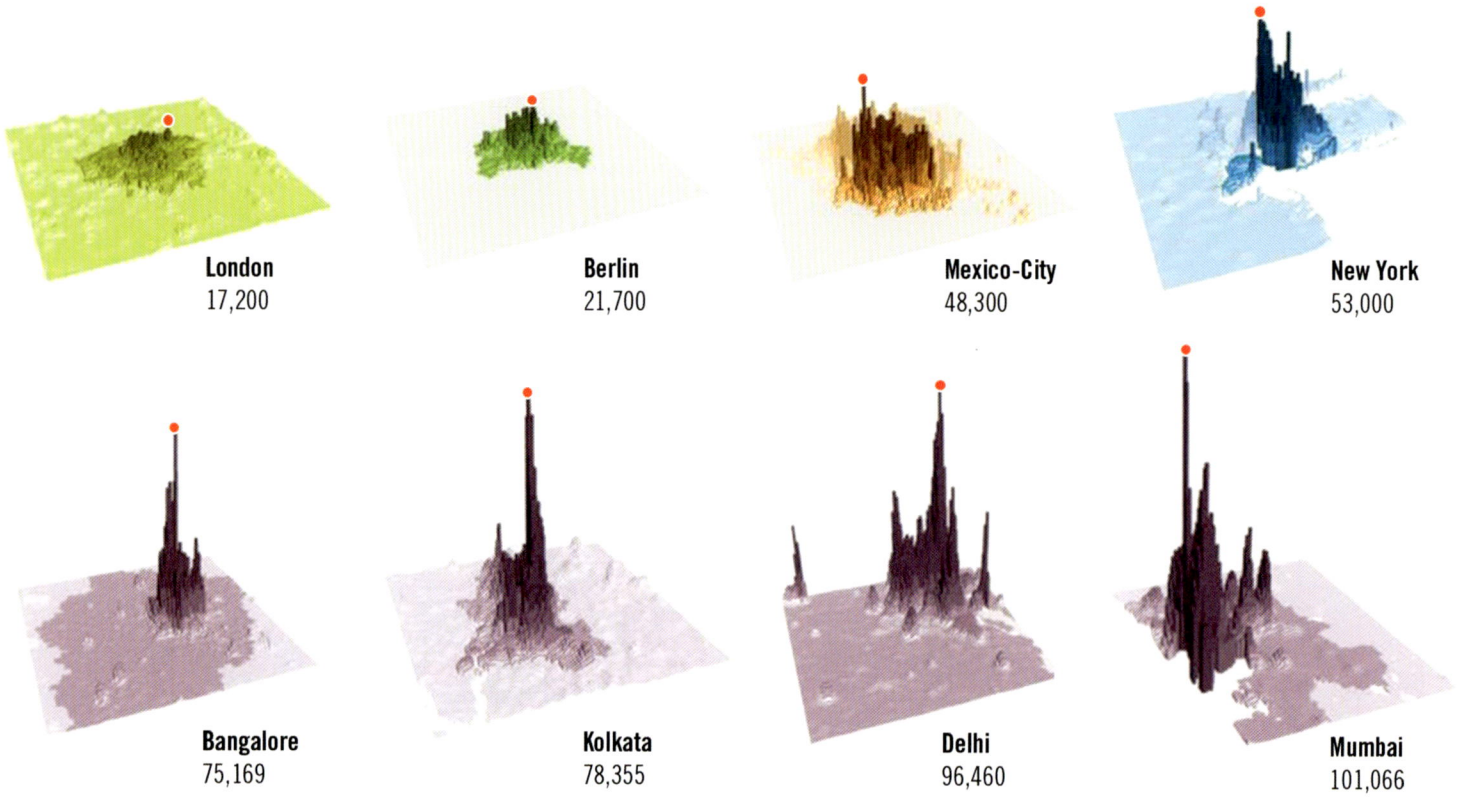

London	Berlin	Mexico-City	New York
17,200	21,700	48,300	53,000

Bangalore	Kolkata	Delhi	Mumbai
75,169	78,355	96,460	101,066

Afb. 22 Puntdichtheden
Fig. 22 Point densities

Afb. 23 Hoge bezetting per kamer!
Fig. 23 High occupancy per room!

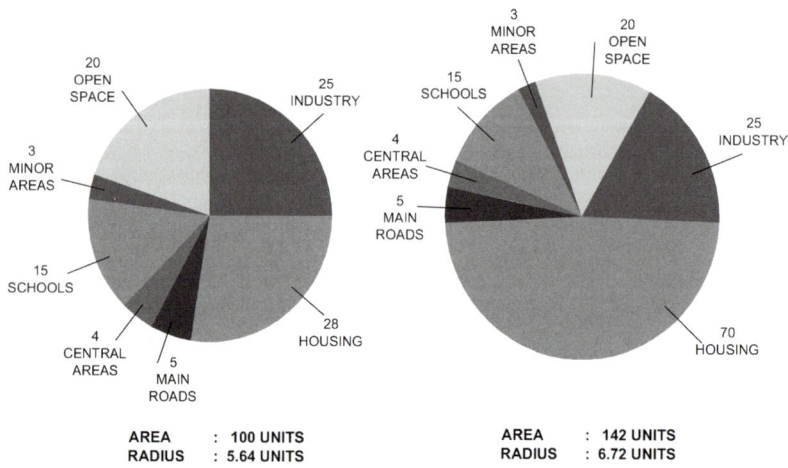

20 OPEN SPACE
25 INDUSTRY
3 MINOR AREAS
15 SCHOOLS
4 CENTRAL AREAS
5 MAIN ROADS
28 HOUSING

AREA : 100 UNITS
RADIUS : 5.64 UNITS

3 MINOR AREAS
20 OPEN SPACE
15 SCHOOLS
25 INDUSTRY
4 CENTRAL AREAS
5 MAIN ROADS
70 HOUSING

AREA : 142 UNITS
RADIUS : 6.72 UNITS

Afb. 24 Grondgebruik
Fig. 24 Land-use allocations

Zou dit deel uitmaken van het overzicht dat de National Commission on Urbanisation bepleitte?

Ja, dit is de reden dat we adviseerden automatisch en continu de belangrijkste parameters in stedelijke centra in heel India in de gaten te houden. Momenteel functioneren onze steden volgens marktmechanismen, op de Amerikaanse manier. Maar vergeet niet dat de VS tot aan het eind van de negentiende eeuw prachtige steden had – St Louis, Philadelphia, enzovoort – waar ze erg trots op waren, die echter te gronde werden gericht door marktmechanismen. Want als een stad vol komt te staan met hoogbouw, dan gaat de winst van de ontwikkelaar omhoog, maar de voorzieningen per hoofd van de bevolking (scholen, ziekenhuizen, open ruimte, enzovoort) beginnen te verdampen. En dan vluchten de gezinnen uit de middenklasse – de ruggengraat van iedere stad – naar de buitenwijken. Marktmechanismen scheppen geen grootse steden, ze VERNIETIGEN ze.

Dat is nogal wat. Hebt u nog een boodschap ter afsluiting van dit interview?

Nou, onlangs stond er een verhaal in een krant in Marathi [de officiële taal in deelstaat Maharashtra]: de auteur zat in een BEST-bus in Bombay en herkende twee mensen uit zijn dorp die samen op dezelfde bank zitten, naast elkaar. De een is de wasbaas van het dorp, de ander de geldschieter. Ze praten natuurlijk niet met elkaar, en ze kijken allebei recht vooruit. Maar omdat er geen andere zitplaatsen vrij zijn, moeten ze deze nabijheid verdragen – iets dat hen in het dorp volkomen weerzinwekkend zou zijn voorgekomen. Ik dacht bij mezelf: meer dan 3.000 jaar geleden probeerde de Boeddha het kastenstelsel af te schaffen en in de vorige eeuw was Mahatma Gandhi het grootste deel van zijn leven aan het proberen een eind te maken aan de onaanraakbaarheid. Beiden lijken te hebben gefaald. En dan komt er zo'n suffe, oude BEST-bus en die verandert India zonder gebruik te maken van welke politieke retoriek of polemiek ook. *Dat* is wat onze steden doen. Als mechanismen voor de *beïnvloeding van gedrag* zijn ze veel krachtiger dan alles wat we ooit eerder hebben gezien. Zij zullen dit land hervormen.

But doesn't increasing those housing densities bring about savings in the overall land area used by the city?

Not as quite as much as you might imagine – studies undertaken during the planning of the British New Towns in the 1950s show that only about a third of a city's area is used for housing sites. There are many other uses: industry, social amenities, transport (which alone uses 25 to 35 per cent) and so forth. So squeezing down just the housing area by doubling its density 'saves' a very small fraction (about 16 per cent) of the city's land – *but it could make a crucial difference to the living conditions of its habitants.* [Fig. 24] On the other hand, doubling the housing area means a somewhat larger city – but it can bring about fundamental improvements in the lives of its citizens. We intentionally restricted the Belapur project to a ground floor and two upper storeys – but obviously the same principles could be addressed in other typologies as well. But the basic point is that increasing housing densities beyond an optimal threshold can be totally unproductive. The analogy to our own bodies is obvious: as long as we stay within a temperature of 36.7 °C, the doctors can deal with our problems. But when we go higher than that, to 40 °C and more, then we are in trouble. For though remedies exist, they become exponentially expensive and dangerous.

Would this be part of the overview that the National Commission on Urbanisation advocated?

Yes, this is why we recommended setting up an ongoing mechanism for monitoring key parameters in urban centres across India. Right now, our cities are just following market forces, the American way. But we forget that up to the end of the nineteenth century, the USA had wonderful cities: St Louis, Philadelphia, etcetera, which they were very proud of – but which were ruined through unmitigated market forces. For as the city fills up with high-rise buildings, the profits for the builder go up – but the amenities per capita (schools, hospitals, open spaces and so on) start to evaporate. And with that, middle-class families (the backbone of any city) flee to the suburbs. Market forces don't create great cities – they DESTROY them.

That's quite a thought. Do you have any other message to close this interview?

Well, the other day there was this story in a Marathi journal: the author, travelling in Bombay on a BEST bus, recognizes two people from his village who are sitting together on the same bench, side by side. One is the village dhobi, the other is its money-lender. Naturally they are not talking to each other – and are both staring straight ahead. But as there are no other seats available, they must endure this close proximity – something that would be totally repugnant back in their village. I thought to myself: more than 3,000 years ago the Lord Buddha tried to abolish the caste system – and in the last century, Mahatma Gandhi spent much of his life trying to banish untouchability. They both appear to have failed. Now along comes a dumb old BEST bus, and without any political rhetoric, and without any polemics, it is changing India. *That* is what our cities are about. They are mechanisms for *social engineering*, much more powerful than anything we have ever seen before. They will transform this country.

'Dat geld komt China helemaal niet uit'
'The money doesn't even leave China'

Pierijn van der Putt

Interview met/with Daan Roggeveen en/and Michiel Hulshof (Go West)

Bedrijfsleider Phil Otieno geeft uitleg over het plan voor de Lekki Free Trade Zone in Nigeria. Het stedenbouwkundig plan voor de nieuwe stad werd ontworpen in Shanghai.
Business manager Phil Otieno explains the scheme of the Lekki Free Trade Zone, Nigeria. The urban plan for the new city was designed in Shanghai.

De snelle verstedelijking en explosieve economische groei hebben in Afrika geleid tot een enorme bouwactiviteit op vrijwel elk terrein: infrastructuur, overheidsgebouwen, woningbouw, enzovoort. Daarbij valt op dat de inbreng van Chinese bedrijven zeer groot is. Niet zelden worden hele steden uit de grond gestampt door een Chinees bouwbedrijf met een grotendeels Chinese werkmacht.

Hoe verandert China het aanzien van Afrika? Over deze vraag spreekt *DASH* met Daan Roggeveen en Michiel Hulshof die samen het onderzoekscollectief Go West vormen. In 2011 publiceerden ze 'How the City Moved to Mr Sun', een met foto's en verhalen doorspekt boek over de explosief groeiende Chinese megasteden. Hun huidige journalistieke onderzoek gaat over de invloed van China op de verstedelijking van Afrika.

Hoe zijn jullie geïnteresseerd geraakt in de rol die China speelt in de urbanisatie van Afrika?

Nadat we in 2011 ons boek over Chinese megasteden publiceerden, hebben we lang nagedacht over wat we verder nog wilden onderzoeken. We konden ons onderzoek uitbreiden naar andere landen, bijvoorbeeld India, of verdiepen, door een Chinese megastad als Shenzhen nauwkeuriger onder loep te nemen. Maar toen we een keer toevallig met Google Earth naar Luanda keken, de hoofdstad van Angola, viel ons oog op iets dat werd aangeduid als 'Chinese sector'. Dat bleek een door Chinese bedrijven gebouwd woningbouwcomplex (Kilamba – red). We waren meteen geïnteresseerd. Het meest opvallend was dat de schaal totaal afweek van wat er normaal gebouwd wordt in Angola. Flinke kavels, hoge woontorens, grote aantallen: eigenlijk alles wat we gezien hadden in China en waarover ons eerste boek ging.

Wat wisten jullie op dat moment van de bouwactiviteit van China in Afrika?

We wisten dat Chinese bedrijven projecten realiseerden in Afrika, maar niet op welke schaal en op welke manier. Verder kenden we Su Yunsheng, van de Tongji Universiteit in Shanghai, die woningbouwprojecten maakte in Afrika. Hij vloog zelf wel af en toe naar Afrika, maar het ontwerp werd gemaakt door Chinese studenten in Shanghai, die nog nooit in Afrika waren geweest en daar ook niets vanaf wisten.

Achteraf realiseerden we ons dat we zelf ook eerder voorbeelden hadden gezien van Chinees-Afrikaanse samenwerking. Dat was toen we in Chongqing, in west-China, op een Afrikaans feest terechtkwamen, waar we als enige westerlingen tussen 150 Afrikanen stonden. We konden dat toen niet plaatsen.

Hoe hebben jullie je onderzoek ingestoken?

De formule is hetzelfde als die van ons eerste onderzoek: we kijken naar de stad en stedelijke vraagstukken volgens een journalistieke methode, met interviews en fotoseries. Het grootste verschil met ons eerste boek is dat we besloten om hier de onderwerpen iets meer 'van bovenaf' te benaderen. Waar we in China heel veel deden met straatreportages en lokale bewoners, besloten we al snel dat dat in Afrika lastiger zou zijn simpelweg omdat we niet in Afrika wonen en 'voxpop' dus moeilijker te duiden is. Daarom kozen we voor een aanpak waarin we interviews afnemen met planners, academici, (oud)-politici, enzovoort die een meer strategisch beeld kunnen schetsen.

Jullie onderzoek is nog in volle gang. Welke tussentijdse inzichten hebben jullie verkregen na meerdere trips naar verschillende Afrikaanse landen?

De eerste, banale conclusie was dat Afrika geen land is. In China kun je vijf uur in een vliegtuig zitten, maar dan zit je nog steeds in dezelfde politieke en economische ruimte,

In Africa, rapid urbanization and explosive economic growth have led to major building activity in almost all areas: infrastructure, government buildings, housing and so on. Arrestingly, the contribution of Chinese companies is very large. It isn't uncommon for entire cities to be thrown up by Chinese construction companies and a largely Chinese workforce.

How is China changing the face of Africa? *DASH* discussed this with Daan Roggeveen and Michiel Hulshof, who jointly form research collective Go West. In 2011, they published a book about the explosive growth of Chinese megacities, punctuated by photographs and anecdotes and called *How the City Moved to Mr Sun*. Their current journalistic research is about the impact of China on African urbanization.

What made you take an interest in the role China plays in the urbanization of Africa?

After we'd published our book on Chinese megacities in 2011, we thought long and hard about what we'd like to investigate next. We could either extend our research to include other countries, for instance India, or turn to a rather more in-depth investigation of a Chinese megacity like Shenzhen. Then one day we accidentally came across the Angolan capital Luanda on Google Earth and we spotted something that was referred to as the Chinese sector. As it turned out, it was a housing complex built by Chinese companies [Kilamba – Eds.]. We were immediately interested. What stood out most was that the scale was totally different from anything usually built in Angola. Substantial plots, tall residential towers, large numbers: basically everything we'd seen in China and everything our first book was about.

At that time, how much did you know about China's building activities in Africa?

We knew that Chinese companies were realizing projects in Africa, but we didn't know on what scale and in what way. Also, we knew Su Yunsheng, from Tongji University in Shanghai, who made housing projects in Africa. He did fly to Africa now and again, but the designs were made by Chinese students in Shanghai who'd never been to Africa and didn't know anything about it, either.

In retrospect, we realized we'd already seen examples of this Chinese-African collaboration – when we'd found ourselves at an African party in Chongqing, in West China, as the only Westerners among 150 Africans. At the time, we just didn't catch on.

What's the angle of your study?

The formula is identical to that of our first study: we use a journalistic method, including interviews and photo series, to look at the city and at urban issues. The main difference compared to our first book is that we decided to approach the issues more top-down in this one. In China, we held a lot of street interviews involving local residents, but we decided early on that that would be difficult to do in Africa, simply because we don't live there and would find it quite hard to interpret the *vox populi*. Therefore, we chose an approach that includes interviewing planners, academics, (former) politicians and so on, who can paint a more strategic picture.

The research is still very much ongoing. Have you gained any interim insights after several trips to various African countries?

The first, banal conclusion is that Africa is not a country. In China, you can sit on a plane for five hours and remain in the same political and economic space, and the language is generally the same. This is not the case in Africa. There are

de taal is over het algemeen hetzelfde. Dat is in Afrika heel anders. De interne verschillen zijn enorm. We hebben tot dusver Nairobi, Addis Abeba, Accra, Lagos, Kigali en Dar Es Salaam bezocht. Nairobi omdat het de belangrijkste stad van oost-Afrika is, Addis vanwege het communistische verleden. In Accra onderzochten we de invloed van China op Afrikaans consumentisme; in Lagos met name de rol van China in een lokale Speciale Economische Zone die een contrast moet vormen met de chaotische megastad. Kigali, de hoofdstad van Rwanda, wil het Singapore van Afrika worden. Dar Es Salaam bezochten we omdat Tanzania een lange relatie met China heeft; de Chinezen legden hier in de jaren 1970 het spoor naar Zambia aan.

Chinese bouwactiviteit in Afrika is dus niet een recent verschijnsel?

Helemaal niet. De relatie tussen Afrika en China bestaat al sinds eind jaren 1940, toen Mao het idee van de derde wereld lanceerde. Afrika stond vanaf begin jaren 1960 open voor landen en investeerders zonder een koloniserend verleden. Er zijn toen veel ziekenhuizen en stadions door China in Afrika gebouwd. Geld speelde geen rol, vooral politieke motieven waren van belang: de banden met Afrika werden aangehaald om een zetel in de Veiligheidsraad te bemachtigen.

huge internal differences. So far, we've visited Nairobi, Addis Ababa, Accra, Lagos, Kigali and Dar Es Salaam. Nairobi because it's the most important city in eastern Africa; Addis because of its communist past. In Accra, we investigated the influence of the Chinese on African consumerism; in Lagos we focused on China's role in a local Special Economic Zone (SEZ) that is to provide a contrast with the chaotic megacity. Kigali, the capital of Rwanda, aims to become the Singapore of Africa. We visited Dar Es Salaam because of the long-standing relationship between Tanzania and China: the Chinese constructed a railroad to Zambia here in the 1970s.

So Chinese building activity in Africa isn't a recent phenomenon?

Not at all. The relationship between Africa and China has been around since the late 1940s, when Mao launched the idea of the Third World. As of the early 1960s, Africa has been open to countries and investors without a colonizing past. China built a lot of hospitals and stadiums in Africa at that time. Money was no object, political motives were more important: ties with Africa were strengthened to win a seat in the Security Council.

This time the angle isn't merely political, but economic

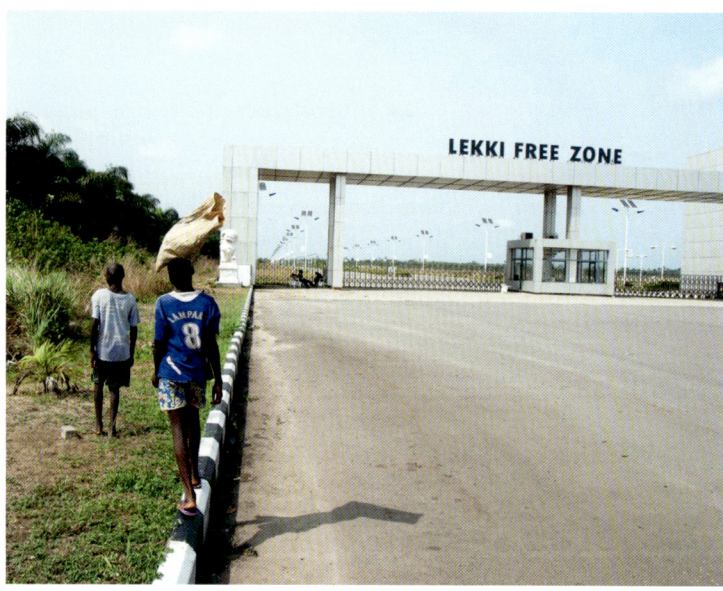

De China Civil Engineering and Construction Company staat gereed om aan de bouw van de Lekki Free Trade Zone te beginnen. Als de stad klaar is, kunnen er 120.000 mensen wonen.
The China Civil Engineering and Construction Company is ready to start building the Lekki Free Trade Zone. When finished, the city should have 120,000 residents.

Great Wall Apartments fase 1, Nairobi
Great Wall Apartments phase 1, Nairobi

Lichtschakelaar, Great Wall Apartments, Nairobi, Kenya
Light switch, Great Wall Apartments, Nairobi, Kenya

De insteek is nu niet alleen maar politiek, maar ook economisch. De Chinese overheid moedigt bedrijven door middel van een 'Ga naar buiten' campagne aan om in het buitenland te investeren. En veel Chinese bedrijven zien mogelijkheden om in Afrika geld te verdienen, zeker gezien de toenemende competitie in China.

En nogal succesvol, lijkt het. Wat is het aandeel van China in de totale bouwproductie?

Het is moeilijk om harde data te verzamelen, omdat de staatsinvesteringen van China in Afrika worden beschouwd als staatsgeheim. Maar in veel steden domineren de Chinezen de bouwproductie van gebouwen boven de vijf verdiepingen. Dan gaat het puur om aannemerij. Vaak is het ontwerp in handen van een lokaal of westers architectenbureau en is de opdrachtgever een lokale ontwikkelaar of een internationaal consortium met bijvoorbeeld geld uit het Midden-Oosten.

Massawoningbouw wordt uitgevoerd door Chinezen, maar afgezien van incidentele megaprojecten is er in de meeste Afrikaanse landen nog nauwelijks een grootschalige massawoningbouwproductie.

Ongeveer 50 procent van de verharde wegen waarop we reden is aangelegd door Chinezen en de meeste luchthavens die we hebben gezien zijn aangelegd of verbouwd door Chinese bedrijven, met uitzondering van het vliegveld van Dar Es Salaam, dat door de BAM wordt gebouwd.

Je ziet trouwens dat de invloed van China in Afrika steeds verder opschuift in de waardeketen. Naar de advies-, ontwerpen de investeringskant. Chinezen gaan meer investeren in Afrika en gaan dus ook meer plannen. In Nairobi heeft CCTV Africa 80 medewerkers. Xinhua, het Chinese ANP, heeft bijna in elk land wel een bureau zitten. De China Daily heeft een goed netwerk. De zachte kant wordt door China dus ook gepusht. Er gaan Chinese studenten naar Afrika en andersom – dat verklaart trouwens dat Afrikaanse feest in Chongqing.

Is het vooral de Chinese staat die actief is, of zijn er ook particuliere bedrijven die zich mengen in het bouwgeweld?

Er is een grote overheidsstroom aan projecten. Die maken deel uit van economische en politieke strategieën. Maar er zijn ook Chinese zakenlieden die zien dat Afrika staat op de plaats waar China 30 jaar geleden stond en dat daar met name in vastgoed heel veel geld is te verdienen. Great Wall Apartments in Kenia bijvoorbeeld is door een particuliere ontwikkelaar ontwikkeld.

Wat is de zichtbare invloed van China op Afrika? Veel van de nieuwbouwwijken lijken kopieën van Chinese woonwijken.

Vanuit China komt de gezoneerde stad naar Afrika. De *gated community*, die ze in Afrika een *compound* noemen, sluit goed aan op de Afrikaanse situatie – het is in de meeste steden tamelijk onveilig. Ook de Speciale Economische Zone wordt nu in Afrika geïntroduceerd. In Lagos bijvoorbeeld heb je de Lekki Free Trade Zone, een compleet ommuurde stad, die buiten de douanezone ligt en dus feitelijk niet eens tot Nigeria behoort. Alles wordt daarin geprivatiseerd, de politie, de vuilophaaldienst, enzovoort. De stad krijgt een *body double*, in de vorm van een saaie, veilige, voorspelbare maar ook afgesloten stad naast het eigenlijke Lagos.

Dat is een strategie die in China ook veel is toegepast. Daar zie je een nieuw stadscentrum gebouwd worden pal naast het oude, dat een verkeersinfarct heeft en vuil is. Lekki is dan ook volledig gepland en ontworpen in Shanghai, door het planningsbureau van Tongji Universiteit.

In het Westen wordt vaak met een kritisch oog gekeken naar die nieuwe steden midden in de woestijn.

as well. The Chinese government is encouraging companies to invest abroad through a 'Go Outside' campaign. And many Chinese companies see opportunities to make money in Africa, especially considering the increasing competition at home.

And quite successfully, or so it seems. What is China's total share in construction?

Concrete facts are hard to find, since China's investments in Africa are regarded as secrets of the state. However, in many cities, the Chinese dominate the architectural output with regard to buildings with more than five floors. We're talking contracting exclusively. In many cases, the design is handled by a local or Western architecture firm, with the client a local developer or an international consortium and funded by, for instance, the Middle East.

The Chinese realize mass housing, but apart from the occasional megaproject most African countries have hardly produced any large-scale mass housing so far.

About 50 per cent of all paved roads we drove on had been constructed by the Chinese and most of the airports we saw were constructed or reconstructed by Chinese companies, with the exception of the airport of Dar Es Salaam, which is being built by the BAM [Dutch construction company – Eds.].

What you also see is that China's influence continues to move up in the value chain. Towards the consultancy, design and investment side. As the Chinese invest more in Africa, they're planning more as well. CCTV Africa in Nairobi has 80 employees. Xinhua, the Chinese ANP [Netherlands national news agency – Eds.], has an agency in almost every country. China Daily has a good network. So China's also pushing the soft side. Chinese students go to Africa and vice versa – which by the way also explains the African party in Chongqing.

Is it mainly the Chinese state that's active in Africa, or are private companies involved in the 'construction crush' as well?

The flow of government projects is substantial. These are part of economic and political strategies. But there are also Chinese businessmen who see that Africa's in the position China was in 30 years ago and recognize that there's lots of money to be made there, especially in real estate. Great Wall Apartments in Kenya, for example, was developed by a private developer.

What visible influence does China have on Africa? Many new housing developments look like copies of Chinese residential areas.

China has brought the zoned city to Africa. The gated community, which is called a compound in Africa, is in keeping with the African situation – it's quite unsafe in most cities. The Special Economic Zone is now also being introduced in Africa. In Lagos, for instance, there's the Lekki Free Trade Zone, a completely walled city located outside the customs area and therefore in fact not even part of Nigeria. Inside, everything is privatized, from policing to garage collection and so on. The city is getting a *body double* in the form of a boring, safe, predictable but also closed city alongside Lagos proper.

The strategy has also widely been used in China. You'd see a new city centre being built there right next to the old one, with its snarled traffic and pollution. Unsurprisingly, Lekki was entirely planned and designed in Shanghai, by the Tongji University planning agency.

The West often casts a critical eye on those new cities in the middle of the desert.

...we hebben gemerkt dat schrijven over China in Afrika bijna altijd uitmondt in China afkraken of China ophemelen (en daarmee Europa afkraken).

Over Kilamba meldden westerse media inderdaad enigszins triomfantelijk dat het een spookstad was geworden...
In China wimpelen ze dat af als westerse jaloezie...

Maar dat is te makkelijk. Objectief gezien sluit een project als Kilamba niet aan bij de gangbare Angolese woningbouw. Die projecten worden gemaakt zonder kennis van de plaatselijke gebruiken. Is dat niet een probleem?

Wij zien dat Afrikaanse steden heel flexibel, veerkrachtig en veranderbaar zijn. En Afrikanen zelf ook. Eigenlijk zijn mensen over heel de wereld heel flexibel, behalve die in Noordwest-Europa. Je ziet hier in Shanghai dat een wooncomplex ook commerciële functies kan bevatten. Dan heb je bijvoorbeeld een massagesalon op de 18e verdieping van een woongebouw, of een restaurant op de 12e verdieping. Het is de Downtown Athletic Club, maar dan in de realiteit.

De woningbouwprojecten die door Chinese bedrijven in Afrika worden gebouwd, zijn in China ontworpen, door Chinese architecten. Maar het probleem met nieuwe woningbouwprojecten is niet alleen de typologie of de monofunctionaliteit. Het werkelijke probleem is dat er geen kennisoverdracht plaatsvindt. Dat ligt niet aan de architectuur maar aan het financieringsmodel. Dan wordt er gezegd: wij bouwen een weg en dan betaal je die met olie bijvoorbeeld, of bauxiet, of wat dan ook. Dat is voor die landen natuurlijk handig want die hebben geen cash. China zegt dan: je krijgt geld voor een lening voor de aanleg van een weg, maar die moet je aan een Chinees bedrijf aanbesteden. Dat geld komt China dan helemaal niet uit. Beijing geeft dat meteen aan een Chinese aannemer. Die aannemer neemt zijn eigen materialen mee en betaalt zijn werknemers in China uit. Het geld en ook de kennis komt dus Afrika niet in. En er ligt dan straks een weg, maar behalve die fysieke weg hebben de Afrikaanse landen daar dan niet van geprofiteerd. Dat is de kritiek op dat model.

Zo ontstaat het idee dat Afrika zijn grondstoffen inruilt voor asfalt en stenen, maar afhankelijk blijft van andere landen.

Wij [Go West – red] denken dat de Europees-Afrikaanse relatie altijd omgeven is door de historie van de kolonisatie en de daaropvolgende hulpprogramma's. Maar daar zitten met name de meer autoritaire regimes in Afrika helemaal niet op te wachten. Paul Kagame, de president van Rwanda, zegt bijvoorbeeld: 'We willen van die hulp af. We willen een handelsrelatie.' Die krijgen ze met China. Europa daarentegen heeft moeite Afrika als een gelijkwaardige handelspartner te zien.

Is er sprake van een monopolypositie van China in Afrika?

De invloed van China en het aandeel in de bouwproductie zal toenemen. Maar de belangrijkste constatering tot dusver is dat de Chinezen niet de enigen zijn, en dat steeds meer projecten zich afspelen tegen de achtergrond van een zeer sterk globaliserende wereld – waarin een woningbouwproject in Dar Es Salaam kan worden gefinancierd vanuit Libanon, met Chinees bouwmateriaal, gebouwd door een Turkse aannemer, via een Nederlandse bouwmethode (tunnelbouw!) en bouwvakkers die voordien in Irak werkten.

Dus als China Afrika al verandert, dan doet de rest van de wereld in ieder geval gretig mee.

. . . we found that writing about China in Africa almost always results in either slashing China or praising China (and, in doing the latter, slashing Europe).

The Western media did indeed appear somewhat triumphant when it could report that Kilamba had become a ghost town . . .

In China, they'd dismiss that as Western envy . . .

But that's all too easy. Objectively speaking, a project like Kilamba is not in keeping with customary Angolan housing. Such projects are created without any knowledge of local customs. Isn't that a problem?

What we see is that African cities are very flexible, resilient and changeable. As are the Africans themselves. Actually, people are flexible all over the world, except in northwest Europe. Here in Shanghai, you can see that a residential building can also include commercial functions. You have, for instance, a massage parlour on the 18th floor of a residential building and a restaurant on the 12th floor. It's like the Downtown Athletic Club, only for real.

The housing projects Chinese companies build in Africa have been designed in China, by Chinese architects. But the problems with the new housing projects aren't just about typology or monofunctionality. The real problem is that there is no knowledge transfer. That's not caused by the architecture, but by the funding model. They'll say: we'll build a road and then you'll pay me in oil, for instance, or bauxite, or whatever. Of course, that's convenient for those countries, since they don't have any cash. China will say: we'll loan you the money to build a road, but you'll have to contract it out to a Chinese company. The money doesn't even leave China. Beijing immediately hands it over to a Chinese contractor. The contractor brings his own materials and pays his employees in China. So the money and also the knowledge never get to Africa. And yes, there will be a road, but except that physical road, the African country has nothing to show for it all. That's what critics say about that model.

This is what creates the impression that Africa trades its raw materials for asphalt and stones, yet remains dependent on other countries.

We [Go West – eds.] think that the relationship between Europe and Africa will always be tinged with the colonialism and subsequent assistance programmes of the past. But especially the more authoritarian African regimes don't want anything to do with that. Rwandese president Paul Kagame, for instance, says: 'We don't want assistance anymore. We want trade relationships.' That's what China gives them. Europe on the other hand has difficulty seeing Africa as an equal partner.

Does China have a monopoly position in Africa?

China's influence and its share in the architectural output will increase. But the main conclusion so far is that the Chinese aren't the only ones and that more and more projects are being realized against the background of a fiercely globalizing world – a Dar Es Salaam housing project may be funded from Lebanon, involve Chinese building materials, be built by a Turkish contractor, using a Dutch construction method (tunnels!) and construction workers that were previously employed in Iraq.

So even if China's changing Africa, the rest of the world is sure swimming with the tide.

Het door het Chinese bedrijf CITIC ontwikkelde Kilamba New City in Angola is ontworpen om 500.000 mensen te huisvesten en bestaat uit 750 flatgebouwen van acht verdiepingen.
Kilamba New City, Angola, developed by the Chinese company CITIC, was designed to accommodate 500,000 people and includes 750 eight-storey apartment blocks.

Eastern Industry Zone, een Chinees modelproject in Addis Abeba, Ethiopië
Eastern Industry Zone, a showcase Chinese project in Addis Ababa, Ethiopia

China's 'stadiondiplomatie': een nationaal voetbalstadion voor Tanzania – een geschenk van China aan Tanzania.
China's 'stadium diplomacy': a National Football Stadium for Tanzania – a gift from China to Tanzania.

Het gebouw van de Afrikaanse Unie in Ethiopië was een geschenk van China aan Afrika. De bouw begon in januari 2009 en er waren 1.200 Chinese en Ethiopische werknemers bij betrokken.

The African Union building in Ethiopia was a gift from China to Africa. Construction began in January 2009 and involved 1,200 Chinese and Ethiopian workers.

Het grote woningbouwprogramma
The Grand Housing Programme

Brook Teklehaimanot
& Harald Mooij

Interview met/with Tsedale Mamo

**Het Gofa-project gezien vanaf
een nabijgelegen heuvel**
Gofa project as seen from a nearby
hill

Het *Integrated Housing Development Programme* (IHDP) werd geïntroduceerd in 2004 om het overweldigende tekort aan woningen in Addis Abeba, Ethiopië te verminderen – het ging naar schatting om circa 300.000 stuks – en zo'n 50 procent van de grotendeels vervallen woningvoorraad te vervangen. Het programma werd geïnitieerd door de toenmalige burgemeester Arkebe Oqubay en stond ook wel bekend als 'het grote woningbouwprogramma' of GHP, en had de ambitieuze doelstelling 50.000 wooneenheden per jaar te bouwen.

DASH sprak met Tsedale Mamo, die een belangrijke rol vervulde in de begindagen van de uitvoering van het project. Mevrouw Tsedale,[1] een Ethiopische architect opgeleid aan de Universiteit van Addis Abeba en aan de Technische Universiteit van Helsinki, Finland, was van 2005 tot 2010 directeur bij het GHP. Ze was als toezichthouder verantwoordelijk voor zowel de ontwerpwerkzaamheden op het kantoor van de IHDP als voor de uitvoering ter plaatse.

Naar verluid had Addis Abeba in 2004 circa 3 miljoen inwoners en namen de bewonersaantallen in rap tempo toe. Bijna 80 procent van het stedelijk weefsel bestond uit vervallen laagbouwwoningen, de zogenaamde sloppenwijken. Vanwege het beleid van het socialistische regime was de woningvoorraad al 17 jaar niet noemenswaardig toegenomen en daardoor was de achterstand opgelopen tot 300.000 wooneenheden. Om, geconfronteerd met deze feiten, een begin te maken met een programma als het IHDP moet wel een zeer ambitieuze, om niet te zeggen wanhopige onderneming hebben geleken. Wie verzint zoiets, hoe is het allemaal begonnen?

Het initiatief was afkomstig van de gemeenteraad als reactie op de qua hygiëne en woningtekort hopeloze omstandigheden in de stad. Deze situatie werd niet door enig woningbouwproject van belang gepareerd, dus er moest een reactie van overheidszijde komen. Voormalig burgemeester Arkebe Equbay heeft daar een belangrijke rol in gespeeld en persoonlijk toezicht gehouden op het project. Op het kantoor van de IHDP rapporteerden we aan hem persoonlijk.

Hoe verloopt zoiets, het vanuit het niets opzetten van een programma als het IHDP?

Vóór de start van het IHDP bestond er al een kleine, aan de regering verbonden huisvestingsafdeling en die werkte samen met GTZ[2] en MH[3] aan een proefproject. Toen ik werd aangesteld als algemeen directeur van het nieuwe projectbureau namen wij de uitvoering van dat kleine proefproject over. Het projectbureau zelf was echter opgericht voor de grote schaal, er werd immers van ons verwacht dat we circa 50.000 eenheden per jaar zouden bouwen. En we moesten alles zelf doen. Dus we hadden een ontwerpafdeling, een afdeling constructie en een logistieke afdeling, en een voor micro- en kleine ondernemingen: een van onze doelen was het stimuleren van de oprichting van kleinschalige bouwondernemingen.

Het oorspronkelijke doel was dus 50.000 eenheden per jaar. Maar in de eerste vijf jaar werden er alles bij elkaar slechts 70.000 eenheden gebouwd. Nu, tien jaar later, zijn er ongeveer 220.000 eenheden. Wat is er gebeurd?

Het aantal nieuw te bouwen woningen was ongekend. We kregen te maken met een gebrek aan capaciteit in termen van materialen en aannemers. Dus naast het toezicht op het ontwerp en de bouw moesten we capaciteitsvergrotende programma's gaan opzetten voor aannemers en producenten van bouwmaterialen zoals de holle betonblokken die lokaal gemaakt kunnen worden. Het was geen gemakkelijk karwei en vanwege het vele extra werk hebben we onze doelstellingen niet gehaald, maar het was een goed begin, denk ik. En in de loop der jaren hebben we zoveel nieuwe huizen opgeleverd;

In 2004, the Integrated Housing Development Programme (IHDP) was introduced in Addis Ababa, Ethiopia, to reduce the overwhelming housing backlog estimated at about 300,000 housing units and to replace 50 per cent of the dilapidated housing stock. The programme, also known as the 'Grand Housing Programme' (GHP), was initiated by the then mayor Arkebe Oqubay and had the ambitious goal of building 50,000 housing units per year.

DASH interviewed Tsedale Mamo, the most important figure during the execution of the project in the early days. Mrs Tsedale[1] is an Ethiopian Architect educated at Addis Ababa University and the University of Technology in Helsinki, Finland, who was the manager of the GHP from 2005 until 2010. She was responsible for overseeing both the design work in the IHDP offices and the implementations on site.

In 2004, Addis Ababa, which was growing at a tremendous rate, was said to have had around 3 million inhabitants. Almost 80 per cent of the city's fabric consisted of low-rise dilapidated dwellings: the so-called 'slums'. There was already a backlog of 300,000 housing units, as there was no significant rise in the housing stock for 17 years due to the socialist regime's policies. To start a programme like the IHDP in the face of these numbers must have been a very ambitious if not hopeless undertaking. Who initiated the plan and how did it start?

The initiative came from the City Cabinet, responding to the critical housing conditions in the city in terms of hygiene and housing backlogs. There were no significant housing developments countering these conditions, so it had to come from the public authority. Former mayor Arkebe Equbay played a key role and personally oversaw the project. At the IHDP office, we reported to him personally.

How does that work, setting up a programme like the IHDP from scratch?

Before IHDP started there was a small governmental housing office, which together with GTZ[2] and MH[3] worked on a pilot project. When I was appointed as the general manager of the new Project Office we took over the execution of the small pilot project. But the Project Office itself was established for the big scale, we were supposed to build around 50,000 units per year. And we had to do everything. So there was a design department, a construction department, a department for logistics and for micro- and small-scale enterprises: one of the agendas was to create small-scale enterprises in the building industry.

So the initial goal was 50,000 units per year. Yet in the first five years only 70,000 units were built altogether. Now, after ten years, the total has risen to approximately 220,000 units. What happened?

The amount of new housing to be built was unprecedented, and we encountered a capacity shortage of materials and contractors' offices. So besides the design and construction supervision, we had to start capacity building programmes for contractors and production of building materials, such as hollow concrete blocks that can be produced locally. It wasn't an easy job and because of all the extra work we didn't meet the target, but the start was very good I think. And over the years, we delivered all these new houses, so many people have become owners of their own houses. People with low incomes, as it was a low-income programme.

What was the definition of low income at the time?

Somebody who was able to pay at least 10 per cent of the cost of the houses. At the time, that wasn't more than

er zijn zoveel mensen eigenaar van hun eigen woning geworden. Mensen met een laag inkomen, want voor hen was het programma bedoeld.

Hoe werd een laag inkomen destijds gedefinieerd?

Iemand moest in staat zijn minstens 10 procent van de prijs van de woning te betalen. Dat was indertijd niet meer dan 10.000 *birr* (circa 440 euro). De overige 90 procent werd verhypothekeerd aan de bank. En door onze eigen materialen te produceren en dankzij overheidssubsidies wisten we de prijs zo laag mogelijk te houden. Er werd geen belasting geheven op geïmporteerde bouwmaterialen zoals wapeningsstaven en cement. Ik denk dat de mensen die deze woningen kregen heel veel geluk hebben gehad.

Hoe zijn de mensen uitgekozen die van dit programma hebben geprofiteerd?

De huizen zijn verdeeld via loting. De vraag was heel groot, maar iedereen die kon bewijzen over de vereiste 10 procent te beschikken, kon een loterijbriefje krijgen en had evenveel kans. Die 10 procent was trouwens voor een studio of een appartement met één slaapkamer: voor twee slaapkamers was 20 procent nodig en voor drie slaapkamers 30 procent. Mensen die meer konden betalen deden dat ook: het was ook een soort kruissubsidiesysteem. Dat werkte in het begin in Addis heel goed, maar toen het programma nationaal ging, werd het kruissubsidiesysteem te ingewikkeld en werd het stopgezet.

Naar verluid is voor veel mensen 20 procent of zelfs 10 procent nu nog steeds te veel, omdat de kosten van levensonderhoud ook aanzienlijk zijn toegenomen. Als je kijkt naar de mensen die nu in de flats wonen, lijken dat vooral mensen uit de middenklasse of de hogere middenklasse te zijn. Vindt u nog steeds dat het een programma is voor mensen met een laag inkomen?

Tja, dat hangt in de eerste plaats af van de definitie van 'laag inkomen'. Er zijn veel mensen die zich niet eens 1 procent van de prijs kunnen veroorloven. Maar onze doelgroep bestond uit mensen die minstens 10 procent van de prijs konden betalen en deze mensen met een laag inkomen zijn nog steeds de eigenaren van de woningen. Het is ze verboden de woning te verkopen, maar ze verhuren die tegenwoordig wel vaak aan mensen uit de middenklasse of de hogere middenklasse. Het is dus tegelijkertijd een programma voor de verdeling van rijkdom geworden: de eigenaren vullen hun inkomen aan met de huur, zodat ze de hypotheek kunnen betalen of kunnen sparen voor een beter leven. Dat zou ik nog steeds een succes willen noemen.

Dus volgens u is het GHP in veel opzichten een succes. Zijn er achteraf gezien ook dingen verkeerd gegaan, hadden er dingen anders moeten zijn?

Volgens mij is er eigenlijk niets verkeerd gegaan. Maar er waren wel tegenslagen en problemen, en er is altijd ruimte voor verbetering. Op zo'n grote schaal zijn er de hele tijd grote logistieke problemen, met materiaaltransporten, contacten met aannemers. En bouwen wordt steeds duurder, niet alleen vanwege de inflatie maar ook doordat er niet zorgvuldig met de materialen wordt omgegaan en door corruptie. Volgens mij moeten ze wel nadenken over een manier om zulke grootschalige projecten beter af te handelen.

Er is onder architecten en stedenbouwkundigen veel kritiek op appartementenblokken. Een veelgehoord bezwaar is dat de woningtypologie niet zou passen bij de manier van leven van de bewoners. De gezamenlijke keukens en slachtruimten in de gemeenschappelijke gebouwen worden bijvoorbeeld

10,000 *birr* (around 440 euros). The other 90 per cent was provided by the banks in the form of mortgages. And we kept the costs as low as possible by making use of government subsidies and producing our own materials. Imported building materials like reinforcement bars and cement were not taxed. The people who got these houses were very lucky, I think.

How did you choose the people who benefitted from the programme?

The houses were distributed by a lottery system. There was a great demand, but everybody who could prove to have the required 10 per cent could get a lottery ticket and had an equal chance. Actually, 10 per cent was for a studio and one-bedroom apartment, 20 per cent was required for a two-bedroom apartment and 30 per cent for three bedrooms. People who could afford more, paid more: it was also a kind of cross-subsidy system. It worked well in the beginning in Addis, but when the programme went nationwide the cross-subsidy system became too complex and was stopped.

It is said that 20 per cent and even 10 per cent is still too much for many people now, as the cost of life has increased significantly. If you look at who is living in the condominiums now, it seems to be more the middle- or middle-high-income groups. Would you say it is still a low-income programme?

Well, that depends, first of all, on the definition of 'poor'. There are many people who cannot afford even 1 per cent of the costs. But we targeted the group that could afford at least 10 per cent and these low-income groups are still the owners. They are not allowed to sell their houses, but they now often rent them to the middle- and middle-high-income groups. So it became a wealth distribution programme at the same time: the owners get a better income from the rent to pay their mortgage or save for a better life. I would still call that a success.

So according to you, the Grand Housing Programme is successful in many ways. If you look back, weren't there any failures or things that should have been different?

Actually I don't see any failures. But there are drawbacks and problems, improvements can and should be made, every time again. On a scale like this, there are big logistical problems all the time – handling materials, dealing with contractors. And the cost of building is increasing greatly, due to inflation but also because of corruption and the mismanagement of materials. In my opinion they should rethink how to handle the larger-scale projects.

Many professionals in architecture and urban design now criticize the condominium blocks. A common objection is that the housing typologies are not in congruence with people's lifestyles. For instance, the shared cooking facilities and slaughter spaces in the common buildings are not used and fall into decay or are transformed. What do you think of this criticism?

Well, actually we have involved many architects, planners and private consultancy offices in the design phase. So I don't know where this criticism comes from and I don't accept it, because it was an open invitation and competition at the time. Within a given framework of requirements and space, professionals from all disciplines worked on different typologies and urban designs. We invited other professionals to comment on the designs before they were implemented.

But it's possible that even these professionals had it wrong when they designed the housing. After implementation, did you also learn from experience in reality to improve future designs?

**In onbruik geraakt gemeen-
schappelijk gebouw**
Abandoned common building

**Tot politiebureau getransformeerd
gemeenschappelijk gebouw**
Common building changed into
police station

Sloop van *kebele*-huizen om plaats te maken voor woningbouw- en andere ontwikkelingen
Demolition of *kebele* houses to make place for housing and other developments

De binnenplaatsen worden gebruikt om voedsel te bereiden, kleren te drogen en als opslag
Courtyard spaces are used for food preparation, drying clothes and storage

Binnenplaats of satelietschotelhof?
Courtyard or satellite dish yard?

Tot parkeerplaats getransformeerde open ruimte
Open space turned into a parking lot

niet gebruikt en raken in verval of krijgen een nieuwe bestemming. Wat vindt u van die kritiek?

Tja, er waren heel wat architecten, planners en particuliere adviesbureaus betrokken bij de ontwerpfase. Dus ik weet niet waar die kritiek vandaan komt en ik accepteer hem ook niet, want er heeft indertijd een prijsvraag plaatsgevonden waar iedereen aan mee kon doen. Vanuit allerlei disciplines hebben allerlei experts binnen een bepaald ruimtelijk kader en programma van eisen aan verschillende typologieën en stedenbouwkundige ontwerpen gewerkt. En we hebben voorafgaand aan de uitvoering nog weer andere professionals gevraagd op de ontwerpen te reageren.

Maar het kan zijn dat zelfs deze deskundigen het wat betreft de ontwerpen bij het verkeerde eind hadden. Heeft u achteraf gezien geleerd van de ervaring, zodat u toekomstige ontwerpen kunt verbeteren?

Ja, dat wel, er zaten bij ons op kantoor ook ontwerpers. De opvattingen over gemeenschappelijke gebouwen zijn bijvoorbeeld veranderd. In eerste instantie werd gedacht dat die belangrijk waren voor de mensen. Er was in deze stad geen appartementencultuur, de mensen wonen in huizen met een binnenplaats waar ze schapen en ander vee kunnen slachten, *enjera* [brood van teff-meel] kunnen bakken en kunnen koken op een manier die in een appartement niet mogelijk is. Dus voorzagen we in ruimten waar dat wel kon. Maar de mensen wenden aan het wonen in appartementen en de gebouwen werden niet gebruikt.

Hoe komt dat volgens u?

Volgens mij gaat het om een cultuurverandering, een andere levenswijze. En dat hadden we ook wel verwacht. In latere projecten zaten minder gebouwen voor gemeenschappelijk gebruik en ik geloof dat ze er nu helemaal mee zijn opgehouden.

De kritiek betreft niet alleen de gemeenschappelijke gebouwen, maar ook de open ruimten. Die worden totaal verkeerd gebruikt: veel van die ruimten zijn veranderd in schotelantennehoven of in parkeerplaatsen, omdat parkeren in het oorspronkelijke ontwerp helemaal niet aan de orde was.

Het probleem van de open ruimten is eerder een beheersprobleem dan een ruimtelijk probleem. In de beginfase

Yes we did, we had designers in our office as well. The idea of the common buildings, for instance, changed. Initially they were thought to be important for the people. In this city there was no culture of living in apartments, people live in courtyard houses where they slaughter sheep and other cattle, bake *enjera* and prepare food in ways that cannot be done in apartments. So we provided other spaces in which to do this. But people accommodated to apartment living and the buildings were not used.

Why do you think this happened?

I think it is a change of culture or a change of lifestyle. And we expected that to happen. In later projects we reduced the amount of common buildings and I think now they have been stopped completely.

The criticism is not only about the common buildings, but also of the open spaces. They are very badly used, many of them turned into satellite dish yards, or car park areas, because parking was not a major issue in the initial design phase.

The problem of the open spaces is more a management problem than a spatial one, I think. In the initial phase, we thought of implementing facility management systems within each of the neighbourhoods. I don't know about the Netherlands, but we have seen these facility management systems, such as owners' associations or private organizations that take care of open areas, safety, gardening, parking, and so on in Germany, China and other countries. People living there pay a little money per month and the area is taken care of. Now when you go into the condominium areas, nobody feels responsible and the areas – even the staircases – are neglected and damaged. We thought of implementing these systems but didn't give it enough attention. So they still haven't been established. But it is a very important issue.

If you were to repeat the project, what things would you change? What drawbacks do you see in retrospect?

One drawback I see now is that there was no public participation. I think it is important to involve the inhabitants and beneficiaries from the start of the design process. A lot of good ideas could have been incorporated. Another option I would push for is to build the condominium blocks within the city fabric instead of on the outskirts. Building on the outskirts

Op de achtergrond het Ayat-condominium-project aan de uiterste oostelijke rand van Addis Abeba
In the back: Ayat condominium site on the far eastern outskirts of Addis Ababa

bedachten we om in elke wijk een beheerssysteem voor de openbare ruimte in te voeren. Ik weet niet hoe het in Nederland is, maar we hebben in Duitsland, China en nog zo wat landen gezien hoe dergelijke beheerders, bijvoorbeeld een bewonersorganisatie of een particuliere organisatie, voor de open ruimte, de veiligheid, het tuinonderhoud, parkeerplaatsen en dergelijke zorgen. De bewoners betalen een klein bedrag per maand en de omgeving wordt onderhouden. Wanneer je nu in de buurt van de flatgebouwen komt, zie je dat niemand zich verantwoordelijk voelt en de buurt, zelfs de trappenhuizen, verwaarloosd en beschadigd zijn. We hebben dus overwogen zo'n systeem te implementeren, maar we hebben er onvoldoende aandacht aan besteed en het is nog steeds niet ingevoerd. Maar het is wel heel belangrijk.

Als u het project mocht overdoen, wat zou u dan veranderen? Welke nadelen ziet u achteraf?

Een nadeel dat ik nu zie, is dat er geen publieke inspraak was. Ik denk dat het belangrijk is bewoners en begunstigden vanaf het begin bij het ontwerpproces te betrekken. Dan hadden we heel veel goede ideeën kunnen opnemen. Iets anders waar ik me hard voor zou maken is om de flatgebouwen op te nemen in het stedelijk weefsel, in plaats van ze aan de rand van de stad neer te zetten. Op dat moment leek bouwen aan de rand van de stad de makkelijkste oplossing, omdat sommige van de mensen die in de binnenstad wonen die appartementen niet hadden kunnen betalen. Ook de tijdelijke herhuisvesting was lastig aan te pakken geweest. Maar in elk geval hadden we dan andere mogelijkheden kunnen bekijken.

Hebt u een boodschap voor de uitvoerders van soortgelijke projecten in de toekomst? Welke lering valt er uit het IHDP te trekken?

Het IHDP heeft heel vaak geprobeerd de academische wereld en universitaire studenten bij het programma te betrekken. Als de universiteiten en beroepsverenigingen zoals de Vereniging van Ethiopische Architecten zich sterker voor zulke projecten zouden willen inzetten, dan zouden daar veel verbeteringen uit kunnen volgen. Dergelijke instellingen zouden ook gezamenlijk met voorstellen voor huisvesting in de stad kunnen komen, want de stad is van iedereen. Het is onze stad. We kunnen de gemeenteraad of de politici niet gewoon met die verantwoordelijkheid laten zitten.

Noten
1 Het is in Ethiopië gebruikelijk, personen bij de voornaam aan te spreken.
2 Deutsche Gesellschaft für Technische Zusammenarbeit.
3 Messele Haile Engineering plc.

was found to be an easy solution at that time because some of the people in the inner cities can't afford condominiums. Temporary relocation was also another issue difficult to tackle. In any case, other options would have been possible.

Is there any message that you would like to pass on to similar projects in the future? Anything learned from the IHDP?

IHDP tried many times to involve academics and university students in this programme. If the university and professional associations such as the Association of Ethiopian Architects would be more involved, this could lead to a lot of improvements. These bodies can also come together and propose housing ideas for the city, because the city belongs to everyone. It is our city. We cannot just leave the burden to the city council or to the politicians.

Notes
1 In Ethiopia it is customary to refer to a person by their first name.
2 German agency for technical cooperation (Deutsche Gesellschaft für Technische Zusammenarbeit).
3 Messele Haile Engineering plc.

Projectdocumentatie Woningbouw wereldwijd

Project Documentation Global Housing

Frederique van Andel, Dick van Gameren & Pierijn van der Putt

Met bijdragen van/With contributions by:
Carmen Espegel, Helen Gyger, Annenies Kraaij, Nelson Mota, Michelle Provoost, Kim de Raedt, Seyed Mohamad Ali Sedighi, Brook Teklehaimanot & Rohan Varma

Tekeningen/Drawings:
Manfredi Bozzi, Guido Greijdanus, Cederick Ingen-Housz, Davida Rauch, Carlyn Simoen & Rohan Varma

Affordable Housing for Developing Cities

In emerging economies all over the world, massive urbanization is leading to an urgent, acute need for affordable housing. Numerous plans and programmes have been developed to meet this demand. The plan documentation of this double issue, *DASH – Global Housing*, includes 16 projects covering a wide range of approaches and outcomes. The selected projects took place all over the world and cover a period of more than a century. The emphasis is both on the design of the individual dwelling and on the city as a whole.

Mass urbanization and the large-scale (affordable) housing challenges that go with it are not new phenomena. During the European industrial revolution, like in the Global South today, large numbers of rural residents immigrated to the cities looking for work and better living conditions. The cities of those days were hardly geared to such a challenge and this soon led to the emergence of slums, where people lived in appalling conditions.

The earliest initiatives to improve such living conditions were taken by philanthropically-oriented, wealthy individuals. One of them was George Peabody, who in 1862 founded the *Peabody Trust* to provide sound housing for the working classes. The first project in this documentation, the 1908 Herne Hill Peabody Estate in London, is a case in point.

Today, cities like Delhi and Mumbai feature in the top five of the largest cities in the world, but in the 1920s it was New York that figured at the top of this list. Poor, working-class families lived crowded together in so-called 'railroad' and 'dumbbell' apartments, with daylight in only some of the rooms. Large-scale projects such as Queensbridge Houses (1938-1940) were realized to meet the huge demand for housing. At the time, the project was considered the largest public housing project in the United States.

The area around Luxor (Egypt) faced a housing problem of a slightly different nature in the late 1940s. Because of the grave theft undertaken by the poor, rural population of the village Gourna at the foot of the necropolis, the Egyptian Department of Antiquities felt compelled to relocate the entire village. Hassan Fathy made the design for this completely new village, New Gourna Village, taking into account local customs and construction methods.

After 1945, the return of war veterans and the wave of immigration from Europe again caused great pressure on the housing market in the United States. In response, William Levitt developed the suburban housing concept 'Levittown'. In this *DASH* we cover Levittown New Jersey, now known as Willingboro.

In the late 1950s Spain, still suffering the effects of the Spanish Civil War and the Second World War, faced both a reconstruction process and the challenge to plan new urban developments to stop the further outgrowth of its slums. Built as satellites to Madrid between 1956 and 1966, the Poblados Dirigidos de Renta Limitada were intended to house the massive influx of immigrants from the rural areas. *DASH* covers the first Poblado Dirigido ever built: Poblado Dirigido de Entrevías.

Built shortly after the declaration of independence, Fria New Town (1956-1964) in Guinea is an example of an entirely new city, designed by the renowned urban planner and architect Michel Écochard. The city was designed to accommodate circa 20,000 inhabitants and shows a mix of modernist and traditional design principles.

In the 1950s in Ghana, the old Tema village that housed 12,000 inhabitants was relocated because it was situated in the prospective location of a new harbour. The new village, Tema Manhean, was designed by Maxwell Fry and Jane Drew on the basis of the hierarchical organizational model of an English New Town, only with compound dwellings that allowed a traditional way of communal living. In 1960, Constantinos Doxiadis was commissioned to make the plans for the neighbouring Tema New Town more efficient. Unlike Fry and Drew, he rejected the compound dwelling and created a plan with bungalows, terraced houses and apartment buildings that all targeted the modern nuclear family.

In the mid-1960s, a programme for a New Town for no less than 60,000 inhabitants was initiated in East London: Thamesmead. It was intended for, among others, families that had to be resettled because of the slum clearance process that took place in the inner city of London.

On the other side of the globe, in roughly the same period, the Peruvian city of Lima was facing an unprecedented urban population growth that was largely the result of migration from the countryside to the cities. Existing

Betaalbare woningen voor groeiende steden

In opkomende economieën overal ter wereld leidt de enorme verstedelijking tot een nijpende, acute behoefte aan betaalbare woningen. Om hieraan tegemoet te komen, zijn tal van plannen en programma's ontwikkeld. De plandocumentatie van deze dubbeldikke *DASH – Global Housing* laat 16 projecten zien met een breed scala aan benaderingswijzen en uitkomsten. De geselecteerde projecten komen uit heel de wereld en bestrijken een periode van ruim een eeuw. De nadruk ligt zowel op het ontwerp van de afzonderlijke woning als op de schaal van de stad.

Massale urbanisatie en de grootschalige (betaalbare) woningbouwopgave die daarmee gepaard gaat, is niet nieuw. Net als nu in de *Global South* trokken in Europa (vanwege de industriële revolutie) de plattelandsbewoners in grote getalen naar de stad, op zoek naar werk en betere leefomstandigheden. De steden van toen waren daar in het geheel niet op ingesteld en al gauw ontstonden sloppenwijken, waar mensen onder erbarmelijke omstandigheden leefden. De eerste initiatieven ter verbetering van deze woonsituatie kwamen uit de hoek van filantropisch ingestelde, rijke particulieren. Eén daarvan was George Peabody, die in 1862 de *Peabody Trust* oprichtte, dat voorzag in degelijke woningbouw voor de arbeidersklasse. Het eerste project in deze documentatie, de Herne Hill Peabody Estate in Londen uit 1908, is daarvan een voorbeeld.

Staan tegenwoordig steden als Delhi en Mumbai in de top 5 van grootste steden ter wereld, in de jaren 1920 prijkte New York bovenaan deze ranglijst. Arme arbeidersgezinnen leefden opeengepakt in de zogenaamde 'railroad' en 'dumbbell' appartementen, waar maar enkele kamers daglicht kregen. Om tegemoet te komen aan de enorme woningvraag werden grootschalige projecten gebouwd zoals Queensbridge Houses (1938-1940). Het project gold indertijd als het grootste *Public Housing* project in de Verenigde Staten.

Nabij Luxor (Egypte) speelde eind jaren 1940 een huisvestingsprobleem met een wat andere achtergrond. Vanwege de grafroof door de arme boerenbevolking in het dorpje Gourna aan de voet van de necropolis, zag het Egyptische *Department of Antiquities* zich genoodzaakt het gehele dorp te verplaatsen. Hassan Fathy maakte het ontwerp voor dit compleet nieuwe dorp, New Gourna Village, en hield rekening met lokale gebruiken en bouwwijzen.

De terugkomst van oorlogsveteranen en de immigratiegolf vanuit Europa zorgden na 1945 in de Verenigde Staten wederom voor grote druk op de woningmarkt. William Levitt ontwikkelde daarop als antwoord het suburbane woonconcept 'Levittown'. In deze *DASH* is Levittown New Jersey opgenomen, nu Willingboro genaamd.

Aan het eind van de jaren 1950 zag Spanje, dat nog leed onder de gevolgen van de Spaanse Burgeroorlog en de Tweede Wereldoorlog, zich geconfronteerd met zowel het proces van wederopbouw als de uitdaging nieuwe stedelijke ontwikkelingen te plannen om verdere uitwas van sloppenwijken tegen te houden. De Poblados Dirigidos de Renta Limitada die tussen 1956 en 1966 als satellietkernen rondom Madrid werden gebouwd, moesten onderdak bieden aan de massale stroom van het platteland afkomstige migranten. *DASH* laat de eerst gebouwde Poblado Dirigido zien: Poblado Dirigido de Entrevías.

Fria New Town (1956-1964) in Guinee is een voorbeeld van een geheel nieuwe stad die vlak na de onafhankelijkheidsverklaring werd gebouwd door de befaamde stedenbouwkundige en architect Michel Écochard. De stad werd ontworpen voor ongeveer 20.000 inwoners en laat een mix van modernistische en traditionele ontwerpprincipes zien. Het 12.000 inwoners tellende, oude dorp Tema in Ghana werd in de jaren 1950 verplaatst, omdat het op de locatie van een nieuw te bouwen haven lag. Het nieuwe dorp, Tema Manhean, werd door Maxwell Fry en Jane Drew ontworpen op basis van het hiërarchische organisatiemodel van een Engelse New Town, maar met *compound*-woningen die een traditionele manier van samenleven mogelijk maakten. In 1960 kreeg Constantinos Doxiadis de opdracht om de plannen voor het naburige Tema New Town efficiënter te maken. Anders dan Fry & Drew verwerpt hij de *compound*-woning en

planning processes were unable to meet the demand for housing fast enough and at low enough cost. Between 1961 and 1667, the Caja de Agua district was realized on the basis of 'incremental housing'.

In 1968, the project now known as Ekbatan was launched west of Tehran. Comprising more than 15,500 dwellings, it was to be the largest residential complex of the Middle East at the time. The design of the district was based on Western design and planning principles, as the then Shah meant to steer his country towards a more modern lifestyle. Shortly after, in 1975, Shushtar New Town – also in Iran – would show a totally different approach. The project, intended to house up to 30,000 people, is a unique example of a large-scale urban development designed and constructed by local designers and builders with respect for the indigenous way of life.

Since the 1960s, Mumbai has been growing exorbitantly. The peninsula could not take the pressure and this resulted in the planning of Navi Mumbai (then: New Bombay). There, a smaller, yet striking local housing development is CIDCO Housing (1988-1993) by Raj Rewal. A 'Slum Redevelopment Scheme' has been implemented in Mumbai since 1995. In many cases, this has resulted in very small apartments in high-rise flats without much daylight and ventilation ('handshake apartments'). Together with Sangharsh Nagar (1995-2004), PK Das has demonstrated that there are in fact alternatives.

The Mickey Leland condominium site is part of the 'Grand Housing Programme' launched in Ethiopia in 2004. Using a standardized block type, the programme provided Addis Ababa with affordable housing on the sites of former slums as well as on the outskirts of the city.

The last project included is the Cidade Horizonte do Uíge in Angola. Using a single floor plan, which is given a different look in different locations, a huge district is springing up adjacent to the existing Uíge as of 2011. In addition to the one at Uíge, 14 similar Cidades Horizontes are currently being realized across Angola.

To be able to compare the plans, all projects have been redrawn in a uniform style. The site drawing always shows the original plan as conceived by the designer. Only with regard to the Ekbatan project in Tehran, Iran, and Tema in Ghana have exceptions been made. The relationship between the floor plans of the dwellings and their surroundings is essential for the functioning of a residential environment. In all cases, therefore, we decided to zoom in on part of the plan and show its ground floor, edited into the urban situation. In some cases there was no material available, which made it impossible to manufacture these drawings. For that reason, for Queensbridge Houses and Ekbatan, for instance, drawings of typical floors were made. None of the projects are still in their 'designed state' at this time. In each instance, the final drawing represents the essential dwelling type, sometimes complemented by sections.

The drawings are based on historical publications, photographs and archival drawings. With regard to more recent projects, the designers and clients involved made documentation available to us. For many of the projects, brand-new photographic reports were created especially for this issue of *DASH*; existing photographic material has been used for a number of other projects. Whenever available, we have added historical photographs to particularly the older projects, to allow comparisons between their original appearance and their current condition.

creëerde hij een plan met bungalows, rijtjeshuizen en appartementengebouwen, die juist allemaal bestemd waren voor het moderne kerngezin.

Midden jaren 1960 werd in oostelijk Londen een programma opgezet voor een New Town met maar liefst 60.000 inwoners: Thamesmead. Het was onder andere bedoeld voor families die, vanwege het proces van *slum clearance* in de Londense binnenstad, geherhuisvest moesten worden. Aan de andere kant van de wereld had, in ongeveer dezelfde periode, Lima (Peru) te maken met een ongekende bevolkingsgroei die grotendeels het gevolg was van de trek van het platteland naar de stad. Bestaande planningsprocessen konden niet snel en goedkoop genoeg aan de woningvraag voldoen. Tussen 1961-1667 werd de wijk Caja de Agua gerealiseerd op basis van 'groeiwoningen'.

In 1968 werd ten westen van Teheran gestart met een project dat nu bekend staat als Ekbatan. Het moest het (voor die tijd) grootste wooncomplex van het Midden-Oosten worden met ruim 15.500 woningen. Het is een op westerse ontwerp- en planningsprincipes gebouwde wijk, waarmee de toenmalige sjah het land richting een meer moderne leefstijl wilde dirigeren. Niet veel later, in 1975, laat Shushtar New Town – eveneens in Iran – een geheel andere benaderingswijze zien. Het project, bedoeld voor de huisvesting van maar liefst 30.000 mensen, is een uniek voorbeeld van een grootschalige stedelijke ontwikkeling, ontworpen en gemaakt door lokale ontwerpers en bouwers met respect voor de inheemse manier van leven.

Vanaf de jaren 1960 begint Mumbai exorbitant te groeien. Het schiereiland kan de druk niet aan, wat resulteert in de planning van Navi Mumbai (toen: New Bombay). Een minder grootschalig, maar toch opvallend woningbouwproject daar is CIDCO Housing (1988-1993) van Raj Rewal. Vanaf 1995 wordt in Mumbai het 'Slum Redevelopment Scheme' gehanteerd wat veelal resulteert in zeer kleine woningen in hoogbouwflats zonder veel daglicht en ventilatie *('handshake apartments')*. Met Sangharsh Nagar (1995-2004) laat PK Das zien dat het ook anders kan. Mickey Leland maakt deel uit van het 'Grand Housing Programme', dat in 2004

in Ethiopië is gelanceerd. Met een gestandaardiseerd bloktype voorziet het in Addis Abeba in betaalbare woningbouw op locaties van voormalige sloppenwijken, maar ook aan de randen van de stad. Als laatste project in de rij is de Cidade Horizonte do Uíge in Angola opgenomen. Met één enkele plattegrond, die steeds in een verschillend jasje is gegoten, verrijst vanaf 2011, naast het bestaande Uíge, een stadswijk van enorm formaat. Naast Uíge worden momenteel, verspreid over heel Angola, nog 14 gelijksoortige Cidades Horizontes gerealiseerd.

Om de plannen vergelijkbaar te maken, zijn de projecten opnieuw getekend in een uniforme stijl. De situatietekening laat steeds het oorspronkelijke plan zien, zoals bedacht door de ontwerper. Alleen bij de projecten Ekbatan in Teheran, Iran, en Tema in Ghana is hierop een uitzondering gemaakt. De relatie tussen de plattegronden van de woningen en hun omgeving is essentieel voor het functioneren van een woonomgeving. Daarom is steeds gekozen om op een deel van het plan in te zoomen en hiervan de begane grond te laten zien, gemonteerd in de stedenbouwkunde situatie. Soms was er geen materiaal beschikbaar om deze begane grond tekeningen te kunnen vervaardigen. Van Queensbridge Houses en Ekbatan bijvoorbeeld is daarom een standaardlaag getekend. Voor alle projecten geldt dat de 'ontworpen situatie' is achterhaald. Als laatste zijn steeds de essentiële woningtypen uitgetekend, al dan niet aangevuld met doorsneden.

De tekeningen zijn gebaseerd op historische publicaties, foto's en archieftekeningen. Van de recentere projecten kregen we documentatie ter beschikking gesteld door de betrokken ontwerpers of opdrachtgevers. Voor veel projecten zijn speciaal voor deze *DASH* gloednieuwe fotoreportages gemaakt; voor de overige projecten is gebruik gemaakt van bestaand fotomateriaal. Vooral bij de oudere projecten hebben we waar mogelijk historische foto's toegevoegd, zodat het oorspronkelijke beeld van het project vergeleken kan worden met de huidige situatie.

Herne Hill Peabody Estate Londen/London (GB)

H.A. Darbishire, W.E. Wallis, V. Wilkins

Herne Hill Peabody Estate:
Rosendale Road, Londen, Verenigd
Koninkrijk/London, United Kingdom
Ontwerp/Design: H.A. Darbishire
(postuum/posthumously),
W.E. Wallis, V. Wilkins
Opdrachtgever/Client: Peabody
Trust, Londen/London
Ontwerp-oplevering/Design
completion: 1902-1908

Aantal woningen/Number of
dwellings: ca. 220 appartementen/
approximately 220 apartments
(Peabody Buildings),
146 rijwoningen/ row houses
(Peabody Cottages)
Plangebied/Area: 3,2 ha/3.2 ha
Woningdichtheid/Dwelling density:
114/ha
Voorzieningen/Amenities: community
hall, badhuis/bath house

Bronnen/Sources:
James Cornes, Modern Housing in
Town and Country (Londen/London:
B.T. Batsford, 1905)
Sydney Perks, Residential Flats
of all Classes, Including Artisans'
Dwellings (Londen/London:
B.T. Batsford, 1905)
John Nelson Tarn, Working-class
Housing in 19th-century Britain.
Architectural Association Papers,
nr./no. 7 (Londen/London: Lund
Humphries for the Architectural
Association, 1971)
John Nelson Tarn, Five Per Cent
Philanthropy (Cambridge:
Cambridge University Press, 1973)
www.peabody.org.uk (geraadpleegd
21 juni 2015/accessed 21 June
2015)

Herne Hill Peabody Estate

In 1862 richtte de in Londen werkzame Amerikaanse bankier en filantroop George Peabody een trust op met het doel de leefomstandigheden van de armen in Londen te verbeteren. De trustees besloten zich te richten op het realiseren van goede en betaalbare huisvesting voor de armste arbeidersklasse. In het Victoriaanse Engeland was zeker aandacht voor het grote tekort aan goede huisvesting voor de armen, maar de heersende opinie was dat dit vraagstuk door de markt moest worden opgelost. Peabody ondersteunde het voorstel van de trustees, en doneerde uiteindelijk het (naar de maatstaven van die tijd) enorme kapitaal van £500.000.

Uitgangspunt was dat de activiteiten van de trust blijvend doorgezet moesten worden; door uit te gaan van een netto opbrengst moest het mogelijk zijn zowel het kapitaal te vergroten als nieuwe projecten te blijven realiseren. Het eerste bouwplan langs Commercial Road, Spitalfields, werd in 1864 voltooid naar ontwerp van Henry Astley Darbishire, die tot 1885 de vaste architect van de Peabody Trust zou blijven. Darbishire ontwikkelde een standaard die gedurende meer dan 40 jaar door de trust gehanteerd zou worden. Met de sobere en robuuste opzet van de standaard 'Peabody Building' kon een netto opbrengst van ruim 3 procent van de investering gehaald worden.

De standaard was opgezet als een rechthoekig volume van vier, vijf of zes verdiepingen met tien kamers per bouwlaag. Deze tien kamers werden samengevoegd tot in totaal vijf een-, twee- of driekamerwoningen. Aan weerszijden van een centraal trappenhuis bevonden zich op elke verdieping twee toiletten en twee spoelkeukens voor collectief gebruik. De opzet was uiterst rationeel: door de groepering van alle sanitaire voorzieningen buiten de woningen was het leidingwerk tot een minimum beperkt en altijd toegankelijk voor onderhoud. De woningen zelf waren voorzien van haarden en inbouwkasten. De ramen waren diep in de gevel geplaatst, in één vlak met de gepleisterde binnenzijde. Het exterieur was zeer sober, met slechts enkele horizontale banden en lijsten in het metselwerk, en een classicistische omlijsting van de hoofdentree als enige decoratie.

Op de beschikbare locaties werden de blokken zo efficiënt mogelijk geplaatst, veelal rondom hoven. De blokken konden geschakeld worden tot langere stroken, maar werden nooit onder een hoek met elkaar verbonden, om redenen van efficiëntie en hygiëne. Na de realisatie van een aantal voor die tijd ongebruikelijk grootschalige projecten, kreeg het werk van de trust na 1875 een nieuwe impuls door de aanname van de Artizans' and Labourers' Dwellings Improvement Act en de Cross' Act. Deze laatste wet gaf de London Metropolitan Board, voorloper van de Greater London Council, de kans bestaande sloppen op grote schaal te onteigenen en te slopen. Partijen als de Peabody Trust mochten ze vervangen door nieuwbouw, onder voorwaarde dat de nieuwbouw minstens evenveel woningen telde als voorheen.

Hoewel de gesaneerde locaties soms zeer complex van vorm waren, bleven de Trust en Darbishire zoveel mogelijk uitgaan van de standaard, omdat deze bewezen had betaalbaar te zijn, zowel wat betreft bouw- als onderhoudskosten. Een voorbeeld van een dergelijk project is de Peabody Estate in Whitechapel (1880), op een steenworp afstand van de Tower. De losse positionering van zeven blokken resulteerde in een reeks met elkaar verbonden hoven. De rafelrand aan de oostzijde noodzaakte Darbishire wel tot aanpassing van de standaardopzet om toch het vereiste woningaantal te halen.

In 1862, American banker and philanthropist George Peabody, who worked in London, established a trust with the aim of improving the living conditions of London's poor. The trustees decided to focus on the realization of good and affordable housing for the poorest members of the working class. Victorian England was very aware of the huge shortage of adequate housing for the poor, but the prevailing view was that the market had to resolve the matter. In support of the trustees' proposal, Peabody eventually donated the – by the standards of the time – huge sum of £ 500.000. The basic principle of the Trust was that its activities were to be perpetual; therefore, the net income had to be sufficient to both achieve capital growth and to finance new projects. The first building project along Commercial Road in Spitalfields was completed in 1864. The design was by Henry Astley Darbishire, who would continue to be the Peabody Trust's resident architect until 1885. Darbishire developed a standard that would be used by the Trust for more than 40 years. The simple and robust design of the standard Peabody Building allowed the achievement of a net yield of more than 3 per cent of the investment. The standard was designed as a rectangular volume of four, five or six floors with ten rooms each. The ten rooms were clustered into a total of five one-, two- or three-room apartments. Each floor had two toilets and two sculleries for collective use on either side of a centrally located stairwell. The setup was extremely rational: clustering all sanitary facilities outside the dwellings kept the pipework to a minimum and always accessible for maintenance. The dwellings themselves were equipped with fireplaces and built-in cabinets. The windows were placed deep in the walls, flush with the plastering inside. The exterior was very sober, with merely a couple of horizontal ribbons and frames in the masonry, a classically framed main entrance its only decoration.

On the available sites, the blocks were arranged as efficiently as possible, usually around courtyards. They could be linked sideways to form longer strips but for reasons of efficiency and hygiene they were never connected to each other at an angle. After the realization of a number of – for the day and age – unusually large-scale projects, the work of the Trust received a new impulse after 1875 with the adoption of the Artizans' and Labourers' Dwellings Improvement Act and the Cross' Act. The latter law allowed the London Metropolitan Board, forerunner of the Greater London Council, to expropriate and demolish existing slums on an extensive scale and have parties like the Peabody Trust replace them by new construction under the condition that the new build include at least as many dwellings as the old.

Though the shape of the redeveloped locations was sometimes very irregular, the Trust and Darbishire held on to the standard as much as possible since it had proven to be affordable in terms of both construction and maintenance costs. An example of such a project is the 1880 Peabody Estate in Whitechapel, at a stone's throw from the Tower. The loose positioning of the seven blocks resulted in a series of connected courtyards. However, the fringes in the east did force Darbishire to adjust the standard setup to achieve the required number of dwellings.

In subsequent years, the design of the Peabody Building was further optimized by the addition of an extra floor on the central bay. A washing attic was built on this level, with room for children to play when the weather was bad.

The original statute demanded that the Peabody projects were realized within a radius of 8 miles from the Royal Exchange, in the heart of London. When land prices in London went up in the 1880s to the extent that it became impossible to realize new projects there, the rules were changed to allow

In de volgende jaren werd het ontwerp van de Peabody Building verder geoptimaliseerd door de toevoeging van een extra bouwlaag op de middenbeuk. Op deze laag werd een waszolder aangebracht en konden kinderen bij slecht weer spelen.

De oorspronkelijke statuten eisten dat de Peabody-projecten binnen een straal van 8 mijl vanuit de Royal Exchange, in het hart van London, gerealiseerd moesten worden. Toen in de jaren 1880 de grondprijzen in Londen dusdanig stegen dat het niet meer mogelijk bleek nieuwe projecten te realiseren, werd de regel veranderd in een straal van 12 mijl. Hierdoor kon de Trust ook woningen aan de rand van de stad, op onbebouwd terrein gaan bouwen. De Peabody Buildings in Herne Hill, ten zuiden van Brixton in zuid-Londen zijn hier een voorbeeld van. Er werden vier blokken gebouwd, elk bestaande uit drie standaard eenheden. Tijdens de realisatie van deze nieuwe Peabody Estate in Herne Hill had de Trust inmiddels 226 eenheden gebouwd, voor in totaal 20.000 bewoners. Uitvoerend architect in Herne Hill was W.E. Wallis, die nauwgezet het beproefde ontwerp van de inmiddels overleden Darbishire volgde. In een van de blokken werd een badhuis opgenomen.

Naast de blokken in Herne Hill realiseerde de Trust voor het eerst een aantal grondgebonden woningen: de Peabody Cottages. Deze boden aanmerkelijk meer ruimte dan de appartementen en de huurprijs was dan ook twee keer zo hoog als de prijs van een tweekamer-appartement. Enkele jaren later werden nogmaals 64 cottages toegevoegd, ontworpen door Victor Wilkins, die vanaf 1910 de rol van vaste architect van de Trust zou overnemen en tot 1948 alle nieuwe Peabody Trust projecten zou ontwerpen. De Peabody Cottages volgen de traditionele opzet van het negentiende-eeuwse Engelse rijtjeshuis, met een uitbouw met toilet en kolen-hok aan de achterzijde, bereikbaar via de spoelkeuken (*scullery*) waarin plaats was voor een gootsteen en een bad. Op de bovenverdieping bevinden zich drie slaapkamers, elk met een haard.

In 1913 kreeg Herne Hill een *community hall*, waar in 1914 de oplevering van de eerste Peabody-woningen (Spitalfields, 1864) werd gevierd. Ruim 100 jaar na dit jubileum is de trust nog steeds zeer actief in het beheer en de nieuwbouw van betaalbare woningen in Londen. (dvg)

a radius of 12 miles. This made it possible for the Trust to build houses on vacant lots on the outskirts of the city. The Peabody Buildings in Herne Hill, south of Brixton in South London, are a case in point. Four blocks were built, each consisting of three standard units. At the time of the realization of this new Peabody Estate in Herne Hill, the Trust had already built 226 units for a total of 20,000 residents. Executive architect in Herne Hill was W.E. Wallis, who meticulously followed the proven design of the now deceased Darbishire. A bath house was included in one of the blocks.

Next to the blocks in Herne Hill, the Trust realized a number of single-family dwellings for the first time: the Peabody Cottages. These offered significantly more space than the apartments and the rent was therefore twice as high as that of a one-bedroom apartment. A few years later, another 64 cottages were added, designed by Victor Wilkins, who from 1910 would take over as the resident architect of the Trust and would design every new Peabody Trust project until 1948. The Peabody Cottages follow the traditional design of the nineteenth-century English terraced house, with an annex with toilet and coal shed in the back, accessible through a scullery that had room for a sink and a bath. Upstairs there are three bedrooms, each with a fireplace.

A community hall was added to Herne Hill in 1913, and used to celebrate the anniversary of the completion of the first Peabody dwellings (Spitalfields, 1864) in 1914. More than a century later, the trust is still very active in the management and construction of affordable housing in London. (dvg)

Locatie van Herne Hill in Londen
Location of Herne Hill in London

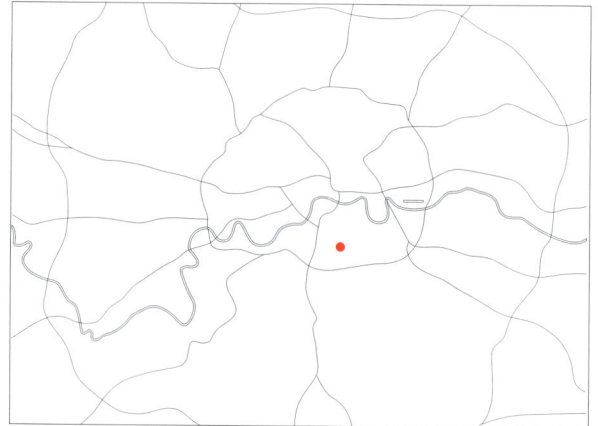

The Whitechapel Estate (1880) in oost-Londen was het eerste van tien projecten die Peabody bouwde in het kader van een vroege sanering van sloppenwijken in Londen.
The Whitechapel Estate (1880) in East London was the first of ten estates that Peabody built as part of London's earliest slum clearance programme.

Whitechapel Estate, 2015

Peabody Cottages, ca. 1905
Peabody Cottages, c. 1905

**Sloppenwijken in Providence
Place, Londen, 1909**
Slum housing in Providence Place,
London, 1909

**Zicht op Herne Hill Peabody Estate
vanaf Rosendale Road, ca. 1905**
Herne Hill Peabody Estate as seen
from Rosendale Road, c. 1905

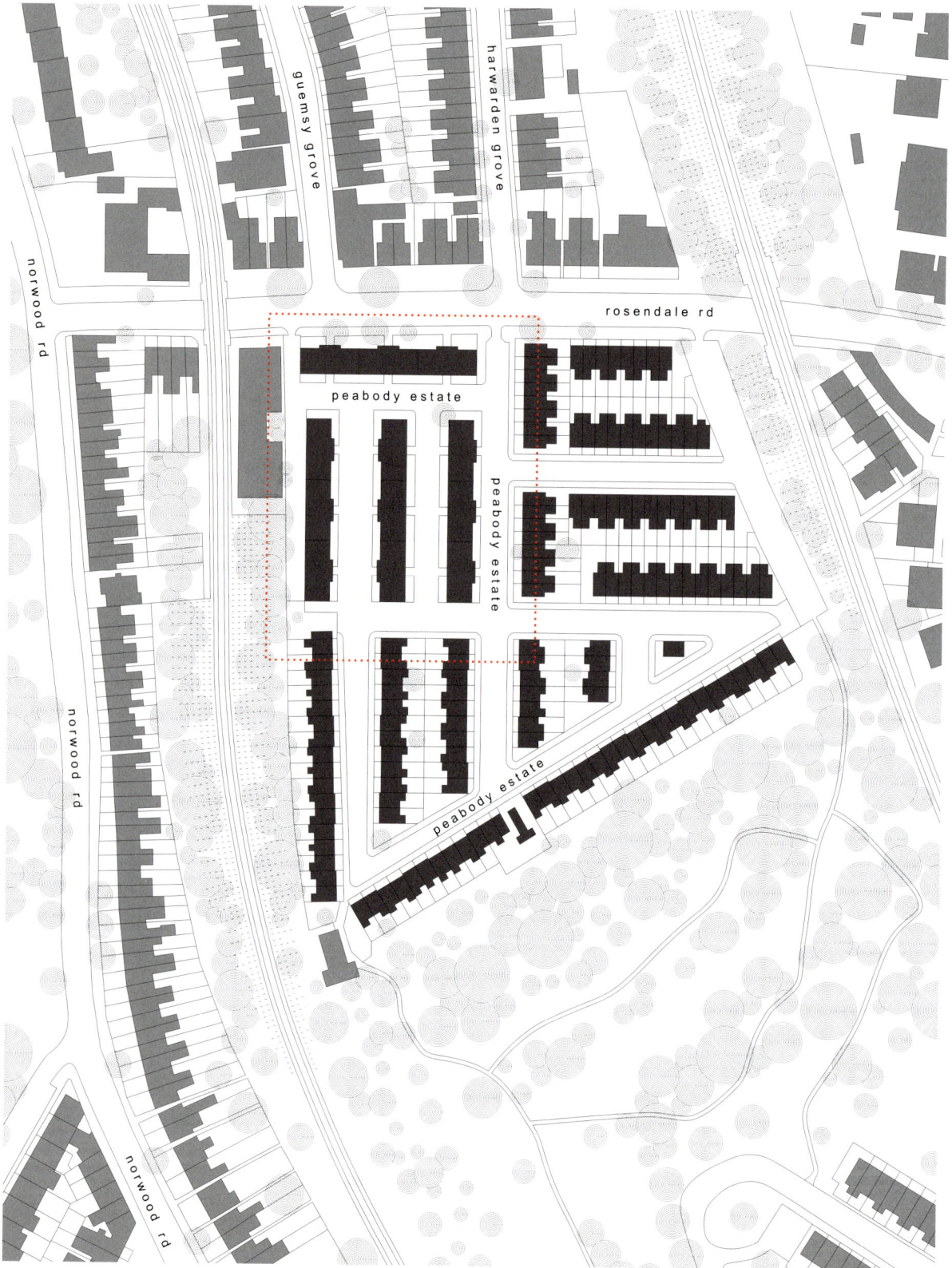

guemsy grove

harwarden grove

norwood rd

rosendale rd

peabody estate

peabody estate

norwood rd

peabody estate

norwood rd

0   10   50m

**Zicht op Herne Hill Peabody Estate
vanaf Rosendale Road, 2015**
Herne Hill Peabody Estate as seen
from Rosendale Road, 2015

Peabody Cottages, 2015
Peabody Cottages, 2015

rosendale rd

peabody estate

peabody estate

peabody estate

peabody estate

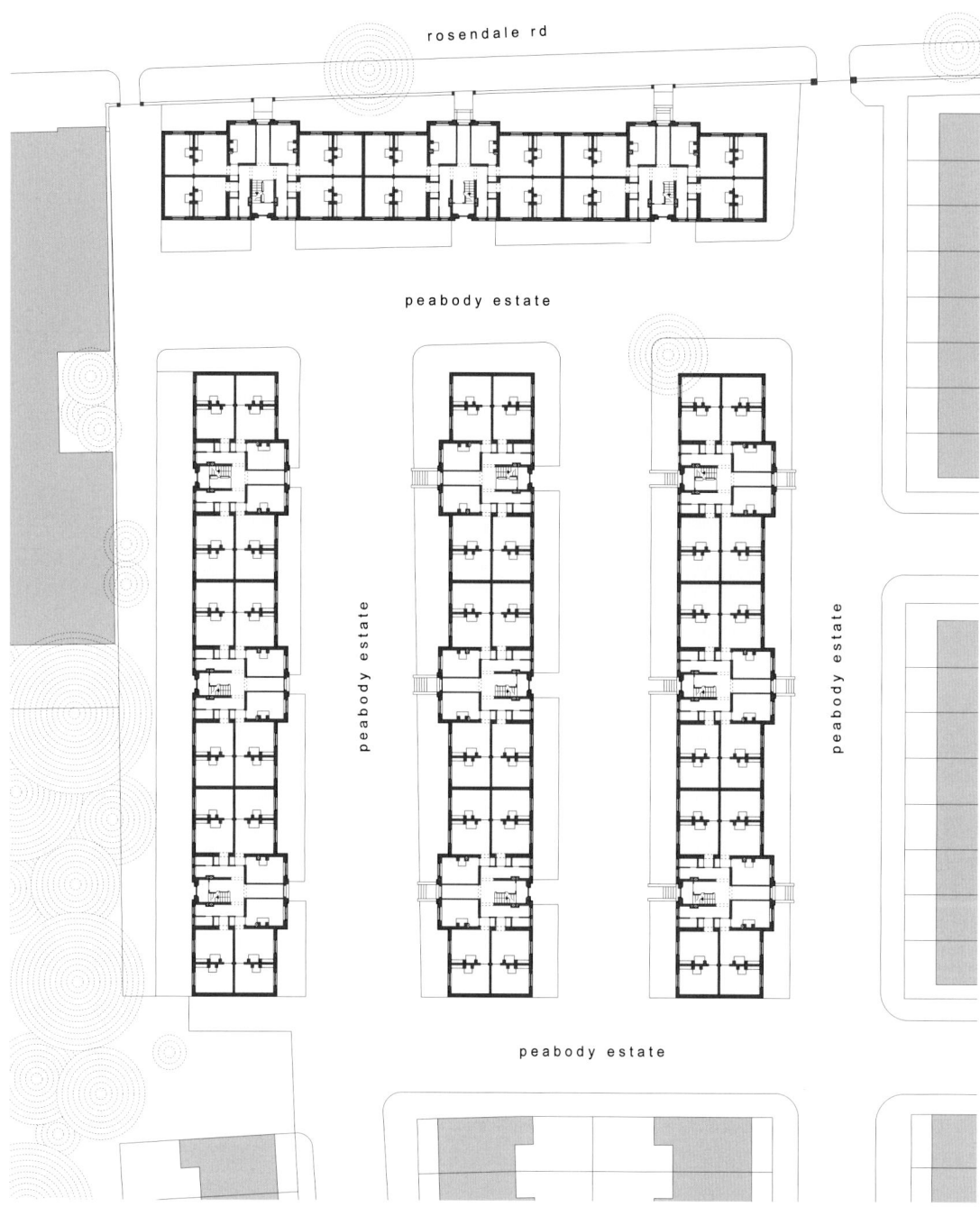

0 5 25m

Een van de Herne Hill Peabody Buildings gezien vanaf Rosendale Road
One of the Herne Hill Peabody Buildings as seen from Rosendale Road

De Peabody Cottages met op de achtergrond de Peabody Buildings
Peabody Cottages with Peabody Buildings in the background

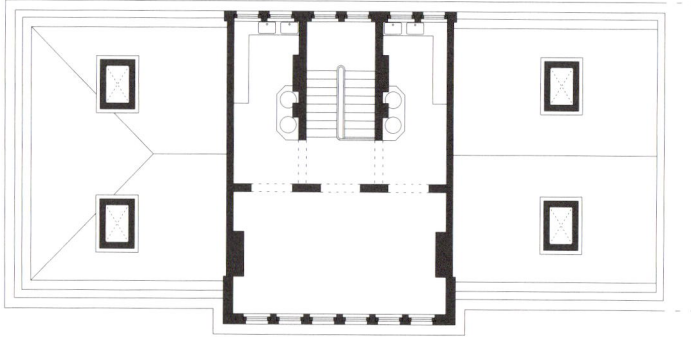

Zolder
Attic

Eerste en tweede verdieping
First and second floor

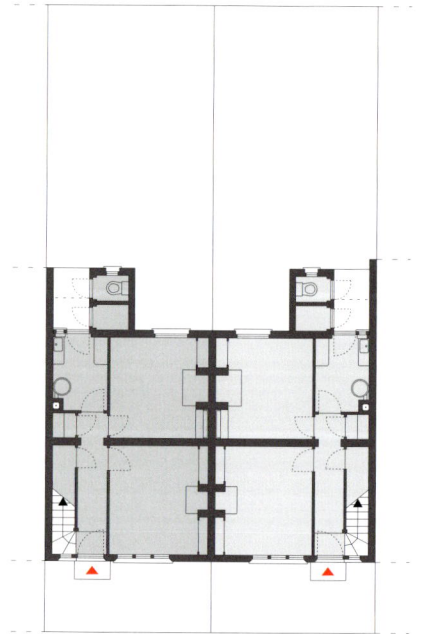

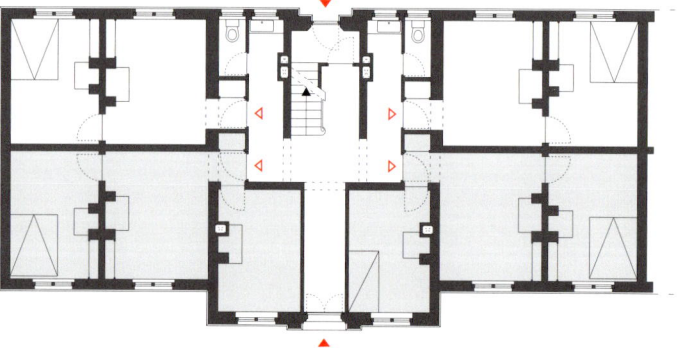

Peabody Building, begane grond
Peabody Building, ground floor

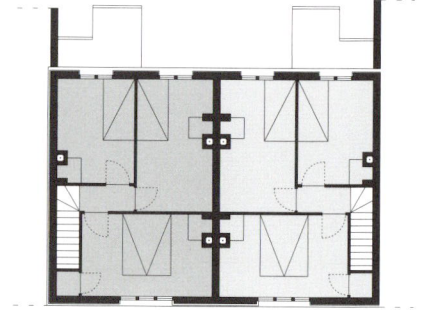

Eerste verdieping
First floor

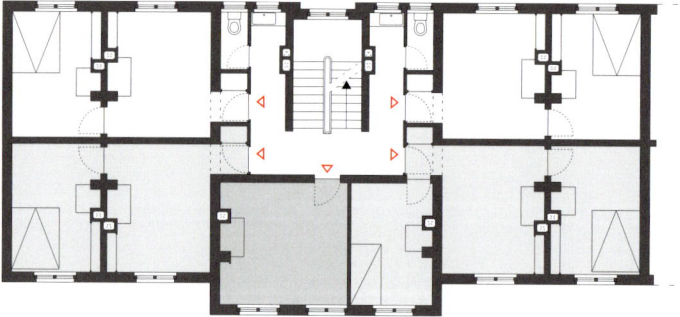

Peabody Cottages, begane grond
Peabody Cottages, ground floor

0 1   5m

De ruimte tussen de cottages en de blokken wordt nu opgevuld door een nieuw appartementengebouw.
The space between the cottages and the buildings is now being filled with a new apartment building.

Peabody Cottages (eerste fase), door W.E. Wallis
Peabody Cottages (phase I) by W.E. Wallis

Peabody Cottages (tweede fase), door Victor Wilkins
Peabody Cottages (phase II) by Victor Wilkins

Queensbridge Houses New York, NY (US)

W.F.R. Ballard, Henry S. Churchill, Frederick G. Frost & Burnett Turner

Queensbridge Houses:
Vernon Boulevard, 10th Street,
12th Street, 21st Street, 40th Avenue,
41st Avenue, New York, NY,
Verenigde Staten/United States
Ontwerp/Design: William F.R.
Ballard, Henry S. Churchill,
Frederick G. Frost & Burnett Turner

Opdrachtgever/Client: USHA
(United States Housing Authority)
Eigenaar/Owner: NYCHA (New York
City Housing Authority)
Ontwerp-oplevering/Design-
completion: 1938-1940
Aantal woningen/Number of
dwellings: 3.149/3,149 (in 1947)

Aantal bewoners/Number of
inhabitants: 10.325/10,325
(in 1947)
Plangebied/Area: 20 ha
Woningdichtheid/Dwelling density:
157/ha
Voorzieningen/Amenities: buurthuis
en auditorium, winkels, kleuter-
school/community centre and
auditorium, shops, nursery school

Bronnen/Sources:
'Queensbridge, New York, N.Y.',
Architectural Forum (1940), 13-15
George Herbert Gray, Housing and
Citizenship; A Study of Low-cost
Housing (New York: Reinhold
Publishing Corporation, 1946)

Queensbridge Houses noord
Queensbridge Houses North

Wie vanuit het zuidelijkste puntje van Central Park, New York, in oostelijke richting rijdt, komt na pakweg 2,5 km bij de Queensboro Bridge terecht, de brug die Manhattan verbindt met het stadsdeel Queens. Daar, onder aan de brug, ligt het grootste sociale woningbouwproject van New York City, Queensbridge Houses, gebouwd in 1939 en nog steeds in gebruik.

De Y-vormige plattegrond van de woontorens en de positionering in een parkachtige omgeving laten zien hoezeer de huisvesting van arme stadsbewoners in de loop van anderhalve eeuw is verbeterd. New York was lange tijd, net als andere grote steden, het toneel van de meest vreselijke huisvestingsmisstanden. Hoewel al in 1800 de eerste *slum clearance*-wetgeving werd aangenomen – die de stad het recht verleende gebouwen die hun volledige kavel besloegen (dus geen tuin of binnenplaats hadden) op te kopen en af te breken, – bleek de aarzelende regelgeving niet opgewassen tegen de combinatie van explosieve bevolkingsgroei, onbetaalbare huurprijzen en opportunistische speculatiebouw. Tussen 1800 en 1850 woonden in grote delen van de stad tientallen gezinnen opeengepakt in gebouwen op een kavel van 8 x 32 m, met vier appartementen per verdieping, geen stromend water of wc's, en met slaapkamers zonder enige vorm van ventilatie of lichttoetreding, de zogenaamde *railroad tenements* (vanwege de gelijkenis met de indeling van een treinwagon).

De tweede helft van de negentiende eeuw laat met de introductie van de 'halterplattegrond' (*dumbbell plan*) lichte verbeteringen zien, maar de behuizing van de stedelijke onderklasse blijft penibel: de geïntroduceerde lichtschachten zijn nog geen 1,5 m breed en het sanitair is rudimentair. Pas wanneer nieuwe wetgeving rond 1900 het gebruik van bredere kavels in de hand werkt, komt er letterlijk meer lucht en licht in de volkswoningbouw, een ontwikkeling die met de introductie van de beroemde *zoning law* in 1916 wordt doorgezet. Na de Eerste Wereldoorlog tekent zich een trend af van grootschaliger projecten, vaak verder van het dure stadscentrum af gelegen, met een lage bebouwingsdichtheid, veel aandacht voor buitenruimte en lichtinval, en met additionele functies zoals kinderspeelplaatsen. Randbebouwing maakt plaats voor over het hele terrein verspreide gebouwen.

Queensbridge Housing is een voorbeeld van zo'n grootschalige aanpak. Er zijn 3.149 appartementen gerealiseerd op een grondgebied dat even groot is als 12 reguliere stadsblokken. Het programma bestaat naast de woningen uit een gemeenschapshuis, een school en een winkelcentrum, en uit zes hoven die als speelplaatsen dienst doen. Het totale project beslaat een rechthoek van 400 x 500 m (20 ha), die wordt doorsneden door twee noord-zuidstraten waartussen de publieke functies liggen, en één oost-weststraat die naar de parkeerplaats leidt in het hart van de wijk. De straten sluiten aan op het stratenpatroon van de omliggende stad. Op de zes vakken die zo ontstaan, zijn de woontorens gegroepeerd, zodanig dat er in het midden een open ruimte is met een groene, parkachtige kwaliteit.

Bouwstenen van het project zijn twee typen woontorens met een Y-vormige plattegrond. Bij de een zijn per verdieping zes appartementen rond een trappenhuis geplaatst, bij de ander zijn dat er vijf. Deze torens zijn per twee, drie, vier of vijf geclusterd tot meanderende structuren van zes verdiepingen hoog en soms wel 160 m lang. De architecten, W.F.R. Ballard, Henry S. Churchill, Frederick G. Frost en Burnett Turner, zijn erin geslaagd

Driving east from the southernmost tip of Central Park in New York City, you reach the Queensborough Bridge after about 2.5 km: it connects Manhattan and the borough of Queens. At the foot of the bridge lies New York's largest social housing project, Queensbridge Houses, built in 1939 and still in use today.

The Y-shaped floor plan of the residential towers and their location in a park-like setting demonstrate how much the accommodation of poor city dwellers improved over the course of one and a half centuries. For a long time New York, like other big cities, was the scene of the most horrendous housing conditions imaginable. Though slum clearance legislation was adopted as early as 1800 – entitling the city to buy and break down buildings that covered an entire plot (and thus had no garden or courtyard) – the hesitant regulations proved no match for the combination of explosive population growth, prohibitive rents and opportunistic speculative development. Between 1800 and 1850, many parts of the city housed dozens of families crammed into buildings on plots measuring 8 x 32 m, with four housing units per floor, no running water or toilets, and bedrooms without any access to ventilation or light: the so-called 'railroad tenements' (because of the similarity to the floorplan of a railway carriage).

The introduction of the 'dumbbell plan' in the second half of the nineteenth century slightly improved things, but the housing situation of the urban underclass remained awkward: though light shafts were introduced, these were less than 1.5 m wide, and plumbing was rudimentary. Only new legislation introduced around 1900 promoting the use of wider plots literally brought more air and light into public housing, a development that was subsequently furthered in 1916 by the introduction of the famous zoning law.

The end of the First World War marks the beginning of the tendency to build larger-scaled projects, often realized farther away from the expensive city centre, with a lower building density and particular attention to outdoor space, incident light and additional features such as children's playgrounds. Buildings on the edges gave way to buildings that were scattered over the terrain.

Queensbridge Housing is an example of such a large-scale approach. It encompasses 3,149 apartments, realized on a location the size of 12 regular city blocks. The programme consists of houses, a community centre, a school, a shopping mall and six courtyards that serve as playgrounds. The entire project covers a rectangular area of 400 x 500 m (20 ha) intersected by two north-south streets flanked by public amenities and a single east-west street that leads to the parking lot at the heart of the neighbourhood. The streets dovetail with the street grid of the surrounding city. The residential towers arranged in the resulting six sectors circle an open space with a green, park-like quality.

The building blocks of the project are two types of residential towers with Y-shaped floor plans. In the first type, six apartments are clustered around a central staircase per floor; in the other, five. The towers are clustered by twos, threes, fours or fives into meandering structures of six storeys high and up to 160 m long. The architects, W.F.R. Ballard, Henry S. Churchill, Frederick G. Frost and Burnett Turner, managed to achieve a very compact chain of dwellings, providing a relatively large number of different dwelling types and sizes. The dwellings range from two- to five-room apartments, either arranged like terraced housing or fitted with diagonally placed windows. Some L-shaped, five-room apartments envelop two-room apartments; elsewhere identical dwellings lie parallel, side by side. The stairwells and light wells are also very compact and hardly take up any façade space.

om een zeer compacte schakeling van woningen te realiseren en in een redelijk groot aanbod van woningtypen en woninggroottes te voorzien. De woningen variëren van twee- tot vijfkamerappartementen, uitgevoerd als doorzontype of met overhoeks geplaatste ramen. Soms vouwt een L-vormige vijfkamerflat zich om een tweekamerwoning; elders liggen gelijke woningen parallel aan elkaar. De trappenhuizen en lichtschachten zijn ook zeer compact en nemen bijna geen ruimte aan de gevel in beslag.

De hoeken in de plattegrond (120 graden) maken dat de woningen wat betreft zonlichttoetreding veel gunstiger zijn dan die met de gebruikelijke kruisvormige plattegrond. Bovendien zorgen ze voor een afwisselend gevelbeeld, waar niet alles orthogonaal is. Hierdoor lijkt de totale compositie iets minder massief dan wanneer in elkaars verlengde geplaatste flats waren toegepast. Al deze architectonische middelen ten spijt, is Queensbridge Housing een probleemwijk van formaat. Drugs en criminaliteit bepalen het imago. Daar staat tegenover dat sloop niet aan de orde is. De ruimtelijke opzet en de bruikbare plattegronden dragen mogelijk daaraan bij. (pvdp)

The angles in the tower floor plans (120 degrees) create dwellings that are much more favourably positioned towards the sunlight than in towers with a usual, cross-shaped floor plan. They also create a varied façade, in which the lines are not all orthogonal. Consequently, the overall composition seems slightly less massive than would be the case if the buildings had been placed in line. All of these architectural resources notwithstanding, Queensbridge Housing is a major problem area, with a reputation tarnished by drugs and crime. On the other hand, there are no plans to tear it down – perhaps because of its good spatial structure and favourable floor plans. (pvdp)

Locatie van Queensbridge Houses in New York
Location of Queensbridge Houses in New York

Luchtkoker van een 'dumbbell tenement' gebouwd na 1887
Airshaft of a dumbbell tenement built after 1887

EVOLUTION OF NEW YORK TENEMENT PLANS, UP TO 1901

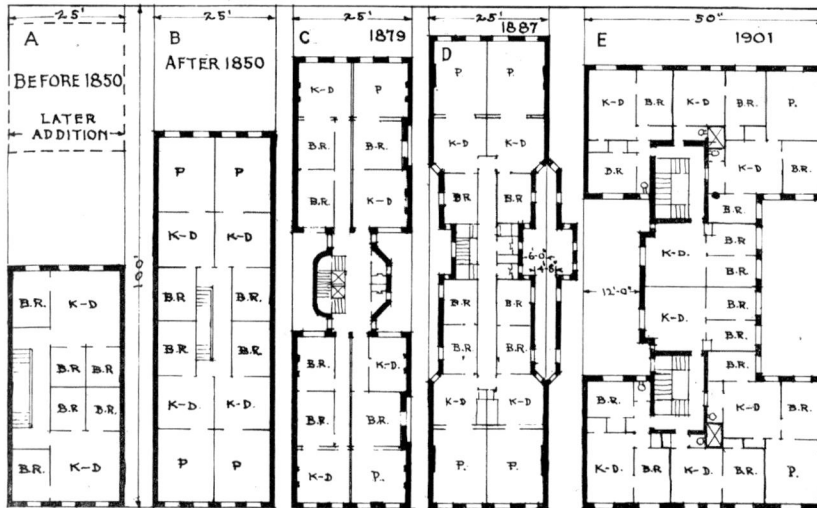

Evolutie (tot 1901) van de plattegrond voor arbeiderswoningen in New York:
a. Voor 1850, 4-8 kamers zonder daglicht;
b. Na 1850, de 'railroad tenement', 8-12 kamers zonder daglicht;
c. Na 1879, de originele 'dumbbell tenement', 4-14 kamers zonder daglicht;
d. Na 1887, de verbeterde 'dumbbell tenement', minimaal daglicht in de vertrekken

Evolution of New York tenement plans up to 1901.
a. Before 1850, leaving 4 to 8 rooms dark;
b. After 1850, the 'railroad' tenement, 8 to 12 rooms dark;
c. After 1879, the original 'dumbbell' tenement, 4 to 14 rooms dark;
d. After 1887, the improved 'dumbbell' tenement, all rooms with nominal outside light

Luchtopname in westelijke richting van de Queensbridge Houses tijdens de bouw. Op de achtergrond Manhattan, juli 1939

Aerial view of Queensbridge Houses under construction, looking west with Manhattan in the background, July 1939

Vernon Boulevard. Exterieur van de eerste opgeleverde blokken
Vernon Boulevard. Exterior of the first finished blocks

21st street

12th street

10th street

vernon boulevard

40th ave

41st ave

41st road

queens plaza street

2

2

2

2

2

2

1

1

1

1

0 10 50m

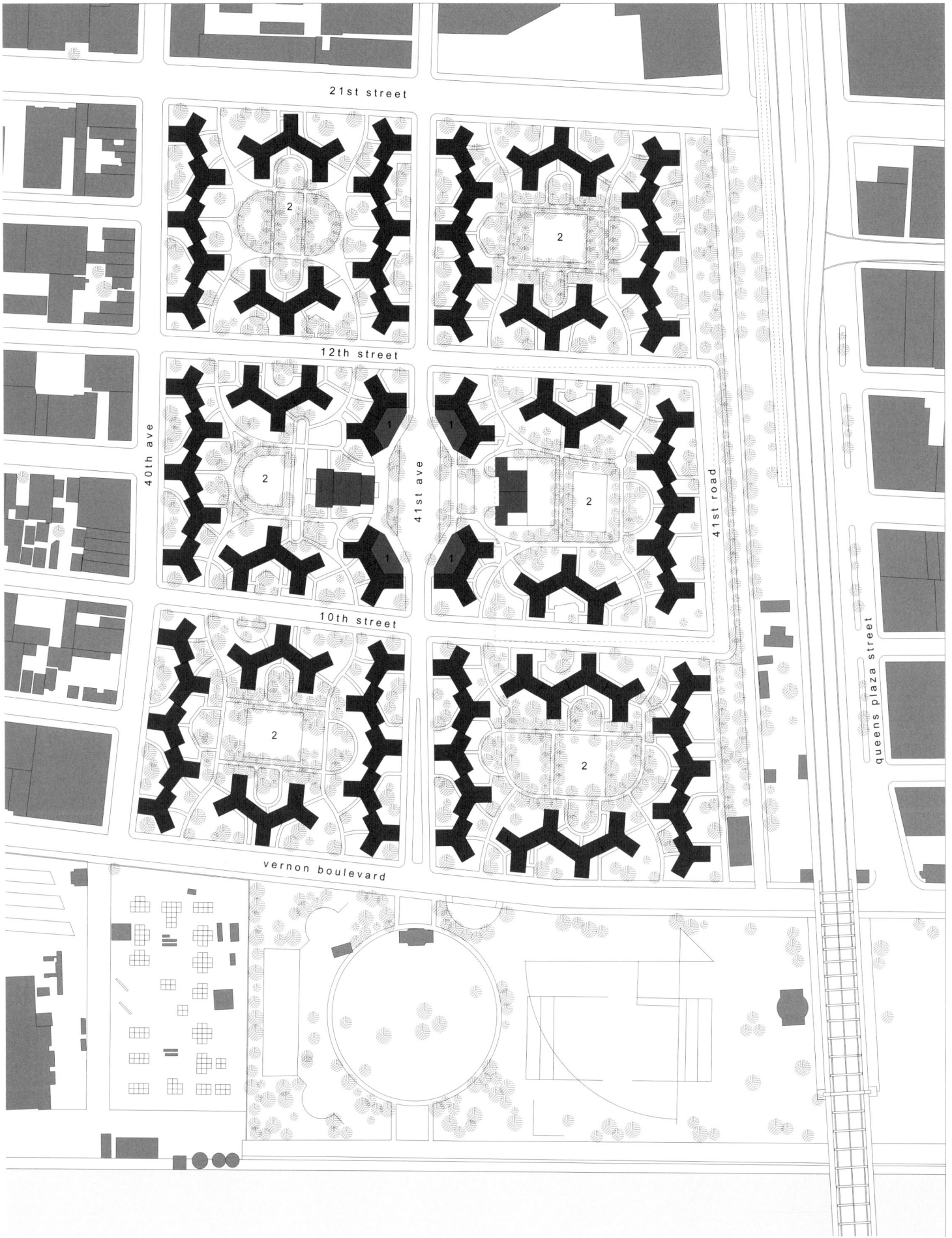

Stedenbouwkundig plan
Urban plan
1 **winkels**/shops
2 **speelplaats**/playground

Speelplaats in het zuidoostelijk deel van Queensbridge
Playground in the south-east part of Queensbridge

Luchtopname van het voltooide project, ca. 1940
Aerial view of the completed project, c. 1940

Onder de vier centrale blokken van 41st Avenue zijn winkels gevestigd
Shops are located underneath the four central blocks on 41st Avenue

Kruispunt 12th Street/41st Avenue, in noordelijke richting gezien
Crossing 12th Street and 41st Avenue, looking north

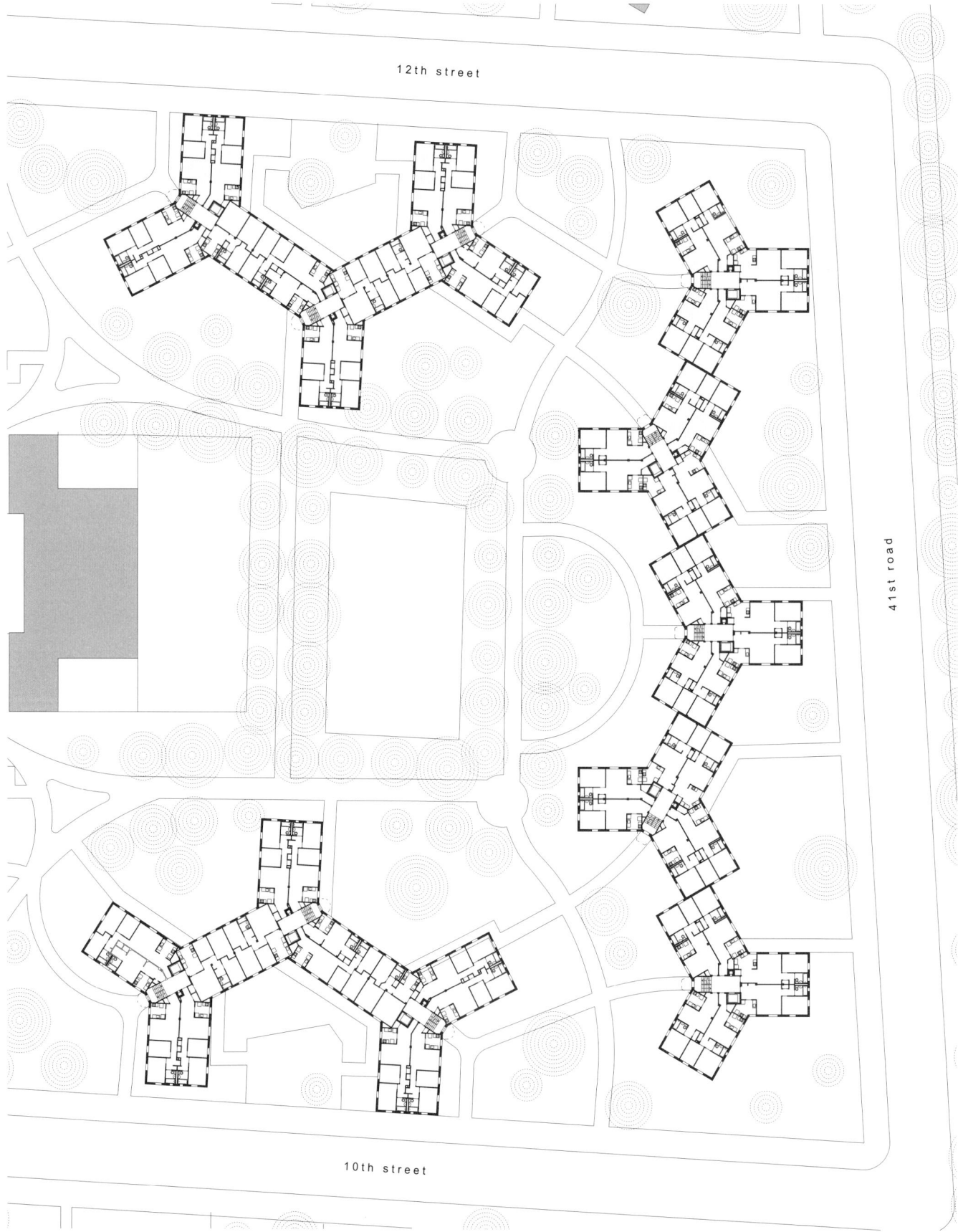

12th street

41st road

10th street

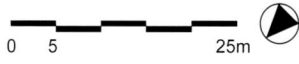

0 5   25m

Voetpad vanaf 10th Street richting 41st Avenue, via het noordelijke deel van de Queensbridge Houses
Walking from 10th Street towards 41st Avenue through the northern area of Queensbridge Houses

Entree van een van de noordelijke blokken
Entrance of one of the northern blocks

Noordelijk deel van de Queensbridge Houses met op de achtergrond het Community Center
Northern part of Queensbridge Houses with the Community Center in de background

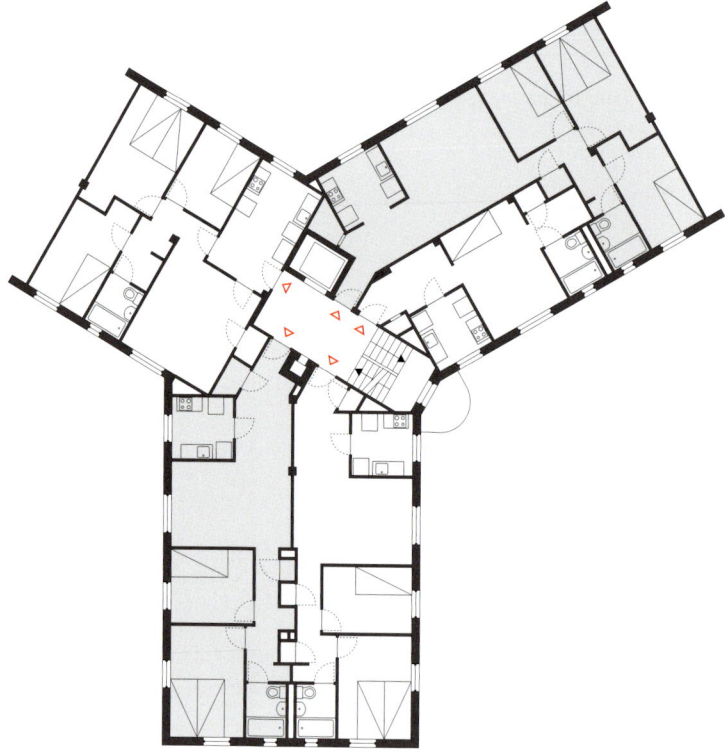

0 1   5m

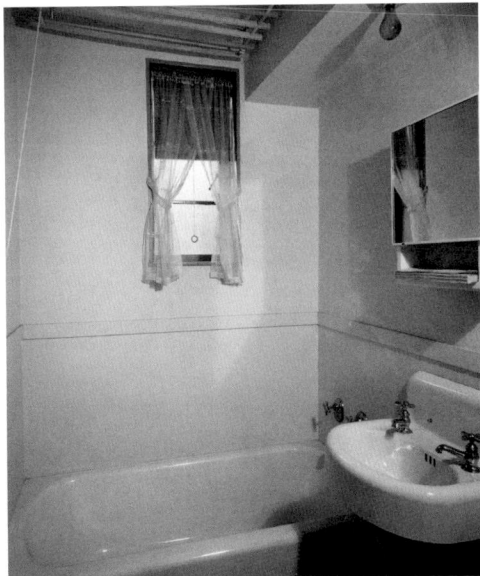

Modelappartement, badkamer
Model apartment, bathroom

Modelappartement, entreehal
Model apartment, entrance lobby

Modelappartement, keuken
Model apartment, kitchen

Modelappartement, woonkamer
Model apartment, living room

New Gourna Village Luxor (EG)

Hassan Fathy

New Gourna Village: Al Tmsalyn, Kasr Skafa, Luxor, Egypte/Egypt
Ontwerp/Design: Hassan Fathy
Opdrachtgever/Client: Egyptian Department of Antiquities
Ontwerp-oplevering/Design completion: 1945-1948

Aantal woningen/Number of dwellings: ca./approximately 70 (uitgevoerd/executed)
Voorzieningen/Amenities: moskee, dorpshuis, theater, sportveld, tentoonstellingsruimte, khan (karavanserai), kunstnijverheids-school, politiebureau, sociaal centrum, basisschool voor meisjes, basisschool voor jongens, hamman (badhuis), kerk/ mosque, village hall, theatre, pitch, crafts exhibition hall, khan (caravanserai), crafts school, police station, social centre, primary school for girls, primary school for boys, hamman (bath house), church

Bronnen/Sources:
Hassan Fathy, *Architecture for the Poor* (Chicago/Londen/London: The University of Chicago Press, 1973)
James Steele, *Hassan Fathy* (Londen/London/New York: Academy Editions/ St. Martin's Press, 1988)
James Steele, *An Architecture for the People* (Londen/London: Thames and Hudson, 1997)
Safeguarding Project of Hassan Fathy's New Gourna Village, A UNESCO Initiative (2011) World Monuments Fund in cooperation with UNESCO and Luxor Governorate, *New Gourna Village, Conservation and Community* (New York: World Monuments Fund, 2011)

Kenmerkende woning in New Gourna Village, 1988
Typical house in New Gourna Village, 1988

In de negentiende eeuw was Gourna een kleine boeren-nederzetting aan de voet van de necropolis van Thebe, dicht bij het tegenwoordige Luxor. In 1945 was het dorp uitgegroeid tot circa 7.000 inwoners, die vooral leefden van het leegroven van de vele graftomben uit de tijd van de oude Egyptenaren. Het Egyptische *Department of Antiquities* zocht een oplossing voor dit probleem en besloot het dorp te verplaatsen naar een locatie verderop, richting Luxor. Hassan Fathy kreeg de opdracht een compleet nieuw dorp te ontwerpen èn te bouwen voor de herhuisvesting van de Gournii.

Fathy meende dat het nieuwe Gourna alleen een succes kon worden, als hij rekening zou houden met de lokale gebruiken en de architectonische vormen van het oude dorp zou integreren in zijn ontwerp. In de stedenbouwkundige opzet nam Fathy daarom de *badana* als uitgangspunt. Een *badana* is een leefgemeenschap van mensen die bestaat uit zo'n tien tot 20 verwante gezinnen, onder leiding van een sjeik, en die functioneert als een sociaal-economische eenheid. In het gerealiseerde deel van New Gourna zijn vier districten te onderscheiden, ieder voor een à twee *badana's*. In elk van deze clusters is een hiërarchie van open ruimten aanwezig. Fathy vond dat de overgang vanuit een woning naar buiten toe (en vice versa) geleidelijk moest verlopen. De woningen zijn daarom ontworpen rondom een kleine binnenplaats. In de Arabische cultuur is de binnenplaats meer dan alleen een architectonisch middel voor het creëren van privacy en bescherming; ze functioneert als een buitenkamer, waarbij de vier muren als het ware de hemelkoepel dragen. Daarnaast is het de eerste overgang van binnen naar buiten, van privé naar meer openbaar. De woningclusters zijn vervolgens zo gegroepeerd dat ze een kleine semipublieke ruimte omsluiten, die uiteindelijk weer uitkomt op een openbare straat of plein.

Alle gebouwen in New Gourna zijn volledig in leem opgetrokken, een goedkoop en lokaal materiaal. De kuil die ontstond na afgraving van het leem, werd geïntegreerd in het stedenbouwkundig plan om dienst te doen als meer. Voor leembouw zijn de koepel en de boog optimale constructievormen; daarom hebben de vierkante kamers in de woningen, waaronder de slaapruimten, een koepelvormig dak. De slaapplek bevindt zich in een nis (*iwan*) waar een speciale goot bescherming biedt tegen schorpioenen. Op de begane grond, binnen de muren van de woning, werd in veel gevallen een plek voor het vee opgenomen. Behalve woningen zijn er in het plan ook talloze voorzieningen gerealiseerd: onder andere een *kahn* (herberg en karavanserai), een moskee, een basisschool voor jongens en een aparte school voor meisjes.

Ondanks de oprechte poging om New Gourna op een sociaal verantwoorde manier te ontwerpen, weigerden de Gournii te verhuizen naar hun nieuwe dorp. Tot grote teleurstelling van Fathy werd slechts een vijfde deel voltooid en was het dorp jaren later (1961) maar gedeeltelijk bewoond. Door de jaren heen zijn er veel nieuwe woningen toegevoegd en zijn de huizen van Fathy in verval geraakt. De lemen constructies vergen veel onderhoud en daar hebben de inwoners geen geld voor. Ook is de grondwaterstand gestegen, waardoor het zout uit de zandstenen funderingen is opgelost, met het instorten van woningen tot gevolg. Vanwege deze zorgwekkende toestand is UNESCO in 2009 een project gestart voor het behoud en de reconstructie van het dorp. Helaas is het project in 2011 tijdelijk stopgezet vanwege de Egyptische revolutie.

In the nineteenth century, Gourna was a small farming settlement at the foot of the Theban necropolis, near present-day Luxor. By 1945, it had evolved into a village of approximately 7,000 inhabitants that subsisted mainly on ransacking the many tombs dating back to the days of the ancient Egyptians. The Egyptian Department of Antiquities, in an effort to solve this problem, decided to move the village to a location closer to Luxor. Hassan Fathy was commissioned to design and build a completely new village for the resettlement of the Gournii.

Fathy felt that New Gourna could only become a success if his design took local custom into account and integrated the architectural typologies of the old village. Fathy therefore based his urban design on the *badana*. A *badana* is a community of people that consists of some ten to 20 related families – headed by a sheikh – and functions as a single socioeconomic unit. In the completed part of New Gourna, four districts can be distinguished that each accommodate one or two *badanas*. Open spaces are arranged hierarchically in each cluster. Fathy favoured gradual transitions between a dwelling's interior and the outdoors and vice versa. The dwellings are therefore designed around small courtyards. In Arab culture, the courtyard is more than just an architectural resource to create privacy and protection: it serves as an outdoor room, with the four walls supporting the dome of heaven. In addition, it constitutes the first transition from the interior to the outdoors; from private to (more) public. The dwellings are clustered to enclose a small, semi-public space, which eventually joins onto a public street or square.

All buildings in New Gourna are built entirely of mud bricks – a cheap and locally available material. The pit dug to acquire the mud was integrated into the urban plan to serve as a lake. When building with mud bricks, it is best to choose domes and arches as construction elements: the rectangular rooms inside the dwellings, including the bedrooms, therefore have domed roofs. Each of the beds is in an alcove (*iwan*) fit with a special gutter that offers protection from scorpions. Many dwellings include an indoor space for livestock on the ground floor. The plan included the realization of both dwellings and countless amenities including a *Kahn* (an inn and trading place for caravans), a mosque, a primary school for boys and a separate school for girls.

Despite sincere attempts to design New Gourna in a socially responsible manner, the Gournii refused to move into their new village. To Fathy's great disappointment, only one-fifth of the village was ever completed and years later, in 1961, only part of the village was inhabited. Over the years, many new dwellings were added and Fathy's houses fell into disrepair. Mud-brick structures require a lot of maintenance, which the residents simply could not afford. The groundwater level also rose, causing the salt from the sandstone foundation to dissolve and the dwellings to subsequently collapse. Alarmed by its worrisome condition, UNESCO initiated a project for the preservation and reconstruction of the village in 2009. Unfortunately, the project was temporarily discontinued in 2011 due to the Egyptian Revolution.

Many decades after the first attempt to resettle the population of the old Gourna, the government repeated the initiative on the basis of identical arguments (protecting tombs from being ransacked). This time, the new location is farther away from the old Gourna, in a suburb of Al Taref. The construction of the new development began in 1997 and the massive relocation of, by then, more than 20,000 Gournii began in 2006. And this time, to force the population to abandon their homes, old Gourna was levelled. The starting points for the design of the second New Gourna were nowhere near as social as Fathy's: the rigidly planned neighbourhood provides every family with an identical standard two-bedroom dwelling. (fva)

Tientallen jaren na de eerste poging om de inwoners van het oude Gourna te herhuisvesten, herhaalde de regering dit initiatief op basis van dezelfde argumenten: bescherming van de graftomben tegen roof. Ditmaal is de locatie verder weg gelegen van het oude Gourna, in een buitenwijk van Al Taref. De bouw van het nieuwe district begon in 1997 en de massale verhuizing van de inmiddels ruim 20.000 Gournii, startte in 2006. Om de inwoners ditmaal te dwingen hun huizen te verlaten, werd het oude Gourna met de grond gelijk gemaakt. De ontwerpuitgangspunten voor het tweede nieuwe Gourna zijn lang niet zo sociaal als die van Fathy: de opzet van de wijk is rigide en alle families kregen eenzelfde standaardwoning met twee slaapkamers. (fva)

Locatie van New Gourna Village bij Luxor
Location of New Gourna Village near Luxor

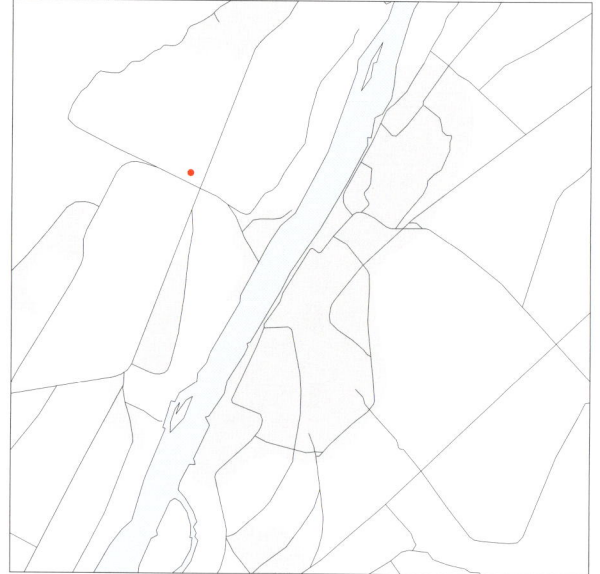

Het oude Gourna, 2006 (nu afgebroken)
Old Gourna Village, 2006 (now demolished)

Luchtfoto van New Gourna, 2009
Aerial view of New Gourna Village,
2009

Centraal plein, zicht vanaf de Kahn richting dorpshal. Op de achtergrond een basisschool voor jongens (nu afgebroken)
Main square; view from the Kahn towards the village hall. In the back the primary school for boys (now demolished)

Straat achter de Kahn (karavanserai)
Street behind the Kahn

Het totale stedenbouwkundig plan voor New Gourna Village, zoals ontworpen door Hassan Fathy
The total urban plan of New Gourna Village as designed by Hassan Fathy

1 **moskee**/mosque
2 **dorpshuis**/village hall
3 **theater**/theatre
4 **sportveld**/gymnasium
5 **tentoonstellingsruimte**/crafts exhibition hall
6 **Khan**
7 **marktplein**/marketplace
8 **kunstnijverheidsschool**/crafts school
9 **politie**/police station
10 **sociaal centrum**/social centre
11 **basisschool voor meisjes**/primary school for girls
12 **basisschool voor jongens**/primary school for boys
13 **hamman**
14 **kerk**/church
15 **kunstmatig meer**/artificial lake

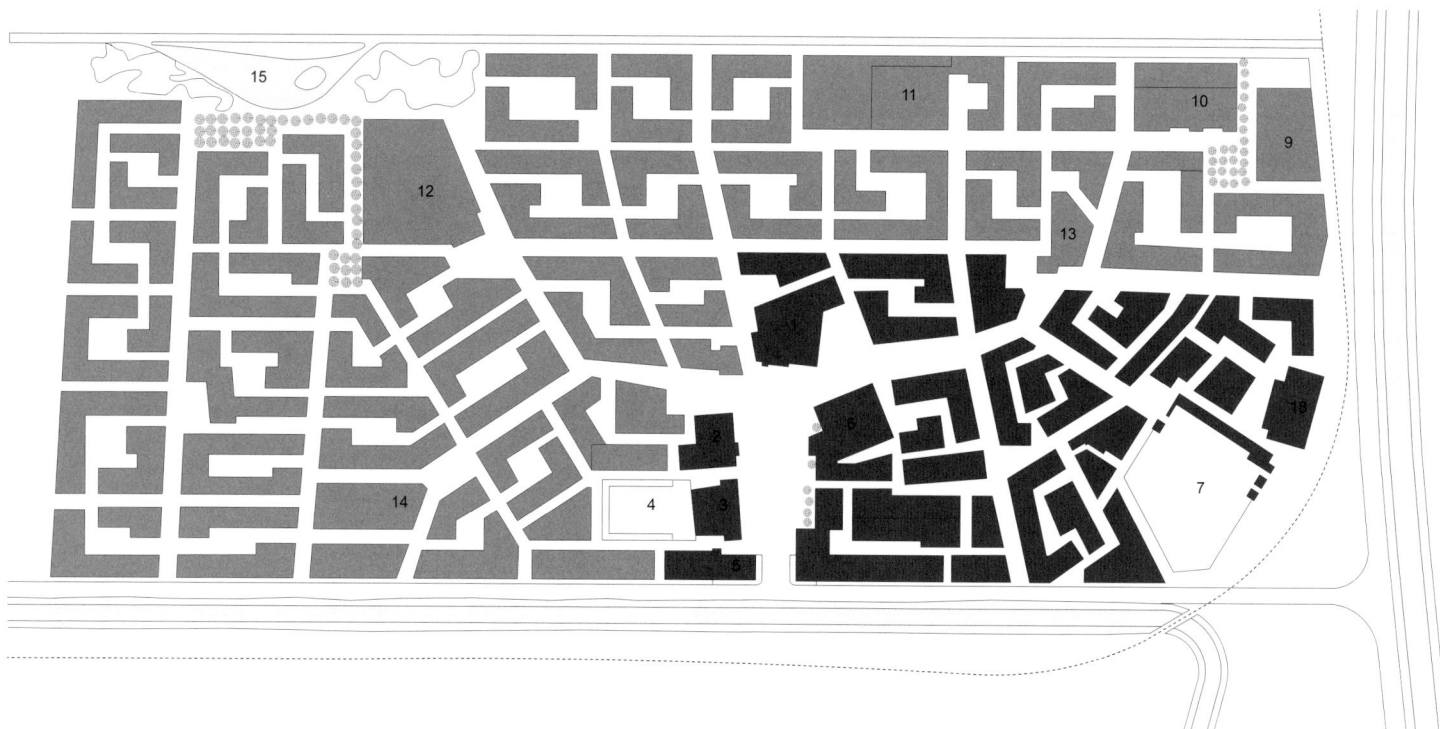

Kaart van de huidige situatie. De donkergrijze blokken zijn de overgebleven originele Hassan Fathy gebouwen (status 2011).
Map of the current situation. The dark-grey blocks are the remaining original Hassan Fathy buildings (status 2011).

Zicht op de Kahn, 1988
View of the Kahn, 1988

Straatbeeld richting dorpshal en theater, 1988
Street view towards the village hall and theatre, 1988

Kenmerkende woning in New Gourna Village, 1988
Typical house in New Gourna Village, 1988

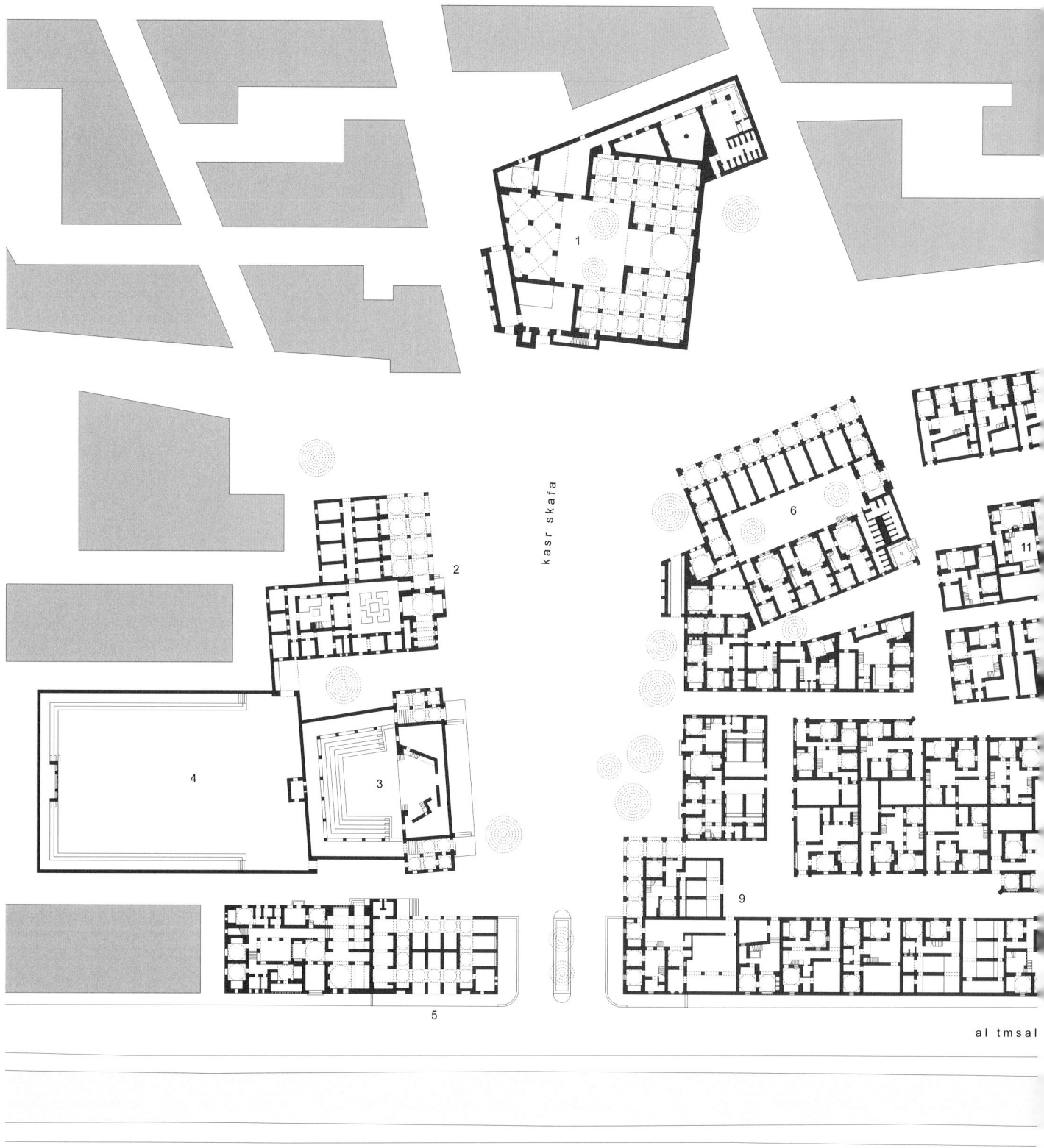

kasr skafa

al tmsal

1

2

3

4

5

6

11

9

0 5   25m

Het deel van New Gourna Village dat daadwerkelijk gebouwd werd
The part of New Gourna Village that was actually build

1 **moskee**/mosque
2 **dorpshuis**/village hall
3 **theater**/theatre
4 **sportveld**/gymnasium
5 **tentoonstellingsruimte/** crafts exhibition hall
6 **Khan**
7 **marktplein**/marketplace
8 **kunstnijverheidsschool/** crafts school
9 *badana* voor de familie van Ali Hassan Ahmed/ *badana* for the Ali Hassan Ahmed family
10 *badana* **voor de familie van Ahmed Abdel Rassoul/** *badana* for the Ahmed Abdel Rassoul family
11 **woning en werkruimte van Hassan Fathy**/house and office of Hassan Fathy

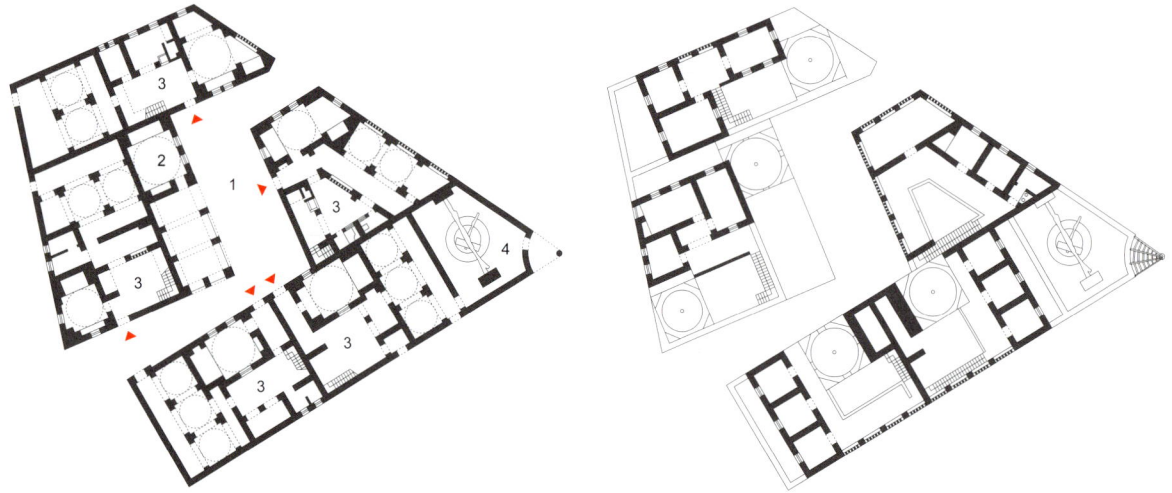

De *badana* voor de familie van
Ahmed Abdel Rassoul. Begane
grond (links) en verdieping
(rechts)
The *badana* for the Ahmed Abdel
Rassoul family. Ground floor (left)
and first floor (right)
1 **privé plein**/private square
2 **gastenkamer**/guest room
3 **woningen**/dwellings
4 **molen**/mill

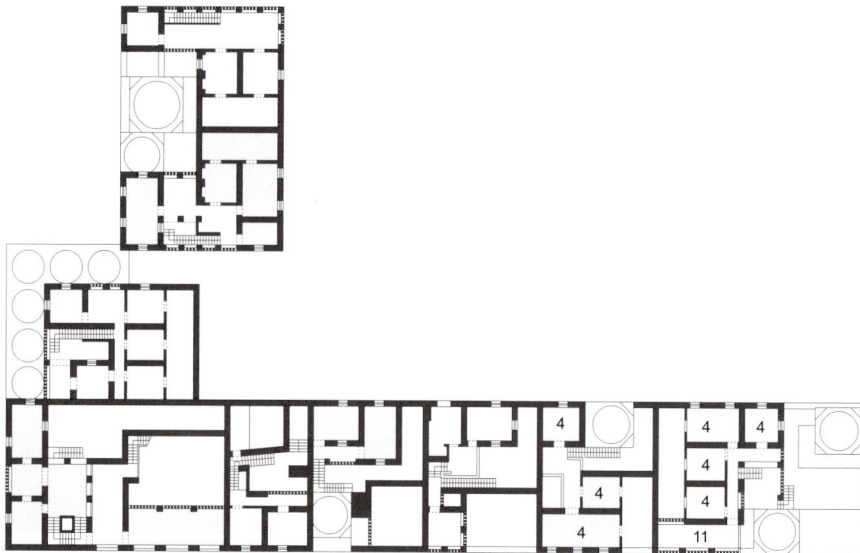

De *badana* voor de familie van
Ali Hassan Ahmed. Begane grond
(onder) en verdieping (boven)
The *badana* for the Ali Hassan
Ahmed family. Ground floor (below)
and first floor (above)
1 **entree**/entrance
2 **gastenkamer**/guest room
3 **patio**/courtyard
4 **slaapkamer**/bedroom
5 **opslag**/storage
6 **keuken**/kitchen
7 **koeienstal**/cow shed
8 **service gang**/service corridor
9 **veevoer**/fodder
10 **badruimte en toilet**/
bathroom and toilet
11 **loggia**

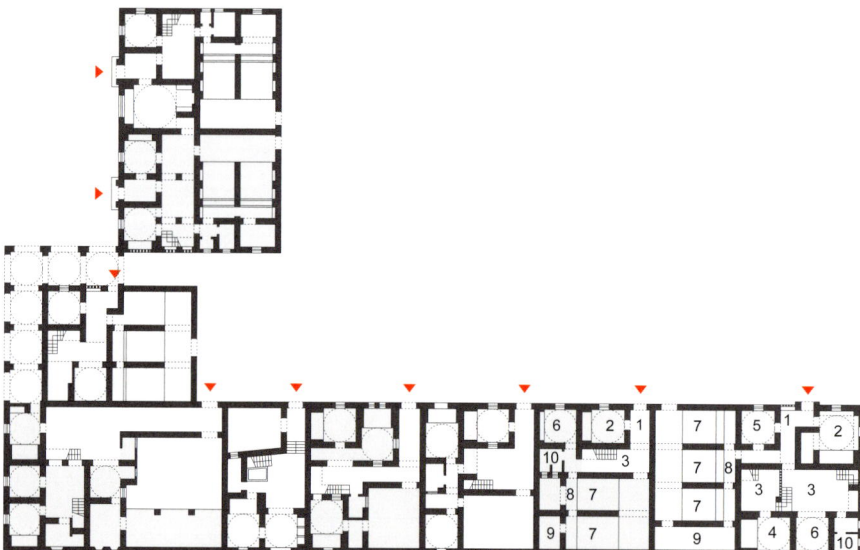

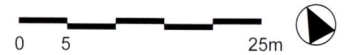

0 5   25m

Luchtfoto van de *bandana* van
Ahmed Abdel Rassoul, 2009
Aerial view of Ahmed Abdel Rassoul's
family neighborhood, 2009

Onregelmatige vormen weer-
houden vreemden ervan smalle
straatjes te gebruiken als sluip
route. De *bandana* voor de familie
van Ahmed Abdel Rassoul

Detours dissuade strangers from
using narrow streets as thorough-
fares. Ahmed Abdel Rassoul's
family neighbourhood

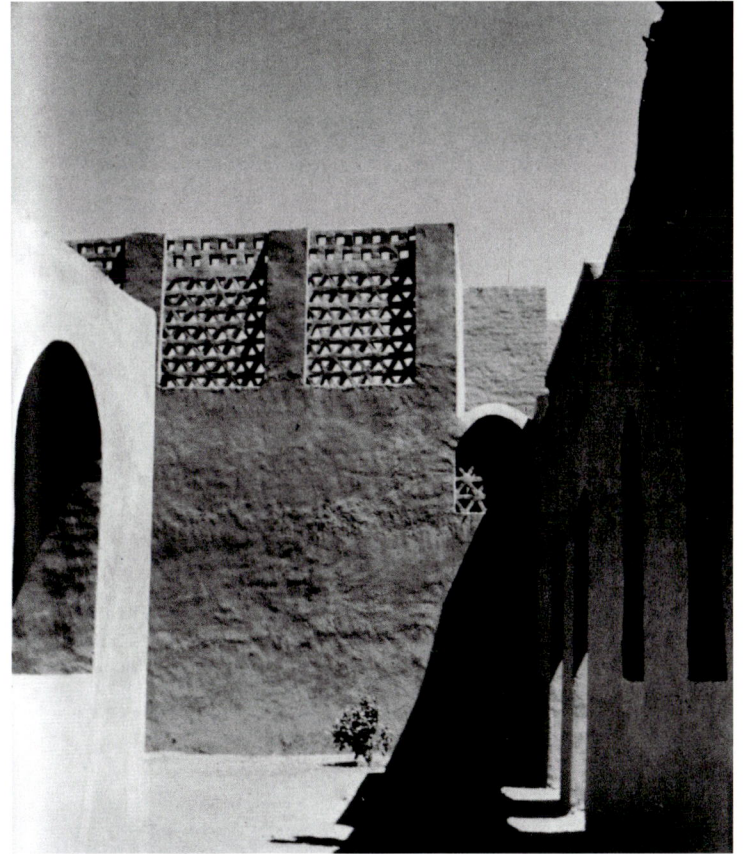

Centraal plein; zicht vanaf het
dorpshuis richting de *bandana*
van Ali Hassan Ahmed
Main square; view from the village
hall towards Ali Hassan Ahmed's
family neighbourhood

De woning en werkruimte van
Hassan Fathy. Begane grond
(links) en verdieping (rechts)
Hassan Fathy's house and office.
Ground floor (left) and first floor
(right)

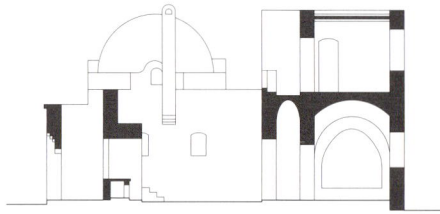

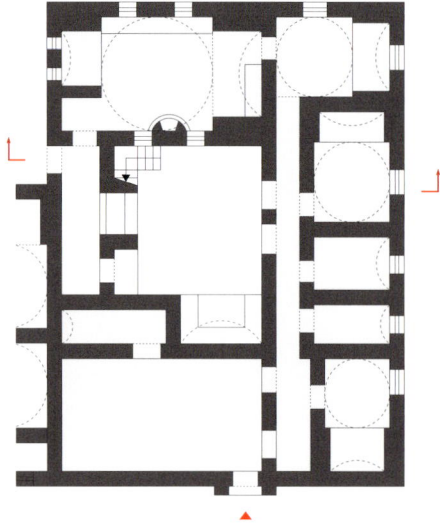

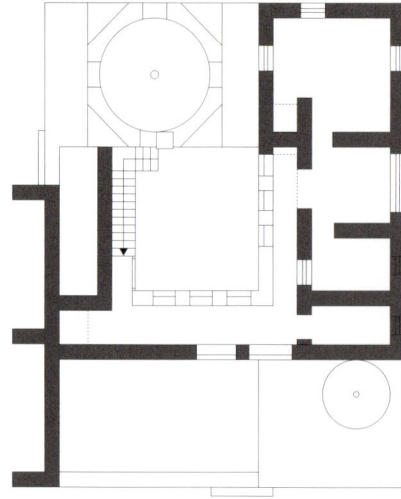

De woning en werkruimte van
Hassan Fathy, 2010
Hassan Fathy's family home and
office, 2010

0 1   5m

**Woning van Hassan Fathy, 2010.
Galerij op de eerste verdieping
(boven), hoofdvertrek met haard
(onder)**
Hassan Fathy's house, 2010.
Gallery on the first floor (above),
main room with fireplace (below)

**Woning van Hassan Fathy, 1988.
Binnenplaats met zicht op de
schoorsteen**
Hassan Fathy's house, 1988.
Courtyard, view towards chimney

**Woning van Hassan Fathy, 1988.
Binnenplaats gezien richting *iwan*
(nis)**
Hassan Fathy's house, 1988. Courtyard, view towards *iwan* (alcove)

Levittown Willingboro, NJ (US)

Levitt & Sons

Levittown: Willingboro, NJ, Verenigde Staten/United States
Ontwerp/Design: Levitt & Sons
Opdrachtgever/Client: Levitt & Sons
Ontwerp-oplevering/Design completion: 1954-1972
Aantal woningen/Number of dwellings: ca. 11.000/approximately 11,000

Plangebied/Area: 2.020 ha/2,020 ha
Voorzieningen/Amenities: scholen, kerken, winkelcentra, bibliotheek, sportcentra, speelvelden, zwembad/schools, churches, shopping centres, library, sports centres, playgrounds, swimming pool

Bronnen/Sources:
Herbert J. Gans, *The Levittowners; Ways of Life and Politics in a New Suburban Community* (New York: Random House, 1967)
'Bill Levitt's Third Big Town: More Value for Less Money!', *House & Home* (augustus/August 1958), 72-73

'New Two-Story: 1700 sq ft at $14,490', *House & Home* (augustus/August 1958), 80
'New 1½ -Story: Four Bedrooms at $11,990', *House & Home* (augustus/August 1958), 82
'New One-Story: Open Plan at $12,490', *House & Home* (augustus/August 1958), 84

Van links naar rechts: varianten van het type 'Cape Cod', 'Colonial' en 'Rancher' in Levittown (nu Willingboro), NJ, 2015
From left to right: variations of the Cape Cod, Colonial and Ranchers housing types in Levittown (now Willingboro), NJ, 2015

De Verenigde Staten kwamen uit de Tweede Wereld-oorlog tevoorschijn met een enorm huizentekort. In de oorlogsperiode en de daaraan voorafgaande Grote Depressie van de jaren 1930, was de woningproductie teruggelopen tot minder dan 100.000 nieuwe woningen per jaar. De plotselinge toestroom van uit de oorlog teruggekeerde soldaten maakte de woningnood aan het eind van de oorlog acuut. In 1945 hadden 3,6 miljoen Amerikaanse gezinnen geen huis of appartement.

Een combinatie van wetgeving (de Housing Act van 1949, die 810.000 nieuwe woningen per jaar stipuleerde voor een periode van zes jaar), beleid (goedkope leningen voor oorlogsveteranen) en een snel groeiende economie, leidde echter in de jaren na de oorlog tot een woningbouwhausse die het gezicht van Amerika grondig zou bepalen. Aan de randen van de steden verscheen de een na de andere buitenwijk, gekenmerkt door vrij-staande woningen aan gebogen straten, vaak met een garage en een voor- en achtertuin. Suburbia, zoals dit laagstedelijke model werd genoemd, groeide uit tot hét symbool van de 'American way of life', bezongen en beschreven in populaire media, naarstig bestudeerd door sociaal-wetenschappers en argwanend bekeken door architecten en stedenbouwers. En zoals suburbia symbool staat voor het naoorlogse Amerikaanse wonen, zo staat Levittown symbool voor suburbia zelf.

Levittown is het model voor grootschalige buiten-wijken, dat werd ontwikkeld door projectontwikkelings-bureau en bouwbedrijf Levitt & Sons. In de oorlog bekend geraakt met prefabricatie en industrialisatie, ziet het bedrijf de kans schoon om volgens dezelfde principes een betaalbare woning – en buurt – op de markt te zetten. Het succes is eclatant: in een periode van circa 25 jaar worden meer dan 200 Levittowns gebouwd, voornamelijk in de Verenigde Staten, maar ook in Canada, Puerto Rico, Spanje en Frankrijk. En het bezorgt William Levitt de bijnaam 'King of Suburbia'.

Een typische Levittown bestaat uit tien tot 20 autoluwe buurten met elk circa 1.000 vrijstaande woningen en enkele gemeenschappelijke functies zoals een school-gebouw. De woningontwerpen én het stedenbouwkundig plan komen van de tekentafels van Levitt & Sons. Mean-derende straten worden omzoomd door brede stoepen en stroken groen, en zijn door middel van opritten ver-bonden met de huizen. De kavels voorzien bovendien in een flinke achtertuin.

Toekomstige bewoners kiezen uit een catalogus zelf de woning die ze willen hebben. Meestal zijn er drie verschillende typen beschikbaar, variërend van twee- tot vierslaapkamerwoningen. De meest succesvolle varianten – de 'Cape Cod', de 'Rancher' en de 'Colonial' – verwijzen naar woningtypen die aan de Amerikaanse oostkust populair zijn. Ze blijken gewilder dan de meer modern uitziende woningen waarmee Levitt óók expe-rimenteerde. De plattegronden zijn zeer compact: er is een minimum aan verkeersruimte en de meer symboli-sche ruimten, zoals een *hall*, ontbreken helemaal. Alles is kant-en-klaar: de woningen zijn voorzien van keukens, een wasmachine en inbouwkasten.

Cruciaal voor het succes van Levittown is de effici-entie en industrialisatie van het bouwproces. Foto's van een Levittown in aanbouw laten betonnen vloervelden zien met daaromheen uitgestald de materialen en de componenten waaruit een van bouwplaats tot bouw-plaats trekkende stoet bouwvakkers de ene na de andere woning optrekt. De beheersing van het proces gaat nog verder. Levitt tracht, grotendeels met succes, elke

Following the Second World War, the United States faced a huge housing shortage. During the war and the preceding Great Depression of the 1930s, housing production had been reduced to fewer than 100,000 new dwellings per year. The sudden influx of soldiers returning from the war led to an acute housing shortage at the end of the war. By 1945, 3.6 million American families had no house or apartment.

However, in the years after the war, the combination of legislation (the 1949 Housing Act, which stipulated 810,000 new dwellings be built annually for a period of six years), policy (cheap loans for war veterans) and a rapidly growing economy led to a boom in house building that would greatly determine the face of America. On the outskirts of cities, suburbs featuring detached dwellings – many with garages and front and back gardens – on meandering streets emerged one after the other. This urban low-rise model was called 'suburbia' and it became the symbol of the American way of life, praised and portrayed in the popular media, diligently studied by social scientists and looked at askance by architects and urban planners. And as suburbia symbolizes the post-war American way of living, so Levittown symbolizes suburbia itself.

Levittown is the model for large-scale suburbs that was developed by project development and construction company Levitt & Sons. Having gained knowledge of prefabrication and industrialization during the war, the company saw its way clear to market affordable housing – and neighbourhoods – according to the same principles. It was a resounding success: more than 200 Levittowns were built in a period of approximately 25 years, mainly in the United States but also in Canada, Puerto Rico, Spain and France. And William Levitt was given the nickname 'King of Suburbia'.

A typical Levittown consists of ten to 20 low-traffic neigh-bourhoods, each with approximately 1,000 detached dwellings and a couple of communal facilities such as school buildings. Both the dwelling designs and the urban plan originate from the drawing boards of Levitt & Sons. Drives connect the houses to the meandering streets lined with wide sidewalks and strips of green. The plots also have substantial back gardens.

Future residents choose the dwelling they want from a catalogue. Usually, there are three different types available, ranging from two- to four-bedroom houses. The most success-ful options – the Cape Cod, the Rancher and the Colonial – echo dwelling types popular on the American East Coast. As it turns out, these are more popular than the more modern-looking dwellings Levitt also experimented with.

The floor plans are very compact: they have a minimum of traffic space and the more symbolic spaces, like the hall, are not included at all. Everything is ready for use: the dwellings are equipped with kitchens, a washing machine and fitted closets.

Crucial to the success of Levittown are the efficiency and industrialization of the construction process. Photographs of a Levittown under construction show concrete floor slabs surrounded by displays of materials and components from which a procession of workers travelling from one building site to the next build one dwelling after another. The control over the process is even more far-reaching. Levitt attempts, and largely succeeds, to gain control over each link in the production chain, from sawmill to white goods wholesaler.

The public opinion on Levittown is of vital importance to Levitt & Sons. The company goes to great lengths to meet the fierce criticism vented on suburbia in general – and Levittown in particular – with design improvements. Within the limits of industrialization there are various choices possible with regard to roof shape and finishing standards.

schakel van het productieproces in handen te krijgen, van houtzagerij tot witgoedgroothandel.

Ook de publieke opinie ten aanzien van Levittown is van groot belang voor Levitt & Sons. Het bedrijf getroost zich veel moeite om de forse kritiek die suburbia in het algemeen – en Levittown in het bijzonder – ten deel valt, te pareren met verbeteringen in het ontwerp. Binnen de grenzen van de industrialisatie zijn keuzes mogelijk ten aanzien van de dakvorm en de afwerking. Per woning-type zijn er twee voorgevelvarianten om uit te kiezen, en deze kunnen weer in verschillende kleuren geschilderd worden. Zo wordt iets van de gelijkvormigheid teniet-gedaan, die veruit de meeste afkeuring oproept.

Ook het woningontwerp zelf verandert. Waren de woonkamers eerst nog op de straat gericht, later ver-schuift de nadruk steeds meer naar de achterkant, waar de woonkamer en de tuin (en daarachter het gemeen-schappelijke groen) de ideale plek vormen voor een gezin, ver verwijderd van de jachtige stad. Aan die ken-merken herkennen we suburbia nog steeds. Op basis van het commerciële instinct van William Levitt, heeft Levittown niet alleen bijgedragen aan de leniging van de naoorlogse woningnood, maar ook aan de trans-formatie van de Amerikaanse wooncultuur. (pvdp)

Per dwelling type, there are two front façade variations to choose from and these can be painted in different colours. This counteracts some of the uniformity that incurs the most disapproval by far.

The dwelling design itself also changes. The first living rooms faced the road; later the emphasis shifts to the back, where the living room and garden (and the communal green beyond) create the ideal family space, far from the hectic pace of the city. These characteristics are still typical of sub-urbia today. Based on William Levitt's commercial instincts, Levittown not only contributed to the relief of the post-war housing shortage, but also to the transformation of the American housing culture. (pvdp)

Locatie van Levittown (Willingboro, NJ) in het stedelijk weefsel van Philadelphia
Location of Levittown (Willingboro, NJ) in the urban fabric surrounding Philadelphia

Luchtfoto van de eerste Levittown tijdens de bouw, Long Island, NY, 1947-1951
Aerial view of the first Levittown under construction, Long Island, NY, 1947-1951

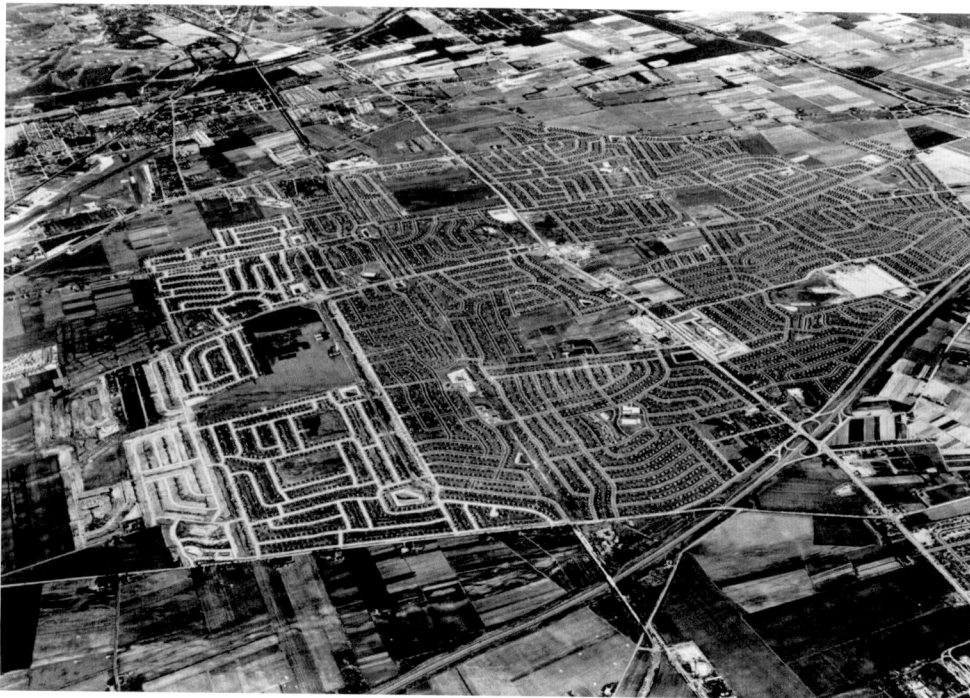

Bill Levitt's third big town: more value for less money

New 1½-story: four bedrooms at $11,990

New two-story: 1,700 sq ft at $14,490

New one-story: open plan at $12,490

**Beschrijvingen van de types
‘Cape Cod’, ‘Colonial’ en ‘Rancher’,
House & Home, 1958**
Descriptions of the Cape Cod,
Colonial and Rancher housing
types, *House & Home*, 1958

**De complete set materialen om
een ‘Cape Cod’ te bouwen, Levittown, NY, 1947**
The complete set of materials needed
to build a Levittown Cape Cod house,
Levittown, NY, 1947

van sciver pkwy

sunset rd

sunset rd

sunset rd

levitt pkwy

burlington pike

Deel van Levittown, Willingboro, NJ
Part of Levittown, Willingboro, NJ

1 **school**
2 **kerk**/church
3 **winkelcentrum**/shopping mall
4 **bibliotheek**/library
5 **bank**

tt p k w y

1

2

3

2

2

levitt pkwy

0 20 100m

shawmont lane

shetland lane

sherwood lane

sheffield drive

**Deel van Somerset Park, Willing-
boro, NJ. Hier werd in 1958 gestart
met de bouw van de eerste
woningen.**
Part of Somerset Park, Willingboro,
NJ. Here, in 1958, the first dwellings
were built.

0   5   25m

Shetland Lane, Willingboro, NJ, 2015

Sherwood Lane, Willingboro, NJ, 2015

Sheffield Drive, Willingboro, NJ, 2015

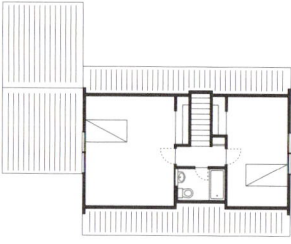

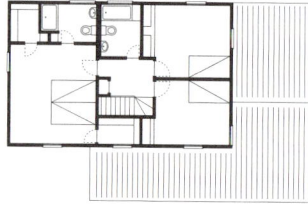

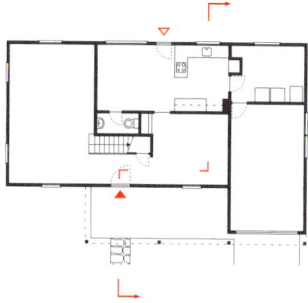

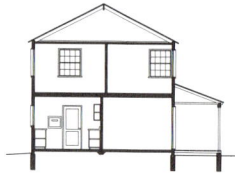

Type 'Cape Cod'

Type 'Colonial'

Type 'Rancher'

0   2   10m

Type 'Cape Cod' (model 1958),
Willingboro, NJ

Type 'Colonial' (model 1958),
Willingboro, NJ

Type 'Rancher' (model 1958),
Willingboro, NJ

Poblado Dirigido de Entrevías Madrid (ES)

Francisco Javier Sáenz de Oiza, Manuel Sierra Nava & Jaime de Alvear Criado

Poblado Dirigido de Entrevías:
Av. Entrevías, Ronda del Sur, Calle
Vedra, Calle Pozohalcón, Madrid,
Spanje/Spain
Ontwerp/Design: F.J. Sáenz de Oiza,
J. de Alvear Criado, M. Sierra Nava

Opdrachtgever/Client: Instituto
Nacional de la Vivienda
Ontwerp-oplevering/Design
completion: 1956-1960
Aantal woningen/Number of
dwellings: 2.140/2,140 type A, 220
type B, 2.360 totaal/2,360 in total

Plangebied/Area: 20,7 ha/20.7 ha
(type A & B woningen/dwellings)
Woningdichtheid/Dwelling density:
114/ha (type A & B)

Bronnen/Sources:
'El Poblado Dirigido de Entrevías',

Hogar y Architectura, nr./no. 34
(1961), 2-28
'Plan de ordenación del sector
Entrevías, Madrid', *Hogar y
Architectura*, nr./no. 49 (1961), 3-13
'Barrio de Entrevías', *Arquitectura*,
nr./no. 58 (Madrid: Colegio Oficial

de Arquitectos de Madrid, 1963),
2-29
*Entrevías: transformación
urbanística de un suburbio de
Madrid* (Madrid: Instituto Nacional
de la Vivienda, 1965)

**Het daklandschap van Poblado
Dirigido de Entrevías**
The roofscape of Poblado Dirigido
de Entrevías

Aan het eind van de jaren 1950 ging Spanje nog gebukt onder de gevolgen van twee oorlogen: de Spaanse Burgeroorlog en de Tweede Wereldoorlog. Het land moest niet alleen weer worden opgebouwd, maar er lag ook de uitdaging nieuwe stedelijke ontwikkelingen te plannen en uit te voeren. Het autocratische regime van generaal Franco zag zich genoodzaakt een aantal noodmaatregelen te nemen om een verdere uitwas van sloppenwijken, die zich onbeheersbaar rondom de steden ontwikkelden, tegen te houden. Dit proces diende dan wel gecombineerd te worden met een langetermijnvisie en uitbreidingsplannen voor de stad.

De 'Poblados Dirigidos de Renta Limitada' (wijken bestemd voor mensen met lage inkomens), die tussen 1956 en 1966 als satellietkernen rondom Madrid werden gebouwd, moesten onderdak bieden aan de massale stroom, van het platteland afkomstige migranten. De zeven voorbeeldwijken die rondom de Spaanse hoofd- stad verrezen waren: Entrevías, Canillas, Fuencarral, Orcasitas, Caño Roto, Manoteras en Almendrales. Zij vormden een kortstondige, maar prachtige reeks oplossingen voor de woningnood op basis van moderne uitgangspunten zoals budgettaire optimalisatie en con- structieve rationaliteit in combinatie met stedelijke kwaliteit.

Als onderdeel van dit noodhulpprogramma reali- seerde het Nationale Woningbouwinstituut via de Obra Sindical del Hogar (overkoepelend orgaan van woning- bouwcorporaties) de eerste van de Poblados Dirigidos, genaamd Entrevías, door een gebied met circa 4.300 krotten te saneren. De architecten Sáenz de Oiza, Sierra en Alvear maakten hiervoor een stedenbouwkundig plan waarin drie soorten wijken voorkwamen, elk met hun eigen woningtype: de 'Poblado de Absorción' (de absorptienederzetting), de 'Poblado Dirigido' (de gestuurde nederzetting) en de 'Poblado Mínimo' (de minimumnederzetting). Entrevías is gelegen op het Vallecasplateau ten zuidoosten van Madrid en grenst aan het spoorwegknooppunt dat de hoofdstad verbindt met het zuiden en oosten van het land. De ligging op een zacht glooiende heuvel biedt een schitterend uit- zicht op de buitenwijken en de stad zelf. In 1956 werden illegale nederzettingen in het gehele gebied verboden en werd in Entrevías begonnen met de bouw van de wijk Poblado Dirigido; Sáenz de Oiza, Sierra en Alvear ontwierpen hiervoor ook de woningen. De wijk Poblado de Absorción volgde het jaar daarna en de laatste fase, de Poblado Mínimo, werd in 1960 voltooid. In totaal werden er naast culturele, medische, commerciële en religieuze voorzieningen ca. 3.500 woningen gebouwd.

Oiza's ontwerp voor Entrevías baseerde zich op zijn manifest met daarin minimumvereisten en een functio- nele analyse van de prioriteiten op het gebied van proce- dures en projectmanagement. Het bevatte de meest radicale en rationele uitgangspunten van alle Poblados Dirigidos. In het grid van het stedenbouwkundig plan, bestaande uit voornamelijk tweelaagse rijtjeshuizen georiënteerd op het noordoosten en zuidwesten, is de invloed van Amerikaanse en Nederlandse voorbeelden duidelijk waarneembaar. De straten, pleinen en open- bare ruimten zijn vormgegeven door middel van twee alternerende rasters.

De meest voorkomende woning is een huis van 52,8 m² met een beukmaat van 3,6 m en een diepte van 16,2 m. De woningen zijn van de straat gescheiden door een voortuin die wordt begrensd door een witgesausde, opengewerkte bakstenen muur. Hierdoor wordt op een

Towards the end of the 1950s, Spain, which was still recuperating from two wars – the Spanish Civil War and the Second World War – was faced with the reconstruction process as well as the planning and implementation of new urban developments. General Franco's autocratic regime was forced to combine emergency measures to eradicate shanty- towns born uncontrollably around cities, together with long- term development and extension plans of the urban fabric.

The 'Poblados Dirigidos de Renta Limitada' (settlements directed to limited incomes) were built as satellite nuclei around Madrid between 1956 and 1966, with the aim of providing accommodation for the massive flow of immigrants arriving from rural areas. The seven paradigmatic cases built in the Spanish capital were: Entrevías, Canillas, Fuencarral, Orcasitas, Caño Roto, Manoteras and Almendrales. They are a short-lived but stellar set of solutions to the housing problem based on modern principles of budgetary optimization and constructive rationality combined with urban quality.

As part of these emergency programmes the National Housing Institute, through the Housing Union (Obra Sindical del Hogar), conducted the first of the Poblados Dirigidos, the 'Entrevías Renovation', in an area with approximately 4,300 pre-existing shacks. Architects Sáenz de Oiza, Sierra and Alvear drafted an urban renewal plan for the area with three neighbourhood models, which each had different dwelling types: the 'Poblado de Absorción' (absorption settlement), the 'Poblado Dirigido' (directed settlement) and the 'Poblado Mínimo' (minimum settlement). The Poblado Dirigido de Entrevías, located southeast of Madrid on the Vallecas plateau, sits next to the railway junction that links the capital with the south and east of the country. Its location on a gently sloping hillside offered the possibility to create excellent views of the periphery and the city itself. In 1956, illegal squatter housing was suppressed throughout the area and the construction of the houses – also designed by Sáenz de Oiza, Sierra and Alvear – in the first neighbourhood (Poblado Dirigido) was started. The design and construction for the Poblado de Absorción followed the year after and the final stage, the Poblado Mínimo, was finished in 1960. In total around 3,500 units were built, as well as cultural, health care, commercial and religious buildings.

Oiza's design for the Entrevías Renovation – led by his manifesto of minimum requirements, with a functionalist analysis that determined procedural and project priorities – represented the most radical and rational of all Poblados Dirigidos. In the rectangular pattern of the urban plan, con- sisting of mainly two-storey row houses with a northeast/ southwest orientation, the influence of American and Dutch models can be clearly perceived. Two alternating types of grid form the streets, squares and public spaces.

The most used unit is a house of 52.8 m² with a bay width of 3.6 m and 16.2 m deep. An entrance yard separates the dwellings from the street using a whitewashed latticed brick wall, which gives a rural atmosphere with a high level of abstraction. After crossing the courtyard, the house is accessed through the living room where in the back the efficient, transversal one-flight staircase is situated that connects to the upper floor. Behind it, the kitchen opens to a service patio where the only toilet in the house is located. Upstairs, the master bedroom opens to the patio and the two children's bedrooms face the main façade. The quest for minimum standards is evidenced by the suppression of corridors and closets. But also the low ceiling height of 2.2 m, the slopes of the roofs, the clustering of water points and the strict horizontal band window contributed to an affordable minimum. Nowadays a lot of inhabitants have enlarged the dwellings by constructing several types of extensions in the entrance yard.

heel abstracte manier een landelijke sfeer gecreëerd. Na de voortuin komt men het huis binnen via de woonkamer, met achterin overdwars een eenvoudige trap naar de verdieping. Daarachter komt de keuken uit op een patio met voorzieningen, waar het enige toilet van het huis is te vinden. Boven kijkt de ouderslaapkamer uit op de patio; de twee kinderslaapkamers liggen aan de voorgevel. Het streven naar een minimumstandaard blijkt uit de afwezigheid van gangen en kasten. Maar ook de slechts 2,2 m hoge plafonds, de dakhelling, de clustering van waterpunten en de strikt horizontale bandvensters droegen bij aan een betaalbaar minimum. Tegenwoordig hebben veel bewoners hun woning vergroot door veelsoortige bouwsels op het erf aan de voorzijde. Entrevías markeerde het eerste succesvolle resultaat van de Poblados Dirigidos en was ook de definitieve aanzet tot een rationele benadering ten aanzien van sociale woningbouw in Spanje. Na deze ervaring liet het Franco-regime al zijn sociale doelstellingen varen en werd de woningbouw overgelaten aan particuliere bedrijven, die er een zeer winstgevende onderneming van maakten. (ce)

Entrevías marked the first successful result of the Poblados Dirigidos and also the definitive impulse for a rational conception of social housing in Spain. After this experience, the Franco regime abandoned all of its social objectives and left housing development to private enterprise, which turned it into a big business. (ce)

De krottenwijken in het Entrevías gebied
Slums in the Entrevías area

Locatie van Poblado Dirigido de Entrevías in Madrid
Location of Poblado Dirigido de Entrevías in Madrid

Straatgevel van de rug-aan-rug-
woningen (type A), net na voltooiing
Street façade of back-to-back
houses (type A), just after completion

**Witgesausde, opengewerkte bak-
stenen muren als erfafscheiding**
Whitewashed latticed brick walls
used to separate the entrance
yards from the street

**Smalle voetgangerspaden
ontsluiten de woningen.**
Narrow pathways give access
to the dwellings.

**De wijk werd goed aangesloten
op het openbaar vervoer.**
The neighbourhood has good
access to public transport.

Luchtfoto van Poblado Dirigido de
Entrevías, gezien vanuit het oosten.
Rechts op de voorgrond een restant
van de krottenwijken, ca. 1965.

Aerial view of Poblado Dirigido de
Entrevías, as seen from the east.
Remnants of the former slums are
visible in the right bottom corner,
c. 1965.

Luchtfoto van Poblado Dirigido
de Entrevías, net na voltooiing,
ca. 1965
Aerial view of Poblado Dirigido de
Entrevías, just after completion,
c. 1965

Luchtfoto van Poblado Dirigido
de Entrevías, gezien vanuit het
zuiden, ca. 1965
Aerial view of Poblado Dirigido de
Entrevías, as seen from the south,
c. 1965

Av. de Entrevías

Ronda del Sur

Ronda del Sur

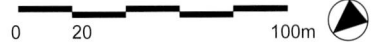

0   20   100m

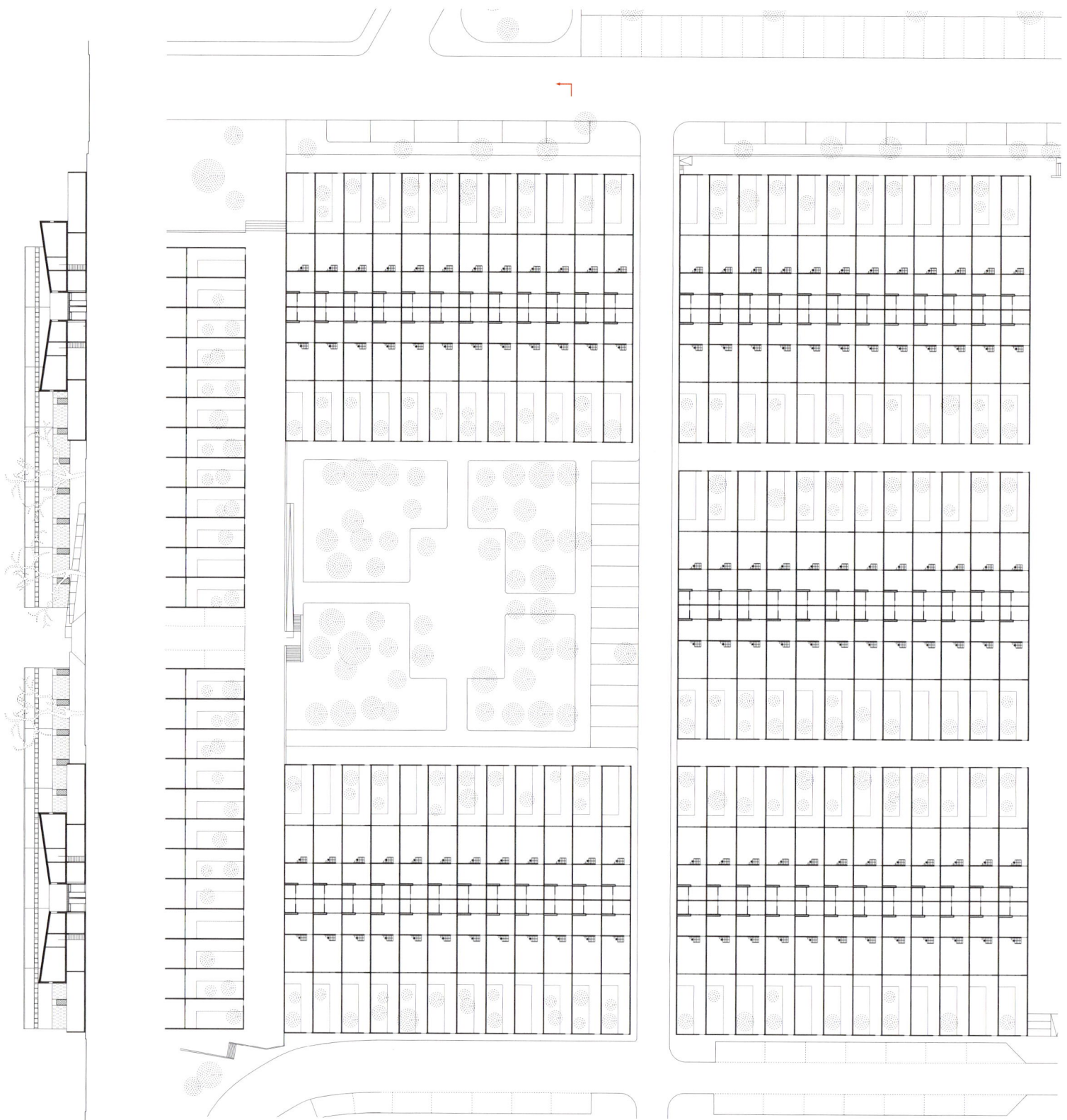

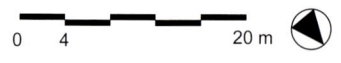

0   4   20 m

Elk cluster van rug-aan-rug-woningen bestaat uit 24 woningen. Vijf clusters en een plein vormen samen een buurt.

Each cluster of back-to-back housing is composed of 24 houses. A neighbourhood is composed of five clusters and a public square.

Calle Pozohalcón, Madrid

Veel woningen hebben inmiddels uitbouwen op de begane grond en/of de verdieping

Many houses have extensions added on the ground level and/or upper level

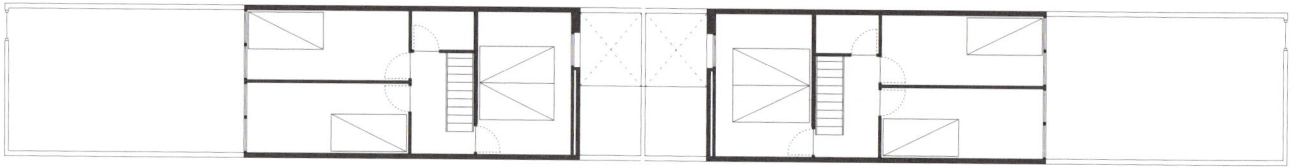

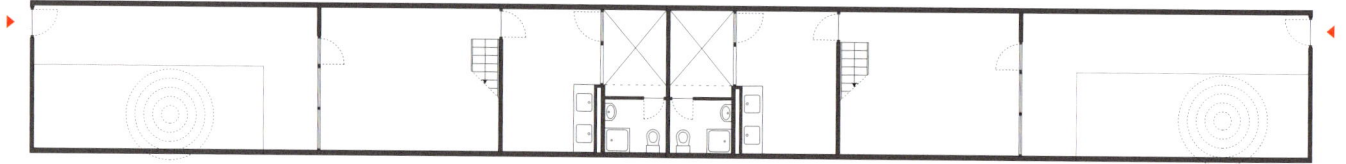

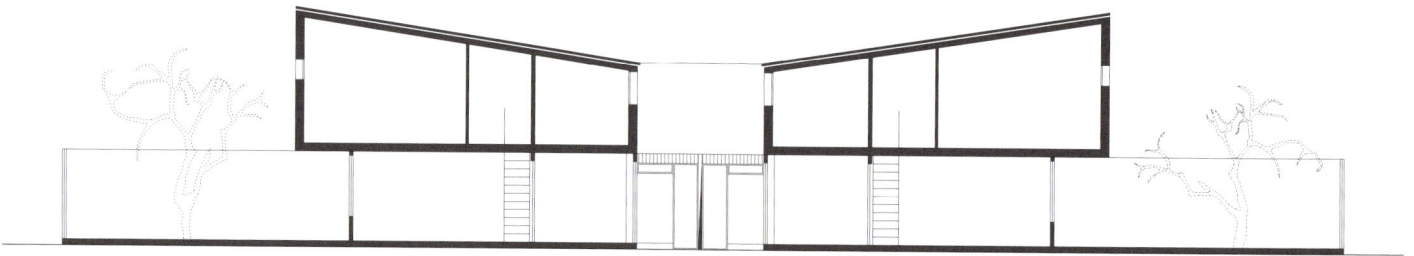

De tuinmuren hebben plaatsgemaakt voor individuele oplossingen
The latticed garden walls have been replaced by individual solutions

Het voorerf is nu meestal bij de woning getrokken door middel van uitbreidingen en overkappingen
The entrance yard on the front side is now often made a part of the house via extensions and roof coverings

Zijgevel van een van de blokken langs Calle Pozohalcón
Side façade of one of the housing blocks along Calle Pozohalcón

Voorbeeld van een voorerf dat als semi-binnenruimte bij de woning is gevoegd
Example of an entrance yard that is used as a semi-indoor space to extend the living area

Fria New Town Fria (GN)

Michel Écochard; Guy Lagneau, Michel Weill & Jean Dimitrijevic; Michel Kalt, Daniel Pouradier-Duteil & Pierre Vignal

Fria New Town: Fria, ten zuiden van de N21 ter hoogte van Tabossi, Guinee/south of the N21 near Tabossi, Guinee/Guinea
Ontwerp/Design: Michel Écochard (stedenbouwkundig plan/urban plan), Guy Lagneau, Michel Weill & Jean Dimitrijevic (hoogbouwflats/high-rise apartment buildings), Michel Kalt, Daniel Pouradier-Duteil & Pierre Vignal (rijwoningen voor Afrikaanse arbeiders/row houses for African workers)
Opdrachtgever/Client: Péchiney (alumiumfabriek/aluminium factory)
Ontwerp-oplevering/Design completion: 1956-1964
Aantal bewoners/Number of inhabitants: 19.682 (ontwerp)/19,682 (design)

Plangebied/Area: 275 ha
Bewonersdichtheid/Inhabitant density: 72/ha
Voorzieningen/Amenities: winkels, bioscoop, school, stadion, hotel/shops, cinema, school, stadium, hotel

Bronnen/Sources:
'Sabendé: Ville Nouvelle en Guinee', *L'Architecture d'Aujourd'hui*, nr./no. 88 (1960), 96-101
'Guinée, Cité de Sabendé', *Architecture d'Aujourd'hui*, nr./no. 80 (1958), 102-103
Kim de Raedt, 'Shifting Conditions, Frameworks and Approaches: The Work of KPDV in Postcolonial Africa', *ABE Journal*, nr./no. 4 (2013) (geraadpleegd 1 mei 2015/accessed 1 May 2015)

Binnenplaats in buurt II
Courtyard in Neighbourhood II

Fria in Guinee is een goed voorbeeld van Franse, laat-koloniale industriële New Town-planning. Fria werd tussen 1956 en 1964 vanuit het niets ontworpen en gebouwd om zowel het hogere personeel als de arbeiders van de nieuwe bauxiet- en aluminiumfabriek van de Franse firma Péchiney te huisvesten. De planning en bouw van een fabriek die, zo was de bedoeling, maar liefst 15 procent van de totale wereldwijde aluminium-voorraad zou produceren, viel niet toevallig samen met het moment waarop aankomend president Ahmed Sékou Touré de Guineese bevolking opriep vóór volledige onafhankelijkheid te stemmen en te weigeren deel te gaan uitmaken van de *Communauté française*. De aanleg van Fria werd beargumenteerd vanuit de gedachte dat zich hier een van de belangrijkste motoren van de Guineese industrialisatie en verstedelijking zou gaan bevinden. Bij uitstek de plaats dus waar de postkoloniale maatschappelijke en economische belofte in vervulling zou gaan.[1] Maar tegelijkertijd nam Frankrijk via Péchiney de verantwoordelijkheid voor de planning van Fria op zich en eigende de aluminiumfabriek toe, om het moderniseringsproces te reguleren en bovendien de Franse economische belangen in Afrika te verdedigen met het oog op de naderende afscheiding. Deze dubbelzinnigheid – tussen emancipatoire, sociaal-economische verantwoordelijkheid en controle – is op verschillende niveaus terug te vinden in de planning en het ontwerp van Fria.

Omdat de aluminiumfabriek 150 km was verwijderd van de dichtstbijzijnde stad (de hoofdstad Conakry) was het essentieel dat de nieuwe stad zelf volledig zou kunnen voorzien in de behoeften van haar naar verwachting 20.000 inwoners. De planning van de stad werd toevertrouwd aan de beroemde Franse architect en stedenbouwkundige Michel Écochard. Fria is in overeenstemming met de modernistische principes van functionele zonering uit het Charter van Athene[2] op een plateau ongeveer 1,5 km ten zuiden van de fabriek gelegen.[3] De administratieve, commerciële en recreatieve functies liggen centraal gegroepeerd tussen vier afzonderlijke woonenclaves die elk circa 5.000 bewoners kunnen huisvesten. Het verkeer is strikt gescheiden naar snelheid en volume.[4] Een systeem van radiaal meanderende groene zones verbindt de woningen met elkaar en met het stadscentrum, dat is voorzien van drie opvallende woontorenflats naar ontwerp van de Franse architecten Guy Lagneau, Michel Weill en Jean Dimitrijevic (Atelier LWD).[5] De laagbouwwoningen voor de Afrikaanse arbeiders zijn ontworpen door een jong architectuurcollectief, bestaande uit Michel Kalt, David Pouradier-Duteil en Pierre Vignal (KPDV).

KPDV ontwierp drie verschillende plattegronden voor Afrikaanse arbeidersgezinnen. Binnen elk huisvestingscluster waren de woningen georganiseerd rondom een secundair commercieel centrum en een basisschool, en royaal omringd door open ruimte en groen. De huizen van het B-type waren ontworpen als typisch West-Europese rijtjeshuizen met woonruimte op de begane grond en slaapkamers op de verdieping; de huizen van het A-type en C-type waren zo ontworpen dat ze het maatschappelijke aanpassingsproces verzachtten door ruimte te bieden aan traditionele gewoonten. Aan de ene kant kwamen ze uit op kleine openbare ruimten waar zich het sociale en burgerlijke leven kon afspelen; aan de andere kant kwamen de privétuinen uit op groene *espaces libres* waar informele en huishoudelijke activiteiten konden plaatsvinden. De aldus gecreëerde dubbele

Fria, in Guinea, is a prime example of French late-colonial industrial New Town planning. It was designed and built from scratch between 1956 and 1964 to house both the senior staff and workers of a new bauxite extraction and aluminium production plant owned by the French company Péchiney. The planning and construction of a factory that was projected to produce no less than 15 per cent of the world's total aluminium stock came, not coincidentally, at the moment when soon-to-be President Ahmed Sékou Touré called upon the Guinean people to vote for total independence, and thus refuse to become part of the *Communauté Française*. Discursively, Fria was presented as one of the key engines of industrialization and urbanization in Guinea, and as such the locus *par excellence* of postcolonial social and economic fulfilment.[1] Simultaneously, however, taking responsibility of the planning of Fria and assuming ownership of the aluminium plant allowed France, through Péchiney, to regulate the modernizing process, all the while protecting its economic interests in Africa in view of the imminent secession. This ambiguity, between emancipatory socioeconomic responsibility and control, translates on different levels of Fria's planning and design.

Since the aluminium plant was located 150 km from the nearest city – the capital Conakry – it was essential for the new town to be entirely self-sufficient for its 20,000 projected inhabitants. The master planning of the town was entrusted to famous French planner and architect Michel Écochard. In line with the modernist principles of functional zoning prescribed by the Charter of Athens,[2] Fria is located on a plateau at about 1.5 km south of the factory.[3] The administrative, commercial and recreational functions are grouped and placed centrally between four distinct housing pockets each providing for about 5,000 dwellers. Circulation is strictly subdivided according to speed and volume.[4] Finally, a system of radiating green zones connects the housing units with each other and links them to the town centre, which is marked by three high rise apartment buildings designed by the office of French architects Guy Lagneau, Michel Weill and Jean Dimitrijevic (Atelier LWD).[5] The low-rise dwellings for African workers were, in turn, designed by the young architecture collaborative of Michel Kalt, David Pouradier-Duteil and Pierre Vignal (KPDV).

KPDV designed three different plan types for African worker families. Within each housing pocket, the dwellings are organized around a secondary commercial centre and a primary school, and lavishly surrounded by open space and greenery. While a Type B dwelling is designed as a typical Western European terraced house, with living spaces on the ground floor and bedrooms on the first floor, Type A and Type C dwellings are designed so as to mitigate the process of social modernization by providing space for traditional habits and social customs. On one side, they give out onto small public spaces concentrating social and civic life, while on the other side the private gardens open onto green *espaces libres* where more informal encounters and domestic activities can take place. By thus providing a double orientation to the individual housing unit, male and female living areas are explicitly demarcated. This sensitivity and attention for the local can be traced back to Michel Kalt's experience as a dissertation student at the Paris Beaux-Arts Academy. In 1949, he undertook a six-month study trip to Cameroon with six fellow students, documenting traditional ways of building and living.[6] Besides the double orientation of the houses, the arrangement of rooms around a centrally positioned veranda or living room, for instance, mirror Kalt's observations of dwelling compounds in northern Cameroon, while the semi-outdoor kitchen opening onto the private garden is

oriëntatie van de woningen resulteerde in expliciet afgebakende leefruimten voor mannen en vrouwen. Deze gevoeligheid en dit oog voor het lokale kunnen worden teruggevoerd op Michel Kalts ervaringen als doctoraalstudent aan de Parijse Académie des Beaux-Arts. In 1949 maakte hij met zes medestudenten een studiereis van zes maanden naar Kameroen om daar traditionele manieren van bouwen en wonen te documenteren.[6] Naast de dubbele oriëntering van de huizen weerspiegelt bijvoorbeeld ook de ligging van de kamers rondom een centraal gelegen veranda of woonkamer de *compounds* die Kalt in Noord-Kameroen had gezien, terwijl de op een privétuin uitkomende semi-buitenkeuken is geïnspireerd op de wijze van voedselbereiding van Afrikaanse vrouwen.

Zowel het masterplan van Écochard als de ontwerpen voor verschillende woningtypen van KPDV weerspiegelen de dubbelzinnigheid van de belofte van maatschappelijke vervulling en welzijn, die was geworteld in het New Town-project Fria. Waar het plan van Écochard de villa's voor het hogere personeel netjes scheidt van de arbeiderswoningen door middel van een groene *zone neutre*, die in bepaalde opzichten doet denken aan vooroorlogse koloniale planning, spelen de woningontwerpen van KPDV hun rol in een zorgvuldig georkestreerde bemiddeling tussen de bewoner en zijn omgeving, moderniteit en traditie, inwoners van verschillende maatschappelijke status en verschillende ethniciteiten.[7] Ondanks deze schijnbare dubbelzinnigheid was Fria tot voor kort een bruisende stad, een 'petit-Paris'. Maar in 1997 deed Péchiney de aluminiumfabriek over aan de Guinese regering en liet het bedrijf Fria achter als 'une ville désormais asphyxiée, manquant de tout: d'eau, d'électricité, de nourriture et d'espoir'.[8] (kdr)

1 Het was, zoals indertijd werd opgemerkt in het invloedrijke Franse tijdschrift *l'Architecture d'Aujourd'hui*: 'Une justice à rendre à une société privée de montrer qu'elle sut promouvoir un urbanisme nettement orienté, dans sa technique contemporaine, vers le point de vue social.' *L'Architecture d'Aujourd'hui*, nr. 88 (februari/maart 1960), 96-101.
2 Voor Écochard vormden deze Afrikaanse *terres vierges* de ideale achtergrond voor de volledige verwerkelijking van de principes van het Charter van Athene, die in Frankrijk nooit volledig konden worden uitgevoerd. Zie ook het werk van Tom Avermaete over Écochard's activiteiten als planner in Marokko, bijv. 'Framing the Afropolis. Écochard and the African City for the Greatest Number', *OASE*, nr. 82 (2010), 77-100.
3 Zodat de stad geen last zou hebben van de vervuilde lucht die de fabriek uitbraakte.
4 Deze organisatie van vervoersinfrastructuur is het evenbeeld van Le Corbusier's wegensysteem 7V, dat hij onder meer toepaste bij de planning van Chandigarh; zie bijv. Tom Avermaete et al, *Casablanca Chandigarh: A Report on Modernization* (Montreal: Canadian Center for Architecture/Zürich: Park Books, 2014); Ernst Scheidegger, Maristella Casciato en Stanislaus von Moos, *Chandigarh 1956: Le Corbusier, Pierre Jeanneret, Jane B. Drew, E. Maxwell Fry* (Zürich: Scheidegger & Spiess, 2010).
5 Dat bureau was ook verantwoordelijk voor het ontwerp van de villa's voor het hogere personeel, de club en het zwembad.
6 Dit leidde tot de productie van een atlas en een film, *Cases*.
7 Zie voor meer informatie over koloniale planning bijv. Carlos Nunes Silva (red.), *Urban Planning in Sub-Saharan Africa: Colonial and Post-Colonial Planning Cultures* (New York: Routledge, 2015).
8 'een sindsdien verstikte stad, met gebrek aan alles: water, elektriciteit, voedsel en hoop'. http://economie.jeuneafrique.com/regions/afrique-subsaharienne/21422-guinee-le-cauchemar-de-fria.html. Geraadpleegd op 20 april 2015.

inspired by African female customs in the preparation of food.

Both Écochard's master plan and KPDV's design of the different dwelling types reflect the ambiguity of the promise of social fulfilment and welfare embedded in the New Town project of Fria. While Écochard's scheme neatly separates the villas for the senior staff from the workers' housing by a green *zone neutre* that is in some ways reminiscent of pre-war urban planning in the colonies,[7] KPDV's dwelling designs play their part in a carefully orchestrated mediation between the inhabitant and his environment, modernity and tradition, inhabitants of different social standing, and different ethnic groups. Despite this apparent ambiguity, Fria was a bustling city, a 'petit-Paris', until not so very long ago. In 1997, however, Péchiney left the aluminium plant to the Guinean government, leaving Fria behind as 'une ville désormais asphyxiée, manquant de tout: d'eau, d'électricité, de nourriture et d'espoir'.[8] (kdr)

1 As the main French architecture magazine *l'Architecture d'Aujourd'hui* reported at the time, it was 'une justice à rendre à une société privée de montrer qu'elle sut promouvoir un urbanisme nettement orienté, dans sa technique contemporaine, vers le point de vue social'. *L'Architecture d'Aujourd'hui*, no. 88 (February-March 1960), 96-101.
2 For Écochard, these African *terres vierges* formed the ideal context for the full realization of the principles of the Charter of Athens, which could never entirely be applied back in France. See also Tom Avermaete's work on Écochard as a planner in Morocco, for instance 'Framing the Afropolis. Écochard and the African City for the Greatest Number', *OASE*, no. 82 (2010), 77-100.
3 Thus, the town would not be hindered by the polluted air emitted by the factory.
4 This organization of transport infrastructure mirrors Le Corbusier's 7V road system, which he applied, for instance, in the planning of Chandigarh; see e.g. Tom Avermaete, Maristella Casciato, et al, *Casablanca Chandigarh: A Report on Modernization* (Montreal: Canadian Center for Architecture/Zurich: Park Books, 2014); Ernst Scheidegger, Maristella Casciato and Stanislaus von Moos, *Chandigarh 1956: Le Corbusier, Pierre Jeanneret, Jane B. Drew, E. Maxwell Fry* (Zurich: Scheidegger & Spiess, 2010).
5 The office was also responsible for the design of the villas of the senior staff, the club and the swimming pool.
6 This led to the making of an atlas and a film, *Cases*.
7 On colonial urban planning, see e.g. Carlos Nunes Silva (ed.), *Urban Planning in Sub-Saharan Africa: Colonial and Post-Colonial Planning Cultures* (New York: Routledge, 2015).
8 'since then a suffocating city, with a shortage of everything: water, electricity, food and hope'. http://economie.jeuneafrique.com/regions/afrique-subsaharienne/21422-guinee-le-cauchemar-de-fria.html. Accessed 20 April 2015.

Fria New Town met daarin aangegeven buurt II, die is uitgetekend in deze *DASH*
Fria New Town with the location of Neighbourhood II, which is drawn in this *DASH*

Luchtfoto, tijdens de bouw:
buurt II
Aerial view, construction phase:
Neighbourhood II

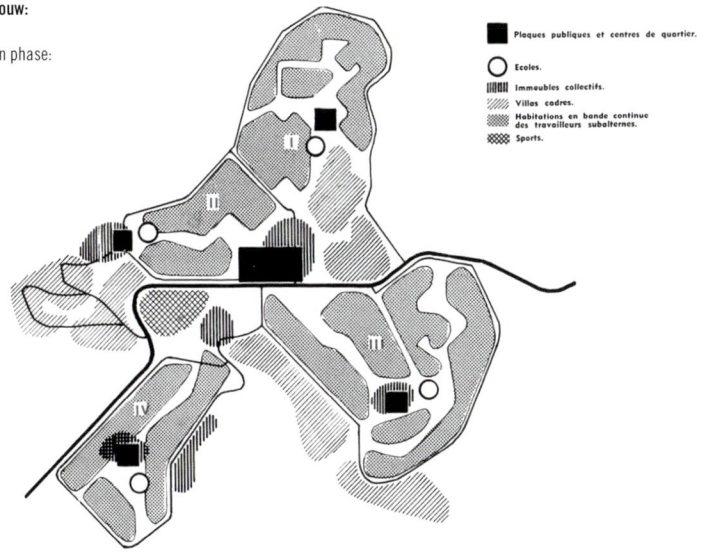

- Plaques publiques et centres de quartier.
- Ecoles.
- Immeubles collectifs.
- Villas cadres.
- Habitations en bande continue des travailleurs subalternes.
- Sports.

Bauxiet- en aluminiumfabriek in
Fria New Town, tot 1997 eigendom
van de Franse firma Péchiney
Bauxite extraction and aluminium
production plant in Fria New Town,
owned by the French company
Péchiney (until 1997)

Boven: woningen en voorzieningen. Opsplitsing in vier buurten met elk hun eigen deelcentrum. Midden: verkeerscirculatieplan. Onder: systeem van meanderende groenzones die de woningen met elkaar en het stadscentrum verbinden.

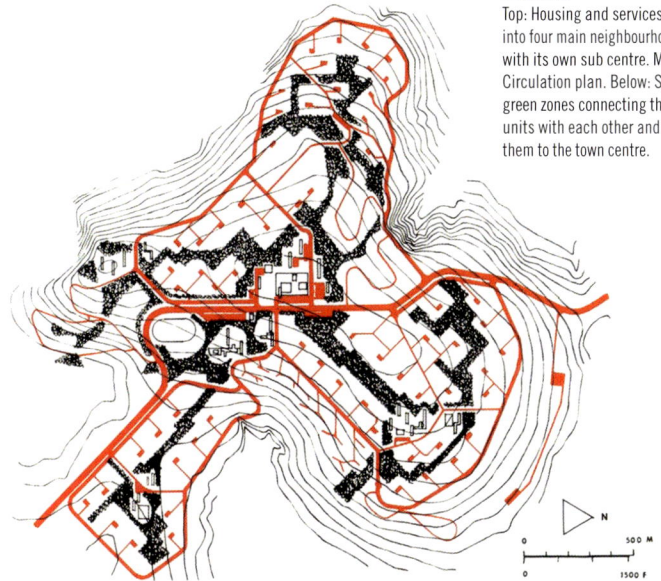

Top: Housing and services. Division into four main neighbourhoods, each with its own sub centre. Middle: Circulation plan. Below: System of green zones connecting the housing units with each other and linking them to the town centre.

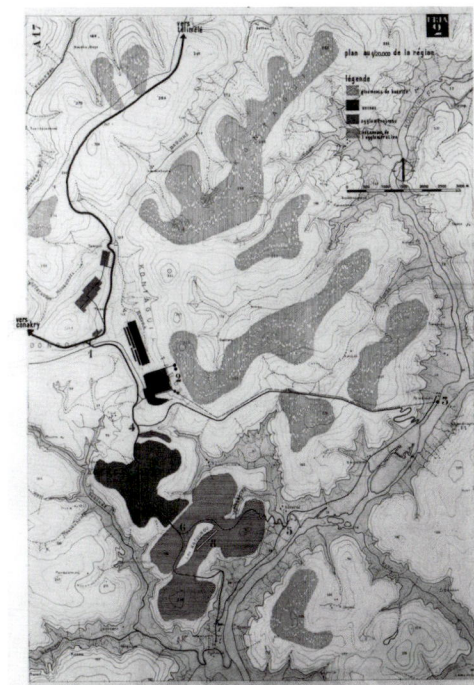

Van zuid naar noord: Konkouré rivier; potentieel uitbreidingsgebied langs het meer; de stad (Fria); de fabrieken (aluminiumoxide en aluminium); de stad in aanbouw; de stad ten noorden van het bestaande areaal.
From south to north: Konkouré River; possible extension areas around the lake; the city (Fria); the factories (alumina and aluminium); the start-up city; city north of the existing area.

**Reconstructie van het stedenbouw-
kundig plan, sector II**
Reconstruction of the urban plan,
sector II

1 **centrum (winkels, bioscoop)/**
center (shops cinema)
2 **administratiekantoor
(niet uitgevoerd)/**
administration office
(not executed)
3 **busstation (niet uitgevoerd)/**
busstation (not executed)
4 **niet uitgevoerd gebied/**
area that was not executed
5 **rijwoningen (niet uitgevoerd)/**
row houses (not executed)
6 **school**
7 **winkels/**shops
8 **stadion/**stadium
9 **hotel**

0   20   100m

**Maquette van Fria New Town:
op de voorgrond buurt II**
Model of Fria New Town: Neighbourhood II in the foreground

**Bouw van de flats naar ontwerp
van de Franse architecten Guy
Lagneau, Michel Weill en Jean
Dimitrijevic (Atelier LWD)**

Construction of the high-rise
apartment buildings designed by
the office of French architects Guy
Lagneau, Michel Weill and Jean
Dimitrijevic (Atelier LWD).

**Luchtfoto van Fria New Town: op
de voorgrond buurt II**
Aerial view of Fria New Town:
Neighbourhood II in the foreground

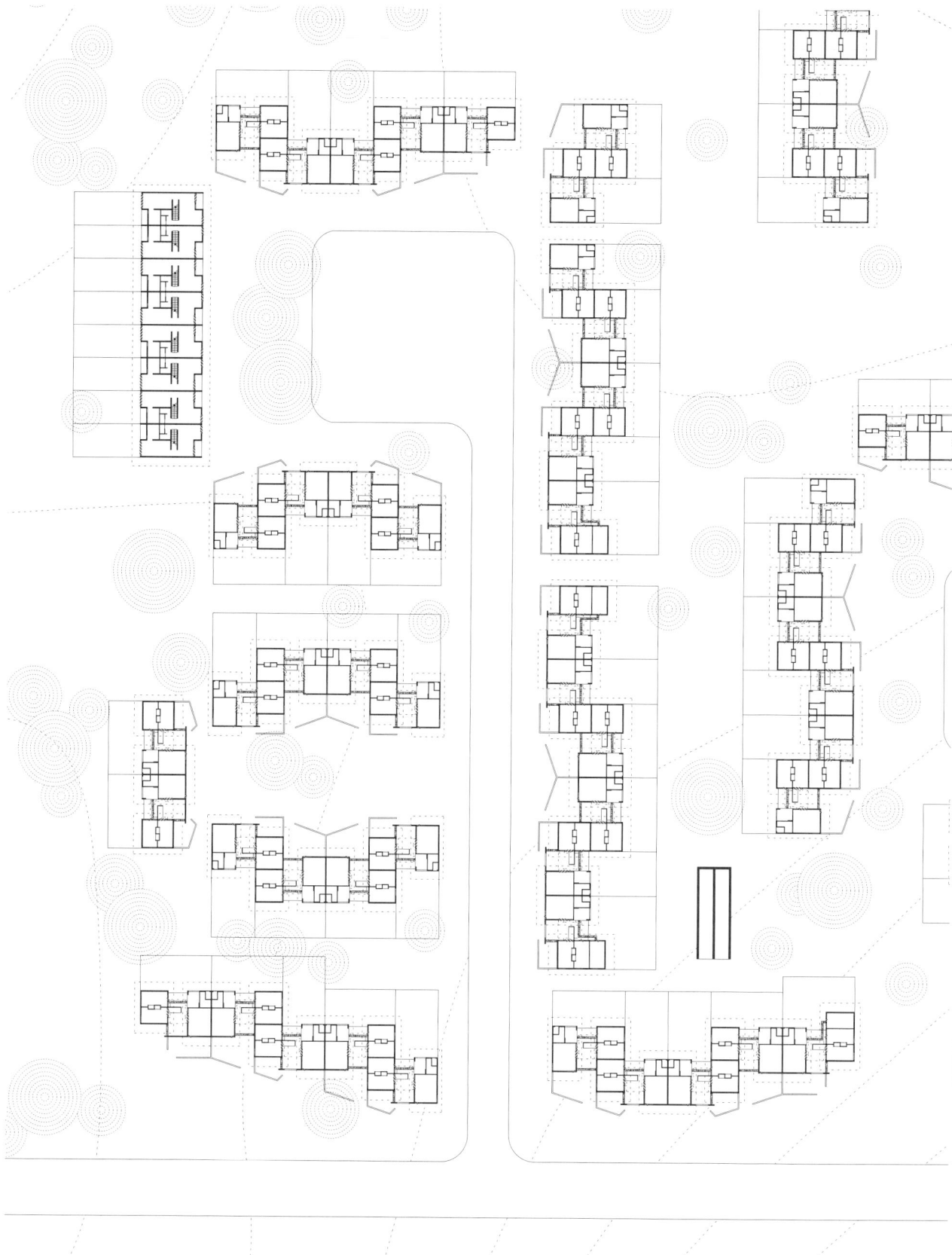

0 5   25m

Foto uit album van Écochard:
woningen in buurt II
Photograph from album compiled
by Écochard: Houses in Neighbourhood II

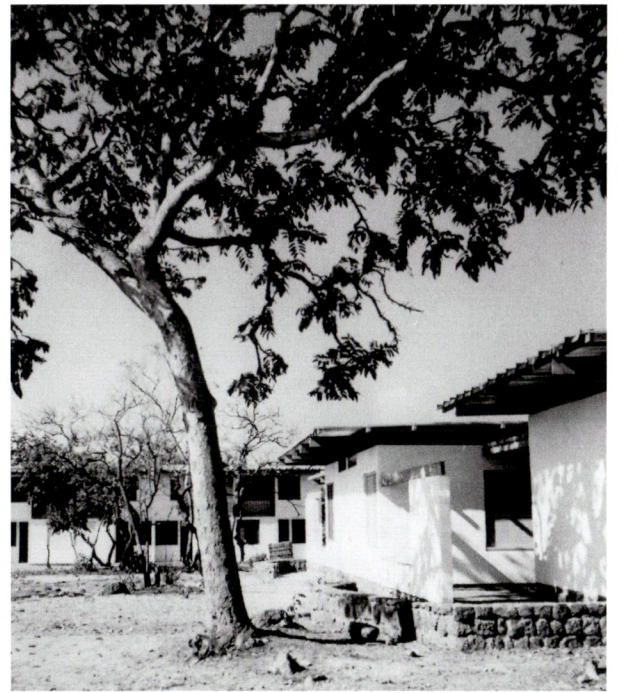

Buurt II: binnenplaats met type A
en type B woningen
Neighbourhood II: Courtyard with
Type A and B houses

Luchtfoto buurt II: binnenplaats
met type A en type B huizen
Aerial view of neighbourhood II:
Courtyard with type A and B houses

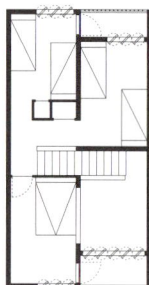

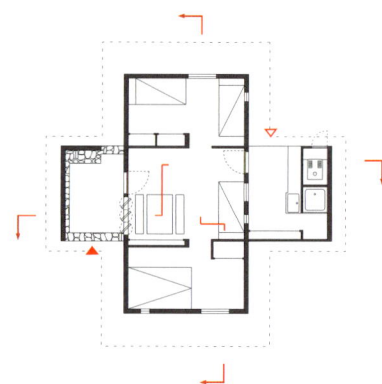

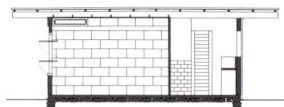

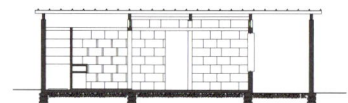

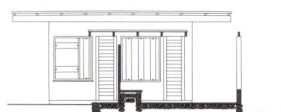

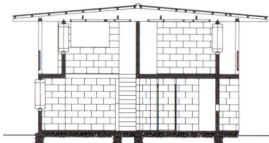

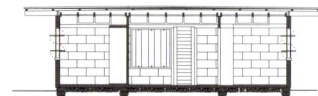

Woningtype A
Plattegrond, standaard
(beneden), variant (boven)
Dwelling type A
Typical floor plan (below),
variant (above)

Woningtype B
Begane grond (benden),
eerste verdieping (boven)
Dwelling type B
Ground floor (below),
first floor (above)

Woningtype C
Plattegrond, standaard (beneden),
variant (boven)
Dwelling type C
Typical floor plan (below),
variant (above)

0   2   10m

Woningtype A, privé zijde
Type A house, private side

Woningtype A, openbare zijde
Type A houses, public side

Luchtfoto tijdens de bouw (op de voorgrond woningtype B)
Aerial view, construction phase
(Type B houses in the foreground)

Woningtype C, privé zijde
Type C houses, private side

Woningtype C
Type C houses

Tema Manhean Tema (GH)

Jane Drew & Maxwell Fry

Tema Manhean: Fishing Harbour Road, Tema New Town, Tema, Ghana
Ontwerp/Design: Edwin Maxwell Fry & Jane Drew
Opdrachtgever/Client: Ministry of Housing and Town Planning & Tema Development Corporation (T.D.C.)
Initiatief-oplevering/Initiative completion: 1952-1960
Aantal woningen/Number of dwellings: 408 Type A & B, 100 uitbreidingsgebied/extension area, 29 zinken hutten/zinc huts, 537 totaal/in total

Aantal bewoners/Number of inhabitants: Het ontwerp was bedoeld voor ca. 4.000 inwoners (1952). Tijdens de verhuizing van het dorp (1959) was de populatie echter al gegroeid tot 12.000 mensen/ The design was made for approximately 4,000 inhabitants (1952). By the time the village was relocated (1959) the population had grown to around 12,000
Voorzieningen/Amenities: begraafplaats, middelbare school, basisschool, markt, winkels, politiebureau/ cemetery, secondary school, primary school, market, shops, police station

Bronnen/Sources:
A.E.S. Alcock, 'A New Town in the Gold Coast', Town and Country Planning (januari/January 1955), 51-55
E.C. Kirchherr, 'Tema 1951-1962: The Evolution of a Planned City in West Africa', Urban Studies, jrg./vol. 5 (1968) nr./no. 2, 207-217
G.W. Amarteifio, D.A.P. Butcher en D. Whitham, Tema Manhean, A Study of Resettlement (Accra: Ghana Universities Press, 1966)
Keith Jopp, Tema. Ghana's New Town and Harbour (Accra: Ministry of Information, 1961)

M. Provoost, 'Exporting New Towns. The Welfare State in Africa', in: M. Swenarton, T. Avermaete en/and D. van den Heuvel (red./eds.), Architecture and the Welfare State (New York: Routledge 2014), 277-297

Woningen in het uitbreidings-gebied, 2007
Dwellings in the extension area, 2007

In 1952, een jaar nadat Kwame Nkrumah de eerste premier werd van wat indertijd de Britse kolonie Goudkust was (nu Ghana), werd in het kader van het ambitieuze Volta River Project besloten een splinternieuwe haven aan te leggen.[1] Voor de verplaatsing van Tema, een klein vissersdorp dat de nieuwe ontwikkeling in de weg stond, werd het Britse architectenbureau van Maxwell Fry, Jane Drew en Denys Lasdun in de arm genomen.

Hoewel er een ontwerp lag voor een nieuwe stad op de plaats van het te slopen dorp, werd besloten de dorpelingen niet onder te brengen in deze nieuwe stad. In plaats daarvan werd er een afzonderlijke nederzetting ontworpen, Tema Manhean, waar de dorpelingen met behoud van hun eigen identiteit in een verbeterde leefomgeving zouden wonen. Deze beslissing veroorzaakte een ernstig dilemma: de stam werd er omwille van zijn authenticiteit toe veroordeeld een traditionele enclave te blijven, terwijl in het naburige Tema (p. 194) de zo aantrekkelijke, moderne vooruitgang werd uitgerold.

Fry en Drew ontwikkelden in samenwerking met de Afrikaanse stamhoofden een sociale, op participatie gebaseerde, praktische benadering. In het oude Tema brachten ze de ruimtelijke en sociale structuur van het bestaande vissersdorp in kaart en onderzochten ze de culturele tradities van het dorp. Het met de verhuizing van de dorpelingen samenhangende proces was des te opvallender, omdat het een mate van bewonersparticipatie impliceerde, die indertijd zelfs in Europa ongekend was. De grootste problemen die de architecten ondervonden, hadden te maken met de machtsverhoudingen in het dorp en de tegengestelde belangen van bewoners, en met discussies over identiteit, respect, individuele versus collectieve belangen, de maatschappelijke structuur en, niet te vergeten, met geld. Het kostte zeven jaar en een paar bulldozers om de hele gemeenschap ervan te overtuigen te verhuizen.

Nadat een eerste plan door de dorpelingen was verworpen, ontwierpen Fry en Drew het nieuwe dorp op basis van het hiërarchische organisatiemodel van een Engelse New Town. Het bestond uit vier wijken en een centrale ruimte; functies werden gezoneerd. Alle instellingen van de moderne verzorgingsstaat bevonden zich in het centrum: de scholen, winkels, marktpleinen, maar ook het paleis van het stamhoofd en een visrokerij. De woningen waren ontworpen om de traditionele manier van samenleven in uitgebreide gezinnen mogelijk te maken. De plattegrond was flexibel, zodat de bewoners het aantal kamers zelf konden vergroten. De woningen bestonden uit een reeks zich herhalende standaardmodellen van ronde, rechthoekige, ruitvormige en stervormige *compounds*. Centraal in de wijk lagen collectieve sanitairblokken met toiletten, die werden gedeeld door twee of drie *compounds* (160-600 mensen). Het oorspronkelijke ontwerp van de woningen, waarvan een prototype was gebouwd, voorzag in een plat dak. Omdat de dorpelingen zoiets 'alleen geschikt voor duiven' vonden, en niet waardig genoeg, werd het ontwerp in plaats daarvan voorzien van schuine daken.

Fry en Drew verbeterden de basisvoorwaarden voor de watervoorziening, de plekken om te wassen en te koken, de opslagruimten, latrines en voor de hygiëne. Ze respecteerden tevens de traditionele familiestructuren en leefgewoonten door sociale elementen zoals de veranda in het ontwerp op te nemen. Ze probeerden tevergeefs de inheemse bouwtradities in ere te houden: de huizen werden opgetrokken uit blokken zandbeton met staalgolfplaten daken. Ook al was het dorp met

In 1952, a year after Kwame Nkrumah became the first Prime Minister of what was then the British colony of the Gold Coast (now Ghana), the decision was made to build a brand-new harbour as part of the ambitious Volta River Project.[1] For the relocation of Tema, a small fishing village that stood in the way of the new development, the English office of Maxwell Fry, Jane Drew and Denys Lasdun was engaged.

Although there was a plan for a whole new city to be built on the site of the demolished village, it was decided not to incorporate the villagers in this new city. Instead, a separate settlement was designed (Tema Manhean) so that the villagers could keep their own identity while still improving their living environment. This decision caused a serious dilemma: because of its authenticity the tribe was condemned to remain an enclave of traditional living, while next door in the new Tema (p. 194) modern progress unfolded in all its attractiveness.

Fry and Drew developed a social and participatory hands-on approach, working in cooperation with the African chiefs. In Old Tema, they started mapping the existing fishing village spatially and socially, and examined the cultural traditions and the social structure. The process initiated for the resettlement of the villagers was remarkable, since it involved participation of the residents to a degree uncommon at that time, even in Europe. The main problems the architects encountered had to do with the power structure within the village and conflicting interests of residents, as well as discussions about identity, respect, individual versus collective interests, social structure and last but not least, money. It took seven years and some bulldozers to convince the whole community to move.

After an initial plan, which was rejected by the villagers, Fry and Drew designed the new village based on the hierarchical organization model of an English New Town. It consisted of four neighbourhoods and one central area; functions were zoned. All the institutions of the 'modern welfare state' were placed in the centre: the schools, shops and a marketplace, as well as the chief's palace and a fish smoking area. The houses were designed to accommodate traditional compound-style living with extended families. Their layout was flexible, so families could enlarge the number of rooms themselves. The houses consisted of a series of repeating standard types of circular, rectangular, diamond and star shaped compounds. A sanitary block with toilets, centrally located in the neighbourhood, was shared by two or three compounds (160-600 people). The original design of the houses, of which a prototype had been built, contained a flat roof. Since the villagers deemed this to be 'only fit for pigeons' and not dignified enough, the design was changed into pitched roofs.

While improving the basic conditions of water supply, washing, cooking, storage, latrines and hygiene, Fry and Drew also respected the traditional family structures and dwelling habits by including social elements like the veranda. In vain they tried to maintain the indigenous building traditions; the houses were constructed in sandcrete blocks and corrugated steel roofs. However sensitive, the rather formal design of the village was not suited to all Ghanaian habits: for instance, the running of a small shop out of one's home. Fry and Drew basically designed four living quarters, but local culture could not be denied: small shops popped up everywhere, right from the start. The inhabitants were also disappointed by their 'authentic' living – the houses in Tema Manhean were just as expensive as those built in Tema, but as in traditional African villages, they lacked electricity and in-house bathrooms and running water.

By now, Fry and Drew's creation has become a slum. The choice to respect Tema village as an autonomous entity

veel zorg ontworpen, het nogal formele ontwerp was niet geschikt voor alle Ghanese gebruiken, bijvoorbeeld het uitbaten van een winkeltje aan huis. Fry en Drew hadden in wezen vier woonwijken ontworpen, maar de lokale cultuur viel niet te onderdrukken: vanaf het allereerste begin verrezen er her en der winkeltjes. Ook vonden de bewoners het 'authentieke' wonen nogal teleurstellend: de woningen in Tema Manhean waren net zo duur als die in Tema, maar ze beschikten – net als woningen in traditionele Afrikaanse dorpen – niet over elektriciteit, badkamers binnenshuis en stromend water.

Tegenwoordig is de creatie van Fry en Drew een sloppenwijk. De beslissing om het dorp Tema te respecteren als een autonome entiteit om de identiteit van de dorpelingen te beschermen, heeft het gebied in een getto veranderd: de woonomstandigheden zijn er slechter, en de woningen en voorzieningen goedkoper en minder aantrekkelijk dan die in Tema. De oorspronkelijke woningen zijn nog nauwelijks terug te vinden tussen de vele uitbreidingen en 'illegale' bouwwerken die er tussen, boven en rondom zijn opgetrokken. Het is een arme, vervuilde, door de industrie in het nauw gedreven wijk die met verlangen naar het naburige Tema kijkt, waar alles beter lijkt – en veelbelovender. (mp)

1   Het Volta River Project behelsde de bouw van een aluminiumsmelter in Tema, een enorme dam in de rivier de Volta (de huidige Akosombodam) en een stelsel van elektriciteitsleidingen dat heel zuidelijk Ghana zou bestrijken.

to safeguard the identity of the villagers has made the area into a ghetto: living circumstances are worse, housing and amenities are cheaper and less attractive than in Tema. The original houses are hardly recognizable between the many extensions and 'illegal' buildings erected between, above and around them. It is a poor, polluted area, surrounded by industry, that looks longingly at its next-door neighbour Tema, where everything seems better and more hopeful.(mp)

1   The Volta River Project included the building of an aluminium smelter in Tema, a huge dam in the Volta River (now: Akosombodam) and a network of power lines installed throughout southern Ghana.

Locatie van Tema Manhean nabij Tema New Town
Location of Tema Manhean near Tema New Town

Vissershaven van Tema Manhean met de aluminiumsmelter van de Volta Aluminium Company (Volca) op de achtergrond, 2007
Fishing harbour of Tema Manhean with the aluminium smelter of the Volta Aluminum Company (Volca) in the background, 2007

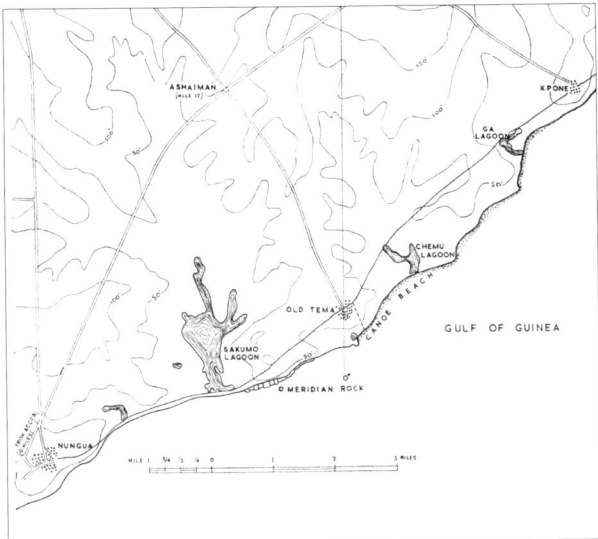

Het oude Tema en de twee lagunes
Old Tema and the two lagoons

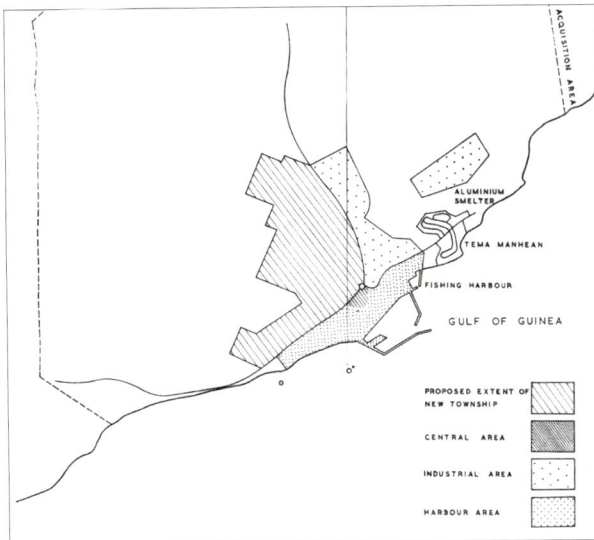

Voorstel voor de nieuwe ontwikkeling en herhuisvesting van het oude dorp Tema
Proposal for the new development and the resettlement of old Tema

Het oude dorp Tema
Old Tema

Plattegrond van het oude dorp Tema met daarop aangegeven de bezetting van de *compounds* (mannen, vrouwen, gemengd)
Plan of the old village Tema with mapping of the occupation of compounds (male, female, mixed)

Prototype woningen
The prototype houses

Tema Manhean in 1966. Het
uitbreidingsgebied (a) hoort niet
bij het plan van Fry & Drew. Deze
woningen werden ontworpen door
het architectenbureau van de
Tema Development Corporation
(T.D.C.)
Tema Manhean in 1966. The
extension area (a) is not part of the
Fry & Drew scheme. These houses
were designed by the Architects
Department of the Tema Development Corporation (T.D.C.)

1   begraafplaats/cemetary
2   middelbare school/
    high school
3   basisschool/primary school
4   markt/market
5   winkels/shops
6   politiebureau/police station

a   uitbreidingsgebied/
    exentsion area
b   golfplaten hutten/zinc huts
c   Awudung
d   Ablewonkor
e   Ashamang
f   Aboitswe

chemu lagoon

gulf of guinea

0   50   250m

Luchtfoto van het uitbreidings-
gebied
Aerial view of the extension area

De 'Zinc Huts' werden in 1959
gebouwd als noodwoningen. In
1964 werden ze nog steeds
bewoond en nu zijn ze onderdeel
van de krottenwijken van het dorp.
The 'Zinc Huts'. Built as emergency
accommodation in 1959, these
houses were still occupied in 1964.
Nowadays these huts are part of
the slums in the village.

Strand van Awudung, 1966
Beach in Awudung, 1966

Erosie van het strand van
Awudung. De Tema Development
Company plaatste stenen in een
poging de palmbomen en huizen
te beschermen, 1966.
Erosion on the beach in Awudung.
Stones have been placed by the
Tema Development Company in an
effort to protect the palms and
houses, 1966.

Tijdelijke bouwsels pal voor een huis
met 13 kamers in Awudung, 1966
Temporal structures in front of a
13-room house in Awudung, 1966

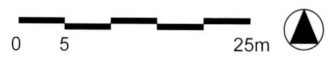

0   5   25m

Een type A *compound* woning, 1966
Type A compound dwellings, 1966

Type B woningen met een toegevoegde muur op de veranda, 1966
Type B dwelling with an added wall
on the veranda, 1966

Bewoners voegden een poort toe aan
een type A *compound* woning, 1966
Inhabitants added a gate to a
Type A compound dwelling, 1966

Tema Manhean vlak na voltooiing
Tema Manhean just after completion

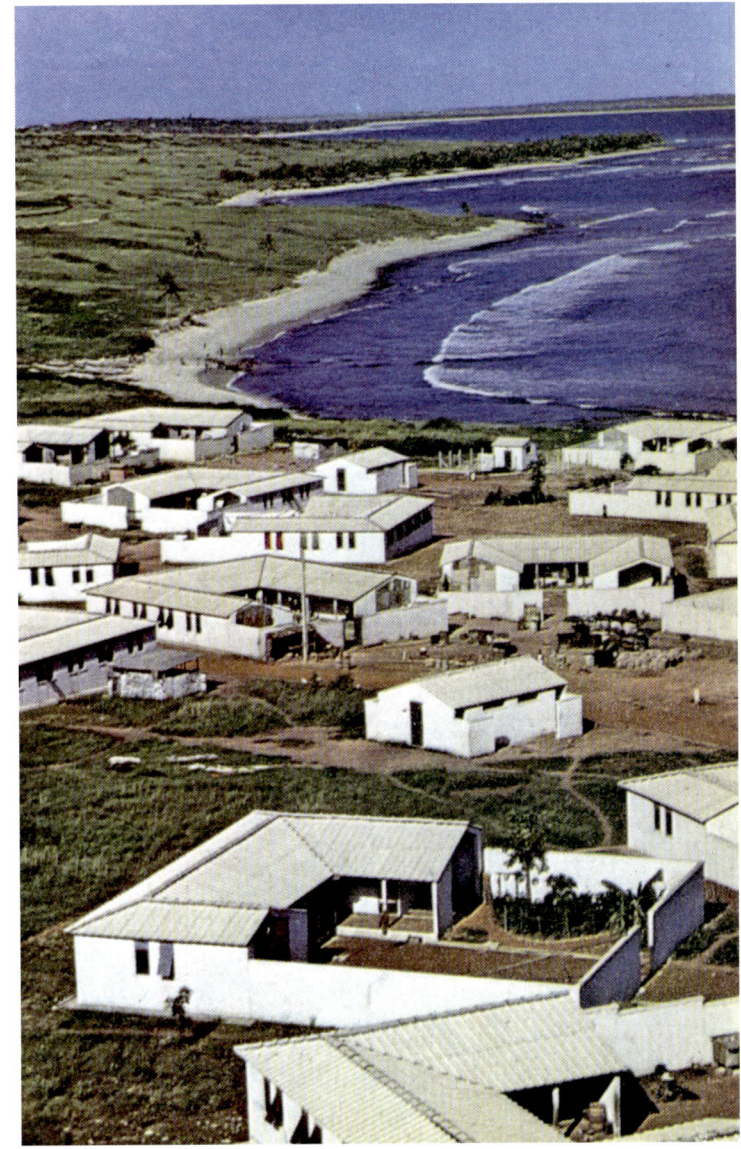

Een keuken van een type A
compound woning werd verbouwd
tot winkel, 1966
A kitchen of a Type A compound
converted into a shop, 1966

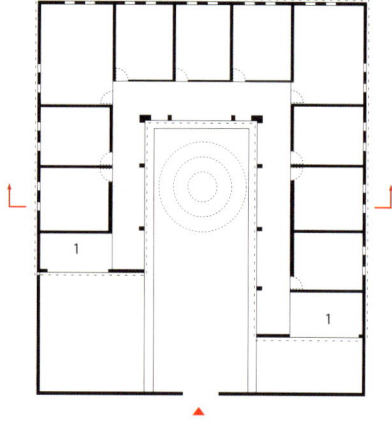

Type A *compound* **woning (7 kamers)**
Type A compound (7 rooms)

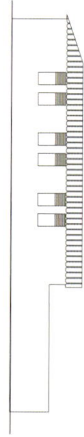

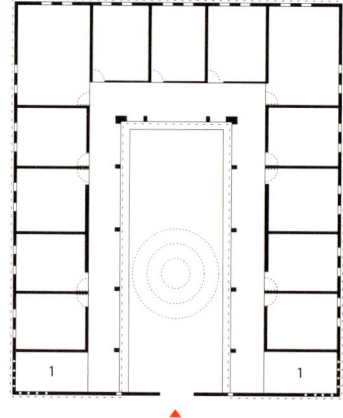

Type A *compound* **woning (13 kamers)**
Type A compound (13 rooms)

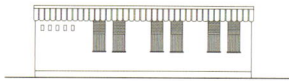

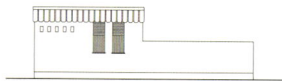

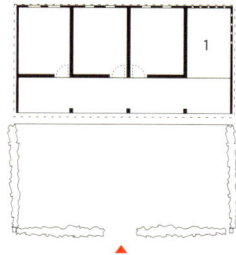

Type B *compound* **woning
(3 kamers)**
Type B compound (3 rooms)

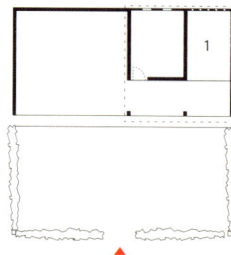

Type B *compound* **woning
(1 kamer)**
Type B compound (1 room)

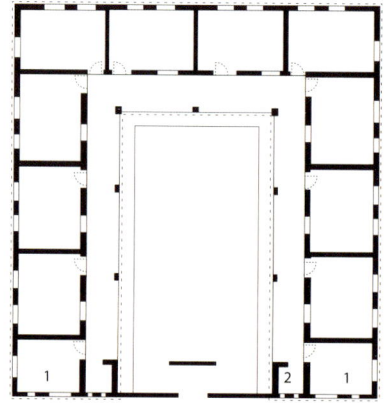

Compound **woning in uitbreidings-
gebied (10 kamers)**
Compound dwelling in extensions
area (10 rooms)

0   2   10m

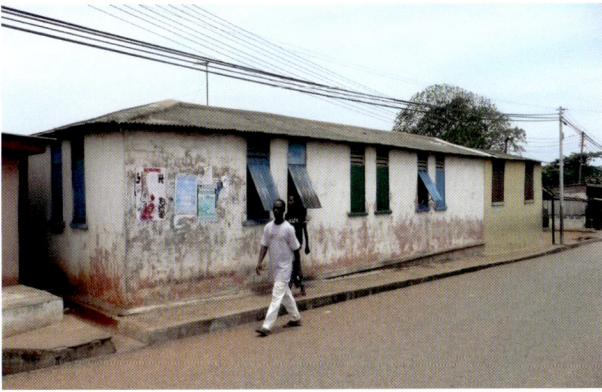

Entree van een type A *compound* woning, 2007
Entrance of a Type A compound, 2007

Het dorp is verdicht met informele bouwsels, 2007
The village has been densified with informal structures, 2007

Achterkant van een type A *compound* woning, 2007
Back of a Type A compound, 2007

Binnenplaats van een type A *compound* woning, 2007
Courtyard of a Type A compound, 2007

Compound in het uitbreidings-gebied, 2007
Compound in the extension area, 2007

Tema Tema (GH)

Constantinos Doxiadis

Tema New Town: Hospital Road, Harbour Road, Republic Road, Fourth Avenue, Tema, Ghana
Ontwerp/Design: Constantinos A. Doxiadis
Opdrachtgever/Client: Tema Development Organisation (TDO)
Opdracht/Assignment: 1960

Aantal inwoners/Number of inhabitants: ca. 10.000/approximately 10,000 (Community 4); ca. 250.000 in totaal/approximately 250,000 in total
Aantal woningen/Number of dwellings: ca. 2.100/approximately 2,100 (Community 4)
Plangebied/Area: ca./approximately 90 ha (Community 4)

Woningdichtheid/Dwelling density: 23/ha (Community 4)
Voorzieningen/Amenities: commercieel centrum, buurtpleinen, parkeervelden, winkels / commercial centre, neighbourhoud squares, parking lots, shops

Bronnen/Sources:
A.E.S. Alcock, 'A New Town in the Gold Coast', in: Town and Country Planning (januari/January 1955), 51-55
E.C. Kirchherr, 'Tema 1951-1962: The Evolution of a Planned City in West Africa', in: Urban Studies jrg./vol. 5 (1968) nr./no. 2, 207-217

Constantinos A. Doxiadis, Ekistics. An Introduction to the Science of Human Settlements (New York: Oxford University Press, 1968)
M. Provoost, 'Exporting New Towns. The Welfare State in Africa', in: M. Swenarton, T. Avermaete, D. van den Heuvel (red./eds.), Architecture and the Welfare State (New York: Routledge 2014), 277-297

Tweelaagse woning voor twee gezinnen in Community IV
Two-storey, two-dwelling housing unit in Community IV

In 1957 verklaarde minister-president Kwame Nkrumah van Ghana het land onafhankelijk. De beslissing om bij Tema een haven te bouwen als onderdeel van het Volta River Project was al gevallen, toen Ghana nog een Britse kolonie (Goudkust) was.[1] Gaandeweg was besloten dat er ook behoefte was aan een hele nieuwe stad. In de jaren 1950 had een Engels planteam daarvoor al een proces ingezet, maar het zorgvuldig ontworpen patroon met zijn meanderende wegen van dit team voorzag niet in het snelle, rationele imago dat Nkrumah voor ogen had. In 1960 huurde hij de Griekse stedenbouwkundige Constantinos Doxiadis in om vaart achter de zaak te zetten en het stadsontwerp efficiënter te maken.

Doxiadis' ontwerp voor Tema was gebaseerd op een strikt hiërarchisch wiskundig systeem, met wegen in acht verschillende klassen: van de voetpaden tussen de woningen (Road I) tot de snelweg (Road VIII), en met woonwijken in klassen die varieerden van kleine clusters woningen (Community Class I) tot de stad in haar geheel (CC V), en zelfs tot de nog grotere schaal van de grootstedelijke regio (CC VI). De schaal van de bekende hiërarchische indeling van de Engelse New Towns werd substantieel vergroot. Doxiadis systematiseerde het bestaande stadsplan en ontdeed het van elke willekeurigheid en onregelmatigheid. De eerste twee (al gebouwde) Communities van Tema werden opgenomen in een rechthoekig patroon van hoofdwegen die een reeks identieke, genummerde stadswijken (Communities Class IV) afbakenden, elk met een eigen centrum bestaande uit winkels, scholen voor voortgezet onderwijs en overheidsgebouwen. Elke Community was verdeeld in vier kleinere delen (CC III), wederom elk met een eigen centrum met winkels voor de dagelijkse boodschappen en basisscholen. Het stratenpatroon liep een beetje diagonaal, om zoveel mogelijk te profiteren van de heersende windrichting.

Een van de belangrijkste doelen van Doxiadis was om het ontstaan van maatschappelijke cohesie binnen de Communities te vergemakkelijken – van essentieel belang in zowel een land waar nog veel ruzies en vetes tussen de stammen speelden, als in een stad waar iedere bewoner een nieuwkomer was, zonder een bestaande maatschappelijke structuur om op terug te vallen. Het ontwerpen van openbare gebouwen en openbare ruimten had daarom prioriteit. Alles was zorgvuldig gestandaardiseerd: de scholen, de marktpleinen en de overheidsinstellingen, net als de wegen, paden en pleinen, en net als de bijbehorende beplanting en bomen.

Hoewel de stad was bedoeld voor mensen met verschillende inkomens, werden deze niet bijeengebracht in de Communities: de lagere inkomens werden geconcentreerd naast het industriegebied en langs de snelweg, terwijl de hogere inkomens langs de groene gebieden en de lagunes werden gehuisvest. Doxiadis trof ook voorzieningen voor de allerlaagste inkomens: door terreinen op te nemen waar migranten hun eigen onderkomens konden bouwen (Community IX). Het was een voorbeeld van de Sites & Services-benadering die in de jaren 1970 populair was geworden dankzij John Turner. Deze Britse architect was een pleitbezorger van zelfbouw, hoewel hij ook geloofde dat dit niet de ideale oplossing was om bewoners de kans te bieden zichzelf te organiseren en hun optimale huisvesting te ontwikkelen.[2]

De uitwerking van de woningtypen laat zien dat Doxiadis de *compound*-woning verwierp. Tot de vele reeksen experimentele woningen die hij ontwikkelde

In 1957, Prime Minister Kwame Nkrumah declared Ghana independent. While Ghana was still a British colony, the decision was made to build Tema Harbour, as part of the Volta River Project.[1] Along the way, it was decided that an entire new city in this area was needed. An English planning team began this process in the 1950s, but their carefully designed, winding road patterns didn't provide the fast paced and rational image that Nkrumah was after. In 1960 he hired Greek planner Constantinos Doxiadis to speed and scale things up as well as rationalize the urban plan.

Doxiadis's plan for Tema was based on a mathematical system that was rigidly hierarchical, with roads in eight different classes ranging from footpaths connecting houses (Road I) to highways (Road VIII), and residential areas ranging from a small cluster of houses (Community Class I) to the city as a whole (CC V) and even to the larger scale of the metropolitan region (CC VI). The familiar hierarchical order of the English New Towns was significantly enlarged in scale. Doxiadis systematized and took all whimsicalities and irregularities out of the existing urban plan. The first two (already built) Communities of Tema were incorporated in an orthogonal grid of main roads, which delineated a series of identical, numbered neighbourhoods (Communities Class IV), each with their own centre, including shops, high schools and government buildings. Every Community was divided into four smaller parts (CC III), again each with their own centre containing daily shops and primary schools. The direction of the urban grid was slightly diagonal, adjusted to profit from the prevailing direction of the wind.

One of Doxiadis's most important goals was to facilitate social cohesion within the Communities – a necessary goal in both a country that still had many differences and feuds between tribes and a city in which every inhabitant was a newcomer without existing social structures to fall back on. Therefore the design of public buildings and public space was a priority. All these were carefully standardized: the schools, the marketplaces and the government institutions, as well as the roads, paths and squares, along with the planting and trees along them.

While the city was indeed meant for a mix of incomes, these were hardly ever mixed within each community: low incomes were concentrated next to the industrial zone and along the highway, while the highest incomes were housed along the green areas and lagoons. Doxiadis also provided for the lowest incomes by including areas in which migrants could build their own houses (Community 9). It was an example of 'sites & services', the approach made popular in the 1970s by John Turner, the British architect who advocated self-organized building, although he also believed it was far from being an ideal solution that truly gave residents the ability to organize themselves and develop their preferred housing solutions.[2]

The development of the housing types shows how Doxiadis rejected the compound house. In the many series of experimental houses he developed for Community 4, there were bungalows, terraced houses, apartment buildings and every variation possible was tested, but they were all geared to the modern, nuclear family. Different from Maxwell Fry and Jane Drew (the designers of Tema Manhean, p. 184), who accepted the local housing habits, he (like Prime Minister Nkrumah) decided that the extended family was unfit for a modern industrialized society.

The unlikely image of Doxiadis's city was that of nicely designed, English style suburban terraced houses with gardens, lived in by immigrants from different tribes, working in industry. It was an anxious, dynamic industrial metropolis designed as a suburban pastoral. But Doxiadis's sketches

voor Community IV behoorden bungalows, rijtjeshuizen en appartementengebouwen en hoewel hij alle mogelijke variaties testte, waren ze allemaal bestemd voor het moderne kerngezin. Anders dan Maxwell Fry en Jane Drew (de ontwerpers van Tema Manhean, p. 184), die de lokale leefgewoonten accepteerden, vond hij (net als premier Nkrumah) dat het uitgebreide gezin niet paste in de moderne, geïndustrialiseerde samenleving.

De stad van Doxiadis vormde een onwaarschijnlijk plaatje van prachtig ontworpen rijtjeshuizen met tuinen in de stijl van de Engelse voorstad, bewoond door immigranten uit verschillende stammen, die werkzaam waren in de industrie. Het was een gespannen, dynamische industriële metropool in de vorm van een pastorale voorstad. Maar op de schetsen van Doxiadis is ook te zien dat hij geen romanticus was: het zou er ook luidruchtig, levendig en zelfs smerig zijn. En dat is precies wat er gebeurde.

Vandaag de dag ziet Tema er niet langer uit als een keurige Engelse tuinstad. De modernistische rijtjeshuizen zijn verborgen achter zelfgebouwde kamers en winkels en de brede straten worden geflankeerd door illegale kiosken. Hoewel dat nooit zo bedoeld was, heeft de New Town nog steeds profijt van de ongewoon grote hoeveelheid open ruimte die was opgenomen in het oorspronkelijke ontwerp. Ook de geplande instellingen, de scholen, ziekenhuizen, kerken en wijkcentra, functioneren uitstekend en worden veel en intensief gebruikt. Ghanezen beschouwen Tema als een aantrekkelijke woonplaats. De stad lijkt te zijn veranderd in een toevluchtsoord voor de middenklasse en er bestaan plannen om de oudste sociale woningen te herontwikkelen door ze plaats te laten maken voor commerciële woningbouw. (mp)

1   Het Volta River Project behelsde de bouw van een aluminiumsmelter in Tema, een enorme dam in de rivier de Volta (de huidige Akosombodam) en een stelsel van elektriciteitsleidingen dat heel zuidelijk Ghana zou bestrijken.
2   John F.C. Turner, 'Housing as a verb', in: John F. C. Turner, Robert Fichter (red.), *Freedom to build* (New York: Macmillan,1972), 148-175.

also show he was not romanticizing: it would also be noisy, lively and even sordid. And that is exactly what happened.

Today, the city of Tema doesn't look like a clean English Garden City anymore. The modernist terraced houses are hidden behind self-built rooms and shops and the wide streets are lined with illegal kiosks. Though not intended this way, the New Town still takes advantage of the unusual amount of open space that was originally designed. The institutions that were planned – schools, hospitals, churches and community centres – also function well and are widely and actively used. Tema is regarded in Ghana as a desirable place to live. The city seems to have turned into a haven for the middle class, with plans to redevelop the first public housing areas by substituting them with commercial housing.(mp)

1   The Volta River Project included the building of an aluminum smelter in Tema, the building of a huge dam in the Volta River(now: Akosombodam) and a network of power lines installed through southern Ghana.
2   John F.C. Turner, 'Housing as a verb', in: John F. C. Turner, Robert Fichter (eds.), *Freedom to build* (New York: Macmillan,1972), 148-175.

Locatie van Community IV Tema New Town
Location of Community IV in Tema New Town

Maquette van Tema New Town, met Community IV op de voorgrond
Model of Tema New Town, with Community IV in the foreground

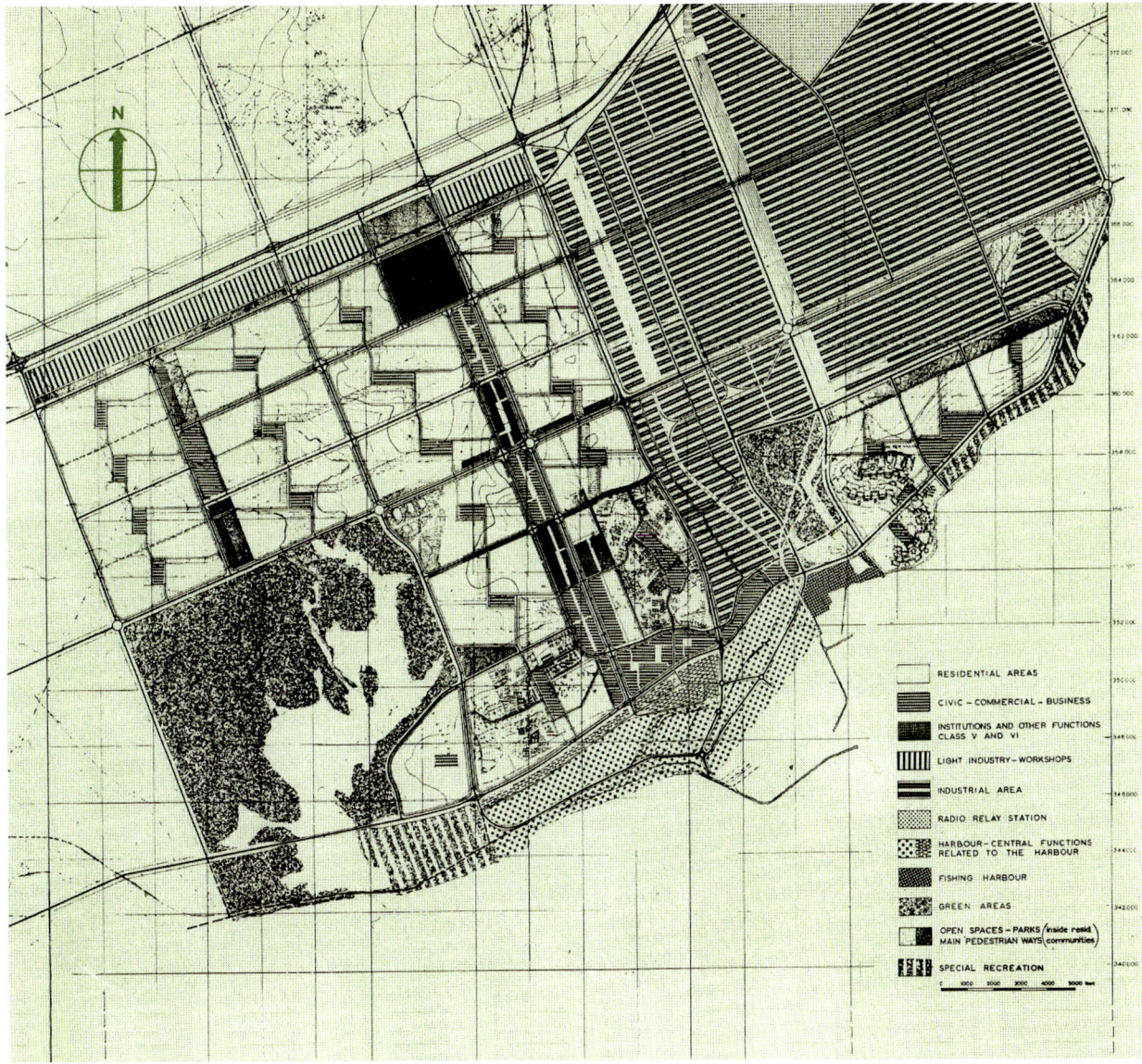

RESIDENTIAL AREAS

CIVIC – COMMERCIAL – BUSINESS

INSTITUTIONS AND OTHER FUNCTIONS CLASS V AND VI

LIGHT INDUSTRY – WORKSHOPS

INDUSTRIAL AREA

RADIO RELAY STATION

HARBOUR – CENTRAL FUNCTIONS RELATED TO THE HARBOUR

FISHING HARBOUR

GREEN AREAS

OPEN SPACES – PARKS (inside resid communities) MAIN PEDESTRIAN WAYS

SPECIAL RECREATION

**De hoofdstraat in het
*experimental housing scheme***
The main road in the experimental
housing scheme

THE MAIN ROAD IN THE EXPERIMENTAL HOUSING SCHEME

DOXIADIS ASSOCIATES – CONSULTING ENGINEERS

D-GHA 584

Stedenbouwkundig plan,
Community IV, gereconstrueerd
op basis van archieftekening
(DOX-GHA-A 91, p.31) en Google
Earth, 2015
Urban plan, Community IV, recon-
structed from an archival drawing
(DOX-GHA-A 91, p.31) and Google
Earth, 2015

fourth avenue

harbour road

hospital road

republic road

0   40   200m

Tweelaagse woning voor twee gezinnen met een laag inkomen in Community IV, 1968
Low-income, two-storey, two-dwelling housing units in Community IV, 1968

De 'Kaiser appartementen' langs Hospital Road
The 'Kaiser apartments' along Hospital Road

Hoofdstraat, Community IV
Main road, Community IV

Voetgangersroute
Pedestrian road

Schets van een voetgangersroute door Constantinos Doxiadis
Sketch of a pedestrian road by Constantinos Doxiadis

VIEW OF A PEDESTRIAN ROAD WITH ONE-STOREY HOUSES

DOXIADIS ASSOCIATES - CONSULTANTS ON DEVELOPMENT AND EKISTICS

De eerste woningen werden gebouwd binnen het *experimental housing scheme*.
The first dwellings were built in the experimental housing scheme.

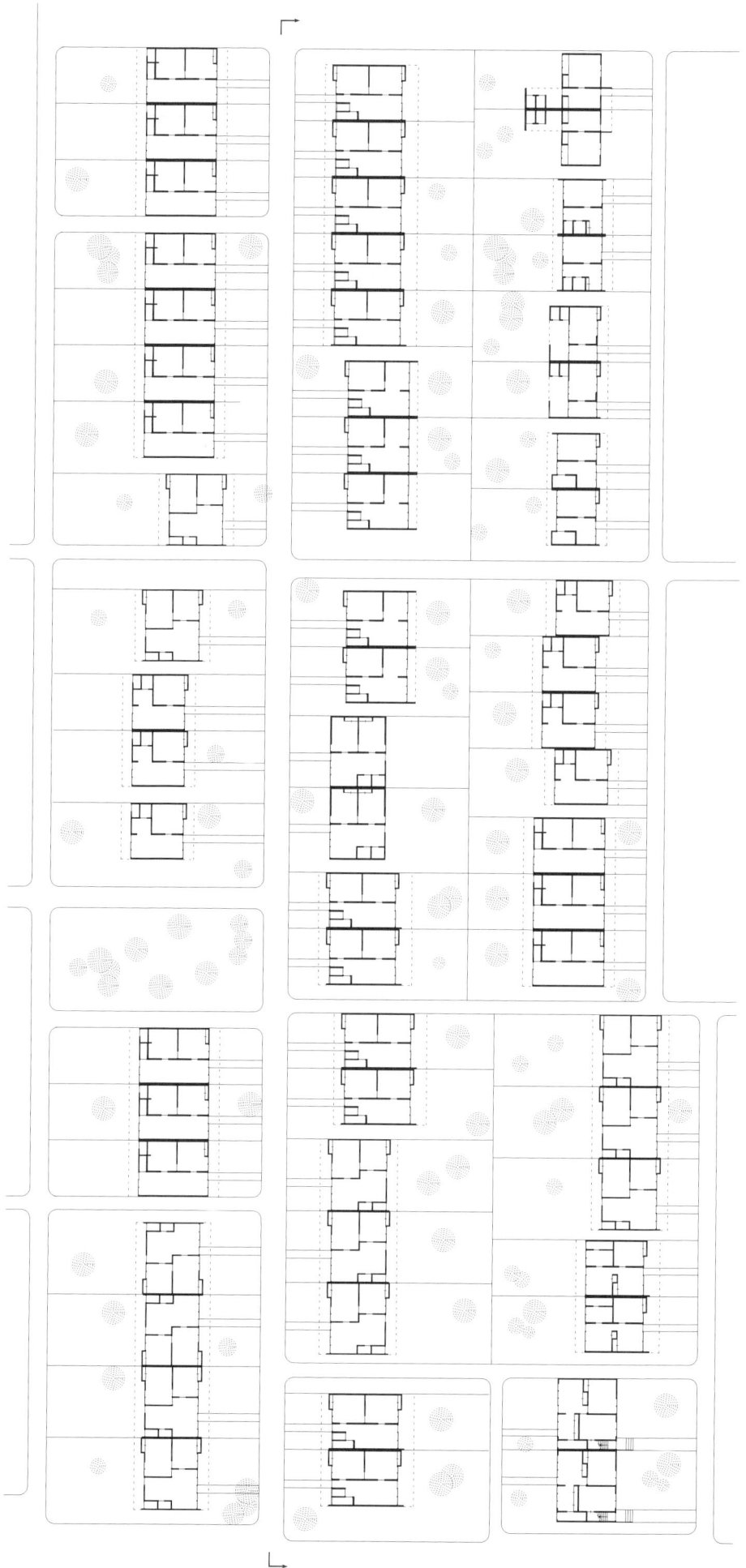

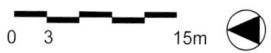

0   3   15m

Hoofdroute voor voetgangers, Community Road, Community IV, 1968
Main pedestrian road, Community IV, 1968

Voetgangerssteeg
Pedestrian alley

Tweelaagse woning voor twee gezinnen, type B08, 1964
Two-storey, two-dwelling housing unit, type B08, 1964

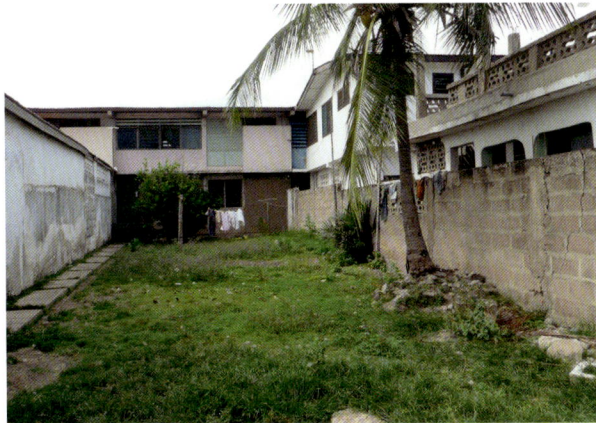

Hetzelfde type in 2007. De aangrenzende woningen zijn op het achtererf uitgebreid.
The same dwelling type in 2007. The inhabitants of the neighboring units have extended their houses into the backyard.

Voorgevel van een woning voor lagere inkomens, type B01, 1964
Front façade of low-income dwelling type B01, 1964

Hetzelfde woningtype in 2007, voorkant
The same dwelling type in 2007, front façade

202

Type A01

Type A03/B01

Type A04/B02

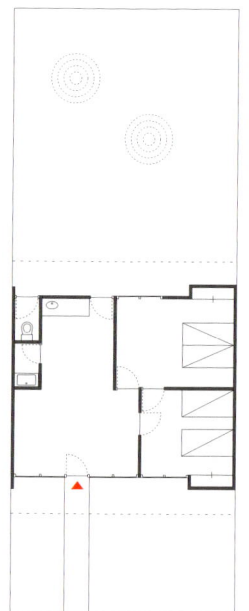

Type B03

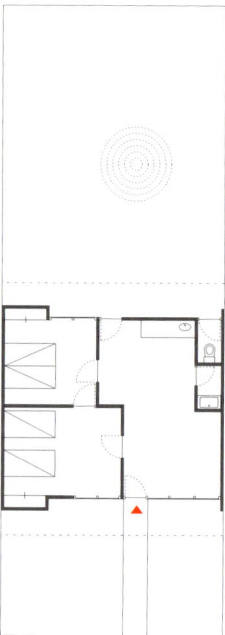

Type B04

Type B05

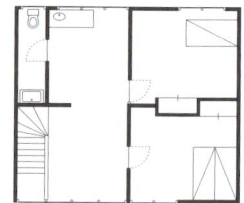

Type B08
Begane grond en verdieping/
Ground floor and first floor

0   2   10m

DASH

Woningtype B02, 2007
Dwelling type B02, 2007

Woningtype A01
Dwelling type A01

Woningtype B02, 1963
Dwelling type B02, 1963

Schets van een achtererf door Constantinos Doxiadis
Sketch of a backyard by Constantinos Doxiadis

Herziene versie van woningtype B01/A03 (boven) en woningtype B04 (onder)
Revised version of dwelling type B01/ A03 (above) and dwelling type B04 (below)

VIEW OF A BACK YARD IN ONE-STOREY ONE-FAMILY HOUSES

D-GHA-A3237

Segeco appartementen,
standaard verdieping
Segeco apartments, typical floor

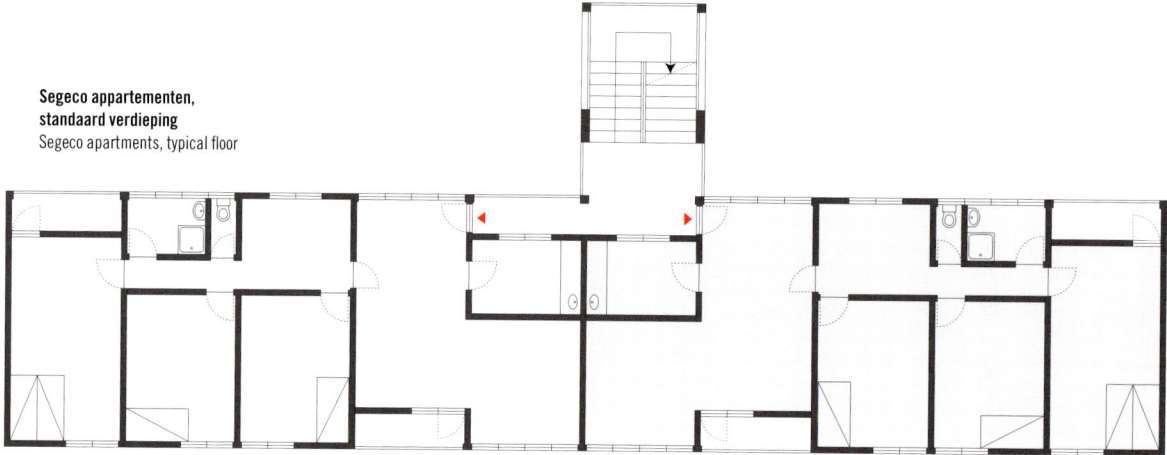

Segeco appartementen, variant
Segeco apartments, variant

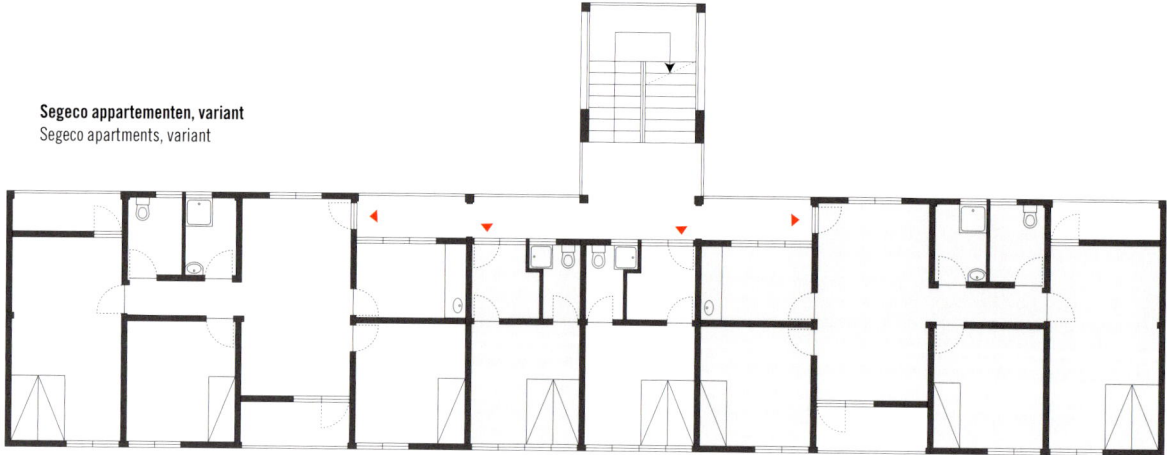

Kaiser appartementen,
standaard verdieping
Kaiser apartments, typical floor

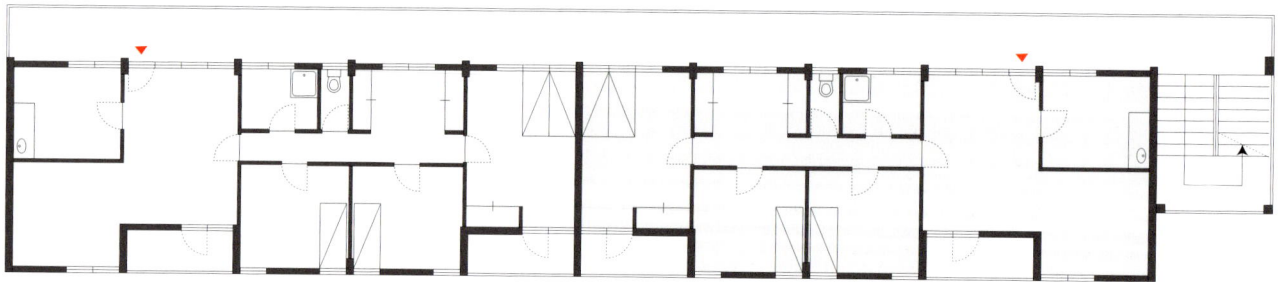

0   1   5m

'Kaiser appartementen' voor de
middenklasse, met overdekt
parkeren, 1968

Kaiser apartments with covered
parking, middle-income apartments,
1968

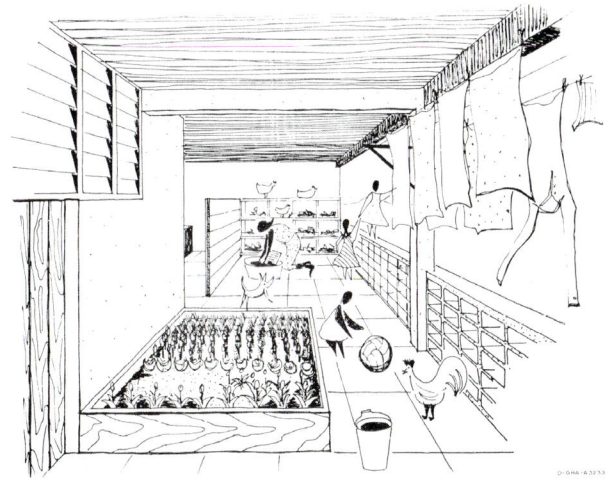

Schets van een veranda in een
bouwblok met meerdere bouwlagen
door Constantinos Doxiadis
Sketch of the veranda in a multi-
storey block by Constantinos Doxiadis

Zicht op het parkeerterrein van
de 'Kaiser appartementen', 2007
View of the parking area of the
Kaiser apartments, 2007

Daklandschap van een van de
'Kaiser appartementen'. Ze worden
voornamelijk gebruikt voor het
drogen van was of voedsel.

Roofscape of one of the Kaiser
apartments, mainly used for drying
laundry or food

'Segeco appartementen' voor de
middenklasse, 2007
Segeco apartments with middle-
income apartments, 2007

'Segeco appartementen', 2007
Segeco apartments, 2007

Thamesmead Londen/London (GB)

Greater London Council

Global Housing

Thamesmead: Harrow Manor Way, Yarton Way, Hartslock Drive, Portsmeadow Walk, Wolvercote Road, Lensbury Way, Binsey Walk, Londen, Verenigd Koninkrijk/London, United Kingdom
Ontwerp/Design: Robert Rigg/ Greater London Council (GLC)
Opdrachtgever/Client: Greater London Council (GLC)

Ontwerp-oplevering/Design completion: 1960-1970
Aantal woningen/Number of dwellings: ca. 1.500/approximately 1,500 (fase 1/phase 1); ca. 17.000 totaal/approximately 17,000 in total
Aantal bewoners/Number of inhabitants: 5.200/5,200 (fase 1/ phase 1); ca. 60.000 in totaal/ approximately 60,000 in total

Plangebied/Area: 34 ha (fase 1/ phase 1); 687 ha totaal/in total
Woningdichtheid/Dwelling density: 44/ha (fase 1/phase 1); 24,7/ha totaal/24.7/ha in total
Voorzieningen/Amenities: scholen, park, winkels, kantoren, recreatie/ schools, park, shops, offices, recreational facilities

Bronnen/Sources: David Lewis (red./ed.), *The Growth of Cities. Architects' Yearbook 13* (Londen/ London: Elek Books, 1971)

Zicht over Southmere Lake
View from across Southmere Lake

Onder leiding van de Greater London Council (GLC) werd midden jaren 1960 een programma en ontwerp opgezet voor een New Town in oostelijk Londen voor maar liefst 60.000 inwoners: Thamesmead. Na de eerste Wereldoorlog was de GLC begonnen aan de grootscheepse sloop van de voor de arbeidersklasse gebouwde Victoriaanse rug-aan-rug woningen in de sloppenwijken van de binnenstad. Dit proces van *slum clearance* (ontkrotten) werd voortgezet in de jaren 1950, 1960 en 1970. Thamesmead was onder andere bedoeld voor de herhuisvesting van families uit de gesloopte buurten. Als locatie voor de nieuwe woonwijk werd het in onbruik geraakte terrein van het Woolwich Royal Arsenal gekozen. Dit van oorsprong laaggelegen moerasgebied tussen de rivier de Theems en de heuvels van Abbeywood werd jarenlang vermeden als grootschalig ontwikkelingsgebied vanwege de slechte bodemgesteldheid en het overstromingsgevaar. Gebrek aan ruimte en hoge druk op de woningmarkt gaven echter de doorslag om ondanks de risico's deze locatie toch te ontwikkelen.

Anders dan de al in die tijd als monotoon ervaren eerste generatie New Towns in Engeland moest Thamesmead het voorbeeld worden van de nieuwe ideaalstad met een grotere diversiteit aan bebouwingstypologieën, maar ook meer ruimte voor werkgelegenheid en voorzieningen. Het oorspronkelijke masterplan uit 1967 laat een groot aantal lange, meanderende blokken zien, de zogenaamde *spine blocks* die de ruggengraat van de wijk vormen: een lange slinger van bebouwing langs de Theems met aftakkingen landinwaarts, die samenkomen in een groots centrumgebied rondom een jachthaven aan de rivier. De *spine blocks* vormen een wind- en geluidsbuffer voor de achtergelegen laagbouwbuurtjes en bieden tegelijkertijd via een intern stelsel van opgetilde voetgangerswegen een verkeersveilige route vanuit de woonbuurten naar het centrum.

Conform de in die tijd gangbare opvatting dat het scheiden van verkeerssoorten door middel van een verhoogd voetgangerscircuit tot een veiliger woonomgeving zou leiden (zoals ook toegepast in Londens Barbican, zie *DASH – De stadsenclave*), is via de *spine blocks* een intern stelsel van routes ontworpen. Dit sloot in het geval van Thamesmead uitstekend aan bij de eis dat er vanwege het overstromingsgevaar geen verblijfsruimten op de begane grond mogen komen en dat er vluchtroutes op niveau aanwezig zijn. Ook de overige beperkingen van de locatie worden ingezet om de wijk te verfraaien en leefbaar te maken. Ten behoeve van de waterberging wordt een fijnmazig stelsel van waterlopen voorgesteld en de meest drassige gebieden zijn omgevormd tot meertjes. Om snel grote aantallen woningen te kunnen bouwen, werd – vooruitlopend op de bouw – op locatie een fabriek neergezet voor de productie van prefab elementen door de firma Cubitts.

Van dit ambitieuze masterplan is alleen de eerste fase, Thamesmead South, uitgevoerd. Conform het masterplan zijn langs de doorgaande noord-zuidroute richting het geplande centrum aan de Theems de *spine blocks* gesitueerd. De complexe opbouw met veel hoogteverschillen en verspringende gevels en balkons geven de blokken een afwisselend en expressief aanzien. Boven de parkeergarage ligt een verhoogd voetgangersdek met aan weerszijden afwisselend gestapelde maisonnettes en eenlaagse ouderenwoningen. Via bruggen zijn vanaf het dek ook het buurtcentrum aan het meer en een deel van de twee achterliggende buurten op

In the mid-1960s, the Greater London Council (GLC) initiated the setup of a programme and design of a New Town for no less than 60,000 people in East London: Thamesmead. After the First World War, the GLC had begun the large-scale demolition of inner-city slums consisting of Victorian back-to-back dwellings built for the working classes. This slum clearance process continued through the 1950s, 1960s and 1970s. Thamesmead was intended, among other things, for the resettlement of families from the cleared neighbourhoods. The location of the new residential area was to be the site of the Woolwich Royal Arsenal, which had fallen into disuse. This originally low-lying wetland area between the River Thames and the Abbey Wood hills had been deemed unfit for large-scale development for years due to poor soil conditions and the danger of flooding. However, lack of space and a high-pressured housing market changed all that and the location was developed despite the risks.

Unlike the first generation of English New Towns, which was considered monotonous even then, Thamesmead was to become an example of the ideal New Town, with a wider variety of building typologies as well as more space for employment and services. The original 1967 master plan shows a large number of long-meandering blocks, the so-called spine blocks that form the back bone of the district: a long string of buildings along the Thames with branches going inland converging in a large central area around a marina by the river. The spine blocks created a wind and noise buffer for the low-rise neighbourhoods lying behind them, while offering a safe traffic route from the residential areas to the centre through an internal system of raised pedestrian roads. In accordance with the then prevailing opinion that the separation of traffic types through a raised pedestrian circuit would result in a safer living environment (which was also applied, for instance, in the London Barbican, see *DASH – The Urban Enclave*), an internal system of routes through the spine blocks was developed. In the case of Thamesmead this was in perfect keeping with the requirement that because of the danger of flooding, there were to be no residential spaces on the ground floor and escape routes had to be present at every level. The other restrictions of the location are also used to beautify the neighbourhood and make it more liveable. An intricate system of water courses was proposed for the purpose of water storage; the boggiest areas were transformed into small lakes. In advance of the construction on location, building firm Cubitts put a factory in place for the production of prefab elements to allow the quick building of a large number of houses.

Only the first phase of this ambitious master plan, Thamesmead South, was realized. In accordance with the master plan, the spine blocks are situated along the north-south through route in the direction of the planned centre on the Thames. The complex composition, with a lot of height differences and staggered façades and balconies, provides the blocks with a varied and expressive exterior. Located on top of the parking garage is a raised pedestrian deck flanked alternately by stacked maisonettes and one-storey dwellings for seniors. Bridges also connect the deck to the community centre by the lake and to parts of the two raised neighbourhoods behind it. Here, in a repetitive pattern of staggered short blocks, single-family dwellings are clustered around parking courts or, alternatively, green, car-free courtyards. To achieve the required housing density, a number of identical residential towers housing single or double households are situated along the fringes, some along the south shore of the lake and some along the east-west access road. In the early 1970s, high construction costs and new insights led to drastic changes in the master plan: the shopping mall, the marina and the

niveau te bereiken. In een herhalend patroon van verspringende korte blokken zijn hier eengezinswoningen afwisselend rondom parkeerhofjes en groene, autovrije hoven gegroepeerd. Om de benodigde woningdichtheid te halen is langs de randen een aantal identieke woontorens met woningen voor een- en tweepersoonshuishoudens gesitueerd, deels langs de zuidoever van het meer en deels langs de oost-west ontsluitingsweg. Begin jaren 1970 leidden de hoge bouwkosten en vernieuwde inzichten tot drastische aanpassingen van het masterplan: het winkelcentrum, de jachthaven en een nieuwe oeververbinding werden geschrapt. De Cubitts-fabriek werd gesloten en de nieuwere woonbuurten gebouwd volgens de meer organische woonerfprincipes.

Thamesmead South kampt sinds vele jaren met een negatief imago. De ontwerpidealen bleken in de praktijk een tegengesteld effect te hebben. Onder andere het opgetilde maaiveld leidde tot een verweesde begane grond met veel onveilige en ontoegankelijke plekken. De opnamen van enkele roemruchte scènes voor de film 'A Clockwork Orange' van Stanley Kubrick bevestigden al enkele jaren na de oplevering dit beeld. Inmiddels zijn veel van de geprefabriceerde betonnen woningen technisch sterk verouderd en voor een deel via het *right to buy* systeem in particulier bezit gekomen. Achterstallig onderhoud en de vele individuele toevoegingen geven de buurt een rommelig en verwaarloosd aanzien. De huidige eigenaar van de huurwoningen, woningcorporatie Peabody Trust, heeft onlangs een grootscheepse herstructurering van het gebied aangekondigd. Hieraan voorafgaand is inmiddels een deel van het oorspronkelijke buurtcentrum aan het meer gesloopt. (ak)

new cross-river connection were dropped. The Cubitts factory was closed and later residential areas built in accordance with more organic home-zone principles.

Thamesmead South has been struggling with a negative image for many years. As it turned out, the design ideals worked out badly in practice. The raised ground level, for instance, led to a deserted ground floor with a lot of unsafe or inaccessible areas. Only a few years after the completion of the project, the recording there of some illustrious scenes for the Stanley Kubrick film *A Clockwork Orange* confirmed that image.

Today, many of the prefabricated concrete dwellings are highly outdated technically and some of them have passed into private hands through the 'right to buy' system. Overdue maintenance and the many individual additions make the neighbourhood look cluttered and neglected. The current owner of the rental housing, the Peabody Trust housing association, recently announced a major restructuring of the area. In anticipation of this, part of the original community centre by the lake has already been demolished. (ak)

Winkels en woningen aan Tavy Bridge en Southmere Lake, Thamesmead, 1970
Tavy Bridge shops and houses near Southmere Lake, Thamesmead, 1970

Promotieschets voor Thamesmead
Promotional sketch for Thamesmead

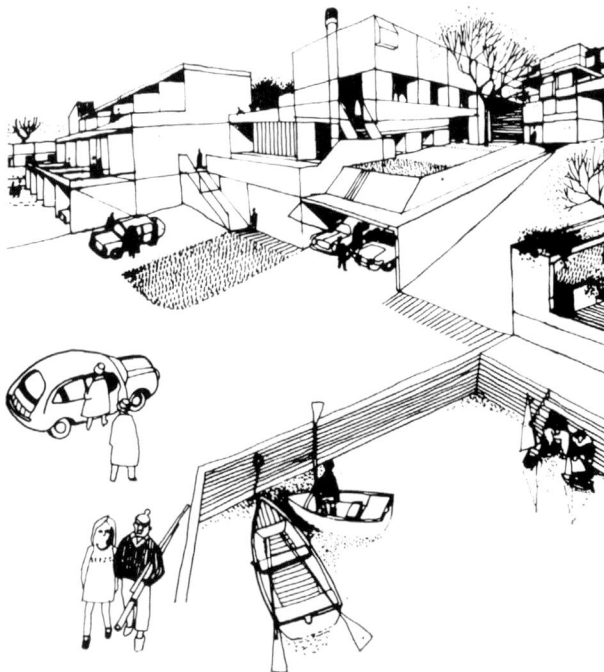

Locatie van Thamesmead in Londen
Location of Thamesmead in London

Kinderen spelen op het dek boven de parkeergarage bij Tavy Bridge, 1970
Children playing on the deck of the parking garage at Tavy Bridge, 1970

Spelende kinderen bij Southmere Lake, 1970
Children playing by Southmere Lake, 1970

Laag- en hoogbouwblokken, Thamesmead, 1970
Low-rise and high-rise housing, Thamesmead, 1970

Zicht over de *estate* vanaf een toegangsgalerij, 1970
View across the estate from an access deck, 1970

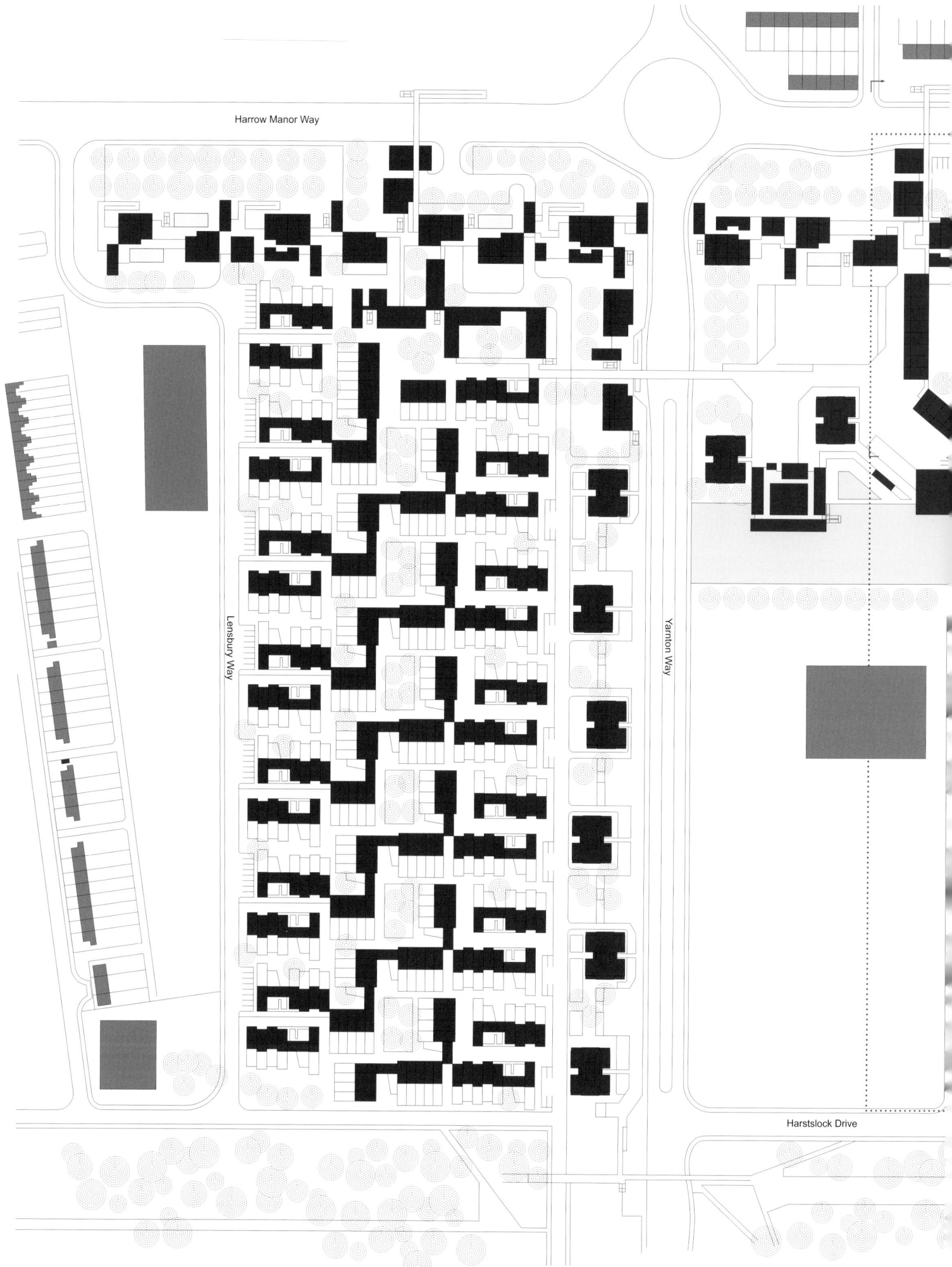

Harrow Manor Way

Lensbury Way

Yarnton Way

Harstslock Drive

Harrow Manor Way

Belvedere Road

0 10   50 m

Yarton Way, in oostelijke richting
Yarton Way, looking east

Voetbal op het dek van een *spine block*
Playing football on the deck of a spine block

***Spine blocks* langs Southmere Lake**
Spine blocks along Southmere Lake

**Verhoogde voetgangersroute
langs de torens aan Yarton Way,
in oostelijke richting**
Elevated pedestrian walkway along
the towers at Yarton Way, looking east

**Groene open ruimte tussen de
drielaagse huizen, die als speelplek
wordt gebruikt**
Green open space between the three-
storey houses, used as playground

**Southmere Lake, langs de torens
in westelijke richting gezien**
Southmere Lake, view along the
towers looking west

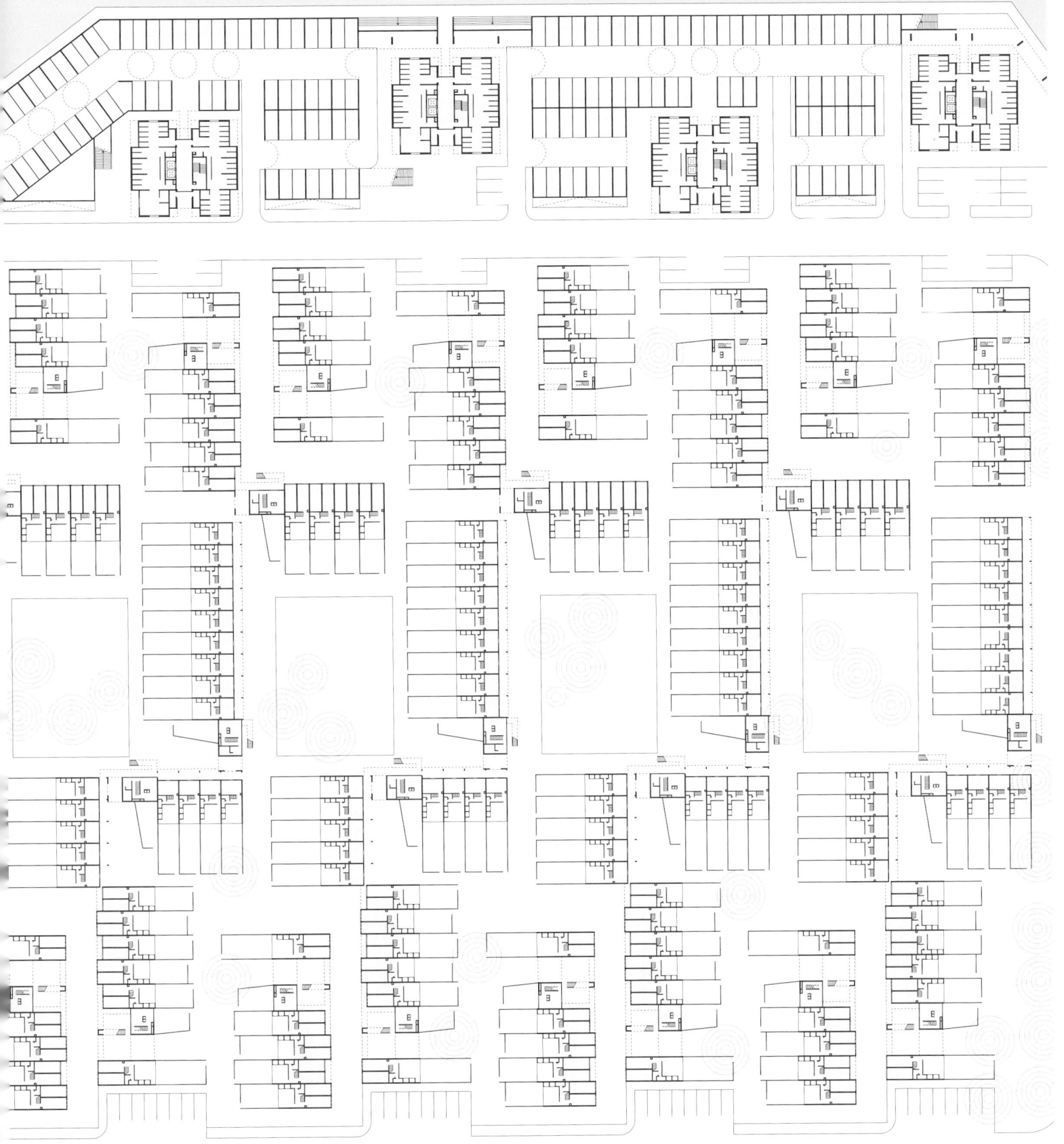

0 5   meters   30

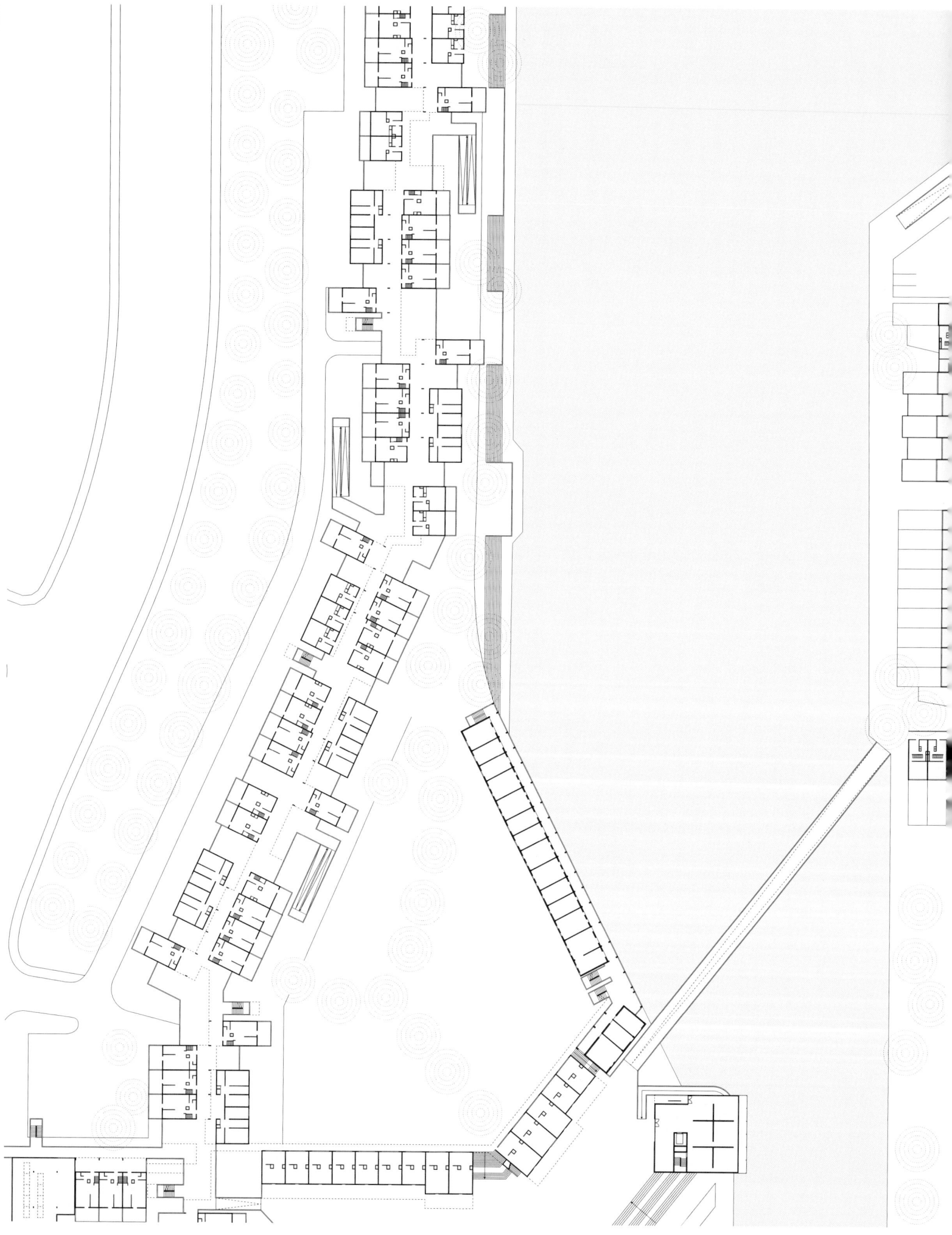

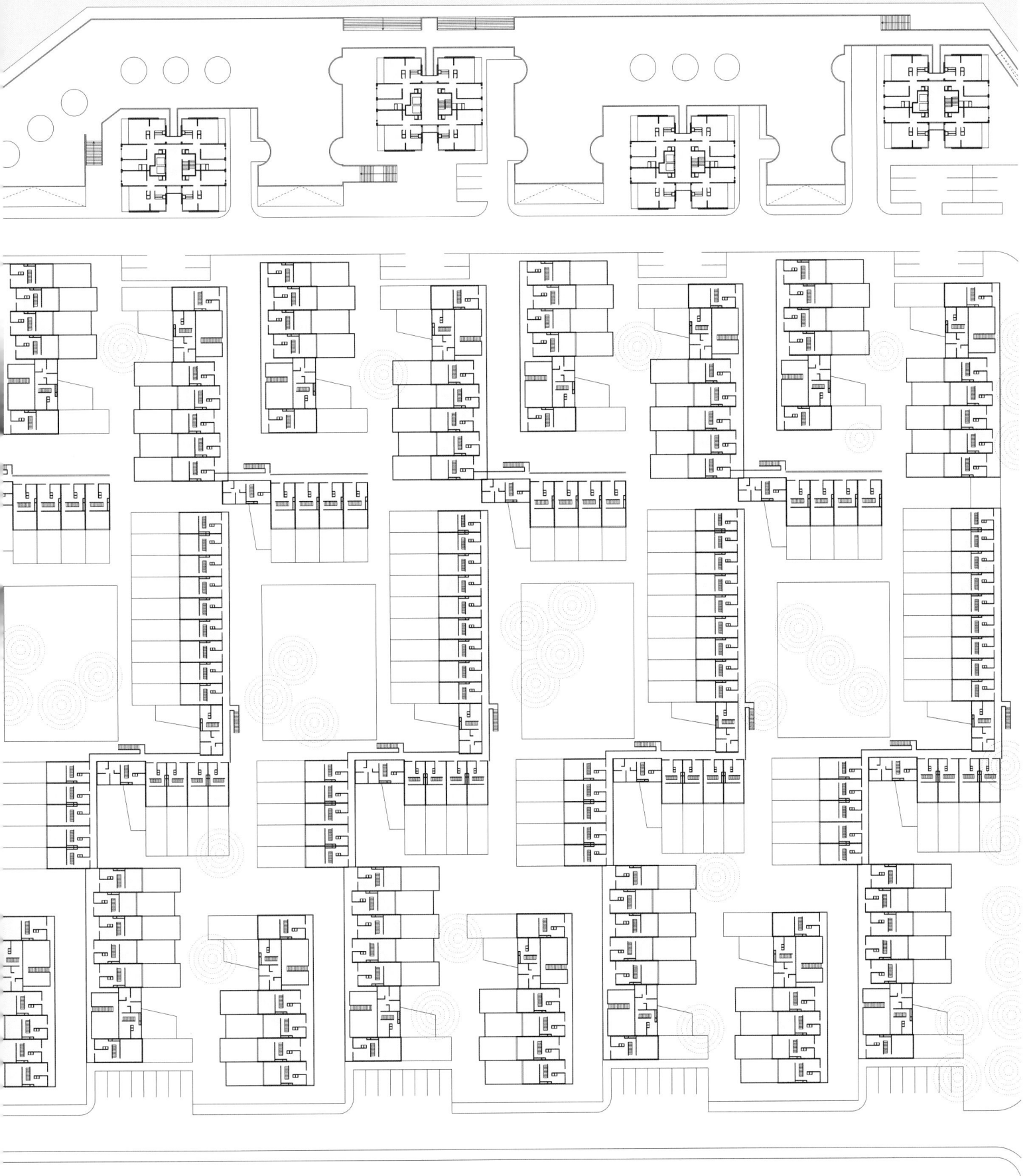

0   5   meters   30

Deel van een *spine block*, **derde verdieping**
Part of a spine block, third floor

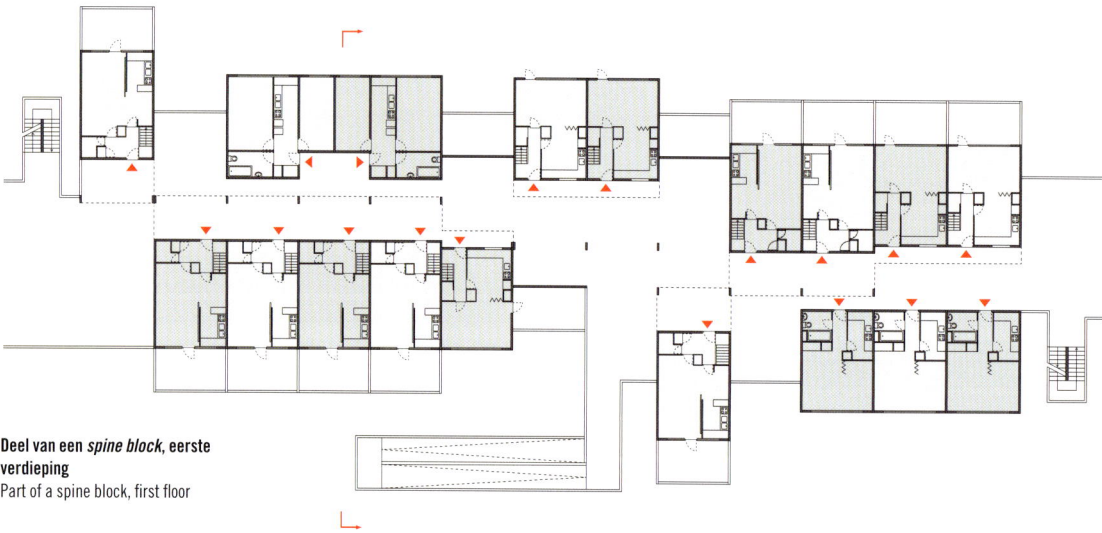

Deel van een *spine block*, **eerste verdieping**
Part of a spine block, first floor

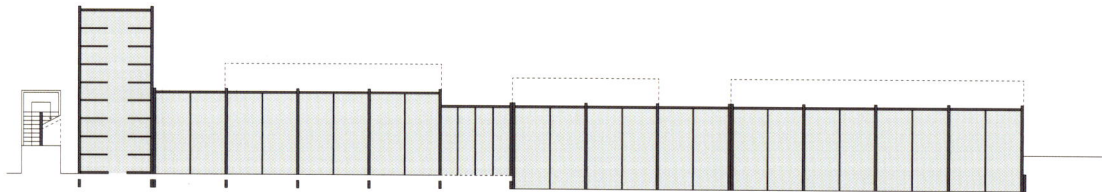

Deel van een *spine block*, **begane grond**
Part of a spine block, ground floor

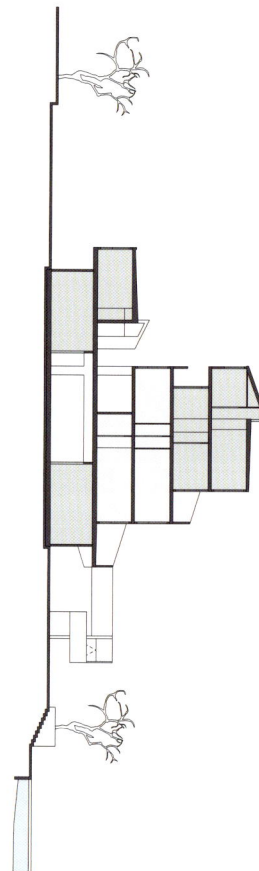

0   10   50 m

De lineaire maisonetteblokken worden *spine blocks* genoemd
The linear maisonette blocks are referred to as spine blocks

Een hellingbaan geeft toegang tot het dekniveau van de *spine blocks*
A ramp gives access to the deck level of the spine blocks

Voordeuren op de eerste verdieping van een *spine block*
Entrance doors on the first floor of a spine block

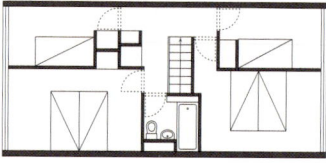

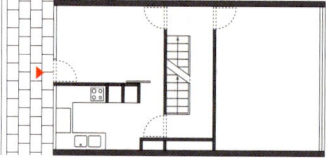

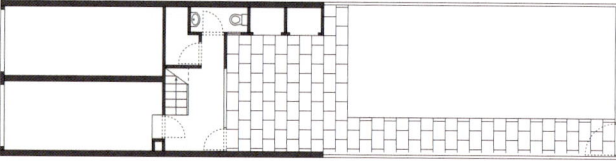

Drielaagse rijwoningen
Three-storey row houses

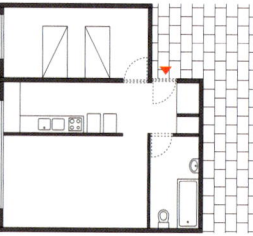

Ouderenwoningen
Dwellings for elderly people

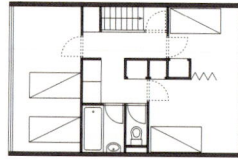

Spine block, maisonette op derde
verdieping
Spine block, maisonette on third floor

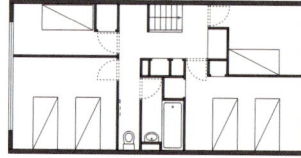

Spine block, maisonette op eerste
verdieping
Spine block, maisonette on first floor

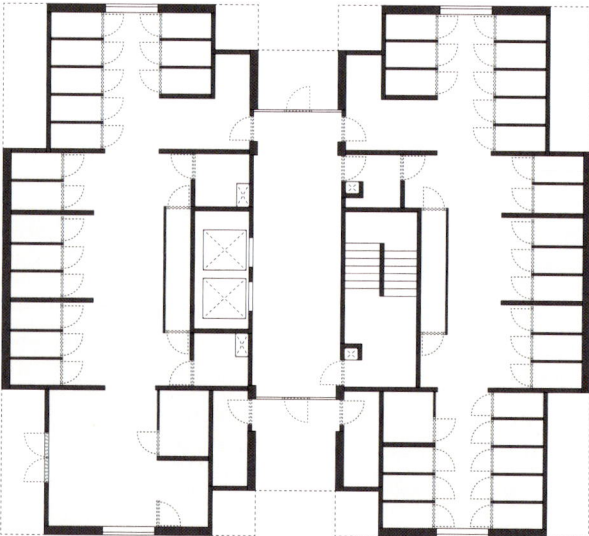

**Torens, begane grond en
standaard verdieping**
Tower-blocks, ground floor
and typical floor

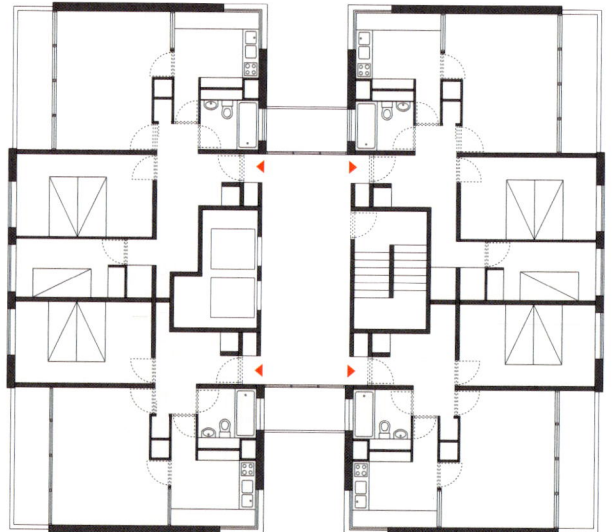

0   2,5   10 m

Balkonniveau van een van de laagbouwblokken
Access level of one of the low-rise housing blocks

Groene open ruimten tussen de drielaagse huizen
Green open spaces between the three-storey houses

Laagbouwblok met parkeren op de begane grond
Low-rise housing on top of ground floor parking deck

Urbanización Caja de Agua Lima (PE)

Junta Nacional de la Vivienda

Urbanización Caja de Agua:
Próceres de la Independencia,
Av. Lima, Av. Tupac Amaru, Lima,
Peru
Ontwerp/Design: Junta Nacional
de la Vivienda
Opdrachtgever/Client: Junta
Nacional de la Vivienda
Initiatief-oplevering/Initiative
completion: 1961-1967

Aantal woningen/Number of
dwellings: 2.363/2,363 (in 1970)
Aantal bewoners/Number of
inhabitants: 16.989/16,989
(in 1970)
Plangebied/Area: 94,9/94.9 ha
Woningdichtheid/Dwelling density:
25,1/25.1/ha
Voorzieningen/Amenities: school,
park, markt, wijkcentrum, sport/
school, park, market, community
centre, sports facilities

Bronnen/Sources:
Ministerio de Vivienda, *Evaluación
de un proyecto de vivienda:
Evaluación integral del proyecto de
vivienda Caja de Agua-Chacarilla
de Otero – Programa de núcleos
básicos o viviendas semi-acabadas*
(Lima: Ministerio de Vivienda,
Dirección General de Edificaciones,
1970)

**Twee woningen van het type
Núcleo 2 aan de Independencia.
Aan de voorzijde zijn de woningen
nog in nagenoeg originele staat.**
Two Núcleo 2-type houses along the
Independencia. From the front the
dwellings appear to be in almost
original condition.

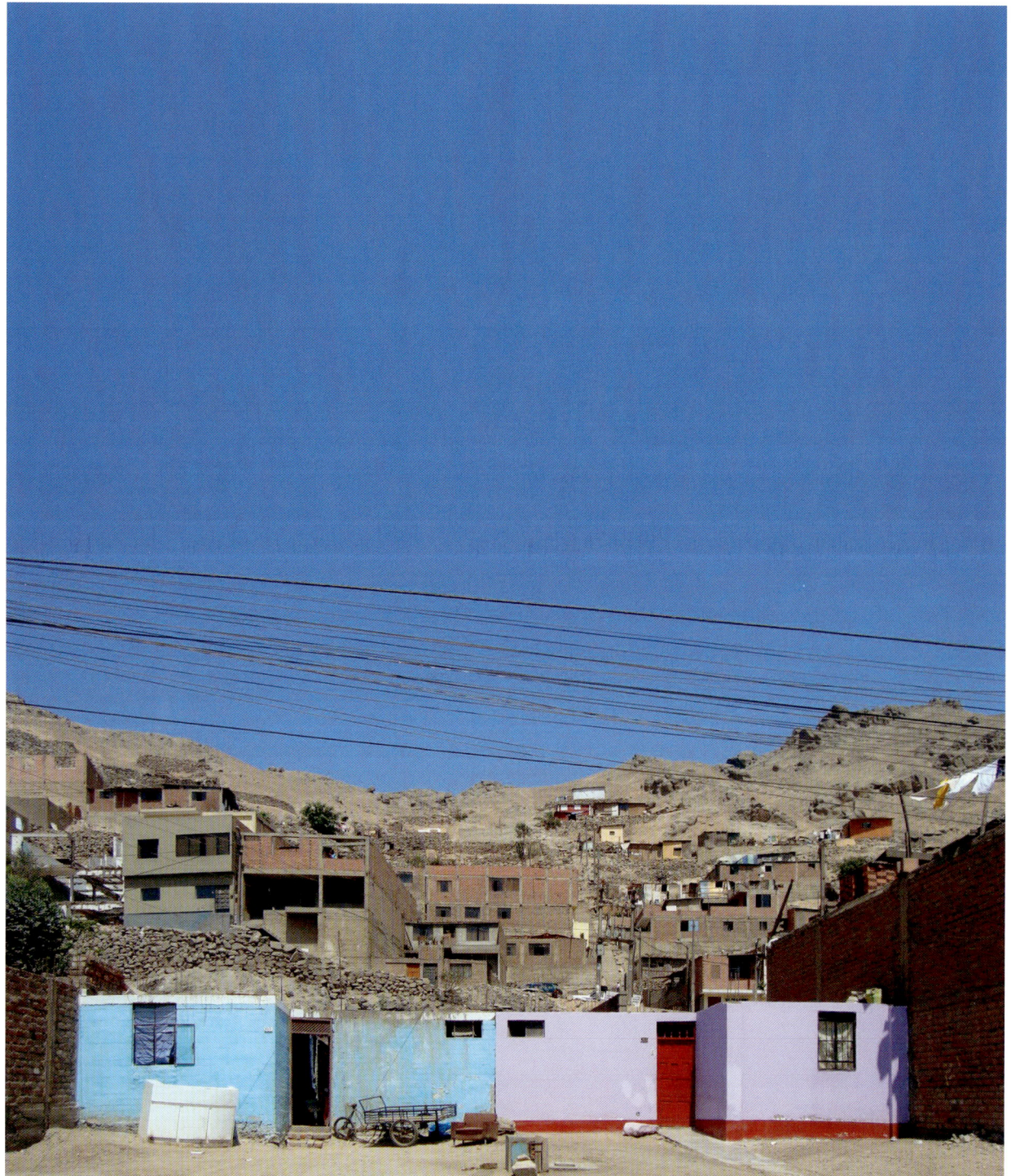

Het bouwproject Caja de Agua, een initiatief uit 1961 van de volkshuisvestingsdienst van de Peruaanse overheid, maakte deel uit van een programma dat was bedoeld om een nieuw type woningbouw te creëren, de Urbanización Popular de Interés Social (UPIS, sociale woningbouw). De UPIS voorzag in de georganiseerde ontwikkeling van een stuk stad dat aan een minimale standaard voldeed (veel minder dan bij eerder door de overheid gefinancierde woningbouwprojecten) om zodoende bewoners met een laag inkomen te huisvesten. De overheid zou het stedenbouwkundig plan voorbereiden en een reeks basisvoorzieningen aanleggen, terwijl de bewoners zich verplichtten tot de aankoop van een basiseenheid die zij, zo was de verwachting, in de loop der tijd eigenhandig zouden voltooien. De woningen werden ontworpen volgens het concept van het *casa que crece* (groeiend huis), dat de architect Santiago Agurto in 1954 in Peru introduceerde met zijn inzending voor een woningbouwprijsvraag. In 1957 werd het concept uitgeprobeerd in een door de overheid gesteund project in de Ciudad de Dios in Lima. Dergelijke projecten leenden én systematiseerden technieken die werden gebruikt in de *barriada* (sloppenwijken) – geleidelijke ontwikkeling, bewonersparticipatie in de bouw – maar probeerden ad hoc constructies te vermijden door technische hulp aan te bieden en de uitbreidingsplannen zorgvuldig te ontwerpen.

Door ambtelijke en financiële problemen werd de bouw van Caja de Agua vertraagd en uitgesteld tot 1965. Men besloot toen het 1.596 percelen tellende project uit te breiden met nog enige honderden percelen op een aangrenzend terrein, Chacarilla de Otero. Beide projecten waren bedoeld om bewoners van Cantagallo te herhuisvesten, een meer dan 2.000 gezinnen tellende *barriada* die was ontstaan op een particulier terrein aan de Río Rímac, in het centrum van Lima. Cantagallo was met een gemiddelde dichtheid van 890 mensen/ha overbevolkt. De mensen woonden er in geïmproviseerde huizen en de openbare voorzieningen waren beperkt tot twee sportvelden, twee kleine markten en een aantal cafés. Omdat deze locatie zo dicht bij het stadscentrum dure grond betekende, vond men de plek beter geschikt voor de bouw van appartementen (hoewel die er nooit zijn gekomen; er staan nu overheidsgebouwen).

Het nieuwe plan voor Caja de Agua had een veel lagere dichtheid (124 inwoners/ha) en bevatte een groot aantal openbare voorzieningen zoals parken, scholen, een medisch centrum, markten, sportfaciliteiten en kerken. De huizen, op percelen van 8 x 20 m, waren gerangschikt in blokken van 18 tot 24 eenheden en omlijstten een serie open ruimten waar uiteindelijk de parken, scholen en andere voorzieningen zouden komen. Het plan gaf echter alleen aan wáár deze voorzieningen moesten komen, zonder te garanderen dat ze ook daadwerkelijk zouden worden gebouwd. Dat werd in veel gevallen overgelaten aan de bewoners zelf, en aan verschillende openbare en particuliere organisaties. Uit een rapport dat na vijf jaar bewoning over de twee nederzettingen werd opgesteld, bleek dat nog maar weinig van deze voorzieningen was voltooid.

Bewoners van Caja de Agua konden kiezen uit twee basishuizen, elk met één laag: Núcleo 1 (31.5 m^2) bestond uit een natte kern (badkamer/keuken) en een multifunctionele ruimte; Núcleo 2 (43.75 m^2) had daarnaast nog een tweede, iets kleinere kamer. De huizen werden gebouwd in een doorlopende rij, waarbij voor-

The Caja de Agua development was initially proposed by the Peruvian state housing agency in 1961, as part of its programme to create a new kind of housing project: the Urbanización Popular de Interés Social (UPIS, or Low-Income Social Housing Subdivision). The UPIS offered organized urban development to a minimum standard, substantially below previous government-sponsored housing projects, in an effort to accommodate low-income residents. The urban layouts were to be prepared by the state housing agency, with a range of basic services, and the residents committed to purchasing a core house that they were expected to complete over time using self-help labour. The design of the dwellings followed the concept of the *casa que crece* (growing house), first proposed in Peru by architect Santiago Agurto in his entry to a 1954 housing competition, and subsequently implemented on a trial basis in a state-sponsored project at Ciudad de Dios, Lima, in 1957. Such projects borrowed and systematized the techniques of *barriada* (squatter settlement) housing – progressive development, resident participation in construction – but aimed to circumvent ad hoc building through technical assistance and carefully conceived expansion plans.

Delays due to administrative and funding issues postponed the implementation of Caja de Agua until 1965, at which time it was decided to supplement the project's 1,596 lots with several hundred additional lots on a neighbouring site, Chacarilla de Otero. Together these two projects were intended to rehouse residents from Cantagallo, a barriada housing over 2,000 families that had arisen on a private estate bordering the Río Rímac in the centre of Lima. Cantagallo was overcowded, with an average density of 890 people per hectare living in improvised low-rise housing, and its communal facilities were limited to two sports fields, two small markets and a number of bars. Due to its proximity to the city centre, multifamily housing was deemed more appropriate for this valuable site (although this was never built; the site now houses government facilities).

The new plan envisaged much lower density, at 124 people per hectare, and provided for a large number of amenties, including parks, schools, a health post, market, sporting facilities and churches. The housing, built on 8 x 20-m lots, was arranged in blocks of 18 to 24 units, organized to frame a series of open spaces, where the parks, schools and other amenities would eventually be built. However, the plan only indicated the location of these services without guaranteeing their actual execution, which was often left to residents and various public and private entities; as a result, a report on the two settlements after five years of occupancy reported that only a few had been completed.

At Caja de Agua, residents were offered the choice of two basic, one-storey houses: Núcleo 1 (31.5 m^2) including a functional core (with bathroom and kitchen) and a single multipurpose room; Núcleo 2 (43.75 m^2) added to this a second, slightly smaller room. The houses were built in a continuous strip, with the projecting and receding volumes of the façades forming an animated streetscape. The built structure occupied the centre of the lot, leaving around 5 m between the front of the house and the property line, and a slightly larger area at the back of the lot. The construction aimed for maximum economy, with simple materials (such as concrete blocks) that were for the most part left unfinished.

The housing agency prepared a recommended plan for the completed house – foreseeing a living-dining room adjacent to the kitchen, a front garden, a garden patio and two additional bedrooms at the rear. However, in the absence of technical assistance, residents developed their own solutions for the expansion of the house. The post-occupancy report

uitstekende en terugwijkende gevelelementen voor een levendig straatbeeld zorgden. Het huis stond midden op het perceel, met ongeveer 5 m tussen de voorzijde van het huis en de eigendomsgrens, en een iets groter stuk aan de achterkant. De constructie was zo zuinig mogelijk: er werden eenvoudige materialen (zoals betonblokken) gebruikt die grotendeels onafgewerkt werden gelaten.

De overheid had een aanbevolen plan voor een voltooid huis opgesteld, met een woon-eetkamer naast de keuken, een voortuin, een patio en twee extra slaapkamers aan de achterzijde. Maar bij gebrek aan technische hulp ontwikkelden de bewoners hun eigen manieren om het huis uit te breiden. In het rapport dat na vijf jaar bewoning het licht zag, werd vastgesteld dat 94 procent van de bewoners was gestart met de uitbreiding van het huis, waarbij het merendeel er tussen de vier en de zes kamers bijbouwde – wat onder andere werd gerealiseerd door elementen zoals de patio af te sluiten. Veel mensen hadden hun eigendom onderverdeeld zodat ze het konden verhuren, wat deed vermoeden dat de wildgroei aan onderhuur en de gestaag toenemende dichtheid de eerste stappen waren op weg naar een herhaling van de toestand in Cantagallo. De opstellers van het rapport vonden dat deze behoefte, om door middel van verhuur het gezamenlijk inkomen te vergroten, ondubbelzinnig negatieve gevolgen had voor de stad. Ten slotte concludeerden ze dat het opkomende ontwikkelingspatroon in Caja de Agua een beter evenwicht vereiste tussen individuele autonomie bij de uitbreiding van de woning, en het vasthouden aan een zekere coherentie in het straatbeeld en de wijk als geheel. Maar bij gebrek aan enig overkoepelend toezicht op de planning is dat evenwicht nooit gerealiseerd. (hg)

noted that within five years, 94 per cent of residents had begun to make additions, the majority adding between four and six rooms; in part this was achieved by enclosing elements such as the garden patio. Many were subdividing their properties for rental income, raising concerns that the proliferation of subleasing and the ever-increasing density marked the first step towards replicating the environment of Cantagallo. For the authors of the report, this drive to maximize household earnings generated unambiguously negative urban consequences. In conclusion, they observed that the emerging patterns of development at Caja de Agua called for a better balance between individual autonomy in managing the growth of the house and maintaining a certain coherence in the streetscape and the neighbourhood as a whole. Yet in the absence of overarching planning controls, this difficult negotiation was never resolved. (hg)

Omslag van het evaluatierapport van Caja de Agua-Cacharilla de Otero, 1970
Cover of the Caja de Agua-Cacharilla de Otero evaluation report, 1970

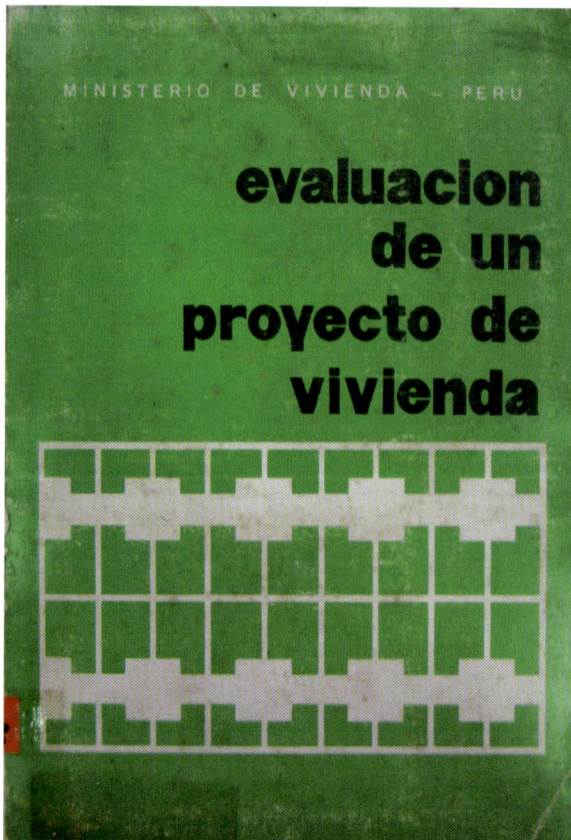

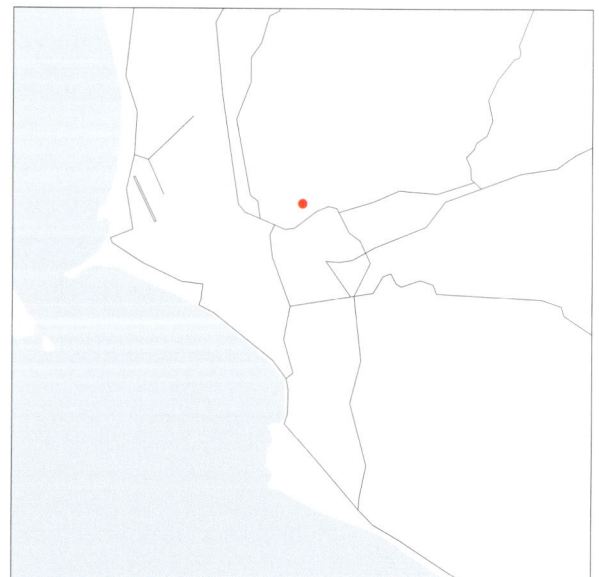

MINISTERIO DE VIVIENDA – PERU

evaluacion de un proyecto de vivienda

Locatie van Caja de Agua in Lima
Location of Caja de Agua in Lima

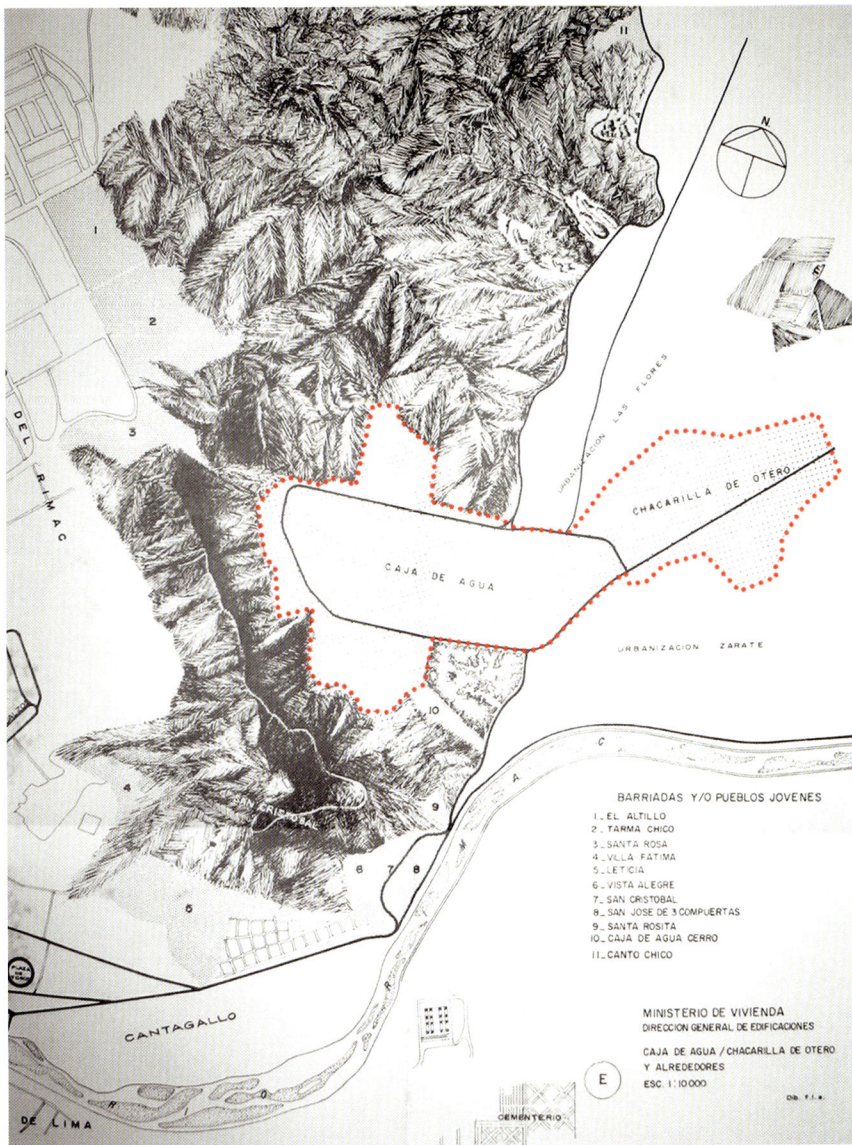

Een voltooide woning in Caja de Agua, ca. 1970
A completed house in Caja de Agua, c. 1970

Kaart van de locatie van Caja de Agua en het aangrenzende Cacharilla de Otero (rode lijn toegevoegd door _DASH_)
Map showing the location of Caja de Agua and the adjacent Cacharilla de Otero (red line added by _DASH_)

Woningen in Cantagallo
Houses in Cantagallo

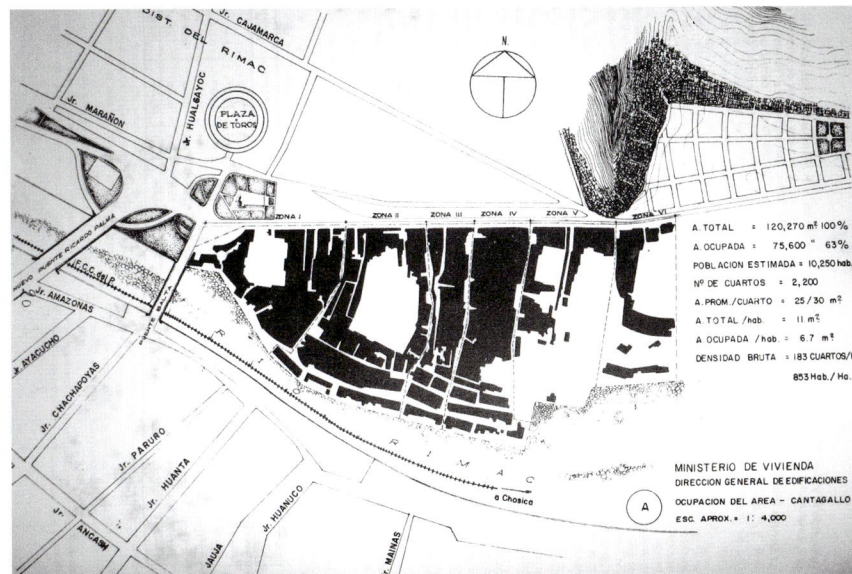

Inventarisatie van het bebouwde oppervlak in de _barriada_ Cantagallo
Inventory of the built-up area in the Cantagallo _barriada_

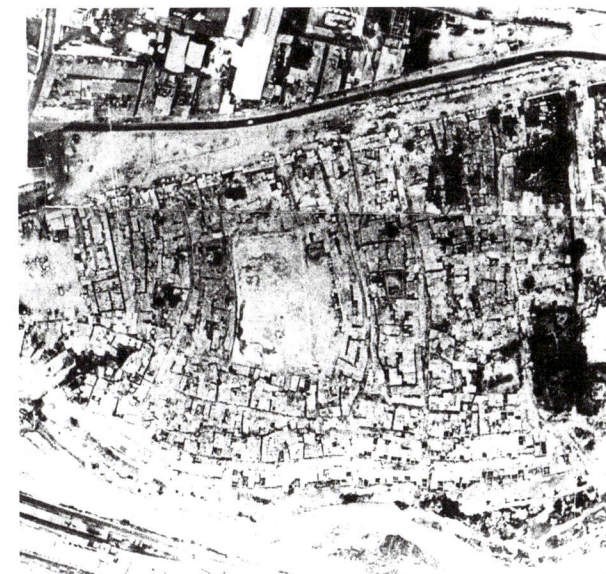

Luchtfoto van de _barriada_ Cantagallo, voordat deze werd gesloopt
Aerial view of the Cantagallo _barriada_, before it was demolished

**Stedenbouwkundig plan voor Caja
de Agua, zoals ontworpen door
de *Junta Nacional de la Vivienda***
Urban plan of Caja de Agua as
designed by the *Junta Nacional de
la Vivienda*

1 **school**
2 **park**
3 **markt**/market
4 **wijkcentrum**/
  communal services
5 **sport**/sports

Tupac Amaru

Proceres de La Independencia

0   25   125m

Caja de Agua net na voltooiing, gezien richting noordwesten, december 1965
Caja de Agua just after completion, as seen from from the northwest, December 1965

Caja de Agua en Chararilla de Otero twee jaar na voltooing van de Núcleos, februari 1967
Caja de Agua and Chararilla de Otero two years after completion of the Núcleos houses, februari 1967

Caja de Agua en Chararilla de Otero, 2014
Caja de Agua and Chararilla de Otero, 2014

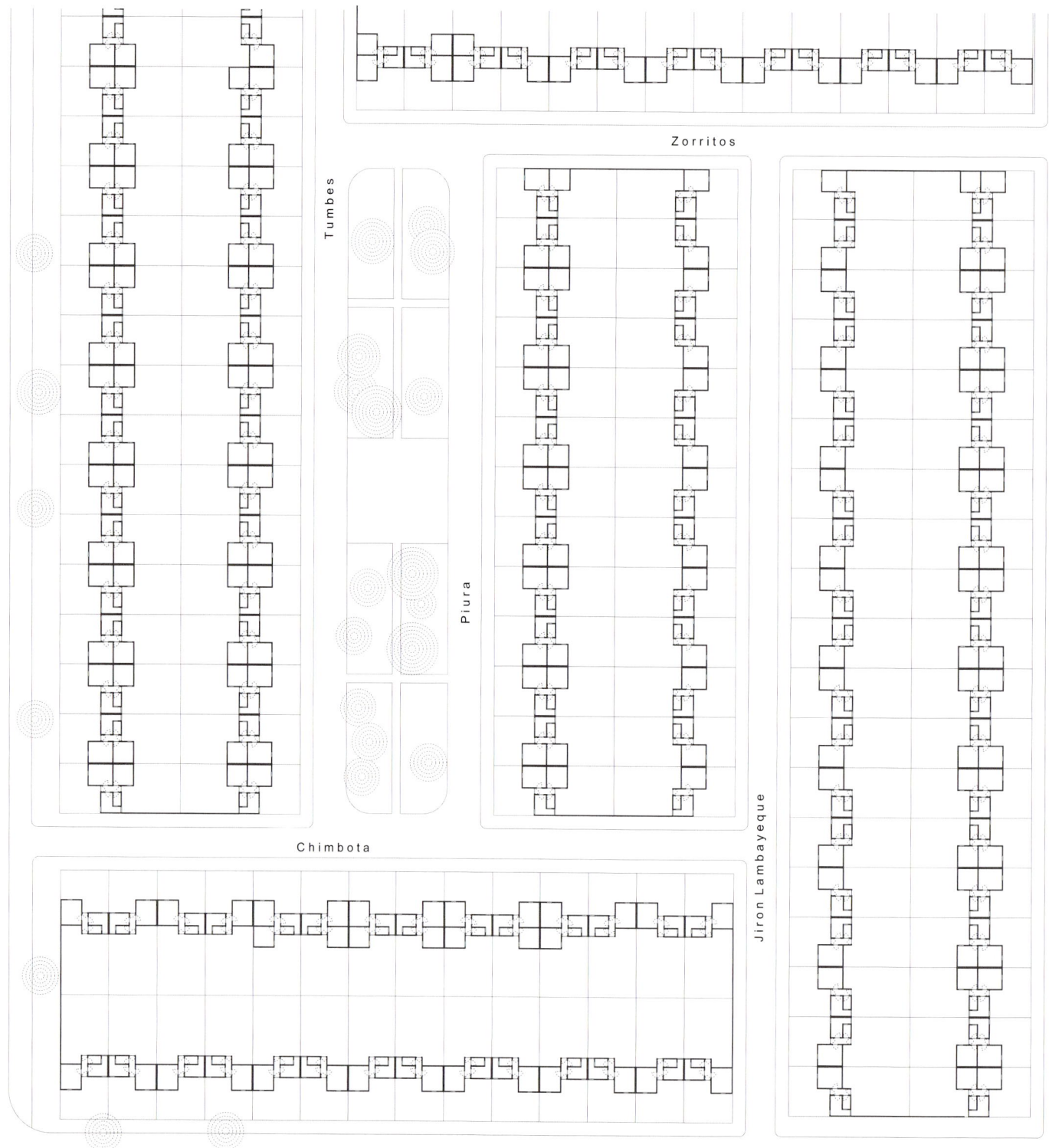

Tumbes

Zorritos

Piura

Chimbota

Jiron Lambayeque

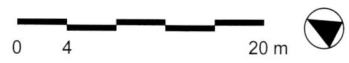

0　4　　　　　20 m

Caja de Agua in 1967; veel bewoners zijn gestart met het uitbreiden van hun woning
Caja de Agua in 1967; many residents have begun to expand their houses

Parque de la Bandera, 2014

Núcleo 1 en 2
Núcleo 1 and 2

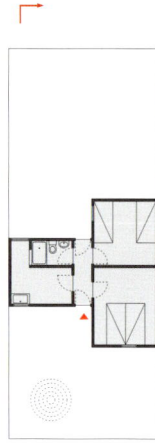

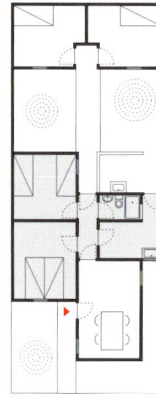

Aanbevolen uitbreidingen
Recommended extensions

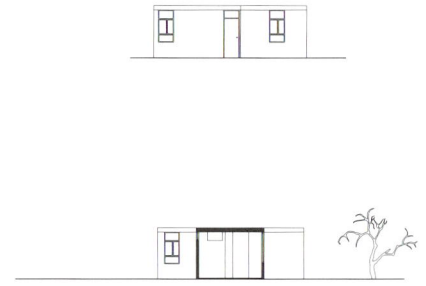

Doorsnede Núcleo 2
Section Núcleo 2

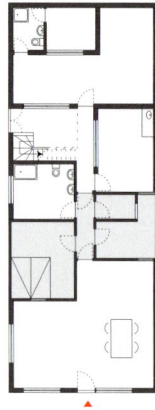

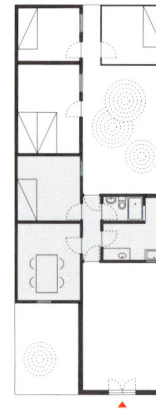

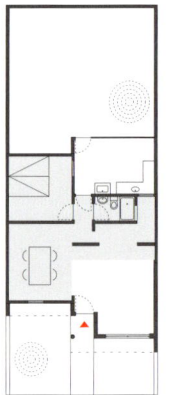

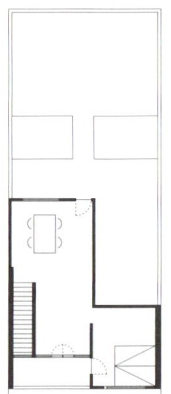

**Woninguitbreidingen zoals
aangetroffen tijdens de
evaluatie door het *Ministerio
de Vivienda*, 1970**
Dwelling extensions as found
during the evaluation by the
Ministerio de Vivienda, 1970

0 2   10m

Hier en daar zijn de Núcleos nog herkenbaar, Caja de Agua, 2014
Here and there you can still recognize the Núcleos houses, Caja de Agua, 2014

Veel woningen zijn inmiddels met een of twee verdiepingen uitgebreid, Caja de Agua, 2014
Many houses have had one or two storeys added, Caja de Agua, 2014

Vier bouwlagen zijn geen uitzondering, Caja de Agua, 2014
Four-storey houses are not uncommon, Caja de Agua, 2015

Ekbatan Teheran/Tehran (IR)

Gruzen & Partners

Ekbatan: Sheikh Fazlollah Nouri
Expy, Sattari Expy, Lashkari Expy,
Sanaye-e-Havapeymayi, Teheran/
Tehran, Iran
Ontwerp/Design: Gruzen & Partners,
Rahman Golzar, Kim Swoo Geun
Opdrachtgever/Client: Tehran
Redevelopment Corporative Company
Ontwerp-oplevering/Design
completion: 1968-1992

Aantal woningen/Number of
dwellings: 15.593/15,593
Aantal bewoners/Number of
inhabitants: ca. 70.000/
approximately 70,000
Plangebied/Area: ca./
approximately 221 ha
Woningdichtheid/Dwelling density:
70,6/70.6/ha

Voorzieningen/Amenities: school,
winkelcentrum & bazaar, moskee,
sportcomplex, waterzuiveringsinstallatie, parkeergarage,
administratie, cultureel centrum,
kantoor, ziekenhuis, metrostation,
postkantoor/school, shopping
centre & bazar, mosque, sports
complex, water treatment plant,
parking garage, administration,
cultural centre, office, hospital,
subway station, post office

Bronnen/Sources:
www.ekbatan.ir (geraadpleegd
10 mei 2015/accessed 10 May 2015)
Wouter Vanstiphout, The Saddest
City in the World: Tehran and the
Legacy of an American Dream
of Modern Town Planning (2006)
http://www.thenewtown.nl/article.
php?id_article=71 (geraadpleegd
15 mei 2015/accessed 15 May 2015)
Mehran Dashti, Wohnungsbau
und städtische Modernisierung in

Tehran von 1925 bis 1979: eine
Analyse anhand fünf ausgewählter
Beispiele. PhD Dissertation
(Karlsruhe: University of Karlsruhe,
2002)

**Ekbatan oost, zicht vanaf de
brandtrap naar het tegenover
liggende bouwblok**
Ekbatan East, view from the fire
escape balcony towards the
opposite block

In de jaren 1960 en 1970 bestonden er nauwe economische betrekkingen tussen de VS en Iran, wat veel Amerikaanse bedrijven ertoe aanmoedigde diverse megaprojecten in Iran te ontwikkelen. In 1966 vroeg het Iranese ministerie van Volkshuisvesting aan Victor Gruen om samen met zijn Iranese partner Abdolaziz Farman-farmaian een uitgebreid masterplan voor Teheran op te stellen. Gruen's stedenbouwkundige theorie, *The Heart of our Cities*, was gebaseerd op een hiërarchie van stedelijke structuren met een voorname rol voor de commerciële centra. Gruen zag de metropool van de toekomst als één centrale stad, omringd door tien satellietsteden met elk hun eigen centrum. Dit doet denken aan de *Social Cities* van Ebenezer Howard, waarin een centrale stad wordt omringd door een groep tuinsteden. Gruen's ideeën inspireerden hem de grenzen van Teheran op te rekken en een groot aantal nieuwe residentiële buitenwijken te ontwerpen. In 1968 werd ten westen van Teheran gestart met een proefproject van de Tehran Redevelopment Corporative Company, dat bekend zou komen te staan als Ekbatan. Rahman Golzar en Jordan Gruzen, beiden verbonden aan de Amerikaanse vestiging van Gruzen & Partners, werden benaderd om in samenwerking met Victor Gruen het indertijd grootste wooncomplex van het Midden-Oosten te bouwen. Het ging om 15.500 woningen voor circa 70.000 bewoners op een terrein van 221 ha.

Doel was om het modernste woningbouwproject van Iran te creëren en daarmee de wensen in te willigen van de sjah, die het land in de richting van een op westerse planningsprincipes, woningontwerp en bouwtechnieken gebaseerde levensstijl wilde dirigeren. Het project was tegelijkertijd bedoeld om het Teheraanse bevolkingspatroon te reguleren, een deel van het overheidspersoneel te huisvesten en het legerkorps te versterken door te voorzien in betaalbare woningen voor legergezinnen. Met de bouw van Ekbatan werd in 1970 begonnen en de eerste fase werd in 1978 afgerond. Hoewel de islamitische revolutie van 1979 het bouwproces korte tijd onderbrak, werd de uitvoering van de tweede fase in 1980 voortgezet en werd de derde fase uiteindelijk afgerond in 1992.

Bouwkundig gezien is de inspiratie voor dit project vooral ontleend aan Le Corbusier's Unité d'Habitation in Marseille. Het ontwerp bestaat uit 33 reusachtige betonnen blokken die, om het agressieve bouwschema van het project haalbaar te maken en de massaproductie van hoogwaardige, modulaire woningen te realiseren, zijn voorzien van geprefabriceerde gevelpanelen. Een autosnelweg deelt het project in tweeën waarbij het oostelijke deel, bestaande uit tien gewone en vier verlengde U-vormige blokken, was bedoeld voor 'gewoon' overheidspersoneel en het legerkorps. De westkant van het project, met daarin onder meer 19 semi-zeshoekige blokken, was bedoeld voor hoger overheidspersoneel en de middenklasse. De U-vormige blokken bestaan uit trapsgewijze gebouwen met vijf, negen en vervolgens 12 verdiepingen en zijn op palen van de grond getild zodat het landschap niet wordt onderbroken. De semi-zeshoekige blokken zijn echter uitgevoerd als vrijstaande objecten en staan op de grond. Hoewel de blokken van 12 verdiepingen, die in een grote groenstrook staan, er aan de buitenkant hetzelfde uit zien, zijn ze aan de binnenkant allemaal anders, doordat ze zijn samengesteld uit verschillende soorten maisonnettes.

De reeks sobere betonnen flatgebouwen in de open ruimte wijkt dramatisch af van de traditionele Iraanse

During the 1960s and 1970s, the close economic ties between the USA and Iran encouraged many American firms to develop various mega-projects in Iran. In 1966, the Iranian Ministry of Housing asked Victor Gruen to prepare a comprehensive master plan for Tehran in collaboration with his Iranian partner Abdolaziz Farmanfarmaian. Gruen's urban theory, entitled *The Heart of our Cities*, is based on a hierarchy of urban structures in which the commercial centres have priority. He envisaged the metropolis of tomorrow as a central city surrounded by ten additional cities, each with its own centre. This resembled Ebenezer Howard's *Social Cities*, in which a central city was surrounded by a cluster of garden cities. These ideas inspired Gruen to expand the border of Tehran and plan many new suburban residential districts. As a result of his planning, in 1968 a pilot project known as Ekbatan was commissioned by the Tehran Redevelopment Corporative Company on the west side of Tehran. Rahman Golzar and Jordan Gruzen of the American office Gruzen & Partners were asked to collaborate with Victor Gruen to design the biggest residential complex in the Middle East at the time: 15,500 housing units for about 70,000 inhabitants in an area of 221 ha.

The goal of the project was to create the most modern housing project in Iran, to fulfil the Shah's wishes to push the country towards a modern lifestyle based on Western urban planning elements, residential design and construction technologies. Simultaneously, the project was meant to control Tehran's population patterns, to accommodate some governmental employees and to reinforce the army by providing affordable housing for its staff and their families. The construction of Ekbatan began in 1970 and the first phase was completed in 1978. Although the Islamic revolution of 1979 caused a short break in the construction process, the implementation of the second phase was continued in 1980, and finally the third phase was completed in 1992.

Architecturally, the main point of inspiration for this project was the Unité d'Habitation designed by Le Corbusier in Marseilles. The design consists of 33 huge concrete blocks, for which prefabricated façade panels were used in order to meet the project's aggressive construction schedule and to create mass production of high-quality and modular housing. A motorway divides the project into two parts, of which the eastern part, containing ten regular U-shaped blocks and four long U-shaped blocks, was intended for usual governmental employees and army staff. The western side of the project, including 19 semi-hexagonal blocks, was meant for high-ranking government employees and members of the middle-class. Each U-shaped block has a three-stepped appearance, with five, nine and then 12 floors, and is raised on columns above the ground to provide a continuous landscape. The semi-hexagonal blocks, however, were constructed as freestanding objects set directly on the ground. Situated in a large green strip, the blocks have an outward uniform appearance of 12 floors, but the internal organization is unique, due to the use of various maisonette types.

The series of concrete flats sit starkly in an open space and dramatically ignore the traditions of Iranian housing. In the original plan, green zones and pools were projected in the spaces between the semi-hexagonal blocks, but after the Islamic revolution these luxurious elements were not completely realized. However, a commercial area was added to Ekbatan as a new type of urban public space, which was the most remarkable influence of Gruen on this project.

Although this prototype of mass housing is rooted in an ideology of modern architecture totally different from Iranian traditional architecture, Ekbatan is surprisingly considered as a successful housing project by many scholars and as a

huisvesting. Het oorspronkelijke ontwerp bevatte voorstellen voor groene zones en bassins in de ruimte tussen
de semi-zeshoekige blokken, maar na de islamitische
revolutie werden deze luxueuze elementen niet allemaal
meer gerealiseerd. Ekbatan werd echter wel voorzien
van een nieuw soort stedelijke openbare ruimte: een
commerciële zone, die de opvallendste bijdrage van
Gruen aan dit project vertegenwoordigt.

Hoewel dit prototype van massawoningbouw is
gebaseerd op een ideologie van moderne architectuur
die niets gemeen heeft met de traditionele Iranese
architectuur, beschouwen veel deskundigen Ekbatan
verassend genoeg als een geslaagd woningbouwproject
en vinden veel bewoners het er prettig wonen. Het zou
kunnen dat deze tevredenheid moet worden toegeschreven aan de sterke identiteit van het complex, het
resultaat van helder afgescheiden buitenruimten die
doen denken aan de traditionele woningen met binnenhof en omsloten tuin uit de Perzische architectuur.
(smas)

pleasant living space by most of its inhabitants. Perhaps this
satisfaction is due to the strong identity provided by the
clearly defined outdoor spaces, which resemble the traditional
courtyard houses and enclosed gardens in Persian architecture. (smas)

Locatie van Ekbatan in Teheran
Location of Ekbatan in Tehran

Luchtfoto van Ekbatan
Aerial view of Ekbatan

Ekbatan in aanbouw
Ekbatan under construction

Ekbatan oost fase 1, kort na voltooiing, 1976
Ekbatan East, phase 1, shortly after completion, 1976

Een van de scholen langs Nafisi Street
One of the schools along Nafisi Street

Moskee in Ekbatan oost, fase 1
Mosque in Ekbatan East, phase 1

Er is een waterzuiveringsinstallatie gebouwd om de bewoners van schoon water te voorzien
A water treatment plant was built to provide the inhabitants with clean water

W-Sakouri Street

Tehran - Karaj Fwy

Stedenbouwkundige situatie
van Ekabtan, 2015
Urban layout of Ekbatan, 2015

1 school
2 winkelcentrum, bazaar/
   shopping mall, bazaar
3 moskee/mosque
4 sportcomplex/
   sports complex
5 waterzuiveringsinstallatie/
   water treatment plant
6 parkeergarage/
   parking garage
7 adminstratiekantoor/
   administration
8 cultureel centrum/
   cultural centre
9 kantoor/office
10 ziekenhuis/hospital
11 metrostation/subway station

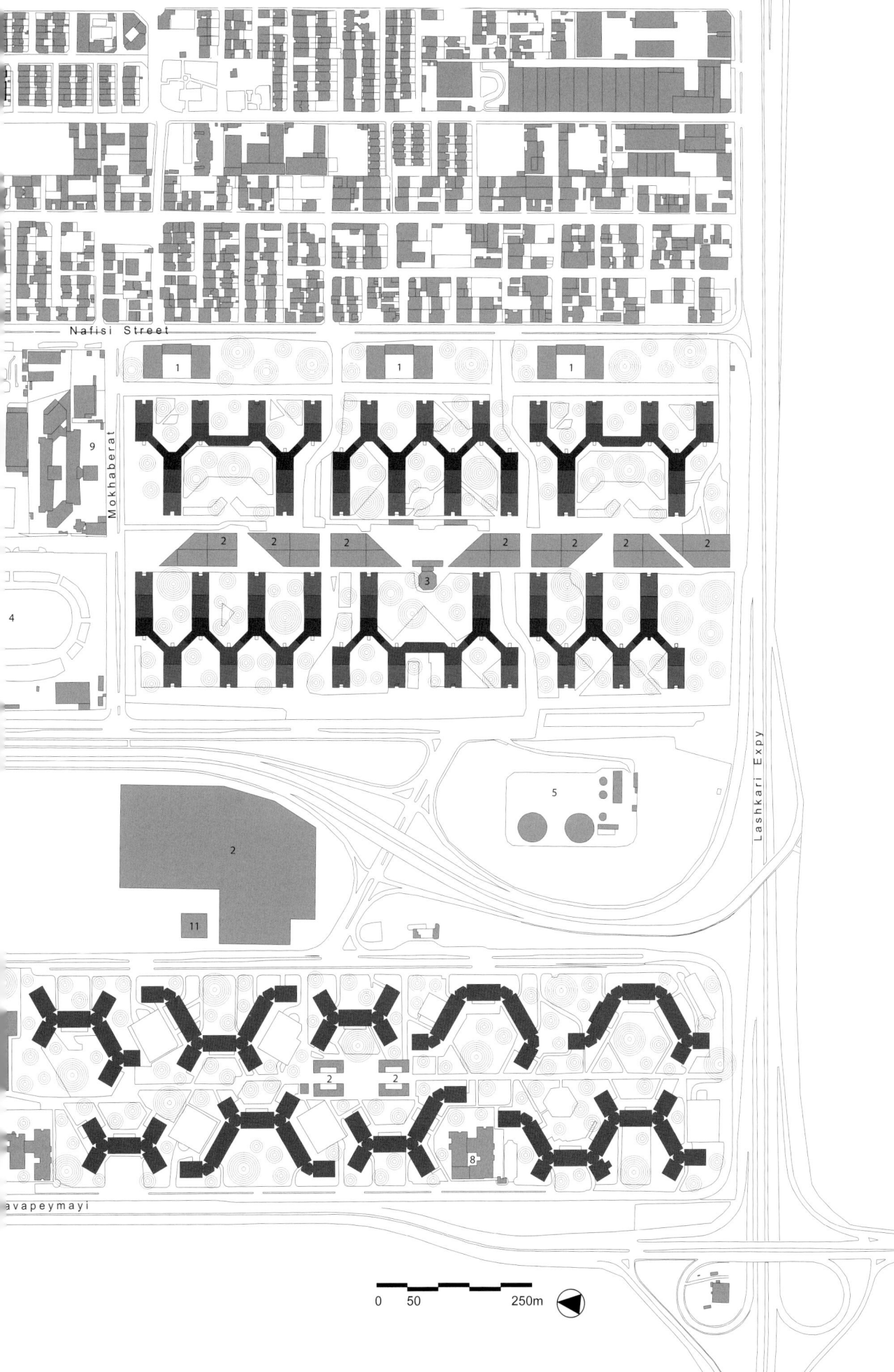

Nafisi Street

Mokhaberat

Lashkari Expy

avapeymayi

0   50   250m

Straatverkopers in Ekbatan West
Street vendors in Ekbatan West

Vogelperspectief van Ekbatan west
Bird's-eye view of Ekbatan West

**Voetpad tussen twee woning-
blokken in Ekbatan west**
Pedestrian road between the blocks
of Ekbatan West

**Ekbatan west gezien vanaf
Sanaye-Havapeymayi Road**
Approaching Ekbatan West from
Sanaye-Havapeymayi road

Ekbatan oost: door de opgetilde bouwblokken zijn alle tuinen verbonden.

Ekbatan East: all gardens are connected since the slabs are raised on columns.

Ekbatan oost: gezien richting winkelcentrum
Ekbatan East: view towards shopping centre

De tuinen worden goed onderhouden.
The gardens are well-maintained.

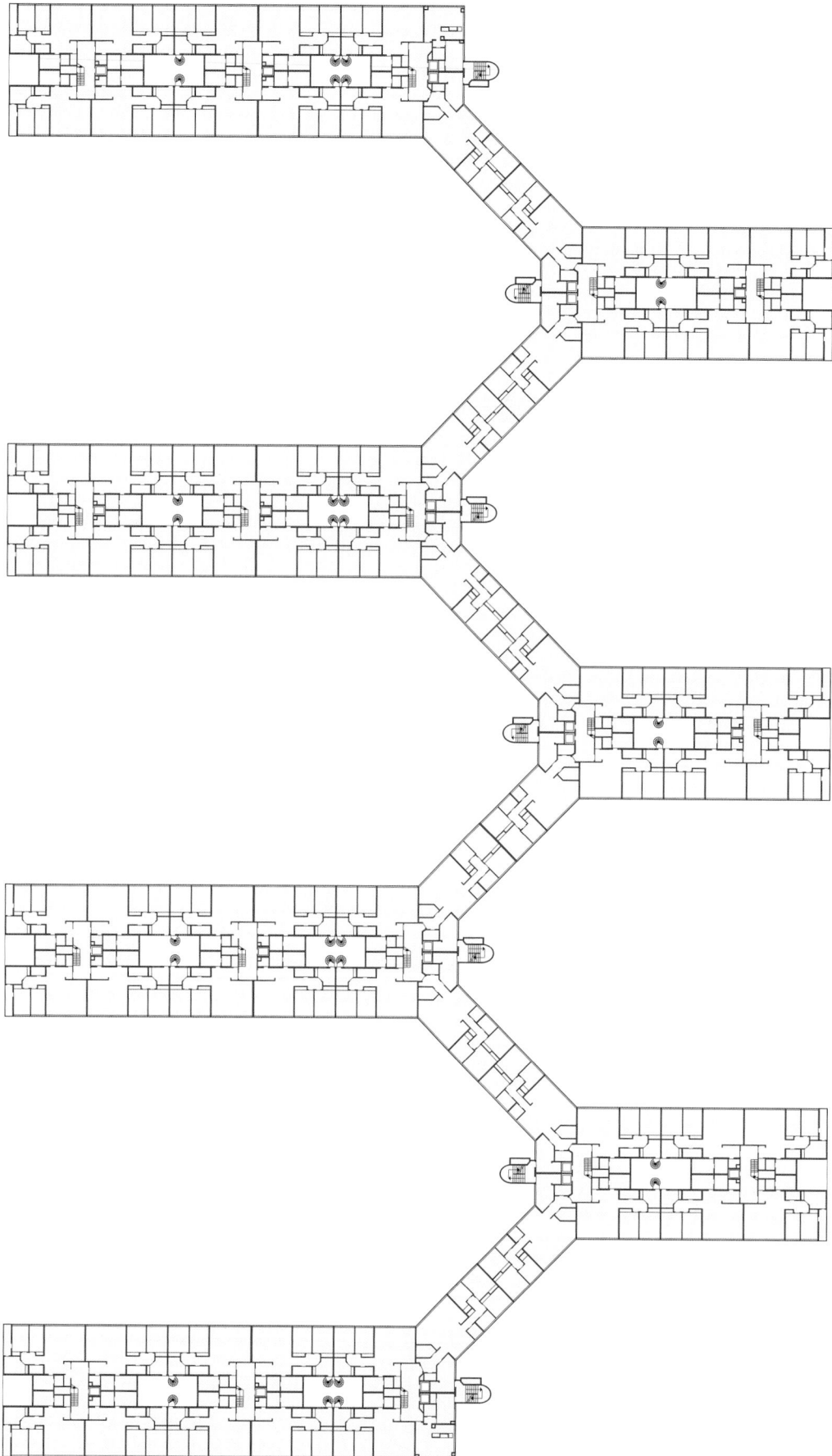

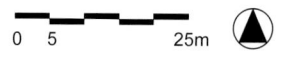

0   5   25m

Centraal trappenhuis met liften
Central staircase with lifts

**Ekbatan oost: zicht vanuit een
woning in de tuin**
Ekbatan East: view from a dwelling
into the garden

Een van de tuinen in Ekbatan oost
One of the gardens in Ekbatan East

**Op de begane grond vormen de
tuinen een doorlopende ruimte**
On ground-floor level the gardens
form a continuous space

Standaard verdieping van een blok in Ekbatan west
Typical floorplan of a block in Ekbatan West

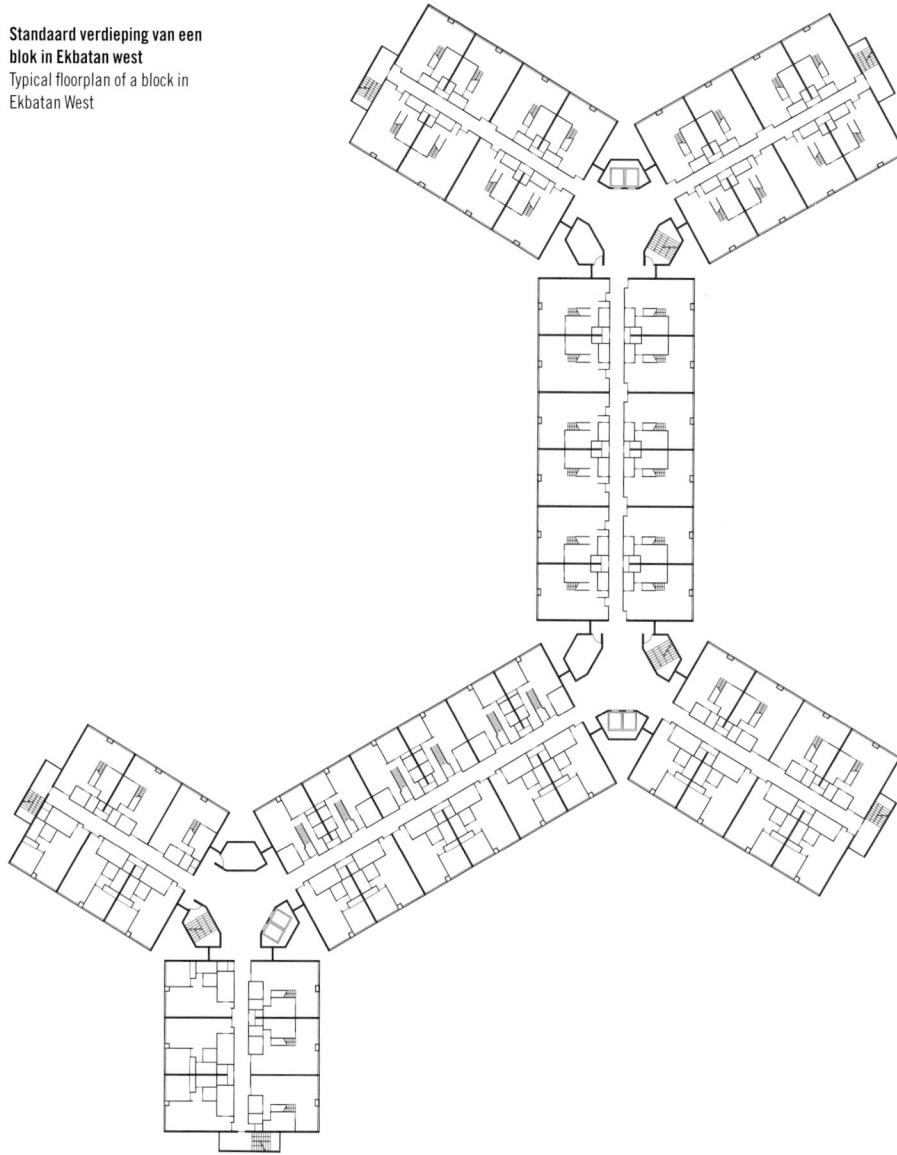

0 5   25m

Ekbatan west
Ekbatan West

Zicht op het toegangsdeck van Ekbatan west
View of the entrance deck of Ekbatan West

De centrale hal die toegang geeft tot drie centrale gangen.
The central hall gives access to three central corridors.

Tuin in Ekbatan west
Garden in Ekbatan West

Entree
Entrance

Type 1 (**Ekbatan west**/West)

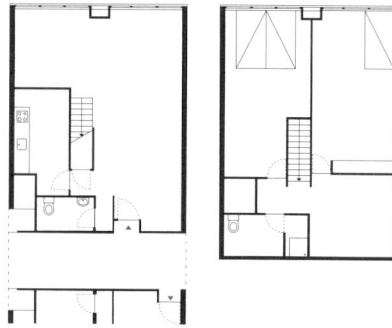

Type 2 (**Ekbatan west**/West)

Type 3 (**Ekbatan west**/West)

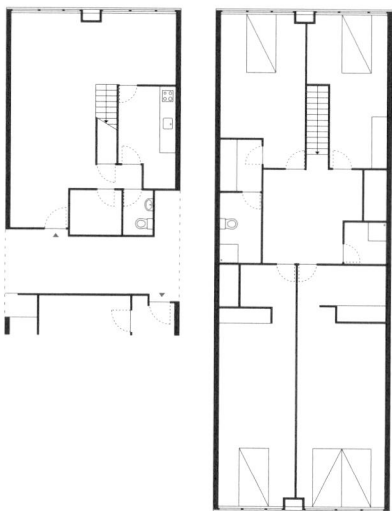

Type 4 (**Ekbatan west**/West)

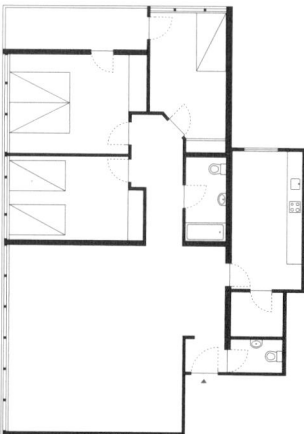

Type 5 (**Ekbatan oost**/East)

Type 6 (**Ekbatan oost**/East)

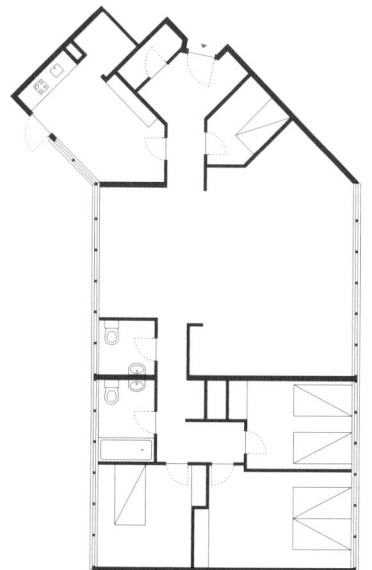

Type 7 (**Ekbatan oost**/East)

0 1   5m

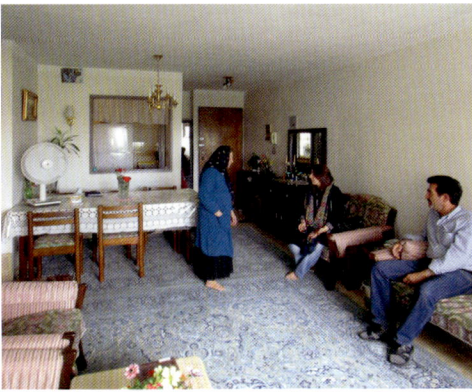

Tweekamerwoning (type 1) met een slaapkamer

One-bedroom dwelling (type 1)

De entree van woningtype 3 ligt een verdieping lager aan de corridor.

The entrance of the type 3 dwelling is from the corridor one storey below.

Woningtype 2: de keukenmuur is verwijderd.
Type 2 dwelling. The wall around the kitchen has been removed.

Woon- en eetruimte (type 3)
Living and dining space (type 3)

Nog een woningtype 5, eveneens ingericht met twee gemeubileerde zitgedeelten
Another type 5 dwelling, also furnished with two seating areas

Woningtype 5: de woonruimte heeft twee zitgedeelten: een voor het gezin en een voor gasten.

Type 5 dwelling. The living room has two seating areas: one for the family and one for guests.

Shushtar New Town Shushtar (IR)

Kamran Diba (DAZ Architects Planners & Engineers)

Shushtar New Town: Daneshgah Street, 11th Sakour Street, Shushtar, Khuzestan, Iran
Ontwerp/Design: Kamran Diba (DAZ Architects Planners and Engineers)
Opdrachtgever/Client: Karoun Agro-Industries Corporation en/and Iran Housing Corporation

Ontwerp-oplevering/Design completion: 1972-1985
Aantal bewoners/Number of inhabitants: 30.000/30,000 (ontwerp/design)
Voorzieningen/Amenities: winkelcentrum, bazaar, moskee, wijk- en cultureel centrum, scholen, sport, park, busstation/

shopping centre, bazaar, mosque, community and cultural centre, schools, sports facilities, park, bus station

Bronnen/Sources:
Kamran Diba, *Buildings and Projects* (Stuttgart-Bad Cannstatt: Hatje, 1981)
Ismael Serageldin, *Space for Freedom: The Search for Architectural Excellence in Muslim Societies* (Genève/Geneva: Aga Khan Award for Architecture;

Londen/London: Butterworth Architecture, 1989)
'Shustar New Town, DAZ Architects, Planners and Engineers – Kamran Diba', *Technical Review Summary* (Genève/Geneva: Aga Khan Award for Architecture, 1986)

Doorkijkje naar het meest westelijke deel van de 'sociale ruggengraat'
View into the most western part of the 'social spine'

Een van de bekendste woningbouwprojecten in de hedendaagse Iraanse architectuur is Shushtar New Town, vlak bij de oude stad Shushtar in het zuidwesten van Iran. Shushtar New Town is gebouwd volgens het traditionele patroon van de Iraanse stad, met een nauw verweven stedelijke structuur, en lemen bakstenen als bouwmateriaal. Het project, bedoeld voor de huisvesting van 30.000 werknemers van de Karun Agro Industry (grootschalige suikerproductie), werd in 1972 ontworpen door Kamran Diba. Het zou in vijf fasen worden gebouwd en in 1985 worden afgerond. De bouw begon in 1976 en de eerste fase, die als een autonome eenheid voor 4.200 bewoners zou fungeren, werd grotendeels voltooid in 1978. In de nasleep van de islamitische revolutie van 1979 is tussen 1980 en 1985 nog maar een klein deel van het totale project tot uitvoering gekomen.

Op grond van de plotselinge toename van de olie-inkomsten in de jaren 1970 moedigde het Iraanse ministerie van Volkshuisvesting verschillende organisaties aan te voorzien in huisvesting voor hun werknemers. Men overwoog daarbij gebruik te maken van industriële bouwsystemen. Dit idee werd indertijd positief onthaald door westers georiënteerde architecten, hoewel het geen acht sloeg op lokale bouwmaterialen en werkwijzen, een nieuwe manier van leven afdwong en geen rekening hield met de culturele en sociale gebruiken van bewoners. Diba greep de opdracht voor Shustar New Town aan om zich te verzetten tegen dergelijke moderne ideeën en ontwierp een regionaal geïnspireerd woningbouwproject.

Hij ging op zoek naar een manier om te voorzien in stedelijke enclaves die juist inspeelden op de culturele en sociale identiteit van de Iraanse samenleving. Diba ziet de gebouwde omgeving als een 'maatschappelijke gebeurtenis' die de kwaliteit van interactie tussen mensen kan vergroten en versterken. Daarom nam hij in het stedenbouwkundig plan een 'sociale ruggengraat' op die bestaat uit een reeks openbare ruimten – verharde pleinen; weelderige tuinen; overdekte, schaduwrijke zitplaatsen; fonteinen en stromend water – geflankeerd door scholen en bazaars om de sociale interactie te bevorderen. Het nooit aangelegde hoofdplein zou aan de oever van de rivier komen te liggen, waar een voetgangersbrug de nieuwe met de oude stad zou verbinden. Er wordt ook in openbare ruimte voorzien door het buurtplein, dat de vier woonwijken met elkaar verbindt en wordt omgeven door winkels en theehuizen. Een moskee in het midden van één van de woonwijken volgt het traditionele patroon van het in zijn omgeving geïntegreerde gebedshuis. Vóór de woningen is aan de straat een meer private versie van openbare ruimte gecreëerd. Dit domein kan worden begrepen als een overgang tussen privé en openbaar, en kan worden opgevat als een uitbreiding van de woning waar kinderen spelen en ouders een praatje maken.

Voor Diba was hoogbouw onmogelijk in overeenstemming te brengen met het scheppen van een humane gemeenschap. Bovendien vond hij dat de culturele identiteit van moslimgemeenschappen niet te rijmen valt met dit onbekende type woning en dat architecten horizontale dichtheid moeten nastreven. Op basis van deze argumenten gebruikte hij een laagbouwwoningtype waarvan de meeste één of twee verdiepingen tellen. Uitgangspunt was de traditionele opvatting van de kamer als multifunctionele ruimte – in tegenstelling tot de westerse opvatting van het huis als een agglomeratie van verschillende kamers met elk een afzonder-

Shushtar New Town is one of the most well-known housing projects in contemporary Iranian architecture. Located close to the ancient city of Shushtar in the southwest of Iran, Shushtar New Town follows the traditional urban pattern of Iranian cities with an interwoven urban fabric and (mud)brick as construction material. The project was designed by Kamran Diba in 1972 and planned in five stages, to be completed in 1985. Construction started in 1976 and most of the first phase, which was planned to function as an autonomous unit and to accommodate about 4,200 inhabitants, was completed in 1978. While Shustar New Town was intended to house 30,000 workers of the Karun Agro Industry (major sugar cane and production industry), due to the Islamic revolution of 1979 the project was not completely implemented and only another small part of it was constructed between 1980 and 1985.

On account of the sudden increase in oil revenues in the 1970s, the Iranian Ministry of Housing stimulated different organizations to provide housing for their employees. To achieve this goal, industrial construction systems were taken into consideration. This trend was welcomed by the Western-oriented architects at that time, although this notion neglected local materials and labours, imposed a different lifestyle and ignored the inhabitants' cultural and social particularities. With the assignment for designing Shustar New Town, Diba took the opportunity to resist these modern concepts and designed a regionally-inspired housing scheme.

He instigated a quest to provide urban enclaves that address the very cultural and social identity of society. Diba perceives a built city-structure as a 'social event' that can multiply and enhance the quality of interaction between people. As a result, in the urban plan he designed a 'social spine' consisting of a series of public spaces: paved squares, lush gardens, covered and shaded resting places, fountains and running water, which are lined with schools and bazaars to stimulate socialization. The main plaza – never realized – was to be situated on the riverbank, where a pedestrian bridge would connect the new and the old city. Public space is also provided by the neighbourhood plaza, which connects the four living quarters and is surrounded by shops and teahouses. A neighbourhood mosque in the middle of one of the residential quarters follows the traditional pattern in terms of its integration with the surroundings. A more private sense of public space is created in front of the dwellings, where the houses meet the street. This realm was to be the border between private and public and can be seen as an extension of the dwelling, where children play and parents chat.

For Diba, high-rise building is incompatible with creating a humane community. Moreover he believes that the cultural particularity of Muslim societies resists this kind of unfamiliar dwelling, and that architects should create horizontal density. Based on these arguments, he used a low-rise housing model, in which the majority of the dwellings are one or two storeys high. Contrary to the Western notion of the house as an agglomeration of different rooms with particular functions (living room, dining room, bedroom), the traditional concept of the room as a polyvalent space was his departure point. In conceptualizing the dwelling units, the courtyard, which architecturally represents the cultural identity of Iranians, was the main source of inspiration for designing. As a result, the courtyard was placed at the heart of the dwelling and the rooms were attached to it. Most rooms in the two- to four-room houses are 5 x 5 m; smaller ones are 3 x 3 or 4 x 4 m. The roofs of the residential buildings are connected, creating an upper-level cityscape based on the traditional roofscape of Iranian cities.

To build the project, traditional construction methods, local materials and mostly local, unskilled labour were used.

lijke functie (woonkamer, eetkamer, slaapkamer). Bij het conceptualiseren van de woningen was de binnenplaats, die architectonisch de Iraanse culturele identiteit vertegenwoordigt, de belangrijkste inspiratiebron voor het ontwerp. Daarom plaatste hij de binnenplaats in het hart van het huis, met de kamers eromheen. De meeste kamers in de twee- tot vierkamerwoningen meten 5 x 5 m; de kleinere 3 x 3 of 4 x 4 m. De daken zijn gekoppeld waardoor zich op de bovenste verdieping een stedelijk landschap vormt, dat gebaseerd is op het traditionele dakenlandschap in de Iraanse stad.

Er zijn bij de bouw van het project traditionele bouwmethoden, lokale materialen en voornamelijk lokale, veelal ongeschoolde arbeidskrachten ingezet. Shushtar New Town is een uniek voorbeeld van een grootschalige stedelijke ontwikkeling, ontworpen en gemaakt door lokale ontwerpers en bouwers met respect voor de inheemse manier van leven. (smas)

Shustar New Town is a unique example of a large-scale urban development conceived and produced by local designers and builders with respect for indigenous lifestyles.(smas)

Straatbeeld, fase 1, net na voltooiing, ca. 1977
Street view, phase 1, just after completion, c. 1977

Locatie van Shushtar New Town in Shushtar
Location of Shushtar New Town in Shushtar

Zowel het plein ten oosten (boven) als ten westen (onder) van het centrum hebben een groene inrichting.
Both the centre's eastern square (top) and western square (bottom) have green elements.

Zicht op de achterzijde van het winkelcentrum, gezien vanaf het noordelijke plein
View of the back of the commercial centre, as seen from the northern square

Het centrale plein met voorzieningen
The centre square with amenities

De entree van de bazaar
Entrance to the bazaar

**Stedenbouwkundig plan voor
Shushtar New Town, zoals ontworpen door Kamran Diba**
Urban plan of Shushtar New Town
as designed by Kamran Diba

1   **winkelcentrum/**
    shopping centre
2   **bazaar**
3   **moskee/**mosque
4   **stadsplein/**town square
5   **wijk- en cultureel centrum/**
    community and cultural centre
6   **school**
7   **sport/**sports
8   **park**
9   **bestaand/**existing
10 **busstation/**bus station
11 **brug naar oude stad/**
    bridge to old town

0   20   100m

Luchtfoto van Shushtar New Town,
2001
Aerial view of Shushtar New Town,
2001

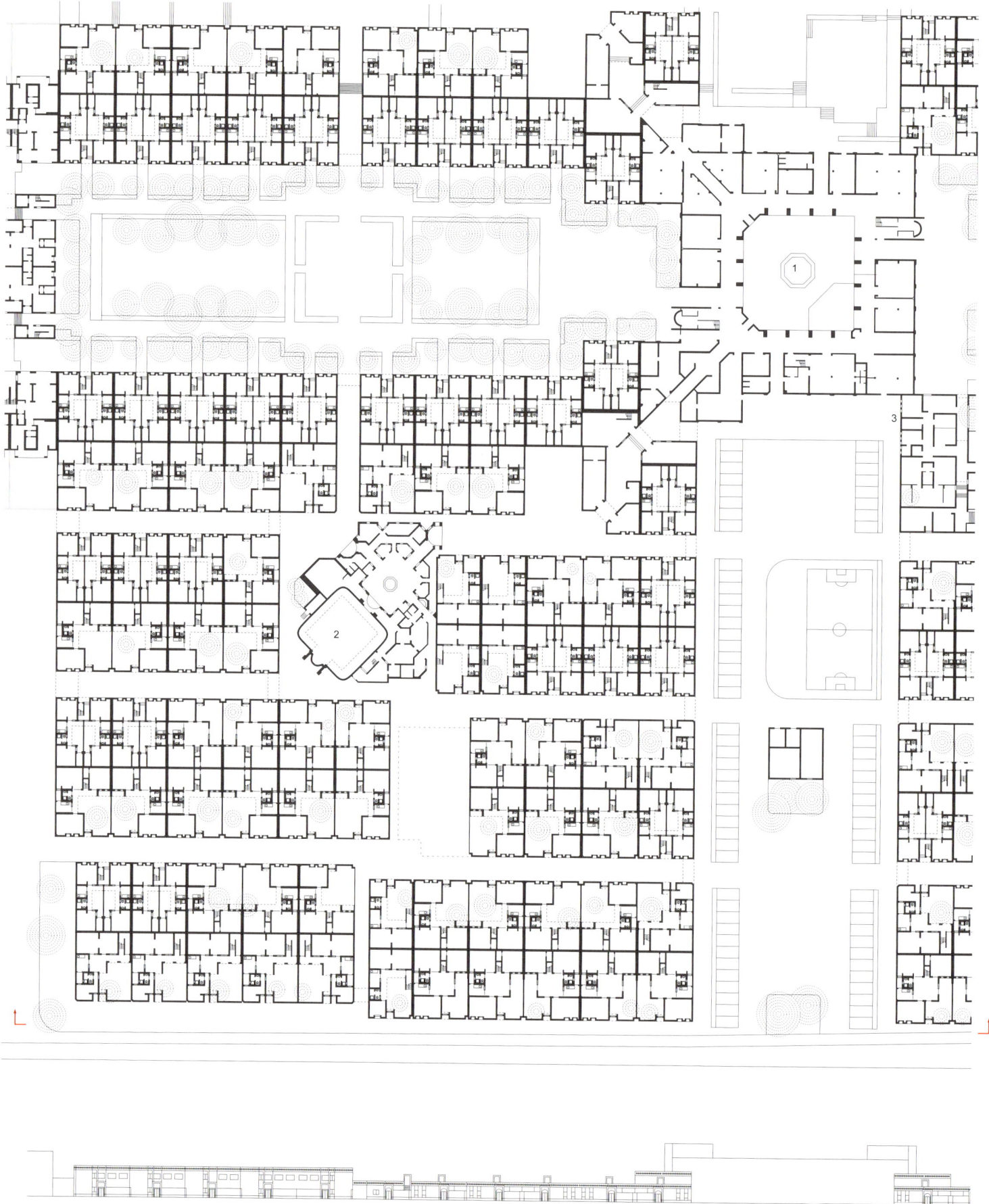

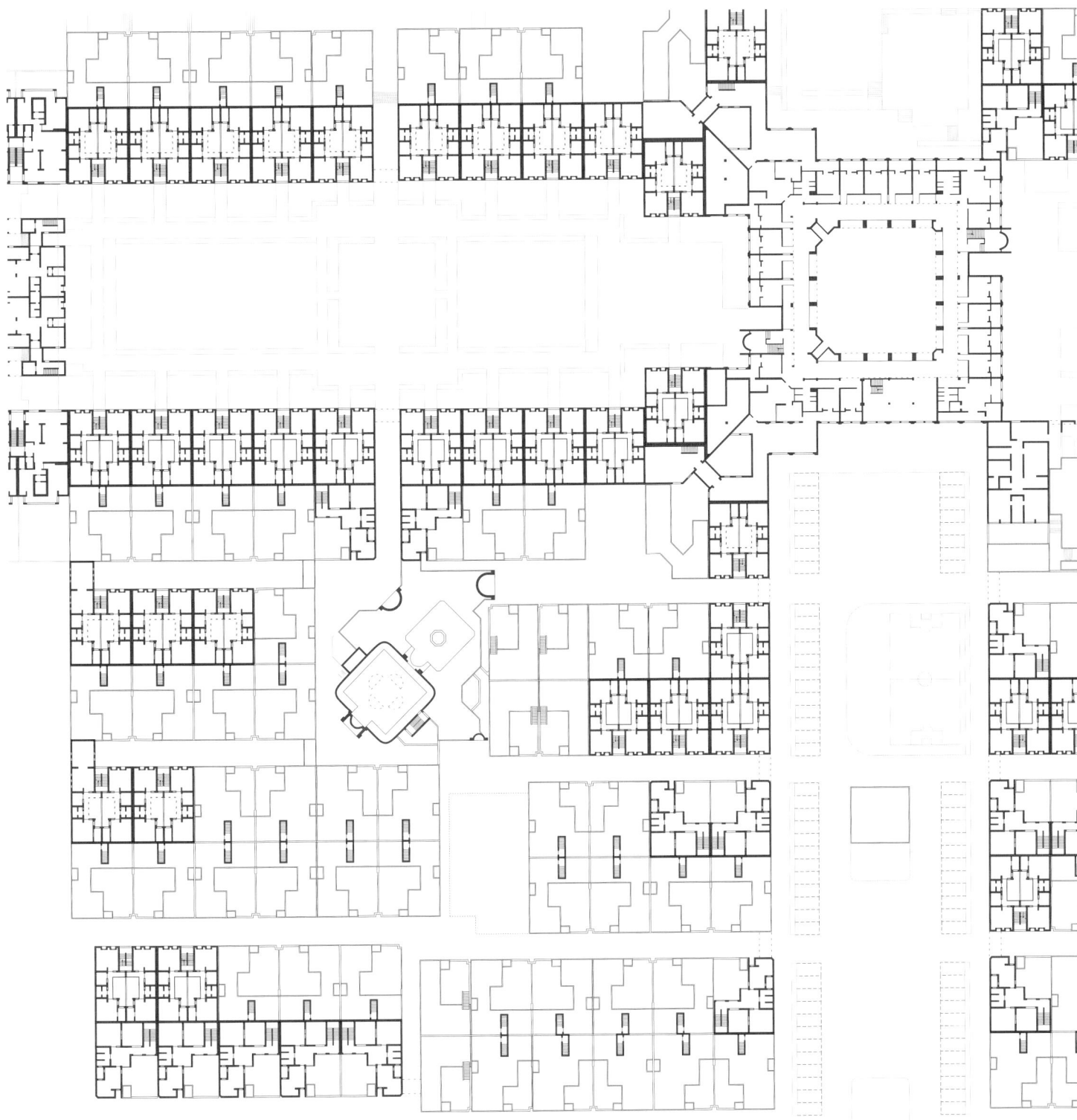

**Zuidwestelijke deel van fase I
(1976-1978): begane grond (links)
en eerste verdieping (rechts)**
Southwestern part of phase I
(1976-1978): ground floor (left)
and first floor (right)

1   **centraal plein met bazaar/**
    central square with bazaar
2   **moskee**/mosque
3   **school**

0 5   25 m

De patiomuren langs de straat zijn vaak afgebroken om de woningen toegankelijk te maken voor auto's.
The patio walls bordering the street are often demolished to allow room for car access.

Gestapelde woningen (type 3) langs de openbare tuin
Stacked dwellings (type 3) along the public garden

Op de begane grond hebben veel bewoners een deel van de collectieve tuin ommuurd, geprivatiseerd en overdekt.
On the ground-floor level, many residents have appropriated the communal garden by adding walls and coverings.

Zicht over de daken. Alle woningen hebben toegang tot het dak dat fungeert als collectieve ruimte.
View of the rooftops. Each dwelling has access to the roof, which functions as a communal space.

De nauwe straten verbreden zich zodat kinderen er kunnen spelen.
The narrow streets widen to make room for children to play.

Doorkijkjes in straten van Shushtar New Town. De hiërarchie van straten wordt gemarkeerd door verschillende poorten.
Views into streets of Shushtar New Town. The street hierarchy is indicated by various kinds of gateways.

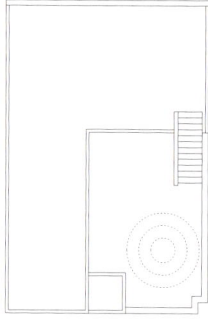

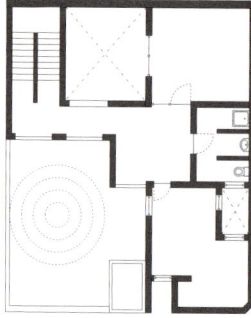

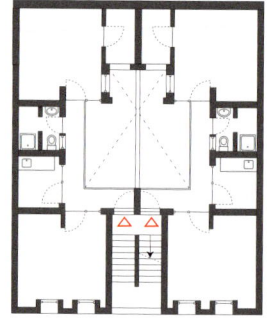

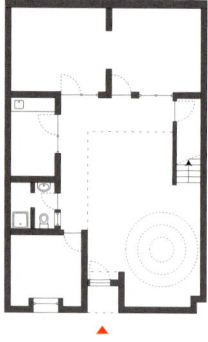

Type 1

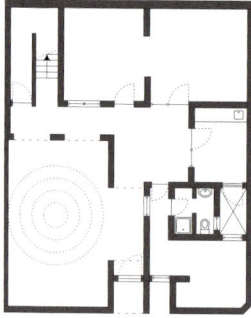

Type 2

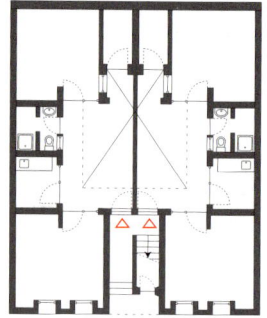

Type 3

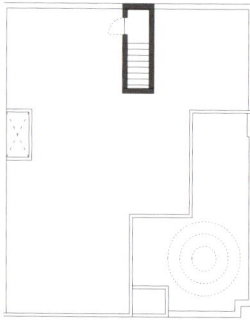

Type 4

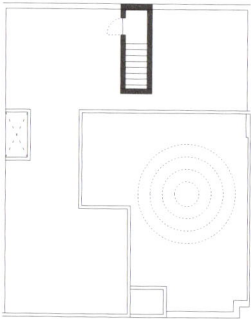

Type 5

0   2   10m

Gestapelde woningen (type 3) met galerij-ontsluiting. De originele galerijen op de verdiepingen zijn bij de woning getrokken of beschermd tegen inkijk.

Stacked dwellings (type 3) with gallery access. The original galleries on the upper levels are connected to the dwellings or screened off to give a sense of privacy.

Eenlaagse woning (type 1). De bewoner heeft de patio deels overdekt. De polyvalente woonruimten staan in open verbinding met elkaar.

Single-level dwelling (type 1). The patio has been partially covered by the resident. The polyvalent living spaces are connected by wide openings.

Tweelaagse woning (type 2). De patiomuur is intact (boven); met toegevoegde poort om toegang te geven aan een auto (onder).

Two-level dwelling (type 2). The patio wall is still intact (top); a gate has been added to allow car access (bottom).

Eenlaagse woning (type 5). De gevel en patio zijn nog in nagenoeg originele staat.

Single-level dwelling (type 5). The façade and the patio are still in original condition.

Eenlaagse woning (type 4), patio en gemeenschappelijke ruimte
Single-level dwelling (type 4), patio and communal area

CIDCO Housing Navi Mumbai (IN)

Raj Rewal

CIDCO Housing: Joma Patil Road, Parsik Hill Marg, Belapur, Navi Mumbai, India
Ontwerp/Design: Raj Rewal
Opdrachtgever/Client: The City and Industrial Development Corporation of Maharashtra Ltd. (CIDCO)

Ontwerp-oplevering/Design completion: 1988-1993
Aantal woningen/Number of dwellings: 1.048/1,048
Plangebied/Area: 7,7/7.7 ha
Woningdichtheid/Dwelling density: 136/ha

Bronnen/Sources:
Raj Rewal, *Humane Habitat at Low Cost: CIDCO, Belapur, New Mumbai* (New Delhi: Tulika, 2000)

Woningen in cluster A1/B1/C1 net achter de kleine vijver op de hoek van Joma Patil Road en Parsik Hill Marg
Dwellings in cluster A1/B1/C1 just behind the little pond on the corner of Joma Patil Road and Parsik Hill Marg

In 1964 kwamen Charles Correa, Pravina Mehta en Shirish Patel met een radicaal plan om de stad Mumbai (toen Bombay) te herstructureren, door het land aan de overkant van de haven te ontwikkelen ten behoeve van een groeiende bevolking. De geplande stad voor 2 miljoen mensen, nu bekend als Navi Mumbai, werd gebouwd om een deel van de migranten weg te leiden van Mumbai en tevens de monocentrische noord-zuid gerichte groei-as van de oude stad te transformeren naar een polycentrisch stedelijk netwerk rondom de baai. Men hoopte hiermee bij te dragen aan een gelijkmatiger spreiding van zowel de bevolking als de werkgelegenheid. Navi Mumbai heeft echter niet alleen bekendheid verworven dankzij planningsidealen, maar ook vanwege de experimenten in grootschalige woningbouw die er plaatsvonden. Net als Correa's Incremental Housing project in Belapur (een district in Navi Mumbai) ging ook CIDCO Housing, gebouwd door architect Raj Rewal uit Delhi, daar de uitdaging aan om voor weinig geld een levensvatbare leefomgeving met een hoge bevolkingsdichtheid te genereren.

In 1988 vroeg de City and Industrial Development Corporation (CIDCO) Raj Rewal om plannen te ontwikkelen voor goedkope huisvesting in Belapur. Het ingewikkelde programma van eisen vroeg om het ontwerp en de bouw van meer dan 1.000 woningen op een heuvel nabij het centrale zakendistrict van de stad.

Geïnspireerd door India's rijke reservoir aan traditionele en lokale architectuur (een terugkerend thema in het werk van de architect), vermeed Rewal terug te vallen op de typische herhaling van grote, monolithische blokken die zo karakteristiek is voor de meeste voorbeelden van grootschalige woningbouw. In plaats daarvan heeft hij een complex ontworpen dat bestaat uit een veelvoud aan eenheden en blokken van verschillende afmeting en samenstelling (afhankelijk van de verschillende inkomensniveaus en eisen), die deel uitmaken van een groter samenhangend ensemble, dat Rewal zelf graag omschrijft als een 'reeks verhalen, verweven in de structuur van één grote compositie'.[1]

In wezen was de opdracht opgesplitst in een aantal basiseenheden of 'moleculen' die qua afmeting uiteenliepen van circa 20 m^2 tot 100 m^2. Hoewel deze afmetingen waren vastgesteld door CIDCO, begreep Rewal heel goed dat de openbare ruimte de waarde van de tamelijk beperkte ruimte van de woningen zelf kon vergroten. Daarom ligt de nadruk in het gehele ontwerp op het scheppen van zowel privé als gemeenschappelijke buitenruimte, door de toepassing van binnenplaatsen en door het volume van de woningen naar boven toe te laten verspringen en inspringen waardoor op verschillende niveaus dakterrassen ontstaan.

Een ander sterk punt van het project lag in het vermogen van de architect om verschillende soorten woningen en blokken te ontwerpen, variërend van eenkamerappartementen tot driekamerduplexwoningen. Dit was cruciaal, omdat kopers uit verschillende inkomensklassen konden kiezen uit een verscheidenheid aan opties. Op de schaal van het gehele project werden al deze blokken op een ingenieuze manier samengevoegd tot zeven verschillende wijken. Nauwgezette planning maakte dat elke wijk binnenin voetgangersvriendelijk was en dat het gemotoriseerde verkeer langs de randen werd geleid. Bovendien leidde een slim gebruik van de hoogteverschillen in het gebied tot veel verschillende binnenplaatsen en smalle schaduwrijke straatjes die, op verschillende niveaus, mede zorgden voor voldoende

In 1964 Charles Correa, Pravina Mehta and Shirish Patel proposed a radical plan to restructure Mumbai (then Bombay) by developing land across the harbour to accommodate the city's growing population. Now known as Navi Mumbai, this planned city for 2 million people was built to redirect some of the migration away from Mumbai and help shift the axis of growth in the old city from a monocentric north-south one, to a polycentric urban network around the bay. This, they hoped, would help distribute people and jobs more evenly. But apart from its planning ideals, Navi Mumbai is also well known for its experiments in mass housing. Along with Correa's Incremental Housing in Belapur (a district in Navi Mumbai), the CIDCO Housing built by the Delhi-based architect Raj Rewal was seen as an answer to the enormous challenge of generating a viable habitat for high-density communities at low cost.

In 1988, the City and Industrial Development Corporation (CIDCO) invited Raj Rewal to develop plans for units of low-cost housing in Belapur. The complex brief called for the design and construction of over a 1,000 units on a hill-side site close to the city's Central Business District.

Drawing inspiration from India's rich reservoir of traditional and vernacular architecture (a recurring feature in his work), Rewal avoided resorting to the typical repetition of large monolithic blocks characteristic of most examples of mass housing. Instead, he created a complex containing a multitude of units and blocks varying in size and configuration (each catering to different income levels and requirements), that form a part of a larger cohesive ensemble, which Rewal himself likes to describe as a 'string of stories woven into the fabric of one major composition'.[1]

Essentially, the brief was broken down into a number of basic unit types or 'molecules' that vary in size from around 20 m^2 to 100 m^2. Even though these area requirements were fixed by CIDCO, Rewal clearly understood the value of open space that can augment the rather limited areas of the living units themselves. Throughout the design there is an emphasis on creating both private and communal outdoor living areas through the use of courtyards and by staggering and recessing the mass of living units as they go higher to create outdoor roof terraces at different levels.

Another strength of the project lies in the architect's ability to design several types of living units and blocks ranging from one-room apartments to three-room duplex townhouses. This was crucial as it allowed different income level buyers to choose from a variety of options. At the scale of the entire site, the blocks are arranged in ingenious ways to define seven different types of neighbourhoods. Careful planning also went into ensuring that these neighbourhoods would be pedestrian friendly on the interior with vehicular traffic limited to their peripheries. Moreover, clever usage of the contours of the site allowed for a variety of courtyards and narrow shaded streets at different levels that help provide ample space for interaction and recreation both within and between the neighbourhoods.

What remains consistent throughout the scheme is a careful utilization of space (low-rise high-density planning), economy of construction (industrial production and repetitive use of elements) and choice of materials (locally excavated stone and concrete blocks covered in rough-cast plaster). This enabled Rewal to create a settlement that, while sitting well with its context, has grown and changed to accommodate the needs of the people who live there. However, due to political and administrative reasons such as lack of public transportation, jobs and other amenities, it is unfortunate that today a sizable portion of the neighbourhood lies abandoned. The occupied remainder though, still works as a tight-knit

ruimte voor interactie en ontspanning, zowel in als tussen de wijken.

Door het hele project heen is er consequent zorgvuldig gebruik gemaakt van de ruimte (laagbouw met een hoge dichtheid), economisch gebouwd (industriële productie en een repetitief gebruik van elementen) en gebruik gemaakt van steeds dezelfde materialen (lokaal gehouwen steen en betonblokken bedekt met ruwe pleisterkalk). Rewal heeft hiermee een nederzetting weten te creëren, die goed in de omgeving paste, maar ook kon groeien en veranderen om tegemoet te komen aan de behoeften van de bewoners. Politieke en organisatorische redenen zoals gebrek aan openbaar vervoer, werkgelegenheid en andere voorzieningen hebben er echter helaas voor gezorgd dat een groot deel van de wijk er tegenwoordig verlaten bij ligt. Het bewoonde deel functioneert echter nog steeds als een hechte gemeenschap: een klein dorp waar mensen hun huizen hebben aangepast en zich eigen gemaakt. Daardoor lijkt het project nu misschien meer op die oude Indiase steden die Rewal tijdens zijn hele loopbaan hebben geïnspireerd, dan toen het werd gebouwd. (rv)

1   Raj Rewal, *Humane Habitat at Low Cost* (New Delhi: Tulika, 2000), 5.

community: a little village where people have colonized and adapted their homes, perhaps in the process resembling even more vividly those old Indian towns that inspired Rewal throughout his career. (rv)

1   Raj Rewal, *Humane Habitat at Low Cost* (New Delhi: Tulika, 2000), 5.

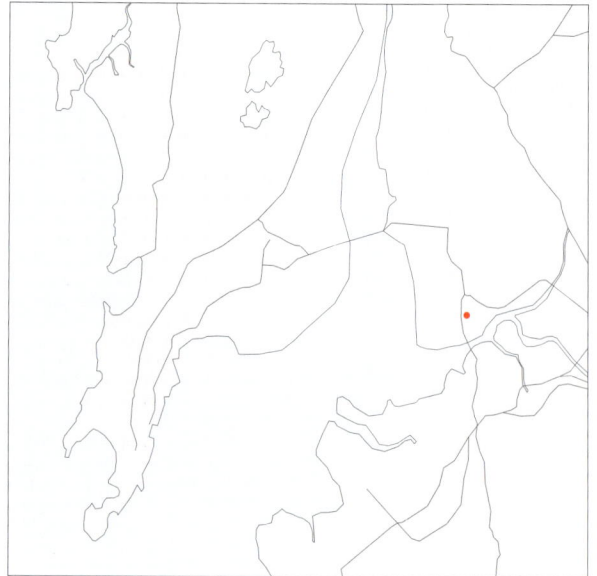

Locatie van CIDCO Housing in Navi Mumbai
Location of CIDCO Housing in Navi Mumbai

Woningen type A3, net na voltooiing
Type A3 dwellings, shortly after completion

**Stedenbouwkundig plan met ver-
schillende zich onderscheidende
clusters (*mohallas*)**
Urban Plan with several distinct
clusters (*mohallas*)

H2

H1

D2
E2

F2

F1

A1
B1
C1

B2
C2
C3

joma patil road

parsik hill marg

A2

A3

0 10   50m

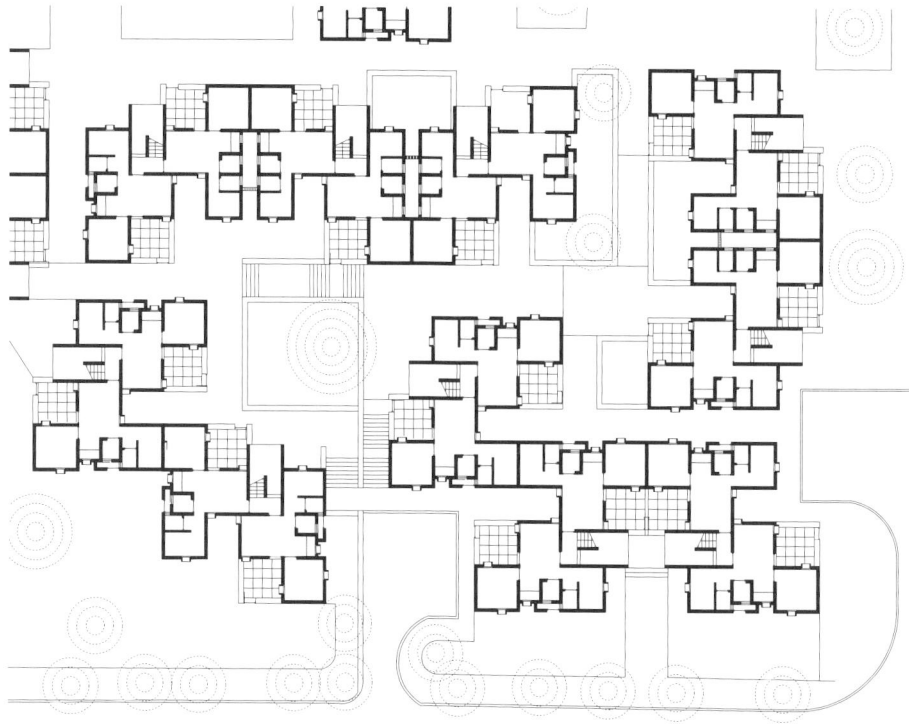

Deel van cluster A1/B1/C1, begane grond
Part of cluster A1/B1/C1, ground floor

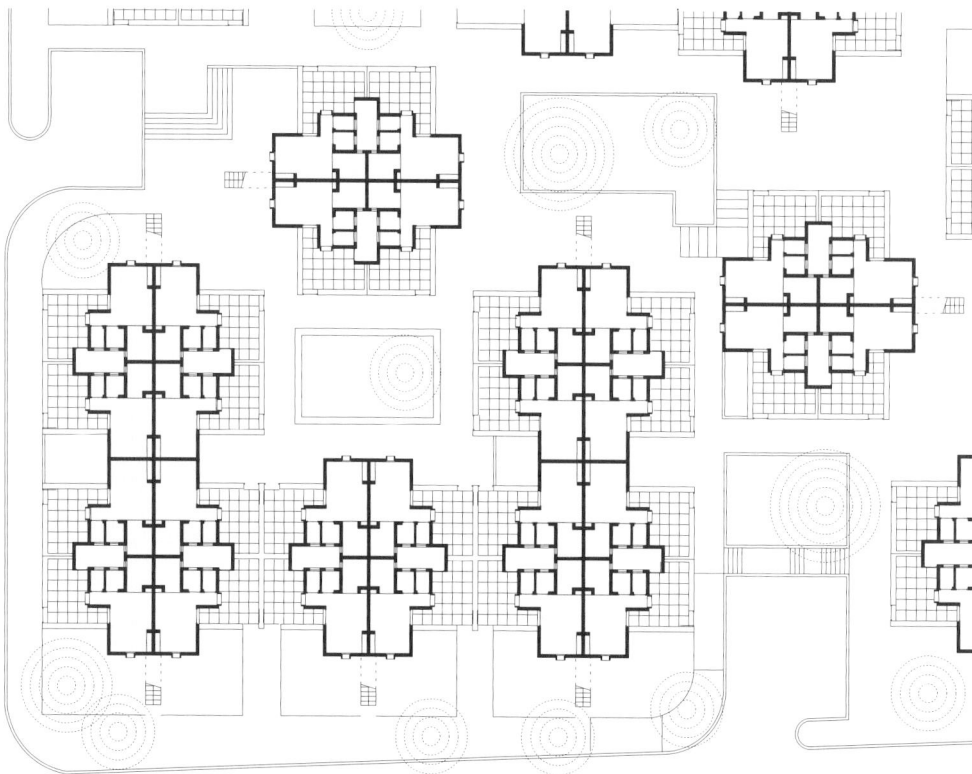

0 2   10m

Deel van cluster A2, begane grond
Part of cluster A2, ground floor

0 2   10m

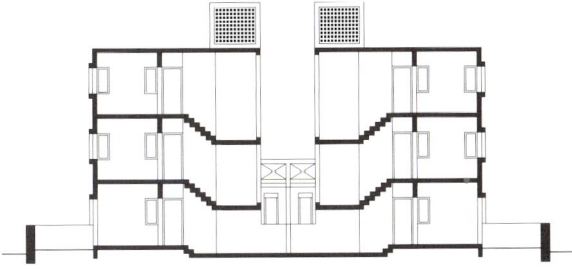

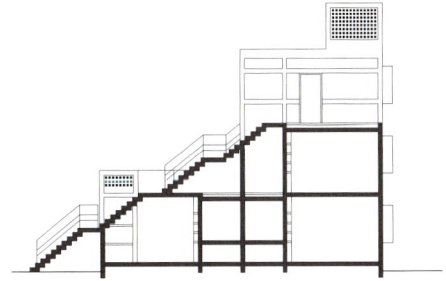

Tweede verdieping (A1)
Second floor (A1)

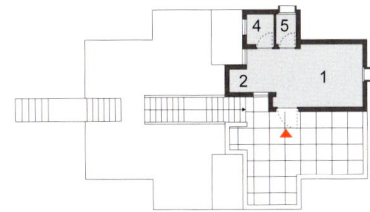

Eerste verdieping (B1)
First floor (B1)

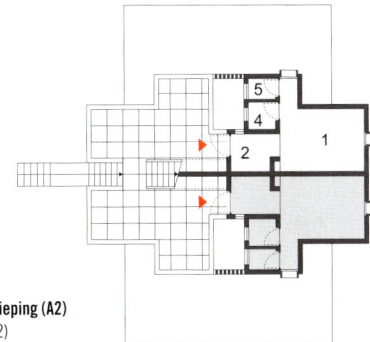

Begane grond (C1)
Ground floor (C1)

1 **woonkamer**/living room
2 **kookruimte**/cooking space
3 **slaapkamer**/bedroom
4 **badruimte**/bath
5 **w.c.**/W.C.
6 **bergruimte**/store

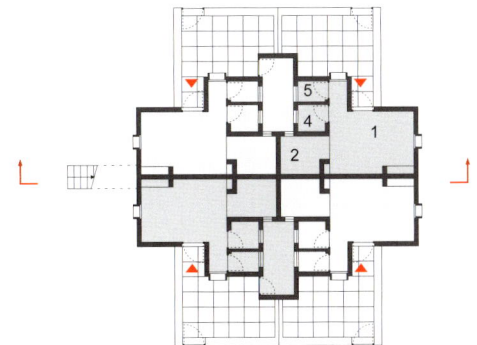

Tweede verdieping (A2)
Second floor (A2)

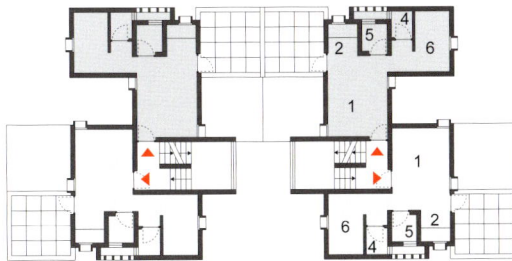

Eerste verdieping (A2)
First floor (A2)

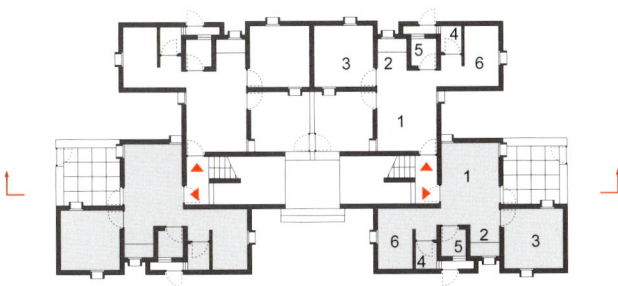

Begane grond (A2)
Ground floor (A2)

0 2 10m

Woningen in cluster A1/B1/C1.
Bewoners hebben hun leefruimte
uitgebreid op daken en terrassen.
Dwellings in cluster A1/B1/C1. The
inhabitants have built extensions
on the terraces and roofs.

Cluster A1/B1/C1
Cluster A1/B1/C1

Voetpad in cluster A1/B1/C1
Pathway in cluster A1/B1/C1

Interne paden en hoven vormen
een aaneenschakeling van
ruimten binnen het cluster.
Internal pathways and courtyards
form a sequence of spaces within
the cluster.

Een verlaten woning in cluster A2
An abandoned dwelling in cluster A2

Een systeem van open trappen, als verlengstuk van de voetpaden, verbindt de begane grond met de dakterrassen

A system of open staircases that form an extension of the walkways link the ground level to the roof terraces

Straat met cluster A2 aan de linkerkant; rechts cluster A3
Road with cluster A2 on the left; on the right cluster A3

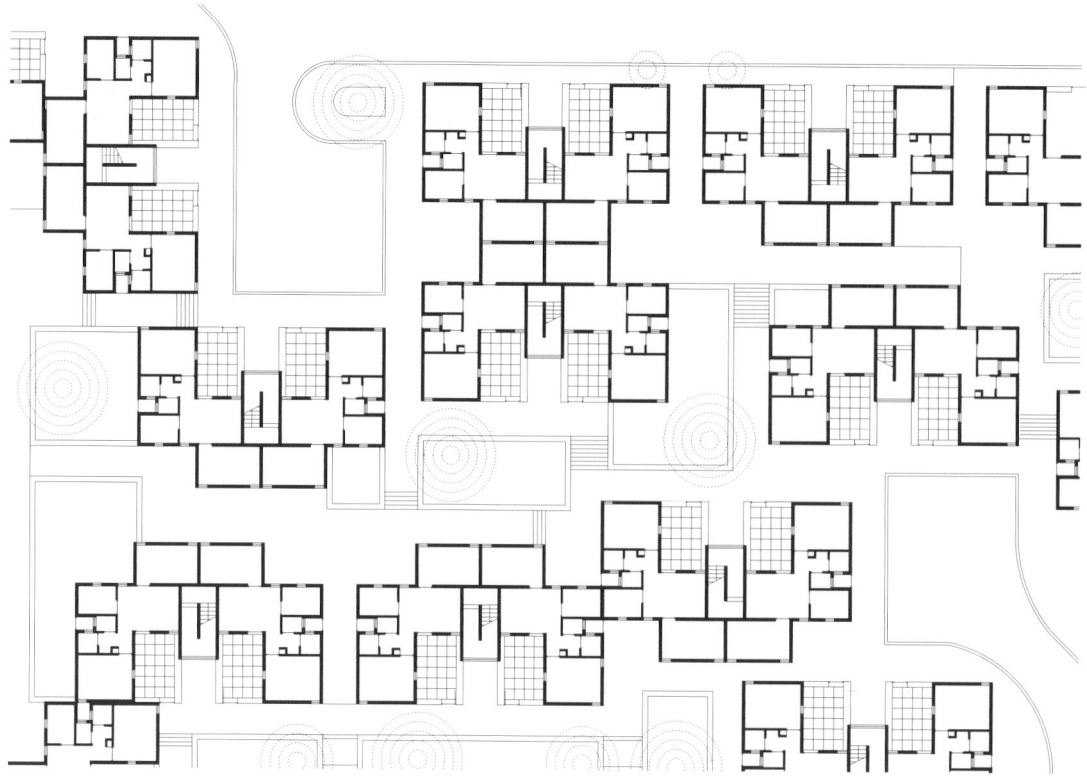

Deel van cluster D2/E2, begane grond
Part of cluster E2/D2, ground floor

0   2   10m

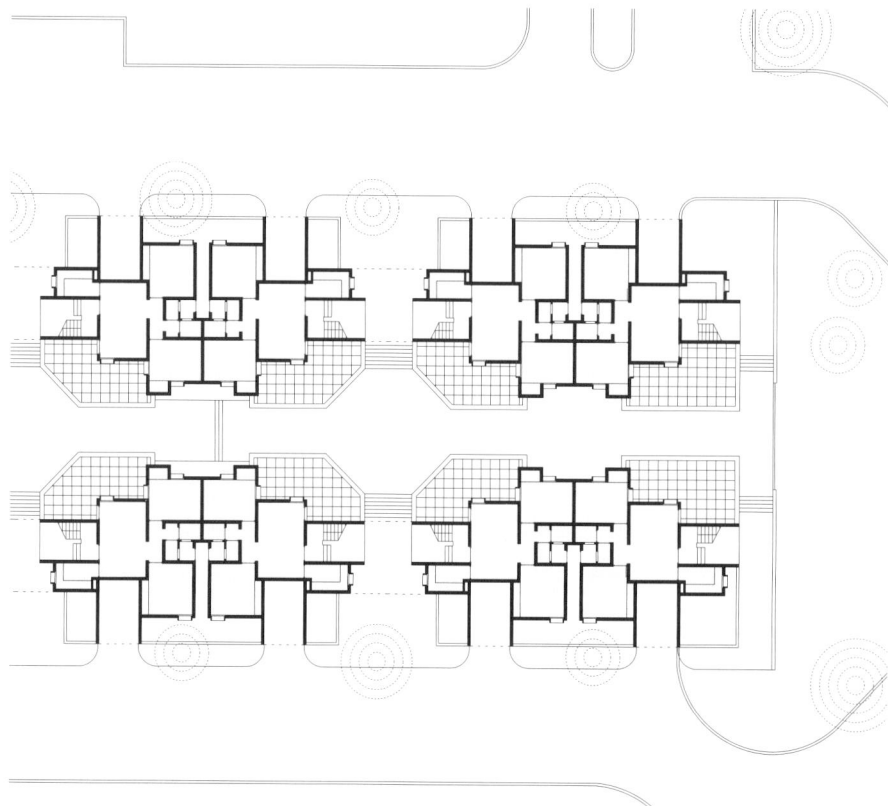

Deel van cluster F2, begane grond
Part of cluster F2, ground floor

0   2   10m

Eerste verdieping (F3)
First floor (F3)

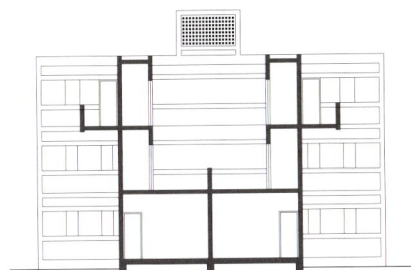

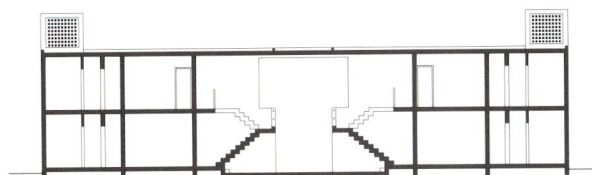

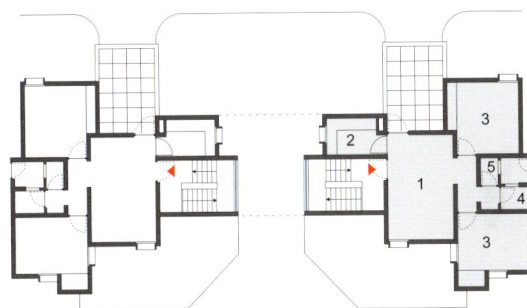

Tweede verdieping (D2)
Second floor (D2)

Eerste verdieping (D2)
First floor (D2)

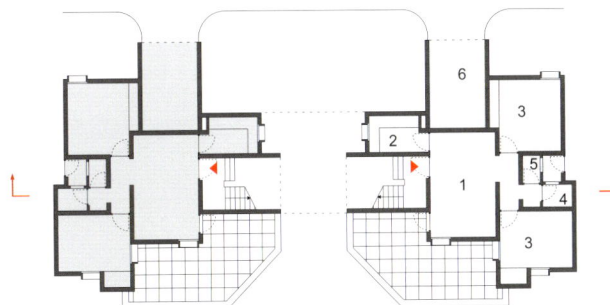

Begane grond (F2)
Ground floor (F2)

Begane grond (E2)
Ground floor (E2)

1   **woonkamer**/living room
2   **kookruimte**/cooking space
3   **slaapkamer**/bedroom
4   **badruimte**/bath
5   **w.c.**/W.C.
6   **garage**

0   2   10m

Elk blok bestaat uit zes woningen.
Each block consists of six dwellings.

Zijgevel van woningen in cluster D2/E2
Side façade of cluster D2/E2 dwellings

Momenteel is cluster D2/E2 verlaten
Cluster D2/E2 is now abandoned.

Een gemeenschappelijk trappenhuis geeft toegang tot woningen op de eerste en tweede verdieping.
A common staircase gives access to the dwellings on the first and second floor.

Interne paden in cluster F2
Internal pathway in cluster F2

Zicht vanaf cluster F2 richting cluster D2/E2
View from cluster F2 towards cluster D2/E2

De bewoners hebben zich het dak toegeëigend door luifels toe te voegen.
The inhabitants appropriated the roof by adding canopies.

Cluster F2
Cluster F2

Sangharsh Nagar Mumbai (IN)

PK Das & Associates

Sangharsh Nagar: Turbhe Road, Chandivali, Mumbai, India
Ontwerp/Design: PK Das & Associates
Opdrachtgever/Client: The Government of Maharashtra & Nivara Hakk Welfare Centre

Ontwerp-oplevering/Design completion: 1995-2004
Aantal woningen/Number of dwellings: 18.362/18,362 (ontwerp/design)
Plangebied/Area: 32 ha
Woningdichtheid/Dwelling density: 574/ha

Voorzieningen/Amenities: moskee, tempel, markt, scholen, winkelcentrum, bioscoop, kerk/ mosque, temple, market, schools, shopping centre, cinema, church

Bronnen/Sources:
www.pkdas.com (geraadpleegd 12 april 2015/accessed 12 April 2015)
'Sangharsh Nagar, Bombay', *Journal of the Indian Institute of Architects* (1987)

Sangharsh Nagar gezien vanuit het westen
Sangharsh Nagar from the west

Mumbai is zowel de grootste stad als de financiële hoofdstad van India. De planningsautoriteiten van Mumbai zien zich geconfronteerd met de gigantische opgave het almaar groeiende aantal arme stedelingen in de stad te huisvesten. Op dit moment woont meer dan de helft van de 12,5 miljoen inwoners van Mumbai in een informele nederzetting of sloppenwijk. In de loop der jaren zijn verschillende strategieën ontwikkeld om de wildgroei aan sloppenwijken tegen te gaan: van de *Slum Clearance Act* uit 1956 tot de huidige regeling, het *Slum Redevelopment Scheme* (SRS) uit 1995, die een fundamentele verschuiving markeert in de rol van de staat bij de volkshuisvesting. In plaats van zelf te investeren, is de staat begonnen de voorraad betaalbare stadswoningen over te dragen aan vooral de particuliere sector, waarbij de staat zelf enkel nog een faciliterende rol speelt. Volgens deze regeling worden gezinnen, die daarvoor in aanmerking komen omdat ze in erkende sloppenwijken wonen, door particuliere ontwikkelaars geherhuisvest op bestaande locaties. Dit in ruil voor meer bouwrechten, die de ontwikkelaar kan gebruiken om woningen te bouwen in het vrijemarktsegment. De regeling biedt dus vooral voordelen aan de ontwikkelaar, die de gezinnen onderbrengt in woningen van 25 m² in hoogbouwhuurkazernes die in veel gevallen over onvoldoende licht en ventilatie beschikken. Doordat daarnaast de bestaande leefpatronen van zulke gemeenschappen en de maatschappelijke voorzieningen die zij zo hard nodig hebben worden genegeerd, draagt het merendeel van deze projecten maar weinig bij aan de verbetering van de woonomstandigheden van arme stedelingen.

Een alternatief hiervoor is Sangharsh Nagar in de noordelijke voorstad Chandivali, gebouwd door architectenbureau PK Das & Associates uit Mumbai. Sangharsh Nagar beslaat in totaal 34 ha en werd ontworpen voor meer dan 18.000 gezinnen die eerder onder dwang uit hun huizen in een nederzetting in het Sanjay Gandhi National Park zijn gezet, een ingreep die deel uitmaakte van het sloppenwijksaneringsplan uit 1995. Omdat het project de sanering van een sloppenwijk betrof, dienden de architecten elk gezin te voorzien van de voorgeschreven 25 m² ruimte bij een globale dichtheid van meer dan 500 woningen per ha. De meeste van zulke saneringsplannen worden gedachteloos uitgevoerd, maar Das heeft geprobeerd een wijk te ontwikkelen waarin clusters gebouwen van acht verdiepingen zijn verweven met de broodnodige maatschappelijke infrastructuur zoals scholen, ziekenhuizen, speeltuinen, enzovoort.

De opzet draait in wezen om het ontwerp van een *pada* (cluster). Elke *pada* bestaat uit ongeveer 550 woningen en kleinschalige voorzieningen zoals een wijkkantoor, crèches, een vrouwencentrum, enzovoort. Midden in elk cluster ligt de centrale binnenplaats die in die *pada* als gemeenschappelijke openbare ruimte fungeert. De gebouwen (er zijn vier basistypen) die uitkijken over deze binnenplaatsen zijn steeds bereikbaar via een *baithak* (een informele ontmoetingsplaats), en bestaan uit een centraal stijgpunt met daaromheen vijf tot zeven woningen om de kosten te drukken. Dergelijke woningen hebben allemaal ongeveer dezelfde plattegrond en bestaan uit een enkele kamer (die dienst doet als slaapkamer èn woonruimte), een keuken, balkon en toilet, en beschikken over voldoende licht en ventilatie, wat van levensbelang is in een warm en vochtig klimaat als dat van Mumbai.

Mumbai is both the financial capital of India and its largest city. The city's planning authorities are faced with the enormous task of accommodating Mumbai's ever-increasing urban poor population. At present more than half of Mumbai's 12.5 million inhabitants live in informal settlements or slums. Over the years, several policies have evolved to tackle the proliferation of slums, starting with the Slum Clearance Act of 1956 right up to the current Slum Redevelopment Scheme (SRS) of 1995, which marks a fundamental shift in the role of the state towards mass housing. Rather than investing itself, the supply of affordable housing in the city has since been primarily handed over to the private sector with the state itself acting merely as a facilitator in the process. In this scheme, eligible families living in recognized slums are rehoused on existing plots by the private developer in exchange for a portion of the land and higher construction rights that can be used to build new market housing. However, being a developer-centric scheme, each family is given a fixed 22.5 m² housing unit in a high-rise tenement often with drastically inadequate light or ventilation. Moreover, by ignoring the existing living patterns of such communities and the social amenities that they so crucially require, a majority of these projects have done little to improve the living conditions of the urban poor in the city.

Sangharsh Nagar, built in the northern suburb of Chandivali by the Mumbai-based architecture firm of PK Das & Associates, is an alternative to this. Measuring a total of 34 ha, Sangharsh Nagar was designed to accommodate more than 18,000 families that were forcibly evicted from their homes in a settlement in Sanjay Gandhi National Park as a part of the city's slum clearance scheme in 1995. However, being a slum rehabilitation project, the architects had to provide each family with the stipulated 25 m² of space at an overall density of more than 500 dwellings per hectare. Rather than the typical rubber-stamping that characterises most such rehabilitation schemes, however, Das attempted to develop a neighbourhood where clusters of ground-plus-seven-storey buildings are intertwined with much needed social infrastructure such as schools, hospitals, playgrounds and other community facilities.

Essentially, the scheme revolves around the design of a *pada* (cluster). Each *pada* accommodates about 550 houses along with small-scale social amenities such as a society office, crèches, a women's centre and other common facilities. At the heart of each cluster lies a central court that serves as the common open space for that *pada*. The buildings (of which there are four basic types) that overlook these open courts are always accessed by a *baithak* (an informal meeting place), and consist of a central circulation core around which five to seven housing units are placed to optimize costs. All housing units within these are similar in layout and comprise a single room (that serves as both the bedroom and living space), kitchen, balcony and toilet with adequate access to light and ventilation – essential requirements in the hot and humid climate of Mumbai.

At the larger scale, three such clusters form a *wadi* (sector). These *wadis* are linked together by internal streets that were intended to be lined with social amenities of a more public nature such as markets, banks, post offices and commercial shops that would help tie together the entire scheme as a whole.

Sadly, the project has not been completed fully according to the architect's original plans. Built with the help of the Government of Maharashtra and the Nivara Hakk Welfare Centre, Sangharsh Nagar was supposed to house some 18,362 families, 14 schools, two medical centres, 180 *balwadis* (nursery schools), 180 welfare centres, 800 shops, two com-

Op grotere schaal vormen drie van zulke clusters een *wadi* (sector). Deze *wadi's* zijn onderling verbonden door binnenstraten die zouden worden geflankeerd door maatschappelijke voorzieningen met een meer openbaar karakter, zoals markten, banken, postkantoren en winkels, die daarmee zouden bijdragen aan de samenhang van het totale ontwerp.

Jammer genoeg is het project niet geheel uitgevoerd volgens de originele plannen van de architect. Sangharsh Nagar, gebouwd met steun van de regering van Maharashtra en het Nivara Hakk Welfare Centre, had 18.362 gezinnen moeten huisvesten en plaats moeten bieden aan 14 scholen, twee medische centra, 180 *balwadis* (peuterspeelzalen), 180 steunpunten voor maatschappelijk werk, 800 winkels, twee gemeenschapszalen en vier religieuze instellingen. Daarnaast nog een aantal speeltuinen en een 1,6 ha grote *maidan* (openbare ruimte) die dienst zou doen als centrale ontmoetings- en recreatieplek voor de gehele gemeenschap. Slechts de helft van het project is gerealiseerd en het resterende grondgebied is stempelgewijs bebouwd met dezelfde huurkazernes, die doorgaans gebouwd worden in de stad als onderdeel van het *Slum Rehabilitation Scheme*.

Ook al is het moeilijk na te gaan of de intenties van de architect werkelijk een succes zouden zijn geworden, Sangharsh Nagar is niet alleen opmerkelijk vanwege de omvang, maar ook vanwege de onconventionele benadering om een dergelijke gemeenschap opnieuw te huisvesten: door te plannen en te bouwen op de schaal van een hele wijk. (rv)

munity halls and four religious institutions in addition to a number of playgrounds and a large, 1.6-ha *maidan* (public open space) that would serve as the entire scheme's central meeting and recreational space. Today, only about half the scheme has been realized and the remaining land has been rubber stamped with the kind of tenements that generally get built under the Slum Rehabilitation Scheme elsewhere in the city.

While this makes it difficult to prove whether the architects intentions would have been truly successful, Sangharsh Nagar is noteworthy because of its size, but also for its unconventional approach towards rehabilitating such communities by planning and building at the scale of an entire neighbourhood. (rv)

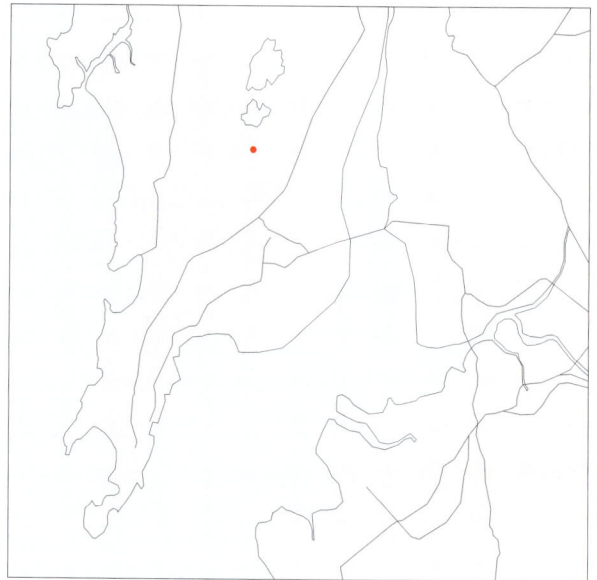

Locatie van Sangharsh Nagar in Mumbai
Location of Sangharsh Nagar in Mumbai

Het ontwerp voor Sangharsh Nagar is niet geheel uitgevoerd. Intussen worden er eenvoudiger betonnen 'containers' als woningen gebouwd. Sangharsh Nagar was never completed as designed. Meanwhile the construction of more simple concrete dwelling 'containers' is in full progress

thurbe road

0   40   200m

Het gerealiseerde deel van het ontwerp van PK Das in donkergrijs
The realised portions of PK Das's design shown in dark-grey

De westkant van Sangharsh Nagar
View along the western side of Sangharsh Nagar

De oostkant. Net als in de rest van Mumbai wordt het gebied volgebouwd met monotone betonnen flats.
View along the eastern side of Sangharsh Nagar. Typical of what is happening in the rest of Mumbai, the area is being filled with monotone concrete slabs.

Stedenbouwkundig plan voor Sangharsh Nagar, zoals ontworpen door PK Das & Associates
Urban plan of Sangharsh Nagar as designed by PK Das & Associates

1 **moskee**/mosque
2 **tempel**/temple
3 **markt**/market
4 **school**
5 **winkelcentrum/**
  shopping centre
6 **winkelcentrum en bioscoop/**
  shopping centre and cinema
7 **open gebied**/open ground
8 **kerk**/church

0   20   100m

Straat in een cluster
Street within a cluster

Langs de hoofdstraten verschijnen informele winkeltjes
Informal shops pop up along the main streets

Entree van een cluster
Entrance of a cluster

Straat tussen twee clusters
Street between two clusters

Standaard cluster en doorsnede
Typical cluster and section

0 4   20m

Toegangspoort van een apparte-mentengebouw
Entrance gate of an apartment block

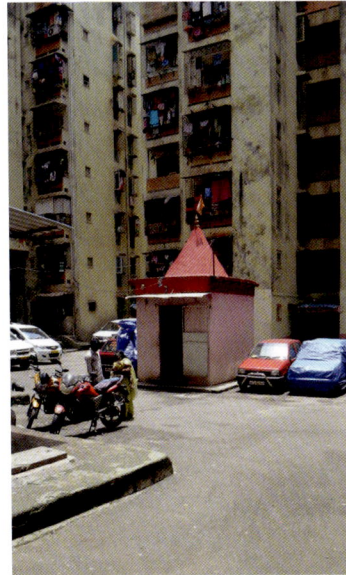

Centrale open ruimte binnenin een typische cluster
The central open space within a typical cluster

Binnenin een cluster
Inside a cluster

Binnenin een cluster
Inside a cluster

Standaard verdieping van de vier basistypen, waarmee elk cluster gevormd wordt
Typical floors of the four types, with which the clusters are formed

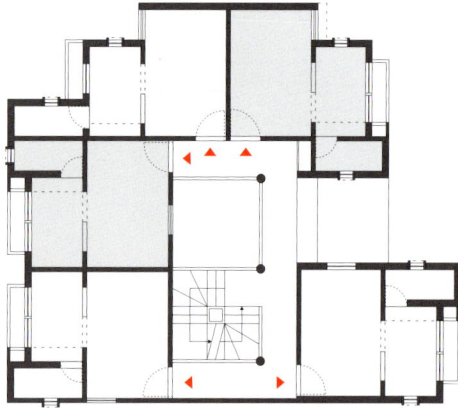

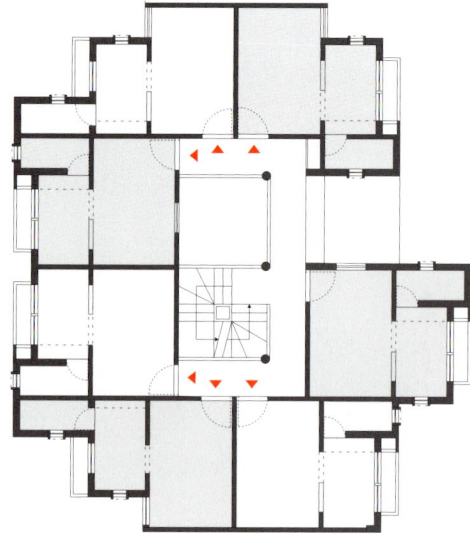

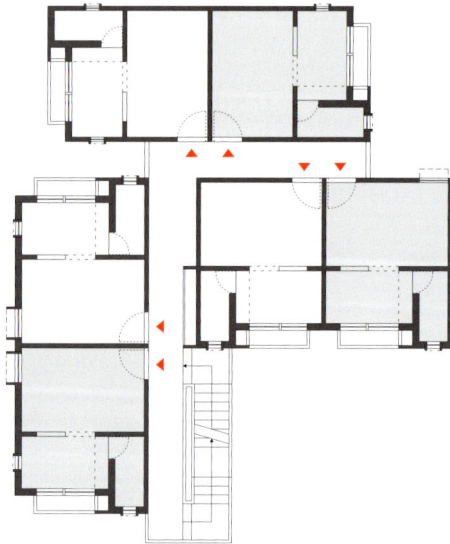

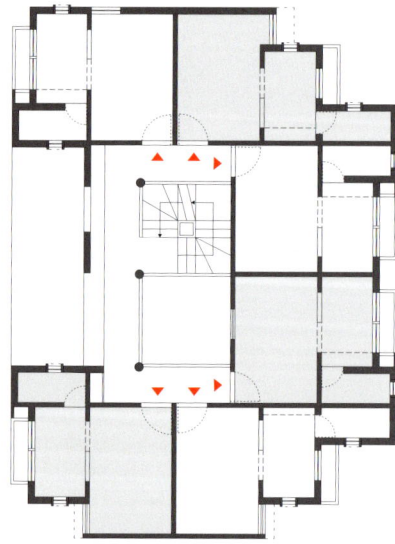

0 1   5m

Sangharsh Nagar, appartementen-blok, vlak na voltooiing
Sangharsh Nagar apartment block, just after completion

Binnenin een cluster
Inside a cluster

Een bewoond huis. Elke woning bevat een kamer, een keuken, een toilet en balkon.
Occupied dwelling. Each dwelling comprises of one room, a kitchen, a toilet and a balcony.

Mickey Leland Addis Abeba/Addis Ababa (ET)
Housing Development Project Office (HDPO)

Mickey Leland: Kolfe Keranyo (noord/north), Addis Abeba, Ethiopië/Addis Ababa, Ethiopia
Ontwerp/Design: Housing Development Project Office (HDPO)
Opdrachtgever/Client: Het Integrated Housing Development Programme is een door de overheid gestuurd en gefinancierd woningbouwprogramma voor de lagere en middeninkomens in Ethiopië. Het programma werd in 2004 door toenmalig burgemeester van Addis Abeba Oqubay Arkebe gelanceerd/The Integrated Housing Development Programme (IHDP) is a government-led and financed housing provision programme for low-and middle-income households in Ethiopia. The programme was launched in 2004 by the then Mayor of Addis Ababa Oqubay Arkebe.

Ontwerp-oplevering/Design completion: 2006-2008
Aantal woningen/Number of dwellings: ca. 4.800/c. 4,800
Aantal bewoners/Number of inhabitants: ca. 18.600/c. 18,600
Plangebied/Area: 25,7/25.7 ha
Woningdichtheid/Dwelling density: 187/ha

Voorzieningen/Amenities: winkels, gemeenschappelijke gebouwen (o.a. te gebruiken als slachthuis, washok en keuken)/ shops, communal buildings (to be used as, among other thing, slaughter house, washing place and kitchen)

Bronnen/Sources:
Integrated Housing Development Program, Volume III: Neighbourhood Designs and Housing Typologies (Addis Abeba/Addis Ababa: 2006)
UN Habitat, The Ethiopia Case of Condominium Housing: The Integrated Housing Development Programme (Nairobi: United Nations Human Settlements Programme, 2010)

Groene ruimte tussen de Mickey Leland blokken
Green space between the Mickey Leland blocks

Addis Abeba, de hoofdstad van Ethiopië, is een van de 35 snelst groeiende steden ter wereld. Volgens voorspellingen van VN-Habitat (2015) zal de bevolking van Addis dit decennium groeien van 4,1 naar 4,9 miljoen. Hoewel de definitie van 'sloppenwijk' in Addis Abeba omstreden is, schat VN-Habitat dat 76,4 procent van de stedelijke bevolking in sloppenwijken of onder slechte omstandigheden woont. Om hieraan een einde te kunnen maken en de zorg voor arme stedelingen op te pakken, heeft de Ethiopische overheid in 2004 het zogenaamde 'Grand Housing Programme' gelanceerd. Ook andere agendapunten spelen een rol in dit plan, zoals: 1) het creëren van 200.000 banen; 2) het stimuleren van de ontwikkeling van 10.000 kleinschalige ondernemingen; 3) het opleveren van 6.000 ha land met openbare voorzieningen en 4) het vergroten en versterken van de capaciteit van lokale aannemers, adviseurs, enzovoort. Om te beginnen heeft in Addis Abeba een aantal pilotprojecten plaatsgevonden; later werd het programma opgeschaald naar een landelijk huisvestingsinitiatief. Tot op heden zijn er in Addis Abeba alleen al 240.000 woningen gebouwd. Het zijn vooral appartementen, die kleine, onbebouwde percelen in het bestaande stedelijk weefsel opvullen of de woningen op het terrein van de voormalige sloppenwijken vervangen. Maar een groot aantal van deze appartementenwijken ligt aan de rand van de stad, bijvoorbeeld de Mickey Leland Condominium Site.

Mickey Leland ligt in het noordwesten van Addis Abeba op een steil naar het zuiden toe aflopend perceel van 26 ha. Het woningbouwproject is vernoemd naar George Thomas Mickey Leland – een anti-armoede-activist en congreslid uit Texas, overleden in Addis Abeba in 1989 – en bestaat uit 123 blokken met vijf verschillende typologieën. Op elke type wordt gevarieerd: in sommige gevallen wordt de begane grond commercieel gebruikt en in andere gevallen heeft die een woonbestemming, afhankelijk van de plaats van het blok in de wijk. Er wonen circa 24.000 mensen in 4.800 woningen.

Het meest voorkomende bloktype is het zogenaamde C5-type, met een skelet van gewapend beton (prefab balken) en wanden van holle betonblokken. De bouwvolumes beslaan altijd vijf verdiepingen, de maximaal toegestane hoogte zonder lift. Tegen het midden van de buitengevel is een stalen trap geplaatst die toegang geeft tot de galerijen die per laag alle woningen ontsluiten. Het C5-type bestaat uit 40 woningen: tien studio-appartementen, tien tweekamerwoningen en 20 driekamerwoningen.

Zoals veel sociale woningbouw ziet Mickey Leland zich geconfronteerd met botsingen tussen architectuur, programma en typologie enerzijds en cultuur en levensstijl anderzijds. In Ethiopië is het bijvoorbeeld gebruikelijk om buiten te koken, op een plaatsje. Deze programmatische eis werd bij de meeste woningen vertaald in een gedeeld 'kookgebouw', maar de meeste van deze kookgebouwen worden niet gebruikt zoals ze bedoeld zijn, omdat ze op een onhandige plaats staan, te ver verwijderd van de individuele woning. Bewoners breiden hun keuken dan liever uit op de galerij, die ze vervolgens verder in beslag nemen en privatiseren. Dit gebeurt vooral bij de hoekwoningen. Andere voorbeelden van ruimtelijke toeëigening zijn te vinden op de balkons, waar bewoners hun woonruimte uitbreiden met eenvoudige bouwsels. Er is in Mickey Leland geen gebrek aan open ruimten, maar deze zijn niet ontworpen of aangepast om aan belangrijke programmatische eisen,

Addis Ababa, the capital city of Ethiopia, is one of the 35 fastest-growing cities in the world. According to predictions by UN-Habitat (2015), in this decade the population of Addis will grow from 4.1 to 4.9 million. Even though it is always debatable how slums are defined in Addis Ababa, UN-habitat estimates that 76.4 per cent of the total urban population lives in slums or under substandard conditions. In 2004, the Ethiopian government started the so called 'Grand Housing Program' to eradicate the slums and to care for the urban poor. Cross-cutting agendas here were: 1) to create 200,000 jobs; 2) to promote the development of 10,000 small scale enterprises; 3) to deliver 6,000 ha of serviced land; and 4) to enhance and build the capacity of local contractors, consultants, etcetera. Initial pilot projects were tested in the city of Addis Ababa and later the programme was scaled-up to a nationwide housing initiative. So far, in Addis Ababa alone, 240,000 housing units have been built. Mainly built as condominiums, the dwellings are infills of small vacant lots in the existing city fabric, or are a replacement for slum-cleared areas. But a large number of these condo sites are located on the fringes of the city, like the Mickey Leland Condominium Site.

Mickey Leland is located in the north-western part of Addis Ababa, situated on a 26-ha-steep site sloping southwards. Named after George Thomas Mickey Leland – an anti-poverty activist and congressman from Texas, who died in Addis Ababa in 1989 – the housing project consists of 123 blocks with five different typologies. Every typology has slight variations, in some cases, for instance, the ground floor is filled with commercial use and in others is used for housing, depending on the location of the block within the neighbourhood. An estimated 24,000 dwellers live in the 4,800 housing units.

The most recurrent block typology is the so-called C5 Type, constructed with a frame of reinforced concrete (precast beams) and hollow concrete-block masonry infill. It always consists of five storeys, the maximum height for which no elevator is required. An exterior steel stairwell, placed in the middle of the façade, connects all floors and gives access to galleries, which in turn connect all units on a floor. The C5 Type consists of 40 units: ten studio units, ten one-bedroom units and 20 two-bedroom units.

Like many social housing schemes, Mickey Leland faces the clash of architecture, program and typology with culture and lifestyle. For example, the most common way of food preparation in Ethiopia requires a cooking space in an outdoor yard. This programmatic need was translated in most condominium housing by providing a shared 'cooking building', but most of these cooking-buildings are not used as envisaged because of their inconvenient placement, too far away from the individual dwelling. Instead, inhabitants choose to extend their kitchen space onto the gallery, where it is further appropriated and privatized, especially for the units at the two corners of the floor. Similar examples of spatial appropriation occur on the balconies where residents extend their living spaces with simple structures. Mickey Leland is not short of open space, but it has not been designed or adjusted to meet important programmatic needs, for example parking. Since the condominiums were never envisaged for higher-income groups, the issue of parking was not addressed. Upon completion, it became obvious that the lack of parking space is problematic. Many open spaces are therefore being converted into parking lots or for example satellite-dish yards.

Although better fitted with infrastructure and services than regular slum areas, one cannot but notice Mickey Leland's barrenness and monotonous architecture. This is,

zoals parkeren, te voldoen. Omdat de appartementen nooit bedoeld zijn geweest voor mensen met een hoger inkomen, zijn er geen parkeervoorzieningen getroffen. Na de oplevering werd echter duidelijk dat het gebrek aan parkeerruimte problematisch was. Veel open ruimten zijn daarom veranderd in parkeerplaatsen, maar ook bijvoorbeeld in satellietschotelkerkhoven.

Hoewel Mickey Leland beschikt over een betere infrastructuur en meer voorzieningen biedt dan de doorsnee sloppenwijk, zal het niemand ontgaan dat de architectuur leeg en monotoon is. Dit wordt echter verzacht door de topografie, die een cascade aan gebouwen oplevert. De monotone vormen en de morfologische vlakheid worden gecompenseerd door de binnenplaatsen en de keermuren, die de ruimte sterk belijnen. (bt)

however, mitigated by the topography, which has resulted in a cascade of buildings. The monotony of form and morphological flatness is counterbalanced by inner courtyards and retaining walls that give a strong definition of space. (bt)

Locatie van Mickey Leland in Addis Abeba
Location of Mickey Leland in Addis Ababa

Een typische *kebele* woning
Typical *kebele* house

Luchtfoto van bouwvallige huizen die de stad probeert te vervangen
Aerial view of the dilapidated houses that the city is trying to replace

Mickey Leland (net na de oplevering), gezien vanaf de informele woningbouw ten zuiden van de locatie
Mickey Leland (just after construction), seen from the informal housing south of the site

0 20   100m

Terrain vague: tussenruimten van Mickey Leland
Terrain vague: in between spaces of Mickey Leland

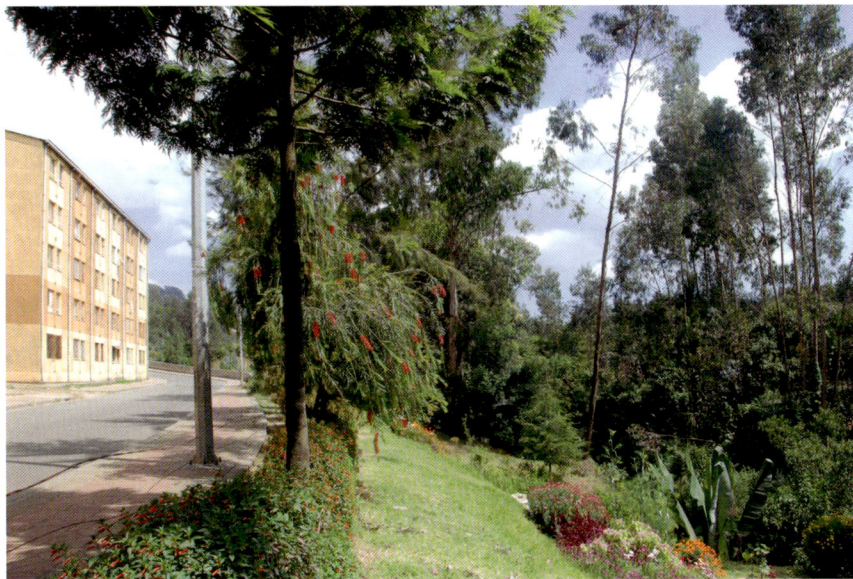

Informele woningenclaves ten zuiden van de Mickey Leland locatie
Informal housing communities south of the Mickey Leland site

Individuele tuinier-initiatieven aan de zuidkant van Mickey Leland
Individual gardening initiatives on the southern edge of Mickey Leland

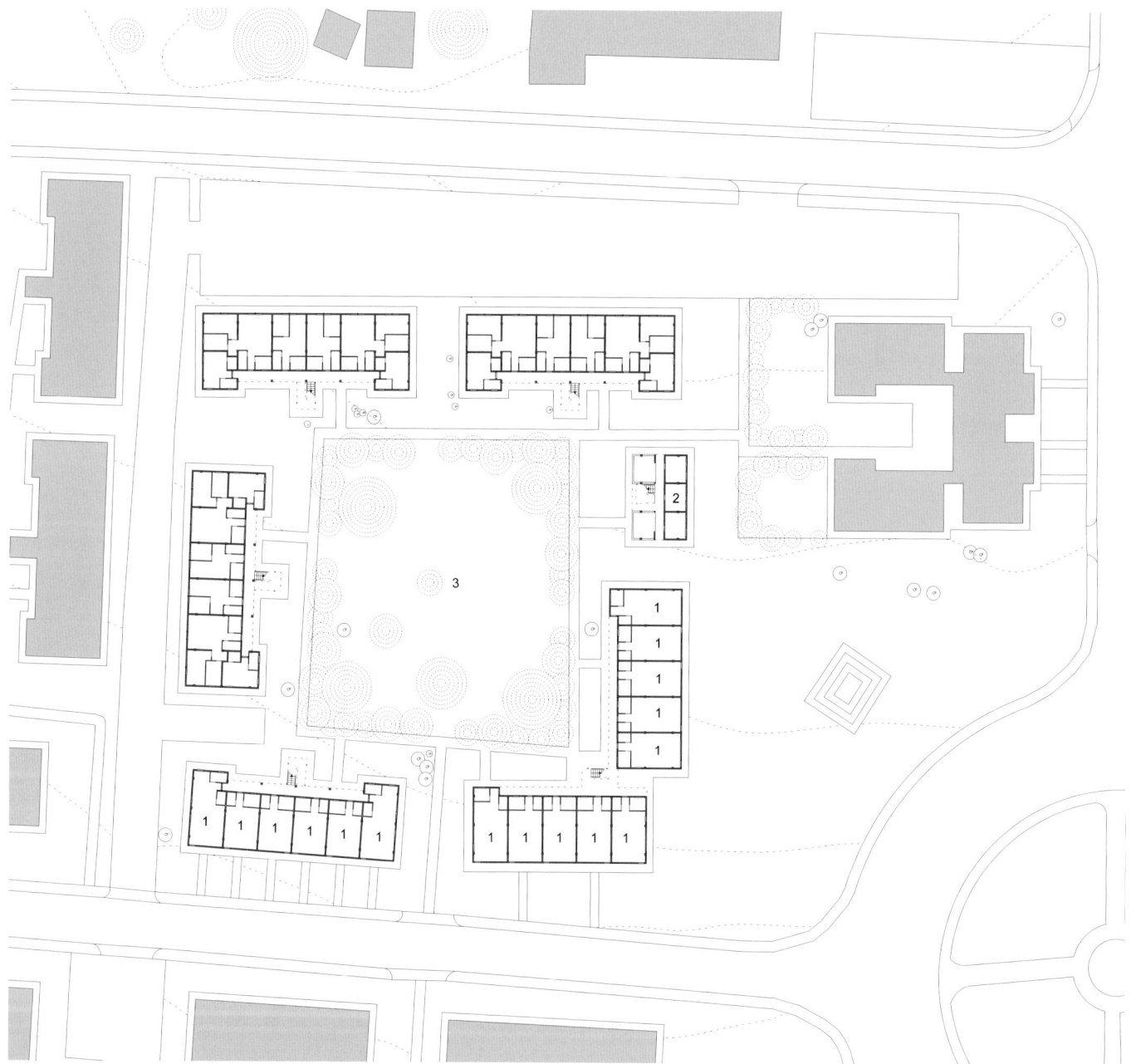

Hof met lineaire en L-vormige blokken
Courtyard with linear and L-shaped blocks
1 **winkel**/shop
2 **gemeenschappelijk gebouw**/ common building
3 **hof**/courtyard

0 5   25m

Binnenhof omringd door lineaire bouwblokken
Courtyard space with linear housing blocks surrounding it

Dezelfde binnenhof met rechts de gemeenschappelijke keuken
The same courtyard with the common kitchen on the right

Straatprofiel aan de zuidkant van Mickey Leland
Street profile at the southern end of Mickey Leland

Verlaten gemeenschappelijke keuken
Abandoned common kitchen

Lineair blok: begane grond met winkels (rechts), woningen (links) en standaard verdieping (boven)
Linear block: ground floor with shops (right), dwellings (left) and typical floor (above)

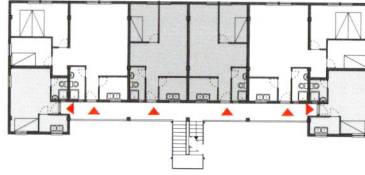

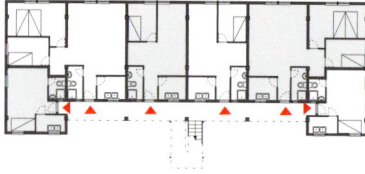

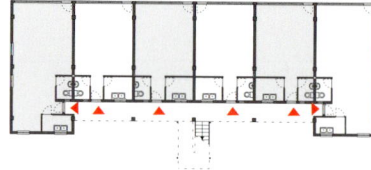

L-vormig blok: begane grond met winkels (links), woningen (rechts) en standaard verdieping (boven)
L-shaped block: ground floor with shops (left), dwellings (right) and typical floor (above)

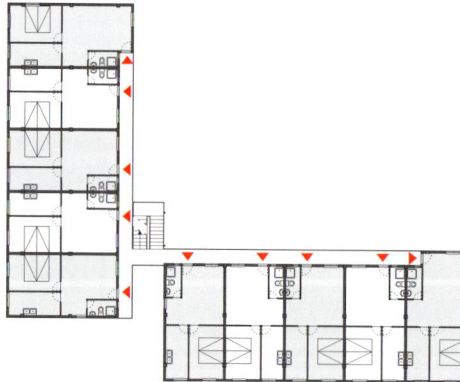

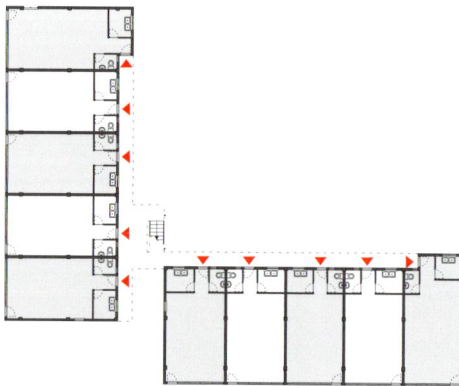

0   2   10m

**Lineair Mickey Leland bouwblok
met open ruimte aan de voorkant**
Linear Mickey Leland block with
front side open space

**De gemeenschappelijke galerij
wordt gebruikt voor de bereiding
van voedsel.**
Common gallery space being used
for food preparation

**Een L-vormig bouwblok vormt de
zuidoostelijke hoek van de binnenhof**
An L-shaped block forms the south-
east corner of the courtyard

U-vormige bouwblokken
U-shaped blocks

**Verbouwing van een woning op de
begane grond tot winkel**
Conversion of a ground-floor
housing unit into a shop

**Winkels op de begane grond langs
de hoofdstraten**
Ground-floor shops on the main
streets

Cidade Horizonte do Uíge Uíge (AO)

Jaime Lerner

Cidade Horizonte do Uíge: ten zuid-westen van Uíge/southwest of Uíge, Angola
Ontwerp/Design: Jaime Lerner Arquitetos Associados
Opdrachtgever/Client: Kora Angola
Ontwerp-oplevering/Design completion: 2011-loopt/ongoing

Aantal woningen/Number of dwellings: 1.000/1,000 (voltooid in 2015/finished as of 2015); 4.000/4,000 (masterplan)
Plangebied/Area: 150 ha
Voorzieningen/Amenities: winkels, parken/ shops, parks

Bronnen/Sources:
PowerPoint presentatie over Kora Angola door Nimrod Gerber, CEO Kora Angola, geraadpleegd 29 juli 2015/PowerPoint presentation on Kora Angola by Nimrod Gerber, CEO Kora Angola, accessed 29 July 2015 www.kora-angola.ao

(geraadpleegd 15 augustus 2015/ accessed 15 August 2015)
Kora Angola & Jaime Lerner Arqui-tetos Associados, Comunidades Urbanas Uíge, Uíge (ontwerpboekje/ design booklet 3869-UU-AR-PD-V20, oktober/October 2014)

De openbare ruimte tussen de woningen is groen ingericht en auto-vrij
The public spaces between dwellings are kept green and car-free

Angola was van 1961 tot 2002 in oorlogen verwikkeld, te beginnen met de Angolese onafhankelijkheidsoorlog van 1961 tot 1974. Nadat de koloniale overheersing door de Portugezen was beëindigd, brak in1975 een burgeroorlog uit die tot 2002 duurde. In beide gevallen speelden de conflicten zich vooral op het platteland af, wat de ontwikkeling van een fatsoenlijke sociale en fysieke infrastructuur doorkruiste. In combinatie met het wijdverspreide gebrek aan mogelijkheden om inkomsten te verwerven, leidde dit tot een gestage, vastbesloten – en tot op heden voortdurende – migratie van miljoenen mensen van het platteland naar de belangrijkste steden. Het woningtekort in de grote steden neemt nog steeds toe; officiële schattingen spreken zelfs van een huisvestingsachterstand van bijna 2 miljoen eenheden.[1]

Als gevolg van de economische impuls van de olie-opbrengsten in de periode na de burgeroorlog stimuleerde de overheid de ontwikkeling van nieuw huisvestingsbeleid, met het voornemen de achterstanden in te lopen. Tijdens de verkiezingscampagnes van 2008 begon de politieke belangstelling voor de huisvestingskwestie in het oog te springen. José Eduardo dos Santos, sinds jaren president van Angola, beloofde zelfs dat in de vijf daaropvolgende jaren (tussen 2008 en 2012) 1 miljoen huizen zouden worden gebouwd. Halverwege deze periode, in 2010, werd het nationale woningbouwprogramma omgedoopt tot *Meu Sonho Minha Casa* (Mijn droom, mijn huis).[2] De overheid benoemde vier belangrijke partijen en ontwikkelaars om stadsvernieuwingsoperaties in bestaande informele nederzettingen en de bouw van nieuwe woonwijken in het hele land te stimuleren. De overheid suggereerde zelfs dat de publieke sector 11,5 procent van de benodigde woningen zou leveren, publiek-private partnerships 12 procent zouden ontwikkelen, de coöperaties 8 procent voor hun rekening zouden nemen en de resterende woningen zouden worden gerealiseerd via geassisteerde zelfhulpinitiatieven.

De directe interventie van de publieke sector is duidelijk te herkennen in de ontwikkeling van de *centralidades* ('centraliteiten' in het Portugees). Deze projecten staan op staatsgrond die deel uitmaakt van een enorme, door de overheid ten behoeve van nieuwe stedelijke gemeenschappen gecreëerde grondreserve. Om het publieke deel van het huisvestingsprogramma uit te voeren, wordt een groot deel van de nieuwe *centralidades* ontwikkeld in samenwerking met Chinese bedrijven, vooral met CITIC (China International Trust and Investment Corporation). De door CITIC ontwikkelde *centralidades* zijn bestemd voor de vele rangen en standen van de opkomende Angolese middenklasse. Hoewel het momentum van dit type ontwikkeling toeneemt, komen er ook interessante alternatieve benaderingen tot stand, bijvoorbeeld de door de particuliere onderneming Kora-Angola ontwikkelde *Cidade Horizonte*-projecten.

De Cidades Horizonte zijn een opmerkelijk voorbeeld van publiek-private samenwerking die onder auspiciën van Angola's *National Plan for Housing and Urban Planning* de kop op stak. In overleg met de overheid ontwikkelt Kora-Angela momenteel op verschillende plaatsen in het land 15 nieuwe stedelijke nederzettingen (bijvoorbeeld in Uíge, Caála en Lossambo), waarmee 40.000 nieuwe woningen aan de Angolese woningvoorraad zullen worden toegevoegd. De Braziliaanse architect en stedenbouwkundige Jaime Lerner kreeg opdracht het stedenbouwkundig plan voor deze wijken te ontwerpen.

Angola was at war from 1961 to 2002. First, there was the Angolan War of Independence (1961-1974), then, after the country's independence from the colonial rule of the Portuguese, a Civil War ensued in 1975 that lasted until 2002. In both cases, the conflicts mainly took place in the rural countryside, thwarting the development of proper social and physical infrastructure. These factors, combined with the widespread shortage of opportunities to generate income, triggered a steady and determined migration of millions of people from the countryside to the main cities, which prevails to this day. In effect, the housing shortage in the main cities increased rapidly; the official estimates mention a housing backlog of close to 2 million housing units.[1]

Fuelled by the economic boost generated by the oil revenues in the post-Civil War period, the government promoted new housing policies to try to reduce the housing backlog. The political interest in the housing issue became conspicuous during the campaign for the 2008 general elections. Indeed, José Eduardo dos Santos, the longstanding president of Angola, promised to build a million houses in the next five years (from 2008 until 2012). Halfway through this period, the national housing programme was renamed *Meu Sonho Minha Casa* (My Dream My House) in 2010.[2] The government's policies appointed four main actors and development agents to promote urban renewal operations in existing informal settlements and the construction of new housing districts all over the country. Indeed, the government suggested the public sector would deliver 11.5 per cent of the houses needed, public/private partnerships would develop 12 per cent, the cooperatives would be in charge of 8 per cent and the outstanding stock (68.5 per cent) would be produced through assisted self-help initiatives.

The direct intervention of the public sector is clearly visible in the development of *centralidades* (centralities, in Portuguese). These projects are settled on state-owned land, part of a massive land reserve created by the government for the development of new urban communities. To implement the public component of the housing programme, a great deal of the new *centralidades* are being developed in collaboration with Chinese companies, especially CITIC (China International Trust and Investment Corporation). The *centralidades* developed by CITIC cater to the many ranks of the emerging Angolan middle class. While this type of development is gaining momentum, there are also interesting alternative approaches coming about, for example the *Cidade Horizonte* projects, developed by the private company Kora-Angola.

The Cidades Horizonte are a notable example of the public-private partnership that came about under the auspices of Angola's National Plan for Housing and Urban Planning. In agreement with the government, Kora-Angola is developing 15 new urban settlements on diverse locations across the country (for example Uíge, Caála and Lossambo), designed to contribute 40,000 new houses to Angola's housing stock. Brazilian architect and planner Jaime Lerner was commissioned to design the spatial plans of these new settlements. He based them on the idea of 'urban communities', which integrate affordable housing, urban infrastructure, social equipment, leisure areas and other amenities, creating a clear spatial identity that can nevertheless accommodate future expansion possibilities.

The Cidades Horizonte have contrasting qualities vis-à-vis the housing districts developed by the Angolan government with CITIC (for example Centralidade do Quilemba, north of Lubango). In the latter there is a monoculture in building types: low-rise (walled) single-family houses with a belt of two- to three-storey high apartment buildings surrounding it.

Zijn ontwerp ging uit van het concept van de 'stedelijke gemeenschap', een combinatie van betaalbare woningbouw, stedelijke infrastructuur, en sociale en overige voorzieningen, zoals recreatie. Stadsdelen met een eigen heldere, ruimtelijke identiteit die echter ook ruimte laat aan latere uitbreidingen.

Deze Cidades Horizonte beschikken over kwaliteiten die de door de Angolese overheid in samenwerking met CITIC ontwikkelde woonwijken (bijvoorbeeld Centralidade do Quilemba ten noorden van Lubango) missen. In die laatste heerst een gebouwtypische monocultuur: (ommuurde) eengezinswoningen omringd door flatgebouwen van twee tot drie verdiepingen. Bij de Cidade Horizonte-ontwerpen daarentegen, biedt het stedelijk weefsel een mengeling van woningtypen, zij het dat deze vrijwel uitsluitend zijn gebaseerd op een wooneenheid met drie slaapkamers.[3] Lerner wist hiermee een ruimtelijke hiërarchie en een volumetrisch spel tot stand te brengen tussen de structuur van de openbare ruimte, twee typen eengezinsrijtjeshuizen en woonblokken van vier verdiepingen, met waar nodig commerciële ruimte op de begane grond.

In de plattegronden van de woningen zit een duidelijke scheiding tussen het woongedeelte en de slaapkamers, met een minimum aan verkeersruimte. De ontwerper gebruikt vreemd genoeg eenzelfde plattegrond voor zowel de grondgebonden rijtjeswoningen als de woonblokken van vier verdiepingen. Ondanks de schijnbaar banale configuratie van de woningen is het constructiesysteem gebaseerd op een in de Angolese context nieuw materiaal, namelijk cellenbetonplaten. Hoewel dit constructiesysteem nadrukkelijk de ontwikkeling van nieuwe expertise in de Angolese bouwnijverheid vereist, zijn de Cidades Horizonte ook gericht op een expliciete dialoog met de lokale cultuur en het klimaat door middel van architectonische elementen, de chromatische samenstelling van de gemeenschappen en het landschapsontwerp. De Cidade Horizonte in de buitenwijken van Uíge, de hoofdstad van de gelijknamige provincie, betekende de aftrap van dit reusachtige project. (nm)

1 António Gameiro, 'Programa de Habitação Social Em Angola', , http://www.slideshare.net/DevelopmentWorkshopAngola/programa-de-habitao-social-em-angola (laatst geraadpleegd 28 april 2015).
2 De naam van het Angolese huisvestingsprogramma lijkt treffend op *Minha Casa, Minha Vida*, het in 2009 door de Braziliaanse federale overheid gelanceerde huisvestingsprogramma.
3 De woning met drie slaapkamers is bestemd voor het doorsnee Angolese middenklassegezin. Er is een slaapkamer voor de ouders, een kinderkamer voor de jongens en een voor de meisjes.

Conversely, in all of the Cidade Horizonte plans, different building types are intermingled in the urban tissue, albeit based almost exclusively on the same three-bedroom dwelling type.[3] In this way Lerner implemented a spatial hierarchy and a volumetric interplay between the structure of public space, two types of low-rise single-family row houses, and four-storey-high housing blocks with, where needed, commercial space on the ground floor.

The floor plans of the dwellings show a straightforward separation between the living area and the bedrooms, with minimal space allocated for distribution. Curiously enough, the designer uses the same floor plan layout for both the ground-bound row houses and the four-storey-high housing blocks. Notwithstanding the seemingly banal configuration of the dwellings, the construction system is based on a novel material in the Angolan context, autoclaved aerated concrete (AAC) panels. Indeed, while this construction system deliberately demands the development of new expertise in Angola's building industry, the Cidades Horizonte also cater to an explicit dialogue with the local culture and climate through architectural elements, the chromatic composition of the communities and the landscape design. With the Cidade Horizonte built on the outskirts of Uíge, the capital city of the province of the same name, the kick-off of this immense project was given. (nm)

1 António Gameiro, 'Programa de Habitação Social Em Angola', 28 April 2015, http://www.slideshare.net/DevelopmentWorkshopAngola/programa-de-habitao-social-em-angola.
2 The name of the Angolan housing programme is strikingly similar to Minha Casa, Minha Vida, the housing programme launched by the Brazilian federal government in 2009.
3 The three-bedroom type caters to the typical Angolan middle-class family, allocating one master bedroom to the parents, one bedroom to the male children and the third to the female offspring.

Historische foto van Uíge (toen Carmona geheten)
Historical photo of Uíge, then called Carmona

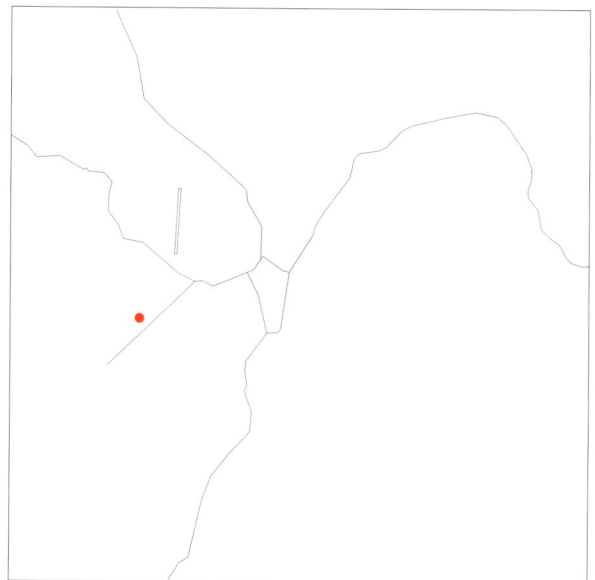

Locatie van de Cidade Horizonte do Uíge in Uíge
Location of the Cidade Horizonte do Uíge in Uíge

**Masterplan voor Ciudade Horizonte
do Uíge in haar omgeving**
Master plan for Ciudade Horizonte
do Uíge in its surroundings

**Toegangsweg vanuit het zuiden,
met daarlangs traditionele woningen**
Entrance road from the south,
lined with traditional dwellings

MASTERPLAN - LOSSAMBO

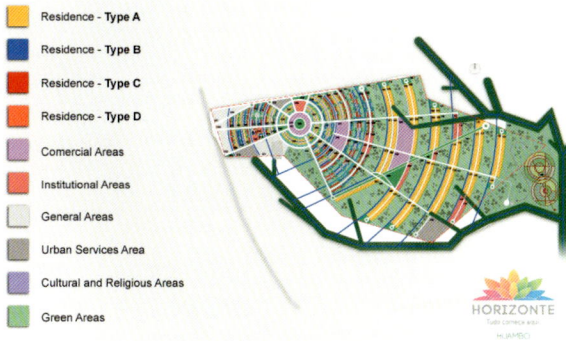

Residence - Type A
Residence - Type B
Residence - Type C
Residence - Type D
Comercial Areas
Institutional Areas
General Areas
Urban Services Area
Cultural and Religious Areas
Green Areas

HORIZONTE
Tudo começa aqui
HUAMBO

De bouw van Lossambo
Lossambo under construction

De bouw van Caála
Caála under construction

MASTERPLAN - CAÁLA

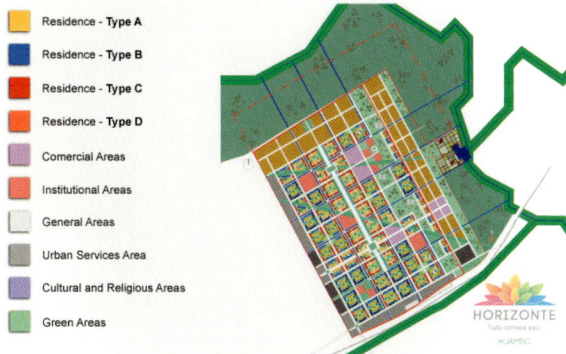

Residence - Type A
Residence - Type B
Residence - Type C
Residence - Type D
Comercial Areas
Institutional Areas
General Areas
Urban Services Area
Cultural and Religious Areas
Green Areas

HORIZONTE
Tudo começa aqui
HUAMBO

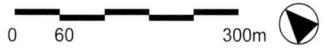

0   60   300m

Speelplek in een van de groene zones tussen de woningen
Playground in one of the green zones between the dwellings

Groene zone met aan weerszijden laagbouwwoningen
Green zone with low-rise housing on both sides

Promotie van de nieuwe woningen
Advertising of the new dwellings

Straatbeeld
Street view

Rondom de pleinen hebben
de appartementen commerciële
ruimten op de begane grond

Around the squares the appart-
ments have commercial spaces
on the ground floor

1 commerciële ruimten/
   commercial spaces
2 plein/square

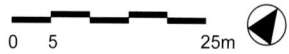

0   5   25m

Tweelaagse eengezinswoning
Two-storey family dwelling

Eenlaagse eengezinswoning
Single-storey family dwelling

Vierlaagse appartementenblokken. Rondom de pleinen zijn op de begane grond voorzieningen opgenomen.

Four-storey apartments. Around the squares there are amenities at the ground-floor.

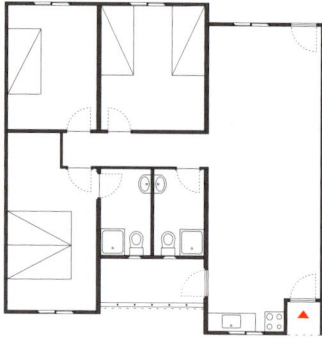

Eenlaagse eengezinswoningen (type Acácia)
Single-storey single-family dwellings (type Acácia)

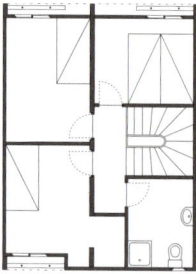

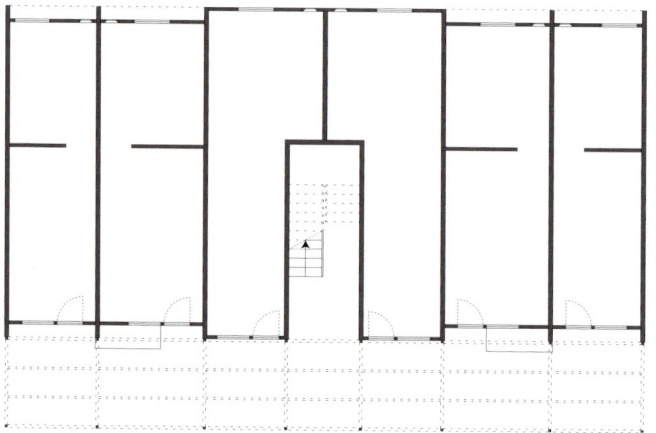

Tweelaagse eengezinswoningen
Two-storey single-family dwellings

Appartementen: begane grond met commerciële ruimten (onder), standaard begane grond (midden), standaard verdieping (boven)
Apartments: ground floor with commercial spaces (below), typical ground floor (middle) and typical floor (above)

0   1   5m

Uit de promotiefolder voor het type 'Acácia' (kinderslaapkamer)
From a promotional flyer for the Type Acácia (children's bedroom)

Uit de promotiefolder voor het type 'Acácia' (woonkamer)
From a promotional flyer for the Type Acácia (living room)

Modelwoning in een van de appartementen (woonkamer)
Model dwelling in one of the flats (living room)

Modelwoning in een van de appartementen (kinderslaapkamer)
Model dwelling in one of the flats (children's bedroom)

Modelwoning in een van de appartementen (badkamer, wasruimte, keuken)
Model dwelling in one of the flats (bathroom, wash room, kitchen)

Frederique van Andel studeerde stedenbouw en architectuur aan de TU Delft en werkte bij Mecanoo architecten en DP6 architectuurstudio, beide in Delft. In 1999 woonde ze in Barcelona, waar ze werkte op het bureau van architect Toni Gironés Saderra. Sinds 2006 is Van Andel als onderzoeker verbonden aan de leerstoel Woningontwerp van de TU Delft. Zij publiceerde in 2010 het *Zakboek parkeren voor de woonomgeving* (2010) en is redacteur van *DASH*.
Frederique van Andel studied urban planning and architecture at Delft University of Technology and has worked for Mecanoo architecten and DP6 architectuurstudio in Delft. In 1999, she lived in Barcelona, where she worked for architect Toni Gironés Saderra. She is an editor of *DASH*, and since 2006 associated as a researcher in Chair of Architecture and Dwelling at Delft University of Technology. In 2010, she published the *Zakboek parkeren voor de woonomgeving* (*The Pocket-book of Parking in Residential Areas*).

Tom Avermaete is hoogleraar architectuur aan de TU Delft. Zijn onderzoek is met name gericht op de architectuur van de stad in de westerse en niet-westerse context. Avermaete is de auteur van *Another Modern: the Post-War Architecture and Urbanism of Candilis-Josic-Woods (2005)* en van *Casablanca -Chandigarh: Reports on Modernity* (2014, met Casciato). Hij is mederedacteur van *Architectural Positions* (2009), *Colonial Modern* (2010), *Structuralism Reloaded* (2011) en *Architecture of the Welfare State* (2014). Avermaete was als curator verbonden aan 'In the Desert of Modernity' (Berlijn 2008, Casablanca 2009) en 'How architects, experts, politicians, international agencies and citizens negotiate modern planning: Casablanca-Chandigarh' (CCA, Montréal, 2013-2014).
Tom Avermaete is professor of architecture at Delft University of Technology and holds a special research interest in the architecture of the city in Western and especially non-Western contexts. Avermaete is the author of *Another Modern (2005)* and of *Casablanca -Chandigarh: Reports on Modernity* (with Casciato, 2014). He is co-editor of *Architectural Positions* (2009), *Colonial Modern* (2010), *Structuralism Reloaded* (2011) and *Architecture of the Welfare State* (2014). Avermaete is the curator of 'In the Desert of Modernity' (Berlin 2008, Casablanca 2009) and 'How architects, experts, politicians, international agencies and citizens negotiate modern planning: Casablanca-Chandigarh' (CCA, Montreal, 2013-2014).

Charles Correa (†2015) studeerde architectuur aan het MIT en keerde vervolgens terug naar India om er in 1958 een architectenbureau te starten. Hij was een pionier op het gebied van habitat en stedebouw in de Derde Wereld. Correa ontwierp stadswijken in Delhi, Ahmedabad, Bangalore en andere Indiase steden. In 1970 werd hij aangesteld als hoofdarchitect voor Navi Mumbai; in 1985 benoemde premier Rajiv Gandhi hem tot voorzitter van de eerste National Commission on Urbanisation. Hij is voor zijn werk vele malen gelauwerd, o.a. de RIBA Gold Medal (1984), de UIA Gold Medal (1990), de Praemium Imperiale van Japan (1994) and the Aga Khan Award for Architecture (1998). In 2007 schonk de president van India hem de Padma Vibhushan, een hoge Indiase onderscheiding.
Charles Correa (†2015) studied architecture at MIT before returning to India to start his private practice in 1958. As a pioneer in addressing issues of habitat and urbanization in the Developing World, he has designed townships in Delhi, Ahmedabad, Bangalore and other Indian cities. In 1970 he was appointed Chief Architect for Navi Mumbai, and in 1985, Prime Minister Rajiv Gandhi designated him Chairman of the first National Commission on Urbanisation. He has received the highest honours of his profession, including the RIBA Gold Medal (1984), the UIA Gold Medal (1990), the Praemium Imperiale of Japan (1994) and the Aga Khan Award for Architecture (1998). In 2007 he was awarded the Padma Vibhushan by the President of India.

Carmen Espegel is architect, gepromoveerd en voltijds hoogleraar ontwerpen op de architectuurschool van Madrid (de ETSAM-Polytechnische Universiteit). Haar onderzoek richt zich op huisvesting (ze leidt de onderzoeksgroep 'Centraal Wonen' – GIVCO) en vrouwen in de architectuur. Espegel schreef de boeken *Vivienda Colectiva en España Siglo XX* (2013), *Eileen Gray: Objects and Furniture Design* (2013), *Aires Modernos, E.1027: Maison en bord de mer by Eileen Gray and Jean Badovici* (2010) en *Heroines of space* (2008). In 2002 richtte ze samen met Concha Fisac het bureau espegel-fisac architects op, waarvan het werk meermalen in de prijzen viel.
Carmen Espegel has a PhD in architecture and is a full professor at the Design Department of the School of Architecture of Madrid (ETSAM-Polytechnic University) and focuses her research on housing (Leader of the Research Group 'Collective Housing' – GIVCO) and women in architecture. Espegel is the author of *Vivienda Colectiva en España Siglo XX* (2013), *Eileen Gray: Objects and Furniture Design* (2013), *Aires Modernos, E.1027: Maison en bord de mer by Eileen Gray and Jean Badovici* (2010) and *Heroines of space* (2008). In 2002, with Concha Fisac, created the firm espegel-fisac architects whose works have been awarded in different occasions.

Dick van Gameren is architect en hoogleraar aan de TU Delft (leerstoel Woningontwerp). Van 1993-2005 was hij partner bij de Architectengroep te Amsterdam en in 2005 richtte hij het bureau Dick van Gameren architecten op. In 2013 werd Van Gameren partner bij Mecanoo Architecten te Delft. In 2007 won hij (samen met Bjarne Mastenbroek) de Aga Kahn Award voor het ontwerp van de Nederlandse ambassade in Ethiopië. Het werk van Van Gameren is veelvuldig gepubliceerd in nationale en internationale tijdschriften. Publicaties: *van gameren mastenbroek. prototype > experiment* (2001, met Bjarne Mastenbroek) en *Revisions of Space. An Architectural Manual* (2005).
Dick van Gameren is an architect and professor at Delft University of Technology (Chair of Architecture and Dwelling). He was partner at De Architectengroep in Amsterdam (1993-2005) and founded Dick van Gameren architecten in 2005. In 2013 Dick van Gameren became partner at Mecanoo Architecten in Delft. In 2007, Van Gameren (together with Bjarne Mastenbroek) won the Aga Kahn Award for the design of the Dutch Embassy in Ethiopia. His work has been published frequently in national and international magazines. Publications: *van gameren mastenbroek. prototype > experiment* (2001, with Bjarne Mastenbroek) and *Revisions of Space. An Architectural Manual* (2005).

Helen Gyger doceert architectuurgeschiedenis en -theorie bij de vakgroep Kunstgeschiedenis en Archeologie aan Columbia University. Daarvoor doceerde ze aan het Pratt Institute, Yale School of Architecture, Parsons/The New School for Design en de Graduate School of Architecture, Planning and Preservation aan Columbia University, waar ze in 2013 promoveerde. Haar onderzoek richt zich op de architectuur en gebouwde omgeving in Latijns-Amerika in de moderne tijd en op eigentijdse patronen van informele stedelijkheid, als een wereldwijd fenomeen. Samen met Patricio del Real schreef ze *Latin American Modern Architectures: Ambiguous Territories* (2012) en momenteel is ze bezig met een boek met de projecttitel *The Informal as a Project: Self-Help Housing in Peru, 1954-1986.*
Helen Gyger teaches courses on architecture history and theory in the Department of Art History and Archaeology at Columbia University. Previously, she has taught at Pratt Institute, Yale School of Architecture, Parsons/ The New School for Design, and the Graduate School of Architecture, Planning, and Preservation at Columbia University, where she also received her PhD in 2013. Her research focuses on the architecture and built environments of Latin America in the modern period, and contemporary patterns of urban informality, considered as a global phenomenon. She is the co-editor (with Patricio del Real) of *Latin American Modern Architectures: Ambiguous Territories* (Routledge, 2012) and is currently working on a book project titled *The Informal as a Project: Self-Help Housing in Peru, 1954-1986.*

Dirk van den Heuvel geeft leiding aan het Jaap Bakema Studiecentrum in Het Nieuwe Instituut in Rotterdam en is universitair hoofddocent aan de TU Delft. Van den Heuvel was co-auteur van de boeken *Architecture and the Welfare State* (2015), *Team 10 – In Search of a Utopia of the Present* (2005) en *Alison and Peter Smithson – from the House of the Future to a house of today* (2004). Hij was redacteur van *OASE* en is momenteel redacteur van online tijdschrift *Footprint*. Hij was tevens co-curator van het Nederlands paviljoen op de biënnale van Venetië (2014).
Dirk van den Heuvel heads the Jaap Bakema Study Centre at Het Nieuwe Instituut, Rotterdam and is an associate professor at Delft University of Technology. He (co-) authored the books *Architecture and the Welfare State* (2015), *Team 10 – In Search of a Utopia of the Present* (2005) as well as *Alison and Peter Smithson – from the House of the Future to a house of today* (2004). He was an editor of *OASE* and is currently an editor of the on-line journal *Footprint*. He was also the (co-)curator of the Dutch pavilion at the Venice Bienale 2014.

Harald Mooij studeerde architectuur aan de TU Delft en het Istituto Universitario di Architettura di Venezia (IUAV). Hij is zelfstandig architect en betrokken bij verschillende actuele (woningbouw-)opgaven in zowel oude binnensteden als nieuwe gebieden. Sinds 2004 is hij als docent verbonden aan de leerstoel Woningontwerp van de TU Delft. Hij schrijft regelmatig in vakbladen in binnen- en buitenland, is redacteur van *DASH* en samen met Bernard Leupen auteur van het boek *Het ontwerpen van woningen – een handboek* (2008).
Harald Mooij studied architecture at Delft University of Technology and the Istituto Universitario di Architettura di Venezia (IUAV). He is an independent architect and is currently involved in various projects (including housing) both on historical urban sites and in new areas. He has been a tutor at Delft University of Technology in the Chair of Architecture and Dwelling since 2004. He writes regularly for professional journals in the Netherlands and abroad, is an editor of *DASH* and is the author, with Bernard Leupen, of the book *Housing Design. A Manual* (2008).

Nelson Mota studeerde af in de architectuur aan de Universiteit van Coimbra (Portugal) waar hij tussen 2004-2009 lesgaf. In 2006 kreeg hij de Fernando Távora-prijs; hij is de auteur van het boek *A Arquitectura do Quotidiano* (2010). In 2009 vestigde hij zich in Nederland en voltooide zijn proefschrift voor aan de TU Delft in 2014. Hij doet onderzoek naar de sociale en ruimtelijke praktijken die de nauwe relatie tussen modernisme en lokale tradities in de woningbouwarchitectuur belichten. Momenteel is hij universitair docent aan de TU Delft en zit hij in de redactie van het wetenschappelijke tijdschrift *Footprint.*
Nelson Mota graduated in architecture from the University of Coimbra, Portugal, where he lectured in the period 2004-2009. He was the recipient of the Fernando Távora Prize in 2006 and authored the book *A Arquitectura do Quotidiano* (2010). Since 2009, he has been based in the Netherlands, where he completed his PhD at Delft University of Technology in 2014. His current research interests are focused on social and spatial practices that explore the entwined relation between modernity and the vernacular in the architecture of dwelling. Currently he is an assistant professor at Delft University of Technology and a member of the editorial board of the academic journal *Footprint.*

Pierijn van der Putt studeerde architectuur aan de TU Delft, University of Illinois in Chicago en Drexel University in Philadelphia. Hij was vijf jaar redacteur van *de Architect* alvorens naar de TU-Delft terug te keren. Daar is hij is als docent verbonden aan de leerstoel Woningontwerp. Hij is redacteur van *DASH.*
Pierijn van der Putt studied architecture at Delft University of Technology, the University of Illinois in Chicago and Drexel University in Philadelphia. He was an editor of *de Architect* magazine for five years before returning to Delft, where he teaches in the Chair of Architecture and Dwelling and is an editor of *DASH*.

Kim De Raedt studeerde in 2010 af als ingenieur/architect. Momenteel geeft ze les aan de Universiteit van Gent, de vakgroep architectuur en stedenbouw. In het kader

van haar promotieonderzoek houdt zij zich bezig met de architectuur van het onderwijs, in het bijzonder schoolgebouwen die gefinancierd zijn met ontwikkelingsgeld om zodoende de postkoloniale netwerken met de daarbij behorende expertise en praktijken te achterhalen. Daarnaast publiceert ze regelmatig over onderwerpen die verband houden met de architectuurproductie in postkoloniaal Afrika.
Kim De Raedt graduated in 2010 as a civil engineer/architect and is currently a research and teaching assistant at Ghent University, Department of Architecture and Urban Planning. Her PhD research looks at the architectures of education, more specifically school buildings realized through mechanisms of international development aid, and aims to map postcolonial networks of expertise and practice. Besides this specific interest, she regularly publishes about topics related to the architecture production in postcolonial Africa.

Charlotte Robinson werkte als onderzoeker bij de leerstoel Methoden & Analyse van de TU Delft alvorens terug te keren naar de UK om haar MPhil in architectuur en stedenbouw aan de Universiteit van Cambridge af te ronden (2015). Ze studeerde aan de Manchester School of Architecture en werkte bij Tham & Videgård Arkitekter in Stockholm. Haar onderzoek richt zich op de relatie tussen modern en lokaal-traditionele architectuur en stedenbouw, met een speciale focus op de postkoloniale stedelijke context. In het kader van haar proefschrift onderzoekt ze de dynamiek van de moderne, Frans-koloniale architectuur en het architectonisch erfgoed in Algiers.
Charlotte Robinson worked as a research assistant at the Chair of Methods & Analysis at Delft University of Technology before returning to the UK to complete her MPhil in Architecture and Urban Design at the University of Cambridge, graduating in 2015. She previously studied at Manchester School of Architecture and worked at Tham & Videgård Arkitekter in Stockholm. Her primary research interest is the relationship between modern and vernacular architecture and urbanism, with a particular focus on postcolonial urban contexts. Her current thesis research examines the dynamic of modern, French colonial and heritage architecture in Algiers.

Seyed Mohamad Ali Sedighi studeerde af als architect aan de TU Delft (2009). In 2010 richtte hij het bureau met de naam IPAO op. In 2012 gaf het ministerie van Volkshuisvesting in Iran hem een eervolle vermelding voor zijn ontwerp van 288 woningen – een model voor Iranese nationale woningbouw. Verder werkte hij vier jaar als onderzoeker en docent aan de Iran University of Science and Technology. Sinds 2014 bereidt hij een proefschrift voor met als onderwerp architectuur en volkshuisvesting, en werkt hij als gastdocent aan de TU Delft.
Seyed Mohamad Ali Sedighi graduated from Delft University of Technology in 2009. In 2010 he founded his office, named IPAO, and since then he has participated in many architectural assignments and building constructions. In 2012 his design for 288 dwelling units was honoured by the Ministry

of Housing as a national housing model in Iran. He also worked as researcher and lecturer at Iran University of Science and Technology for four years, and since 2014 he has been developing his PhD related to housing architecture and working as guest teacher at Delft University of Technology.

Brook Teklehaimanot leidt de leerstoel Architectuur en Ontwerp I; hij is de oprichter en directeur van protoLAB, een digitale workshop voor prototype en ontwerp aan de Universiteit van Addis Abeba, waar hij inmiddels negen jaar doceert. In het kader van het opstellen van lesmateriaal publiceerde hij onlangs *'making'*, een tekstboek voor les in ontwerpprototypen. Naast zijn werk aan de universiteit heeft Teklehaimanot een eigen bureau voor architectuur en stedenbouw in Addis Abeba, waarmee hij verschillende prijsvragen heeft gewonnen. Hij studeerde als architect af aan de AAU en de ETH Zürich. In het voorjaar van 2015 was hij als onderzoeker verbonden aan de leerstoel Woningbouw van de TU Delft en gaf hij les in de *Global Housing* afstudeerstudio.
Brook Teklehaimanot holds the Chair of Architecture and Design I and is the founder and Director of protoLAB, a digital prototyping and design workshop at the Addis Ababa University, EiABC. He has taught and prepared academic materials in the institute for the past nine years. He recently published 'making', a textbook for teaching design prototyping. Apart from academics, Brook practices architecture and urbanism in Addis Ababa, where he has won numerous design competition awards for public and private buildings. He studied architecture at the AAU and the ETH Zürich. During spring 2015 he was associated as a researcher in the Chair of Architecture and Dwelling at Delft University of Technology and taught in the Global Housing graduation studio.

Rohan Varma studeerde af als architect aan de Universiteit van Mumbai en voltooide zijn master in architectuur (met eervolle vermelding) aan de TU Delft, faculteit Architectuur. Voordat hij naar Nederland verhuisde, werkte hij twee jaar met Charles Correa en gaf hij een jaar les aan de KRVIA School of Architecture in Mumbai. Hij kreeg de studiebeurzen Tata en Mahindra om in het buitenland zijn studie te vervolmaken. Van 2013-2015 werkte hij bij Mecanoo architecten in Delft. Tegenwoordig woont hij in Mumbai en combineert hij werk als architect met onderzoek naar betaalbare volkshuisvesting en informele stedelijkheid..
Rohan Varma graduated as an architect from the University of Mumbai and received his Master's in Architecture (with honourable mention) from the Faculty of Architecture at Delft University of Technology. Prior to coming to the Netherlands, he worked with Charles Correa for two years and taught for a year at the KRVIA School of Architecture in Mumbai. He is also a recipient of both the Tata and Mahindra scholarships for higher studies abroad. From 2013-2015 he worked for Mecanoo architecten in Delft. Today, he lives in Mumbai and combines his work as an architect with research into affordable housing and urban informality.

Omslag/Cover
Charles Correa Belapur woningbouw, Navi Mumbai, India (1983-1986)/Charles Correa Belapur housing, Navi Mumbai, India (1983-1986)
Tekening door/Drawing by
Anne van Stijn

Binnenkant omslag/Inside cover
Robbert Guis

Dank voor het aanleveren van tekeningen en beeldmateriaal/We would like to thank the following firms and authorities for contributing drawings and images
Licinia Aliberti, Madrid; Constantinos and Emma Doxiadis Foundation & Constantinos A. Doxiadis Archives, Athene/Athens; Aga Khan Trust for Culture, Genève/Geneva; The New York City Housing Authority; La Guardia and Wagner Archives, New York, NY; Museum of the City of New York; Dag Hammarskjöld Library, New York, NY; Vastu Shilpa Foundation, Ahmedabad; URBZ, Mumbai; Cité de l'architecture et du patrimoine, Parijs/Paris; Arquivo Fotográfico da Câmara Municipal de Évora, Évora; London Metropolitan Archives; Royal Institute of British Architects, Londen/London; Michel Kalt, Bazoche sur Guyonne; Archivo del Servicio Aerofotografico Nacional del Peru, Lima; Archive of Ekbatan Renovation and Development Company, Teheran/Tehran; National Cartographic Centre, Teheran/Tehran; KORA Angola, Luanda

Deze uitgave van DASH is mede tot stand gekomen dankzij een bijdrage van Mecanoo architecten te Delft/This publication of DASH was made possible by the generous support of Mecanoo architecten in Delft

Essays

Dick van Gameren & Rohan Varma
p. 4 © Rohan Varma
p. 8 linksboven/top left © Dick van Gameren
p. 8 rechts/right, midden links/middle left © Charles Correa
p. 8 linksonder/bottom left © Google Street View (2015)
p. 9 linksboven © Charles Correa
p. 9 rechtsboven/top right © Rohan Varma
p. 9 linksonder/bottom left © Dick van Gameren
p. 9 midden rechts/middle right © Vastu Shilpa Foundation, Ahmedabad
p. 9 rechtsonder/bottom right URBZ (www.urbz.net), Mumbai
p. 12 © Rohan Varma
p. 12 linksboven/top left © Charles Correa
p. 16-17 © DASH, Rohan Varma & Robbert Guis
p. 18 foto/photo: URBZ (www.urbz.net), Mumbai

Tom Avermaete & Charlotte Robinson
p. 20 United Nations, Dag Hammarskjöld Library, New York, NY
p. 24-25/28/32 © Aga Khan Trust for Culture / Michel Écochard (photographer)
p. 30 rechtsboven/top right Cité de l'architecture et du patrimoine, Paris. Centre d'archives d'architecture du XXe siècle

p. 30 onder/bottom © Aga Khan Trust for Culture / Michel Écochard (photographer)

Helen Gyger
p. 36 John F. C. Turner, 'Lima Barriadas Today', in: *Architectural Design* 33, nr./no. 8 (augustus/August 1963), 376
p.39 linksboven/top left José Matos Mar, *Estudio de las barriadas limeñas* (Lima: Instituto de Estudios Peruanos, 1966), 88
p. 39 rechtsboven/top right José Matos Mar, *Las barriadas de Lima 1957* (Lima: Instituto de Estudios Peruanos, 1977), 129
p. 39 linksonder/bottom left Corporación Nacional de la Vivienda, *Memoria del Departamento de Barrios Marginales, 1962* (Lima: CNV, 1962)
p. 39 rechtsonder/bottom right Fondo Nacional de Salud y Bienestar Social, *Barriadas de Lima Metropolitana* (Lima: FNSBS, 1960), 63, 68
p. 42 boven/top Corporación Nacional de la Vivienda, *Memoria del Departamento de Barrios Marginales, 1962* (Lima: CNV, 1962)
p. 42 midden/middle Instituto Geográfico Militar, 1954
p. 42 onder/bottom Junta Nacional de la Vivienda, *Datos estadisticos de los Barrios Marginales de Lima: Distrito del Rímac* (Lima: JNV, 1963)
p.45 linksboven/top left Corporación Nacional de la Vivienda, *Plan Río Rímac: Memoria Descriptiva* (Lima: CNV, februari/February 1962)
p. 45 rechtsboven en midden rechts/top right and middle right Corporación Nacional de la Vivienda, *Plan Río Rímac: Remodelación Unidad No. 6* (Lima: CNV, 1962)
p. 45 linksonder/bottom left Ministerio de Vivienda y Construcción, *Evaluación técnica y social del programa "Alojamiento H" en la Urbanización Valdiviezo* (Lima: MVC, 1981).
p. 45 rechtsonder/bottom right John F.C. Turner, 'Lima Barriadas Today', in: *Architectural Design* 33, nr./no. 8 (augustus/August 1963), 380
p. 46 boven/top Ministerio de Vivienda y Construcción, *Evaluación técnica y social del programa "Alojamiento H" en la Urbanización Valdiviezo* (Lima: MVC, 1981)
p. 46 linksonder/bottom left John F.C. Turner, 'A New View of the Housing Deficit', in: David Lewis (red./ed.), *The Growth of Cities, Architects Yearbook – 13* (Londen/London: Elek Books, 1971), 123
p. 46 rechtsonder/bottom right Ministerio de Vivienda y Construcción, *Evaluación técnica y social del programa "Alojamiento H" en la Urbanización Valdiviezo* (Lima: MVC, 1981)
p. 48 boven/top Corporación Nacional de la Vivienda, *Plan Carabayllo* (Lima: CNV, oktober/October 1961)
p. 48 linksonder/bottom left John F.C. Turner, 'Lima Barriadas Today', in: *Architectural Design* 33, nr./no. 8 (augustus/August 1963), 375
p. 48 rechtsonder/bottom right Archivo del Servicio Aerofotografico Nacional del Peru, Lima
p. 49 José Matos Mar, *Las barriadas de Lima 1957* (Lima: Instituto de Estudios Peruanos, 1977), 9-11

Nelson Mota
p. 52 © José Manuel Rodrigues. bron/source: Arquivo Fotográfico da Câmara Municipal de Évora

p. 56 bron/source: Architectural Record (mei/May 1976)
p. 58-59 tekeningen/drawings: Jules Gallissian, Andrea Migotto, and Thijs Huisink; Tutor: Janina Gosseye
p. 61 tekeningen/drawings: Nelson Mota
p. 62 boven/top © José Manuel Rodrigues. bron/source: Arquivo Fotográfico da Câmara Municipal de Évora
p. 62 onder/bottom © Nelson Mota
p. 64 tekening/drawing: Martin Blaas and Frank Reitsma; Tutor: Nelson Mota.
p. 67 tekening/drawing: Thijs Flore and Anna Karina Janssen; Tutor: Nelson Mota.
p. 68 tekening/drawing: Anne van Stijn; Tutor: Nelson Mota

Dirk van den Heuvel
foto's/photos ©Dirk van den Heuvel behalve/except
p. 70 Kaegh Allen, Gesine Appel, Elena Brunette, Mariel Drego en Blanca Perote
p. 73 onder/bottom Morgane Goffin, Ami Gokani, Lex te Loo en Lukas Mahlendorf
p. 74 midden en onder/middle and bottom © Dick van Gameren
p. 82 boven/top Ana Barbier Damborena, Nidhi Deshpande, Floor Hoogenboezem, David Meana en/and Yasuko Tarumi
p. 82 onder/bottom Ilse van den Berg, Charlotte Grace, Ameya Joshi, Giorgio Larcher en/and María Tula García Méndez
p. 83 boven/top Aidan Conway, Leticia Izquierdo Garcia, Marlene Hamacher en/and Azul Campos Vivo
p. 83 onder/bottom Marlen Beckedal, Rohit Raj, Ellen Rouwendal en/and Laura Strähle

Charles Correa
p. 86 © Rajesh Vora

Interviews

Interview met/Interview with Charles Correa
Foto's en tekeningen/photos and drawings © Charles Correa
behalve/except
p. 88 © Rajesh Vora
p. 92 boven/top The Times of India
p. 92 linksonder/bottom left Mary Evans Picture Library
p. 97 boven/top © Rohan Varma
p. 100 boven/top Urban Age, LSE

Interview met/Interview with Go West
Foto's/photos ©Michiel Hulshof & Daan Roggeveen
behalve/except
p. 107 linksboven/top left: © Paulo Moreira

Interview met/Interview with Tsedale Mamo
foto's/photos © Brook Teklehaimanot
behalve/except
p. 111 onder/bottom Fleur Luca
p. 112 midden rechts/middle right © Max Brobbel
p. 113 www.skyscrapercity.com

Projectdocumentatie/ Project Documentation

Tekst/Text
Frederique van Andel, Carmen Espegel, Dick van Gameren, Helen Gyger, Annenies Kraaij, Nelson Mota, Michelle Provoost, Pierijn van der Putt, Kim de Raedt, Seyed Mohamad Ali Sedighi, Brook Teklehaimanot & Rohan Varma

Tekenwerk/Drawings
Manfredi Bozzi, Guido Greijdanus, Cederick Ingen-Housz, Davida Rauch, Carlyn Simoen & Rohan Varma

Herne Hill Peabody Estate
foto's/photos © Annenies Kraaij
behalve/except
p. 122 linksonder/bottom left © Peabody Trust
p. 122 rechtsonder/bottom right © Dick van Gameren
p. 123 linksboven/top left © London Metropolitan Archives
p. 123 rechtsboven en onder/top right and bottom James Cornes, *Modern Housing in Town and Country* (Londen/London: B.T. Batsford, 1905), 8, 11

Queensbridge Houses
foto's/photos © Nelson Mota
behalve/except
p. 132 linksonder/bottom left George Herbert Gray, *Housing and Citizenship, a Study of Low-Cost Housing* (New York: Reinhold Publishing Coprporation, 1946), 21
p. 133 boven/top © The New York City Housing Authority. bron/source: La Guardia and Wagner Archives
p. 133 onder/bottom Wurts Bros. (New York, NY), bron/source: Museum of the City of New York
p. 135 boven/top Mc Laughlin Air Service. bron/source: Queensbridge Housing, New York, NY, *The Architectural Forum* (januari/January 1940), 13
p. 139 Wurts Bros. (New York, NY). bron/source: Museum of the City of New York

New Gourna Village
p. 140/145 © Aga Khan Trust for Culture / Christopher Little (photographer)
p. 143 boven/top © AustrianAviationArt
p. 143 onder/bottom Hassan Fathy, *Architecture for the Poor* (Chicago: University of Chicago Press, 1973), ill. nr./no. 69, 73
p. 149 linksboven/top left ©AustrianAviationArt
p. 149 rechtsboven/top right Hassan Fathy, *Architecture for the Poor* (Chicago: University of Chicago Press, 1973), ill nr./no. 55
p. 149 onder/bottom © Aga Khan Trust for Culture / Christopher Little (photographer)
p. 150 © Aga Khan Trust for Culture / Matjaz Kacicnik (photographer)
p. 151 linksboven en onder/top left and bottom © Aga Khan Trust for Culture / Christopher Little (photographer)
p. 151 rechtsboven/top right © Aga Khan Trust for Culture / Matjaz Kacicnik (photographer)

Levittown
p. 152/159 © Google Street View, 2015
p. 154 www.vanderbiltcupraces.com
p. 155 bron/source: *House & Home* (augus-

tus/August 1958), 72, 73, 80, 82, 84
p. 155 onder/bottom Tony Linck, LIFE magazine, 1947
p. 161 www.levittownbeyond.com

Poblado Dirigido de Entrevías
foto's/photos © Licinia Aliberti
behalve/except
p. 164/166 *Entrevías: transformación urbanistica de un suburbio de Madrid* (Madrid: Instituto Nacional de la Vivienda, 1965)
p. 165 boven/top 'Barrio de Entrevías', *Arquitectura*, nr./no. 58 (Madrid: Colegio Oficial de Arquitectos de Madrid, 1963)
p. 165 onder/bottom Entrevías: transformación urbanistica de un suburbio de Madrid (Madrid: Instituto Nacional de la Vivienda, 1965)

Fria New Town
foto's en afbeeldingen/photos and images © Aga Khan Trust for Culture / Michel Écochard (photographer)
Behalve/except
p. 177 rechtsboven, -midden en -onder/top right middle and bottom © Aga Khan Trust for Culture/Michel Écochard Archive
p. 181 rechtsboven/top right © Michel Kalt, privé archief/private archive
p. 183 linksboven/top left © Michel Kalt, privé archief/private archive

Tema Manhean
foto's/photos © Michelle Provoost
behalve/except
p. 187/149/191 G.W. Amarteifio, D.A.P. Butcher, D. Whitham, *Tema Manhean: A Study of Resettlement* (Accra: Ghana University Press, 1966), 56, 57, Plate 1-4, 7, 10, 12, 15, 19
p. 187 midden links/middle left Keith Jopp, *Tema: Ghana's New Town and Harbour* (Accra: Ministry of Information, 1961), 7
p. 189 boven/top Keith Jopp, *Tema: Ghana's New Town and Harbour* (Accra: Ministry of Information, 1961), 43
p. 191 rechtsonder/bottom right Keith Jopp, *Tema: Ghana's new town and harbour* (Accra: Ministry of Information, 1961)

Tema
alle beelden en zwart-wit foto's/all images and black and white photos © Constantinos and Emma Doxiadis Foundation. bron/source: Constantinos A. Doxiadis Archives
alle kleurenfoto's/all colour photos © Michelle Provoost

Thamesmead
foto's/photos © Annenies Kraaij
behalve/except
p. 208 linksonder/bottom left bron/source: David Lewis, *The Growth of Cities: Architect's Year Book – 13* (Londen/London: Elek, 1971), 242
p. 208 midden rechts/middle right Tim Street-Porter, © Architectural Press Archive / RIBA Collections
p. 209 ©Tony Ray-Jones / RIBA Collections

Caja de Agua
p. 222 © Gustavoc, Panoramico
p. 224-225 Ministerio de Vivienda, *Evaluación de un proyecto de vivienda: Evaluación integral del proyecto de vivienda Caja de Agua-Chacarilla de Otero—Programa de*

núcleos básicos o viviendas semi-acabadas (Lima: Ministerio de Vivienda, Dirección General de Edificaciones, 1970)
p. 225 midden rechts en rechtsonder/ middle right and bottom right JNV, *Labor de la Junta Nacional de la Vivienda, 1962–1967* (januari/January 1968)
p. 227 boven en linksonder/top and middle left Archivo del Servicio Aerofotografico Nacional del Peru
p. 227 rechtsonder/bottom right © Google Street View (2014)
p. 229 boven/top Archivo del Servicio Aerofotografico Nacional del Peru
p. 229 onder/bottom © Google Street View (2014)
p. 231 boven/top © Google Street View (2014)
p. 231 onder/bottom © Sharif Kahatt

Ekbatan
foto's/photos © Seyed Mohamad Ali Sedighi
behalve/except
p. 234-235 Archive of Ekbatan Renovation and Development Company

Shushtar New Town
foto's/photos © Seyed Mohamad Ali Sedighi
behalve/except
p. 248 © Aga Khan Award for Architecture/ Bijian Zohdi (photographer)
p. 251 © National Cartographic Centre, Teheran/Tehran, 2001

CIDCO Housing
foto's/photos © Rohan Varma
behalve/except
p. 260 Foto/photo: © Manu Rewal/Architectural Research Cell. bron/source: Raj Rewal, *Humane Habitat at Low Cost – CIDCO Belapur New Mumbai* (New Delhi: Tulika/ Architectural Research Cell, 2000), 45

Sangharsh Nagar
foto's/photos © Rohan Varma
behalve/except
p. 279 rechts en onder/top and bottom © PK Das & Associates

Mickey Leland
foto's/photos © Brook Teklehaimanot
behalve/except
p. 282 © Tiina-Riitta Lappi
p. 283 linksboven/top left © Marshet Mengstu
p. 283 onder/bottom © Faisal Girma
p. 287 boven/top © Fleur Luca
p. 287 midden rechts/middle right © Faisal Girma
p. 289 rechtsboven/top right © Max Brobbel
p. 289 midden links en rechts/middle left and right © Faisal Girma
p. 289 onder/bottom © Fleur Luca

Cidade Horizonte do Uíge
foto's/photos © KORA Angola
behalve/except
p. 293 linksboven- en onder/top left and bottom left © KORA Angola/Jaime Lerner
p. 293 rechtsboven/top right © Luis C. (Panoramico)

Colofon
Credits

Onafhankelijk peer-reviewed architectuur-tijdschrift, halfjaarlijks uitgegeven door nai010 uitgevers voor de afdeling Architectuur, leerstoel Woningbouw aan de faculteit Bouwkunde van de Technische Universiteit Delft
Independent peer-reviewed Journal for Architecture, published twice a year by nai010 publishers for the Chair of Architecture and Dwelling of Delft University of technology

TUDelft

DASH
Delft Architectural Studies on Housing
Leerstoel Architectuur en Woningontwerp
(Chair of Architecture and Dwelling)
Julianalaan 132-134
2628 BL Delft
Postbus 5043
2600 GA Delft

Kernredactie/Editors of this issue
Frederique van Andel
Dick van Gameren
Pierijn van der Putt

Redactie/Editors
Dick van Gameren (founding editor)
Frederique van Andel
Dirk van den Heuvel
Olv Klijn
Annenies Kraaij
Paul Kuitenbrouwer
Harald Mooij
Pierijn van der Putt
Hans Teerds
Jurjen Zeinstra

Wetenschappelijk comité/Academic Board
Monique Eleb
Marc Glaudemans
Joan Ockman
Max Risselada

Adviesraad/Advisory Board
Francine Houben
Frits van Dongen
Piet Vollaard
Ton Schaap
Han Michel

Tekstredactie/Copy editing
Gerda ten Cate, D'Laine Camp

Vertaling/Translation
Maria van Tol

Vormgeving/Design
Joseph Plateau, Amsterdam

Papier/Paper
Perigord 1.1, 150 g

Druk/Printing
die Keure, Brugge/Bruges

Projectleiding/Production
**Mehgan Bakhuizen,
nai010 uitgevers/publishers**

Uitgever/Publisher
**Marcel Witvoet,
nai010 uitgevers/publishers**

nai010 uitgevers is een internationaal georiënteerde uitgever, gespecialiseerd in het ontwikkelen, produceren en distribueren van boeken over architectuur, beeldende kunst en verwante disciplines.
www.nai010.com

Voor informatie over verkoop en distributie in Nederland en België, stuur een e-mail naar sales@nai010.com of kijk op www.nai010.com.

nai010 publishers is an internationally orientated publisher specialized in developing, producing and distributing books on architecture, visual arts and related disciplines.
www.nai010.com

nai010 books are available internationally at selected bookstores and from the following distribution partners:

North, South and Central America – Artbook | D.A.P., New York, USA, dap@dapinc.com

Rest of the world – Idea Books, Amsterdam, the Netherlands, idea@ideabooks.nl

For general questions, please contact nai010 publishers directly at sales@nai010.com or visit our website www.nai010.com for further information.

Printed and bound in Belgium

ISSN 1877-7007
ISBN 978-94-6208-210-6

Abonnementenadministratie/
Subscriptions and administration

Abonnementenland
P.O. Box 20
1910 AA Uitgeest
the Netherlands
Tel +31 (0)900 – ABOLAND
(0900-2265263 - € 0.10 p/m)
www.aboland.nl

Abonnementen/Subscriptions
DASH verschijnt twee keer per jaar. Recht op reductie hebben: studenten aan universiteiten en academies van bouwkunst, houders van CJP. Abonnementen worden stilzwijgend verlengd. Opzeggingen (uitsluitend schriftelijk) dienen 4 weken voor afloop van de abonnementsperiode in het bezit te zijn van de administratie. Prijswijzigingen voorbehouden.

DASH is published twice a year. For subscriptions please contact the administration. Subscriptions are renewed automatically. If you wish to cancel, please inform the administration in writing 4 weeks before the end of the subscription period. Prices are subject to change.

Abonnementen in Nederland en België
particulieren € 49,50
instellingen € 49,50
studenten € 45,00

Abonnementen Europa/
Subscriptions in Europe
particulieren/individuals € 59.50
instellingen/organisations € 59.50
studenten/students € 52.50

Abonnementen buiten Europa/
Subscriptions outside Europe
particulieren/individuals € 59.50
instellingen/organisations € 59.50
studenten/students € 52.50

Nieuwe open ruimte in het woonensemble
New Open Space in the Housing Ensemble

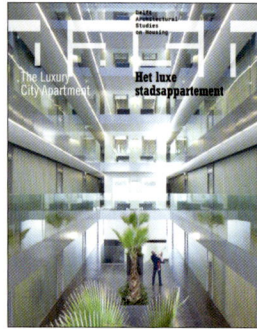

Het luxe stadsappartement
The Luxury City Apartment

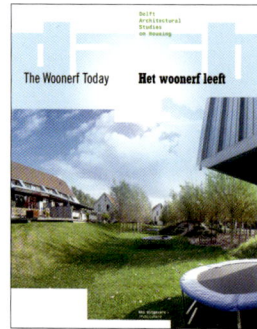

Het woonerf leeft
The 'Woonerf' Today

De woningplattegrond
The Residential Floor Plan

De stadsenclave
The Urban Enclave

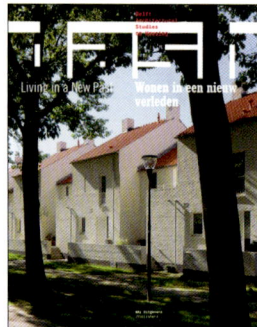

Wonen in een nieuw verleden
Living in a New Past

Het ecohuis
The Eco House

Samen bouwen
Building Together

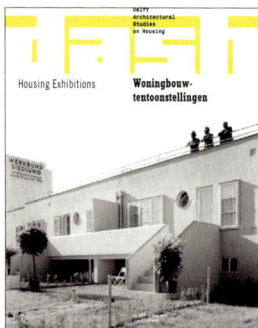

Woningbouwtentoonstellingen
Housing Exhibitions

Studentenhuisvesting
Housing the Student

Stijlkamers
Interiors on Display

Voor meer informatie over eerder
gepubliceerde nummers van DASH,
kunt u terecht op

www.dash-journal.com of
www.nai010.com/DASH

For more information on previously
published issues of DASH, please visit

www.dash-journal.com or
www.nai010.com/DASH